Foundations of the American Century

The Ford, Carnegie, & Rockefeller Foundations in the Rise of American Power

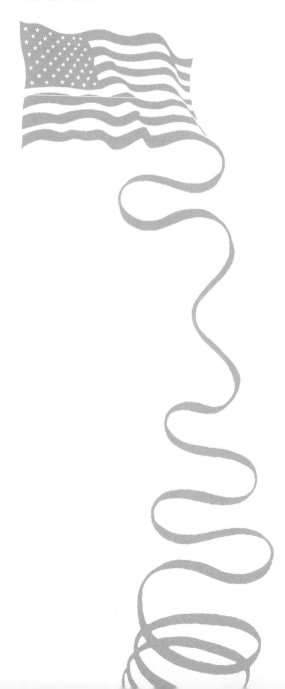

以慈善的名义

美国崛起进程中的三大基金会

〔英〕英德杰特·帕马（Inderjeet Parmar） 著
陈广猛 李兰兰 译

北京大学出版社

著作权合同登记号　图字：01-2014-0226

图书在版编目(CIP)数据

以慈善的名义：美国崛起进程中的三大基金会/(英)英德杰特·帕马著；陈广猛，李兰兰译．—北京：北京大学出版社，2018.5
ISBN 978-7-301-29168-9

Ⅰ．①以… Ⅱ．①英… ②陈… ③李… Ⅲ．①基金会—研究—美国 Ⅳ．①D771.27

中国版本图书馆 CIP 数据核字(2018)第 013118 号

Foundations of the American Century: The Ford, Carnegie, & Rockefeller Foundations in the Rise of American Power, by Inderjeet Parmar
Copyright © 2012 Columbia University Press
This Chinese (Simplified Characters) edition is a complete translation of the U.S. edition, specially authorized by the original publisher, Columbia University Press.

书　　　名	以慈善的名义：美国崛起进程中的三大基金会 YI CISHAN DE MINGYI: MEIGUO JUEQI JINCHENG ZHONG DE SAN DA JIJINHUI
著作责任者	〔英〕英德杰特·帕马（Inderjeet Parmar）　著 陈广猛　李兰兰　译
责任编辑	张盈盈
标准书号	ISBN 978-7-301-29168-9
出版发行	北京大学出版社
地　　　址	北京市海淀区成府路 205 号　100871
网　　　址	http://www.pup.cn　新浪微博：@北京大学出版社
微信公众号	ss_book
电子信箱	ss@pup.pku.edu.cn
电　　　话	邮购部 62752015　发行部 62750672　编辑部 62753121
印　刷　者	北京中科印刷有限公司
经　销　者	新华书店
	650 毫米×980 毫米　16 开本　25 印张　313 千字 2018 年 5 月第 1 版　2018 年 5 月第 1 次印刷
定　　　价	70.00 元

未经许可，不得以任何方式复制或抄袭本书之部分或全部内容。
版权所有，侵权必究
举报电话：010-62752024　电子信箱：fd@pup.pku.edu.cn
图书如有印装质量问题，请与出版部联系，电话：010-62756370

致　谢

很高兴可以对研究和写作过程中帮助过我的人致以谢意。实际上，这本书写了好多年，而我们的感情某种程度上也在写作过程中不断变得深厚。如果没有你们，这本书就不会完成，这是一种同时伴随着喜悦、激励、成长但偶尔也会有些挫折的长期友谊。

在完成此书的过程中，我在不同阶段得到了许多帮助。同事和朋友们无私奉献了他们的时间来讨论想法、阅读初稿或会议文件，倾听我在本书推进过程中不太成熟的意见。感谢以下所有人的时间与耐心：鲍勃·阿诺威、保罗·卡米克、菲尔·塞尔尼、米克·考克斯、尼克·卡勒舍尔、迈克尔·多伊尔、罗莎林·达菲、约翰·邓姆布莱尔、唐纳德·费希尔、尼克拉斯·基尔浩特、乔恩·哈伍德、道格·詹尼克、马修·琼斯、迪诺·克努森、约翰·克瑞奇、马克·莱德维奇、里奥·麦凯恩、琳达·米勒、米克·莫兰、克莱格·墨菲、亚历克斯·纳恩、皮尔-依夫·绍尼尔、吉尔斯·斯科特-史密斯、黛安·斯通、斯尔詹·伏塞提克和杰菲·威尔逊。我要特别感谢我的前同事拉尔夫·扬，他非常乐于助人且见解深刻，在一次研讨会上，他问我的问题让我想到美国基金会其实是美国政治发展的一个方面。如果不小心遗漏了某位曾经帮助过我的人，请一定见谅。当然书中任何错误和遗漏都是我的责任——虽然是一个社会学家,我却欣赏那些江湖骗子的处事信条:不"成功"便"成仁"!

我也非常感激三大基金会那些档案管理员,他们的精心保管使得学者们可以利用这些历史记录。特别是当我花费数周时间在福特基金会地下阅览室时,阿兰·迪瓦克和安东尼·马洛尼都对我非常友好。我尤其享受星期五的早晨喝着咖啡吃着甜甜圈与他们聊天的时光。我还记得我们对2004年约翰·克里有机会击败小布什入主白宫的有益讨论。阿兰对于基金会档案的知识和理解非常有帮助,他的评论就像是关于基金会自身特性的说明。安东尼也特别好,他总是在那儿等着我,让我在福特的时光卓有成效并且舒心愉悦。感谢他们两位。在后期阶段,艾德尔·尼茜拉无缝地接替了安东尼,在我开始写作书稿时帮助我找到了找寻很久的文献。

洛克菲勒档案中心(RAC)的汤姆·罗森鲍姆一直给我提供帮助和鼓励,时刻关注着我的工作,并且特别博学。最后一次造访时我没有见到他,希望他现在能享受自己的退休生活。达尔文·斯特普尔顿友好无私的帮助也让我非常感激。洛克菲勒档案中心用于接送研究者来往于塔里城站的旅行车也非常舒适和方便。感谢!

卡内基公司和其他卡内基慈善组织的档案存放在哥伦比亚大学巴特尔图书馆的"珍本图书和手稿收藏部",该机构拥有令人赞叹的设施和优秀的工作人员。感谢你们大家,尤其是卡内基收藏部的管理员布伦达·希尔林和珍妮·戈尔杰夫斯基为我所做的不懈努力。虽然阅览室经常处于寒冷的状况(由于过度有效的空调系统),我却总是在那里受到热情的欢迎。

英国学术院、艺术和人文研究理事会以及曼彻斯特大学为我提供了资助和研究假期,这使得我在过去数年里能花费几个月时间待在美国。本书的某些方面受益于伊拉克战争后由尼古拉斯·基尔浩特和汤姆·阿希尔领导的社会科学研究委员会(SSRC)关于思想

致 谢

库倡议的工作。我非常感谢他们。最后，能够在担任系主任期间获准离开学校进行学术休假对于完成本书也特别重要。

哥伦比亚大学出版社的彼得·迪莫克是一位优秀的责任编辑和敏锐的出版顾问，细心周到并且古道热肠。我们是在国际研究协会（ISA）2007年芝加哥年会（我想是）的一个分组会议上见的面，在交谈时，他建议我提一个出版计划供哥伦比亚大学（出版社）考虑。说真的，怎么形容那种热情的邀请都不为过——它犹似乐音入耳！也谢谢彼得的助理卡比尔·丹多娜。自从彼得离开后，菲利普·利文撒尔的编辑建议对我非常有帮助，而且他还宽宏大量地延长了最后交稿期限，真是很感谢！

研究和写作本书占用了我大量的家庭时间。当我在20世纪90年代末开始本书的工作时，我的孩子罗恩、尼吉尔和英迪尔都还很小（一个4岁，一个2岁，另一个还不会眨眼睛）。他们以自己的方式为本书的完成做出了贡献。英迪尔是一个受欢迎的开心果，喜欢吵吵闹闹，有时会坐在我腿上东张西望；罗恩是一个思维敏捷的小历史学家；尼吉尔无形中对我很有帮助：他做事专注、善于利用每个闲暇时刻——甚至还是小学生的时候——在上学之前他都能利用在停车场的片刻做课外作业。受他启发，我也开始把汽车作为一个办公场所了。

最后，我要把这本书献给我的妻子也是最好的朋友——米拉：她使一切成为了可能，包括我。

目录 Contents

第一章　基金会在美国外交政策中的重要性　/ 001
　　一个被忽视的领域：基金会和外交事务　/ 004
　　基金会和美国　/ 007
　　基金会和网络　/ 008
　　建立网络却不解决社会问题　/ 013
　　国家—私人网络的概念化　/ 017
　　问题和方法　/ 028

第二章　美国基金会领导人　/ 033
　　国际背景　/ 038
　　国内背景　/ 039
　　起源、目标和创建者　/ 043
　　基金会重要领导人　/ 045
　　基金会领导人的世界观　/ 064
　　结　论　/ 070

第三章　建立全球主义的基金会：1930—1945　/ 073
　　基金会和大学国际关系（及地区研究）课程与项目　/ 077

提升政府的研究和精英智库的咨询实力 / 087

一项被拒绝的申请 / 102

国际网络：20 世纪 30—50 年代 / 103

结　论 / 107

第四章　推行美国主义、打击反美主义和发展一个冷战美国研究网络 / 111

在国内推销美国主义 / 115

"文化帝国主义的微光"：萨尔茨堡美国研究研讨会 / 123

"英国美国研究协会"和"欧洲美国研究协会"的会议 / 126

打击国外的反美主义 / 134

结　论 / 137

第五章　印度尼西亚的福特基金会和亚洲研究网络 / 141

亚洲研究网络 / 145

康奈尔大学的"现代印度尼西亚计划" / 149

加州大学伯克利分校和印度尼西亚大学经济学院的合作 / 154

福特基金会与印尼从苏加诺到苏哈托的转变 / 162

结　论 / 168

第六章　尼日利亚的福特、洛克菲勒和卡内基基金会与非洲研究网络 / 171

非洲对美国的重要性 / 174

基金会如何看待非洲 / 177

非洲研究网络的建立 / 180

非洲研究协会 / 184

1969 年蒙特利尔"暴动" / 189

目 录

003

  尼日利亚的项目　／ 194

  结　论　／ 204

第七章　冷战中的主要基金会、拉美研究和智利　／ 207

  拉丁美洲与美国　／ 211

  美国国内拉美研究的发展　／ 213

  智利项目　／ 217

  结　论　／ 250

第八章　后冷战时期的美国权力和主要基金会　／ 253

  全球化和全球市民社会　／ 257

  "民主和平论"：美国权力新的理论依据　／ 263

  监控伊斯兰主义　／ 287

  结　论　／ 291

第九章　结　论　／ 293

注　释　／ 305

第一章

基金会在美国外交政策中的重要性

以慈善的名义
美国崛起进程中的三大基金会

说不定某个花最多时间和金钱在穷人身上的人，正在用他的生活方式制造着那种不幸，而他又在徒劳地折腾来缓解它。

——亨利·大卫·梭罗：《瓦尔登湖》（1854）

美国人的扩张不是以获得新的领土，而是通过他们的渗透为特色……各种政府和非政府的组织试图在其他社会领域追求对它们来说很重要的目标。

——塞缪尔·P. 亨廷顿：《世界政治中的跨国组织》（1973）

当（比尔·）盖茨最初开始慈善事业的时候，他向具有22亿美元资金规模的美国纽约卡内基公司主席瓦尔坦·格利高里寻求建议……"比尔·盖茨一向认为财富意味着责任，这同安德鲁·卡内基一致，"格利高里说，"总有人处理各种情况——有人穷，你给钱，那是施舍。慈善基金会……是要通过投资和计划，而不（仅仅）通过慷慨来解决问题。"

——CTV. CA News,《比尔·盖茨将更多时间用于慈善事业》

人们很难相信"慈善"——字面意思为"爱全人类"——可能是有害的。例如，当一个人读到洛克菲勒基金会和比尔与梅琳达·盖茨基金会捐赠数百万美元给医疗卫生计划时，暗示其动机可能不是它们看起来的那样，似乎是一种亵渎。[1] 然而，我在本书中却要指出这样的可能性。在书中我分析了自20世纪30年代至"反恐战争"时期，美国基金会对美国外交政策的影响。我认为，慈善基金

第一章
基金会在美国外交政策中的重要性

会在建立"美国世纪",或者说美国统治权方面,发挥了重要作用,这种霸权的建立很大程度上是基于文化和思想的渗透。就像在美国社会内部——中间有一个强大的东岸外交政策权势集团"渗透"进其他地区和社会阶层——在世界范围内它同样也是如此。

尽管三大基金会(福特、洛克菲勒和卡内基)的形象在科学上是不偏不倚的,意识形态和政治上是中立的,超越了市场且独立于国家,它们却在过去一个世纪里美国崛起为全球霸权国的过程中发挥了巨大作用。[2] 本书就展示了它们浓厚的政治和意识形态特性,融合于市场、公司和国家机构中——它们其实就是美国权力精英的一部分。时至今日,它们处在一个更加拥挤的领域,却仍在继续创新、积极竞争并与新一代的慈善机构合作。

历史上,三大基金会代表了东海岸外交政策权势集团的一个战略组成部分,而后者的思维方式、体制和活动,均由对外关系委员会(CFR)和外交政策协会(FPA)这类组织的积极领导来体现。大体上看,三大基金会处于权势集团努力强健和动员(根据需要)的美国学术界的中心,关注包括像外交政策制定者这类对于外国地区的专业研究,以及通过发展国际关系学科等方面,而在这些项目的背后则是美国领导的全球霸权。基金会的领导人遴选自美国精英社会的各个阶层,与本国最大的公司以及精英化的文化、宗教、政治和国家机构保持着密切联系。在 20 世纪初,这些精英将注意力集中于美国的全球角色和国内的政治改革,以图建立一个更为强大的联邦行政机构。他们寻求团结美国社会来建立和促进反孤立主义和全球主义的舆论(精英的、有关的和普通大众的),在外交事务领域建立国家能力和政治资本,以及在大学里促进对外国地区和国际关系的研究。基金会在国内建立了思想和政治基地,来帮助美国成为全球领导者。尤其是在冷战时期,基金会还直接介入扩展和巩固美国在全球的霸权,影响美国的思想、政治和意识形态的发展。例如，1973年血腥军事政变后，将奥古斯都·皮诺切特将军统治下的智利从一个福利民主国家转变成一个新自由主义的先锋国家。

美国成为全球领导者的进程可以通过主要基金会的崛起来追溯，包括三个相互重叠却特色鲜明的阶段，其中每个阶段都使国内和国外的精英变得社会化，并将自由主义嵌入国内和国际机制之中：第一阶段，是在国内层次上，持续时间是20世纪20年代至50年代。在此期间，基金会帮助建立了自由国际主义的霸权，使孤立主义边缘化，尤其是在外交事务方面，建立了联邦政府的机制化能力。第二阶段，部分地与第一阶段重叠，持续时间是30年代至70年代。在此期间，基金会帮助社会化和整合了美国和国外的精英，发展了正式和非正式的国际组织。第三阶段，从80年代后期开始，当时基金会帮助美国霸权重新概念化，促进了民主和"全球市民社会"，并培育了对新自由全球主义的"民主挑战"。[3]这里基金会建立或者致力于建立的国际秩序，过去和现在都与美国的利益一致。[4]

关键之处在于，尽管宣称得很好，但实际正相反，三大基金会针对经济和政治发展的大规模援助计划并没有缓解贫困、提高大众生活水平，或使民众得到更好的教育。总体上，这种援助产生的只是支持美国政策可持续的精英网络，无论是对外事务和经济政策都是如此，范围从20世纪50年代的自由主义到21世纪的新自由主义。

一个被忽视的领域：基金会和外交事务

仅有另外一本书关注了美国基金会在美国外交政策中的角色，该书出版于1983年。[5]爱德华·伯曼的这本优秀著作提供了大量的原始证据，使得与慈善基金会相关的问题更全面，进行补充报道

第一章
基金会在美国外交政策中的重要性

变得更为容易。然而，根据后来的学术和政治视角重新审视这一问题仍旧是合适的，新的视角包括增加国际关系中非国家角色和知识网络的权力。

尽管基金会很重要，但人们对它们在外交事务中的角色却研究甚少，这确实令人费解。实际上，正是对于"政治"一词的界定使得慈善基金会边缘化了。"政府"机制和"国家"构成了政治学和国际关系的主要关注对象，而基金会通常被理解为是一个单独的领域。"政党"是政治学的中心，而基金会却属于（或者如它们所声称的）非党派。同样的说法也可见于意识形态和利益集团方面：美国基金会通常自封为"非意识形态的"，并被认为是非"部门"利益的——它们关注全人类。然而，对外事务的研究是以国家为中心的，这加强了一种印象：外交政策是一小部分持有内部情报的国务专家的专属领域。因此，从下定义的角度来看，当一个人以国家主义的方式来思考的时候，基金会甚至外交智库并不像看起来那般重要。

此外，对于精英的研究（基金会常被认为是很精英主义的）已经没落了。[6] 赖特·米尔斯的《权力精英》出版至今已经五十年了，但似乎并没有安排什么重大活动来纪念它的出版。只有最近曼彻斯特大学举行的一个会议旨在复兴精英研究。因此，基金会作为精英组织并没有被社会学家所研究。尽管唐纳德·费希尔和马丁·布尔默在20世纪80年代曾就基金会的角色有过一场气氛热烈的辩论。[7]

当然，非国家行为体的方法在70年代受到了罗伯特·基欧汉、约瑟夫·奈和塞缪尔·亨廷顿的鼓励，他们提到了慈善基金会作为跨国角色的重要性。[8] 私人主体在世界事务中的角色并没有取代国家，但它改变了国家间政治的体制环境，以至于到了这样一种程度：必须要考察私人和公共领域的互动。实际上，自1989年以来，全球政治中非国家角色利益的猛增,以及全球市民社会的构建,凸显了国际事务中国家和私人组织之间鲜明的差异。与这种差异一致和相关的是,人们增加了一种多元主义的方法来研究和理解处于全球(或国内)层面的权力——正如亨廷顿所宣称的美国扩张的多元角色[9]——在服务于它们自身利益的时候由政府和非政府角色来领导。[10]对于构建21世纪全球市民社会中基金会角色的拓展研究继续基于早期对基金会的主导性学术假设。例如,普瑞维特认为,基金会代表了社会中的"第三部门",超越了国家和市场。其自身的运作并不是为了赢利或政治的目标,而是为了增强一个多元社会的必备要素作出宽泛贡献。[11]安希尔和里特也表达了类似的感受,认为基金会的非国家、非市场角色"使它们成为社会变革和创新的独立力量"[12]。考虑到它们的全球角色,安希尔宣称基金会"是支持全球市民社会组织的主要力量之一",而这也反过来建立了一个更为开放的全球秩序,以及努力使"全球化变得人性化"[13]。这些关于慈善基金会作为一个有益的、进步的、非政治的和非商业化的力量的观点正受到越来越多研究的挑战。

接下来,我将提供一份详细的、基于档案的评述,来对美国基金会在美国外交政策中的地位作一番深度审视。本书推进了20世纪70年代由基欧汉和奈鼓励的议程,尽管他们的方法和这里所采用的方法在规范性和理论性上仍有所不同。三大基金会的四个特点(或者"派别")说明了它们的重要性,所有这些都与它们明显的"**独立性**"相关:第一是"非国家性",经常与其理事的国家主义路线以及它们与政府的关系发生争议;第二是"非政治性",虽然基金会与两大主要政党都有联系;第三是"非商业性",即使基金会的理事担任大公司领导人并从中取得收益;第四是"科学/非意识形态性",虽然三大基金会赞同和推进美国作为自由国际主义的意识形态。[14]此外,基金会的适应性和历史使命感——同样项目、不同策

第一章
基金会在美国外交政策中的重要性

略[15]——意味着它们成功地通过谈判开辟了道路，穿越了美国国内政治频繁的不利环境，以及同样动荡的外部世界。这种20年代和30年代孤立主义期间的灵活性提供了这样一种远见，即在冷战期间如何使基金会的项目和策略成功地适应在美国国内被称为"反美"的时期。在每一个案例中，基金会都显示出坚定性和灵活性来与任何非敌对的组织结成联盟，以推进它们的目标，并为迎接一个更加宽容的环境作好准备。

拥有这些特性作为信条，使得基金会充当了一种政治体制的联合体，这种政治体制按国家主权划分，并以大众民主和集团竞争为特色。福特、洛克菲勒和卡内基基金会居于国家、大公司、政党政治和那些与外交政策相关的学术研究之间，连接一个分裂的体制，并组织和创设论坛来建立精英的专长、共识和前瞻性规划。虽然基金会网络并不总是成功，但重要的是，它在危机状况下多是有效的[16]，比如1941年日本攻击珍珠港、朝鲜战争的爆发和1989年之后。实际上，基金会很善于建立网络，以及做好准备向政策制定者和有关公众解释并推动危机成为机遇。[17]

基金会和美国

基金会和美国有着密切的联系，即使有时它们是被边缘化的——尤其是20世纪20年代期间和30年代初。美国慈善组织虽然具有"私立"的特征，却以"公益"为导向。慈善基金会被视为重大改革运动的一种催化剂，这些运动包括禁酒、对穷人的社会援助、卫生和安全立法、政治中的反腐败、教育改革和对移民的"美国化"项目。这种公众导向的自我意识体现在反对"地方化"和支持"国家化"。基金会强烈反对地方狭隘主义、政党机器、国会分肥拨款和大众政治，赞成建立和加强联邦行政机构，动员精英舆论[18]——学者、政策制定者、记者、学生、公司领导人和相关公众,最初在背后支持美国的全球主义项目;冷战后,在背后支持全球化、推进民主和建立全球市民社会。简言之,基金会由具有自我意识的进步时代的国家建设者、支持国家权力服务于全球主义目标的公民所创立和领导,今天,这些人是具有自我意识的全球市民社会的建设者。

基金会建立之时,美国的联邦行政制度和"国家"共识仍很淡漠,而个人主义色彩较浓厚;基金会花费了数亿美元来鼓励准国家机制行使城市改造、学校改善和促进工作场所的健康和安全等职能,这些职能后来被纳入联邦政府并继续发展,同时在公共舆论方面还演化出一种支持的基础,基金会实际上帮助发展了美国社会的"国家化"。今天,它们试图在全球层面上获取相似的目标。在此层面,全球性体制在制度性方面相对较弱,民族国家小心守护着它们的主权。基金会试图帮助建立一种全球性的机制,并试图构建一个全球性的"市民社会"来维护和发展这些机制[19],而这也是发展持久美国霸权基础设施的一部分。

基金会和网络

在国内,大基金会资助了许多项目,特别是改变了美国的学术界、支持了一系列全球主义的外交智库,并对外交事务进行大力报道。基金会的赞助帮国务院改善了对外交事务官员培训的状况,并资助学者提升了各部门的研究能力。大学里,基金会在精英学术机构如哈佛、耶鲁和普林斯顿开创了区域研究和国际关系项目。此外,也许更有意义的是,这些新学科所采用的是实证主义的科学研究方法;而尽管有科学性声明,这些方法却在产出政策相关的研究成果方面卓有成效。实际上,基金会领导人帮助创造和维持了学

第一章
基金会在美国外交政策中的重要性

者、智库、出版机构、崛起的大众媒体和公共官员之间的精英网络。这些网络在建立和动员美国的全球主义精英以及对美国更加广泛的支持方面被证明是强有力的，而美国一向以其强烈的"孤立主义"倾向而著称，无论是政治上的左派和右派都是如此。[20]

在海外，基金会积极构建网络，这也许[比国内]更具影响力，尤其是在政治和经济发展领域、在促进资本主义"现代化"方面。[21] 通过动员区域研究、政治学、经济学和社会学领域的学者，大基金会建立了海外的精英学术机构、围绕"杰出中心"的学者网络、辐射思想影响的学术枢纽，这些都远远超越了基金会的金融投资层面。这些网络根据国家和地区（如印尼、智利和尼日利亚）的战略重要性而建立，特别是要确保在一个地区和大陆的多重影响——官员被灌输知识和加以培训，目标是引导他们向着亲美/西方的方向来进行"现代化"和"发展"，而不是采取相反的民族主义或亲共产主义的策略。并且与此相关的是，某些地区/国家被基金会界定为具有战略重要性，但却特别倾向于反美（或在超级大国间玩"中立主义"），因而会得到特别的美国研究项目的资助。当然，基金会的投资并不总是能实现它们的目标，有时甚至会产生意料之外的对于美国影响的反作用。但从长期来看，这些反作用相对影响较小，通常被认为是维持美国权力的一个"可以忍受的"代价。

贯穿本书的一个重要分析线索是基金会的知识网络思想，这既被当作霸权的社会与政治力量的目的，同时也是手段。这里将皮埃尔·布尔迪厄、罗伯特·布鲁姆和曼纽尔·卡斯特关于网络角色的一些主要思想进行概念化梳理是有益的。卡斯特认为，知识流是不平等的：一些角色被排除在知识流之外，而另外一些却置身其中；某类知识是有价值的，而另外一些却是边缘化的；某些知识分子居于中心，而其他的则位于边缘。实际上，知识流还不仅仅是不平等的，它也对"思维方式"或"思想路线"重新定向，特别是通过转变学者的参照点方面，将他们从地方性视角扩展到了一种更加广阔的全球性逻辑。在《信息化城市》一书中，卡斯特根据以大都会为核心基地的基金会的资助和在第三世界学者中建立网络的去国家化影响提出一个吸引人的观点。卡斯特认为，由于全球网络加强了，"地方性"角色的逻辑变得越来越与它们的当地文化和偏见相分离，而更加受困于相对的"无位置感"，而后者则融入了"组织的等级逻辑"，在我们的案例中，就是全球性知识网络的逻辑。[22]

皮埃尔·布尔迪厄的"场"概念（或者说在其中竞相争夺稀缺资源的网络或社会场所）和"符号资本"深化了我们对于网络的理解。网络不仅作为一种知识流的制度（一种工具或手段），同时其自身也成为一种现象。因此，基金会网络可以被视作"场"，作为由基金会精英所构建的特别社会空间，这些精英复制自身（即那些空间）来将当前的一代变得社会化，并传递一整套的思想、实践、方向和那些有相似思想的人的交互习惯，以及与其他人的思想—政治斗争习惯，来加强自我意识和发现共同的文化准则。与那些社会空间（网络）——学者、政策制定者、公司律师——的联系的优势，将相应的思想、实践和习惯转变成符号资本，这被视为在更广阔全球社会制度中的合法化，从而加强了权力关系和精英的凝聚力。

布尔迪厄的"习性"概念，是指一种源自于社会结构的性格体系，但被角色深深地内部化了。角色产生的行为甚至可能在最初的结构条件发生变化之后，仍然是有用的。[23]在美国基金会网络的背景之下，习性意味着仅仅建立和维持结构的特性、内部的等级、思想—学术的倾向以及一个网络的空间，是有可能以关于"现实的"或"科学的"研究的具体安排、赞成政策导向的研究策略来使学者社会化的。这时将会鼓励一种思想—学术努力的等级制，而这将给实证主义和实用主义方法超过明显的规范主义或价值导向方法以特权。

第一章
基金会在美国外交政策中的重要性

最后，布尔迪厄关于知识分子在现代社会中的角色的思想，尤其作为一种特别类型的知识分子——这是美国慈善组织寻求动员的（广大的）政策相关学术研究者或学者——对于我们这里的分析是有益的。因为在一个文化资本从属于经济资本的体制中，知识分子作为文化资本的所有者持有一种矛盾的立场。然而，在一个不平等的社会制度中，他们的功能是重要的，尤其在一个倾向于维持现状的社会。如果人们在下面关于公司慈善组织和大学研究人员相对的权力地位的案例研究中发现知识分子从属于金融—经济权力（这种假设与卡尔和卡茨两位著名的"保守派"慈善基金会学者相反）[24]，[知识分子的]形象将会受到破坏。确切地说，在知识产品中越来越多的角色即大规模官僚组织——赞成技术官僚专门知识——已开始扮演着布尔迪厄强调的角色，并且有越来越多依附性的独立知识分子的努力。实际上，慈善基金会处于知识界中主要战略玩家之间：它们在决策方面有很大的影响力（通过拨款），并能定义什么是合法和非法的知识。例如，它们在建立新的学科（如国际关系）方面的权力，包括它们理论的、方法的和实用的导向并不只是对科学进步的简单贡献，[它们]也一直用"政治"手腕试图建立、恢复、加强、保护或转变一种符号主导的关系结构。[25]

根据罗伯特·布鲁姆的说法，思想机制和知识网络致力于（至少部分地）知识分子的合作和雇佣，从而巩固他们依附于现有政治安排和变革进程，也是一个案例。[26]知识分子在精英文化和政治体制内的失业或低就业很久以来就与政治激进主义相联系，而融合也倾向于导致政治缓和与稳定的更高水平。美国基金会在第三世界国家现代化中的角色受这样的信条所驱动："在经济、政治和文化领域得不到他们（知识分子）顺利和完全融入的任何事情都将产生激进主义——即通过政治手段来共同试图加速受到阻碍的现代化步伐，有时具有暴力的特性。"在像美国这样高度现代化和制度完善的国家,那里已经出现"越来越多的吸收知识分子进权势集团各级别的事情",知识分子卷入了"相当狭义界限内的……冲突"[27]。

罗伯特·布鲁姆的思想与意大利马克思主义者安东尼奥·葛兰西所阐述的思想高度一致。[28]葛兰西认为知识分子在发展他们特殊的社会集团或阶级关于有组织社会的经济、政治和社会自我意识与思想方面扮演了关键的角色,而这也是为了更好地巩固他们的阶级地位。知识分子自身的政治—意识形态发展取决于他们的最优、次优和第三位的社会化,以及适用于知识分子机遇的后教育结构,从而成为职业上和政治上相关联的各种社会团体。美国慈善基金会试图建立强有力的网络,明确地招募和动员最有前途的学术界知识分子来开展全方位的大规模项目,包括在国内和外交事务中辅助美国的发展。由于向经过如此动员的知识分子提供强有力的职业导向机遇、资金充足的项目、施加政治影响的机会,以及做到了与体制较好的融合,因而他们倾向于产出具有实用性、技术官僚特色的研究,其方法与基金会领导人的实证主义导向也完全兼容。[29]但这并不是说基金会直接干预研究人员或研究结果,更不是说对研究者施加压力。它只是指出考虑到学术机构持续的财务危机状况,基金会的大规模资助项目被证明是有吸引力的,因而也影响了研究主题、研究问题和研究方法的选择。[30]正如布鲁姆所指出的:一个显然的可能是,研究者们会一直得出与基金会的隐性或显性意图完全不一致的结论,因而会挑战霸权式的思考。[31]

总的来说,这些有机知识分子的工作很大程度上起着说明一种共识的作用,这种共识就是要将有分歧的社会和经济力量"和谐化",以及将国内和全球权力的不平等制度"永久化"。通过构建知识网络,最富有基金会所在的最强大国家发展了一种人员、思想和金钱的流动机制,而这种机制适合维持现存全球权力的等级结构。第三世界知识分子被融入网络空间之中,受来自大都会核心的学

第一章
基金会在美国外交政策中的重要性

者、基金会、大公司和国家精英的资助和影响（如果不是被引导和网罗的话）。前者在一种程度上被转变成了大都会和跨国的力量，来回应越来越多的跨国、全球的逻辑。大致来说，这种对于知识分子的"萃取"相当于资源的提炼，全球财富的流动从不发达国家流向发达国家。基金会已帮助发展了"网罗"全球精英的空间，在其中精英们相互流通和交流，发展思想、项目以及最重要的符号资本。世界社会论坛（World Social Forum）即提供了有关这一进程的有趣范例。[32]

对于美国基金会来说，**构建全球知识网络本身几乎就是一个目的**；实际上，网络似乎成了它们主要的长期成就。尽管基金会资助的网络也试图作为获得特殊目标的手段来进行运作，**但总的来说，这些目标并不必然像它们所公开宣称的那样**。实际上，尽管它们口头宣称的目标是消除贫困、救助穷人、改善生活水平、促进经济发展等等，并且美国基金会在评估其影响时也显示如此，但在这些目标上它们的努力大多是失败的。而另一方面，也正是这些报告却宣称在建立强大的全球知识网络方面取得了巨大的成功。这些网络维持了基金会的投资，例如资助研究人员、研究项目以及横跨大学、智库、对外政策制定者和外交学术界的交流路线。

建立网络却不解决社会问题

根据与基金会理事会有密切联系的研究者兰德姆·伯尔林的说法：建立第三世界大学网络是美国慈善组织的一个重要目标——"在一小部分具有战略地位或潜力较大的发展中国家建立强势大学……（希望）这些投资能够有助于推动……一大批学者（成为）广泛的国家发展的手段"[33]。然而，尽管伯尔林支持基金会的这一目标，他却认为它们的项目意愿良好，但并没有提高普通民众的生活水平。即使美国慈善组织成功地创办了"专业化的精英大学",批评者们仍认为这只是对于整个社会"溢出"收益,既不够确定也不够快速。[34]

伯尔林引用弗朗西斯·萨顿(他曾于1954—1983年间长期服务于福特基金会)的话来说明福特在拉丁美洲的主要成就之一就是发展社会科学家的领导网络。福特支持组建专业化和学术化的协会来培训、团结和融合拉美的社会科学家,包括拉美社会科学理事会和巴西农业经济学会。[35]

此外,伯尔林还说明了美国基金会建立的横跨同类海外组织的广泛捐助制度和网络建设。福特基金会提供资金给各种组织,支持与其自身相似或互补的发展项目:如海外发展研究所(ODI),由它就英国的发展问题形成专业知识(在牛津和剑桥大学)和公共讨论;皇家国际事务学会(RIIA),这是一个与美国对外关系委员会对应的精英组织,由它来研究拉美的发展问题;德国发展中国家研究所(GIDC),由它来培训服务海外的技术专家;以及经济合作和发展组织(OECD)。[36]

从一个葛兰西主义者的观点来看,罗伯特·阿诺威认为基金会对于全世界专家培训项目的资助,很大程度上是意在发展专业人士、管理阶层和政府官员的领导力和"才能",而技术官僚坚信:社会只有处于有能力者的领导之下,才会变革和发展。洛克菲勒基金会认为其不可分割的历史使命是:"发展制度来培训应用学科中的专业人士、科学家和学者,他们反过来会培训下一代的学生,在其专业领域内推动知识。"这种方法不太重视"基于大众的"项目和网络,而是更倾向于投资精英机构和网络,是一种内在的精英式政治和意识形态策略。[37]因此,福特资助建设"杰出人才中心","引导(学者们)进入地区和国际网络……进行福特基金会认为合适和有用的那种研究"。凭借着专业的标准文献、主导的学科假设以

第一章
基金会在美国外交政策中的重要性

及适合的研究方法,福特对于研究、旅行、会议和期刊的拨款,融合与吸收地区及国际学者。根据1975年的福特年度报告,为了确保其资助的学生在毕业后不被忽视,第三世界的学者们从美国回去后,"经常会被一个正在形成的基金会支持的研究中心网络所雇用"[38]。

网络建设对实际经济发展和提升大众生活水平的影响到底如何?"建立机制的终极目标当然是国家发展——**扩大面向普通公众的选择范围,提高生活质量和为人们最重要的需求服务**。"[39] 总的来说,基金会的官员和它们学术上的支持者都很坦白地承认这不会实现。一份洛克菲勒资助的报告在评估第三世界大学在国家发展中的作用时,批评它们是"运转不良和导向错误的",并归因于它们所采用的是美国和其他西方国家大学的结构,"很少思考或努力解决这种学术组织的模式如何适应或服务于现有条件的问题"[40]。这意味着基金会的成功,甚至在其最核心目标即建立强大、有效的机制用于发展这一点上都需要是合格的。

在洛克菲勒基金会前副主席肯尼思·汤普森1976年的一份重要报告中,也提到了这种(外国援助)机构内"失望的声音,因为人们认为援助并没有收获所希望的那种结果"。确实,他注意到了结构性的评估和社会不平等的存在。而且,他评论说:"大多数的外国高等教育研究机构是象牙塔、精英主义特色……无法满足它们国家人民的最迫切需要。"[41] 具有启发意义的是,汤普森所认可的前进道路是基于西方学者和第三世界学者之间的合作,而这些第三世界学者正是美国慈善组织和其他援助机构20世纪50年代以来发展起来的人力资本。也就是说,已建立的网络尽管没有能够满足第三世界国家人民的需要,却仍被用来重新定义大学在发展过程中的使命。人们相信,第一世界和第三世界之间谈判出一种更为合作的方式将有助于发展更好的经济计划并导致更快速地消除贫困。

然而,汤普森报告的主旨仍是致力于网络发展,通过进一步援助

以慈善的名义
美国崛起进程中的三大基金会

大学来寻求创新的思想、"人员的职业保障……和应对人才外流问题的策略"。有人建议"各组织机构应当继续帮助发展中国家建立一个学者、教员和以发展为导向的教育者的储备库"。要做到如此的一种方式也许是"维持和加强发展中国家的**现存**教育者网络"[42]。而当我们更进一步观察汤普森所组合网络的时候，就会发现它几乎全是基金会资助的人："代表们来自基金会自身（如卡内基公司的戴维·科尔特、洛克菲勒的迈克尔·托德罗和乔治·哈乐尔、福特的钱皮恩·沃尔德），来自基金会长期资助的大学和研究所（如哥伦比亚卡里的瓦耶大学和尼日利亚的伊费大学），来自曾经接受过美国慈善组织资助的学者和大学领导人（印尼的苏查特莫科和许多非洲大学领导人）。"[43]这个网络一直存在，甚至当失败被曝光、发展战略被重新定义时都存在着：它的成员被认为是很值得尊敬和负责任的第三世界教育者[44]，而他们将生产合法的和能获得资助的知识。正如阿诺威指出的，主要的收获在于吸收第三世界学者进入个人和机构的地区与国际网络，执行福特基金会（还有其他基金会）所认为适合和有用的那种研究。[45]阿诺威进一步指出，基金会的知识网络"加快了一个地区居民之间，以及大都会中心和边缘的思想流动"[46]。由此，政策相关的"网络"思想的生产和消费，能够从地方和"群众"里分离出来，融入精英的话语之中。通过这种方式，即使是他们生产的相对激进的思想也可能变得稀释化、国内化和蜕变为渐进的改革，因而无法解决全球不平等的结构性问题。

基金会建立网络是为了自身的利益，因为它们仅仅凭借被建构的东西（也就是由于它们所呈现的一系列"内部"功能）来生产结果；其次，也因为网络所获取的目标不同于其公开宣称的那一套（它们的"外部"功能）。基金会网络培育和创造凝聚网络的思想框架；它们慷慨地资助各种场合来创造和将特定的知识合法化；类型；（利用）网络建立职业和声望；它们资助重点学者、政策制定

第一章
基金会在美国外交政策中的重要性

者、大学、期刊、专业学社和学会,将"核心"大城市中心的学者与那些处于"边缘"的学者联系起来;利用网络在一个"安全"的思想体制内为知识分子提供就业资源,加强某些思想,也与另外的思想作斗争,并且仅仅通过产生和传播思想及经验研究阻止"其他想法"(或至少使之不太可能);在冷战时期,利用网络识别和发展亲美的精英骨干来支持(并受益于)资本主义现代化战略,并且在当代,支持和受益于新自由主义的全球化战略。

通常,在一段充分的基金会资助期之后,基金会网络将会变成自我持续的系统维护体制(像大多数组织尝试的那样)。它们的自我持续也会变成一种网络主要支持者的既得利益。网络产生与"合法"思想和政策相关联的"合法"学者,这些学者又由像国际货币基金组织、世界银行和美国国务院这样的"合法"组织来保证(或至少要与之打交道)。他们帮助维持现状,而更常见的是,充当跨体制的改革者。

国家—私人网络的概念化

尽管国家和私人的跨国角色之间的关系在许多实证研究中已得到承认,却很少有人对这种关系进行概念化。于是在研究基金会时带来一个真正的问题:一方面,这种关系似乎横跨"国家—私人"的分界线;另一方面,这种关系又似乎完全独立于国家。实际上,许多国际史学家已发展了"国家—私人网络"概念来使一系列市民社会组织和国家(美国)的相互关系和建立共识活动概念化。[47] 在这几个方法之中提供了一种更具说服力和更为新奇的思路来理解"权力是如何运作的",特别是关于慈善基金会,在国内的和全球层面上都有;而许多这类方法——例如认识论、超国家论、社团主义、权势集团、葛兰西霸权理论——都将在本章中得到进一步探索。但是，我认为葛兰西学派的分析为本书提供了最为全面的框架，而其他视角则可以归入到此类中。

现代美国政府和精英的外交及其他组织之间的合作关系模糊了公共与私人部门之间的差别，也带来了理论问题（如多元主义、国家主义和工具马克思主义）[48]，这推动了一种关于权力的"零和"观点，凸显了国家和私人利益集团的对立，反之亦然。然而，合作的国家—私人精英网络在动员美国全球扩张主义方面扮演了一种强有力的历史角色，而这种网络可以通过考察概念得到最大限度的重视。这些概念强调共享和相互的国家—私人精英利益，超越了国家利益和私人利益相互竞争的常规理论。这种安排的优点在于能够通过有意的非官方和非政府手段，来达到（或者至少是推动）官方的政策目标，尤其是在"敏感的"领域。美国基金会无论过去和现在都与国家关系密切，并因此提供了关于公共—私人"搭界"组织的理想说明案例。

根据迈克尔·曼的说法，现代国家除了自身可观的和不断增长的强制力之外，最重要的权力之一是现代国家基础设施的能力。也就是说，除了抽取税赋和利用有产出的经济来获利（如银行贷款）之外，国家的权力已增长到深入其"自身"社会和利用合法性与大众善意的蓄水池。[49]而另一方面，葛兰西却坚持主导"阶级"最重要的权力之一是能够建立私人组织，而这成了行使国家权力的基础。国家机构精英的自身组织和私人生活的组织创造了相互渗透的组织的基础，以及政治的、意识形态的和文化权力的网络，而这对于实际现代生活的各个方面具有深远的影响。这种相互渗透已迫使历史学家和政治学家来重新评估和重新概念化国家—私人的关系，并且对在像美国这样的现代民主国家中权力如何运作发展出更好的理解。

以下几个概念框架中的每一个都与这样一种理论相左：假设有

第一章
基金会在美国外交政策中的重要性

一种无所不能的国家（如国家主义或现实主义）或者假设有一种反对各种强有力私人利益的弱国（多元主义）。四种国家—私人网络设想的每一个都超越了权力的零和博弈观点，即强国家/弱集团理论和强集团/弱国家理论都支持这一观点（尽管社团主义确实坚持了其多元主义起源的某些成分）。[50] 本章将考察这四种主要的概念，然后提出，尽管它们每一个都推动了理解美国国家和精英的私人团体的行为，对它们的洞察也许可以归入一种关于权力的更为全面的观点，这种观点被一种叫新葛兰西主义的权力分析所推动。因此，以下四种概念化的作用主要是将更广泛和更抽象的葛兰西类型和概念（比如历史集团、霸权目标和国家精神）置于更加经验的/历史的场景。

权势集团

历史学家高夫雷·赫德森认为，权势集团（他把这一概念溯源至二战，但在本书中可见其有更早的历史）指"有势力的团体，他们相互认识，对于事情有较多共识以至无须争论；他们在宪法和政治形式之外持续地行使权力，这种权力可以让他们把不赞同的事情搁置、提拔他们认为靠得住的人[51]；简言之，就是有力量来维持现状"。更确切地说，关键之处在于权势集团由三个核心团体构成：来自纽约的具有国际化思想的律师、银行家和公司执行官；来自华盛顿的政府官员；以及精英大学的学者（包括主要慈善基金会的领导人）。赫德森认为，这三大团体通过一种共同的历史、政策、渴望、直觉和手段联合在一起。

战后权势集团的历史起源和统一来自于赢得二战、发展和实施马歇尔计划、建立北约和应对苏联。它们一致的政策是反对孤立主义和推动"自由的"国际主义、反对民族沙文主义但追求美国的权力、赞成约束但不反对使用高科技的军事力量，以及用道德作为行动的指南但却不允许道德来阻止强硬的行动。它们共同的愿望无疑是"对于世界道义和政治的领导"——填补英帝国留下的真空。对于赫德森来说,权势集团的基本直觉是支持以政治为中心,"介于右派的野蛮粗鲁和左派的不切实际之间"。最后,赫德森认为,权势集团的手段是利用政府的行政分支——白宫、国家安全委员会、中央情报局——而不是美国国会和公共舆论。权势集团声称是为了公益而采取私人行动。

虽然赫德森只是顺便提及了基金会的地位,他的概念化却与三大基金会在美国外交政策中的作用相吻合,这些基金会视自身为两党的代表并超越意识形态,反对孤立主义、支持自由国际主义,为美国的全球领导地位而孜孜不倦地努力。基金会的领导人遴选自与赫德森所说的那些权势集团有相似社会和教育背景的人。实际上,赫德森认为这些有凝聚力的精英力量主导了美国的外交政策,缩小了国家和社会之间的鸿沟。尽管新葛兰西主义者期待着一个比赫德森的权势集团更为宽泛的历史团体,但他们必将发现赫德森的概念在一个更广泛的构想中是有用的,因为它允许葛兰西主义者抽象概念的具体历史化。当然同样重要的是,尽管有民主和平等的修饰,非葛兰西主义者还是认为,通过那些活动于"宪法和政治形式"之外非选举的、说话不算数的、不具代表性的和高度保密化的精英,美国的权力确实是在被不恰当地行使着。[52]

社团主义学派

社团主义是多元理论的一个变种,二者的共同思想在于认为美国政府本质上是虚弱的,不适合单独行动,并受私人利益支配。不过,多元主义关注政治的冲突和竞争,而社团主义则强调各功能集团(公司、政府、有组织劳工、农业综合企业)之间的冲突管理和合作,认为各功能集团的合作可以更好地管理经济和政治转型、和谐化利益冲突以及促进政治稳定。

社团主义者如迈克尔·霍根和艾利斯·海利追溯功能集团的历

第一章
基金会在美国外交政策中的重要性

史至进步时代,这是一个公司权力、大规模移民、快速城市化和预想社会动荡同时出现的时期。[53]因此,大公司和政府变得越来越纠缠在一起,形成了一种超越政党竞争和狭隘部门利益的"有组织部门"。这种"有组织部门"被视为"一种启蒙的社会精英",一种有助于整个国家的良性政策资源,寻求一种介于"自由放任主义……和……家长作风的国家主义"之间的"中间道路"。具体来说,功能集团和政府机构的渗透增强了实用主义新政改革和国际主义外交政策的可能性,因为集团关注资本密集型的工业、金融机构和有组织劳工,而这些都与经济增长、国际稳定利益攸关。实际上,这些结构变化导致了新精英的出现——这是社团主义文献中被忽视的一个方面——它们从内在改变了美国,并将它们的新政主义投射到了海外。迈克尔·威拉关于对外关系委员会(CFR)作用的分析是社团主义可被用于解释慈善基金会的一个很好例子。[54]

而在某些方面,社团主义分析也契合了新葛兰西主义的框架。实际上,社团主义者托马斯·福格森和托马斯·麦考密克都间接提到了两个视角中所使用的概念。福格森实际上使用了"历史集团"这个词来代替富兰克林·罗斯福所建立的新政联合内阁。[55]毫无疑问,"有组织部门"的启发式自我形象与葛兰西的"国家精神"相一致,而社团主义强调的国际导向、资本密集工业和金融机构以及有组织劳工之间的利益融合则是葛兰西历史集团的基本要素。实际上,社团主义分析所缺失的是对知识分子和知识体制作用的任何令人信服的说明,而葛兰西主义方法则通过分析慈善基金会的知识网络构建和知识分子动员很好地弥补了这一点。

超国家派

正如前面所提及的,在进步时代出现了各种改革倾向的和现代化的组织。更广泛地说,改革主义者聚焦于试图缓解贫困、促进道德复兴、改革政府与政治,以及转变美国在世界上的地位。[56]爱尔顿·艾泽齐称这些组织为"超国家派"，因为它们为"国家的公共利益"而奋斗，声称要代表"真正的国家"。超国家派活动处于既有的政党机器和选举政治之外，支持扩大联邦行政机构的权力来介入劳工权益、工作场所健康和安全、贫民窟清理、公共卫生等等。[57]

事实上，超国家派在其自身和"国家"之间并没有作出区分，他们根据黑格尔的说法将之看作是一个人信仰的化身。按照这种观点，理所当然地认为"国家不能有一个约束和管制自我的外部权威，在日常生活的每一个微小方面都必须将自己当作是国家"。因此，"好公民"在他或她的日常行为中，寻求获得一种更大公共利益的感觉是"国家导向的"。但在进步时代，这只是一种渴望，而不是事实。一个虚弱的联邦政府和积极的超国家派的利益围绕着动员公共舆论联合了起来：通过一个强大的联邦政府，以及经由向国外输出美国的价值，超国家派将教育国内落后于改革派议程的公共舆论。"好公民"也会成为政府公共官员的大多数，并且在公共导向的私人组织（基金会、慈善组织等）内也行使公民资格。超国家派支持"新政"改革、全球主义以及支撑它们的机制——大学、基金会、教会和公共舆论。

超国家派的国家导向与葛兰西的国家精神尤其相似。这就意味着葛兰西的概念有很多可以用来分析美国的权力。同时，很显然葛兰西理论框架的巨大综合性不仅有效地包含，而且很好地呈现以上勾画的概念，允许对权力进行更为广泛的、令人信服的、连贯的和批判性的研究。

知识社群

知识（或认知）社群在政策进程中扮演了一个重要的角色。这里考虑该概念，是因为它同国家—私人网络相关，尤其是作为一种较为特殊的形式呈现。知识社群是指"对因果关系有共同世界观的

第一章
基金会在美国外交政策中的重要性

专家网络,这种因果关系与他们应当适用的政策类型的专业知识领域和共同政治价值观相关"[58]。由这种方式理解,知识社群似乎是以价值/知识为基础的特殊利益,大多以多元模式来寻求对国家的影响。这种影响,如果有的话,是从私人团体向国家流动。

知识社群概念的一个微妙之处是认为在知识团体内有一种"双层"动力:第一层包括政府官员、国际代理人和公司执行官;第二层包括学者、律师和记者。两层都有共同的概念框架,但却在一致的劳动力分界线内运行:政府官员能够进入政策制定,并使用第二层来出版/传播他们的思想,将之进行"客观的和科学的"合法化,并详尽阐述它们。同时,第二层的思想作为一种不断增长的共识被带给政府官员和决策者。当这样一种互动最终成功的时候,它们会导致知识社群"政策范式"的机制化,并吸收专家直接为国家服务。[59]

与葛兰西主义者的思想相比,知识社群的概念是有限的——它既没有包括权力或国家的一般理论,也没有包括公司经济、学术界等方面的多重权力资源。现在的论点与哈斯的多元主义不同,也缺乏知识社群关于权力其他方面的清晰描述(尤其是掌管钱袋的权力),并以相当随意的方式呈现,即哈斯认为知识网络的"出现"是为了响应"需求",所以无须考察精确的机制,借助这种机制,对于信息的有效需求会被分配,而不管有任何机构产生对于知识供应的需求,以及促进其增长和发展。哈斯的潜台词是要在一个思想自由市场的概念下才行得通。本书认为某些有财力的战略机构竭力预见问题并培养学者,而这可能会有助于问题的概念化和解决。实际上,置于葛兰西主义的背景下,知识社群方法就变成了一个更加有用的实际概念,甚至可以说是关于国家—私人网络和关系的精确特征。

权势集团、社团组织部门、超国家和知识/认知社群在许多方面是有共性的，它们可以有效地用于美国对外关系来帮助理解私人精英和其他组织的关键部分与美国各种机构的利益之间的关系。每一个概念都很清晰地支持这种观点，即国家和社会的精英部门之间在前景与利益方面有无数的、显著的重叠。尽管使用不同的语言和词汇，每一种概念都强调模糊国家和社会之间差异的功用，超越了设定国家反对社会（反之亦然）的国家权力思想。它们认为如果将国家和社会当作一个联盟，将可以更好地理解政治后果、政策和国家行为，甚至，它们认为国家对社会的渗透（和相反方向）是如此的深入和全面——有形的、政治的、意识形态的、心理上的和组织上的，几乎不太可能厘清从哪里开始和到哪里结束。

政治改革是四个概念考察的另一个主要思想。启发式的、精英领导的变革是每一个概念的中心。但是变革/改革寻求和争夺的并不仅仅是变化：它们的目标是建立一种新秩序，与"混乱"和"骚乱"作斗争，创造一个"稳定"和"进步"的新政权。即使赫德森的权势集团和社团主义的组织部门渴望稳定，他们的内心深处仍是挑战维持现状（孤立主义和自由竞争）的改革者；通过政治的、经济的和社会的批判来动摇这种现状，并最终制服它们的反对者。这时他们就成了稳定的支持者——来保护他们的新秩序。

与此相关，每一个概念也赞成精英领导的、自上而下的、技术官僚的变革。在考察的任何一种概念中，大众并不会作出积极的表现。有一种潜在的假设，即专业知识、执业知识、地位、职位、社会出身和智力具有优越性。例如进步主义者、权势集团抱有这样一种共识，即大众对于公共事务不太具备判断力——事实上，根据精英派民主党人熊彼特的观点[60]，大众在考察政治事务时会堕落到"原始人"水平——过于情绪化、不稳定，十分容易受暴民鼓动和煽动而动摇。在每一个概念中，除了社团主义者，民众都是监控的目标，受精英的指导和动员。[61]

第一章
基金会在美国外交政策中的重要性

如果精英们对选举政治不满意,他们会对国家中占据高层的那些人更为乐观,因为精英们认为这些高层行政人员像他们一样受过启蒙,实际上他们经常都招募自同样的大公司、精英大学、私立学校、基金会理事会、教会等等。行政机构相对隔绝于选举政治的异想天开和公共舆论的情绪波动,(在某种程度上)至少并且特别是在外交上,它们提供了施加巨大影响力以及实现政治、经济和行政改革目标的机会。从华尔街和剑桥到华盛顿走廊的旋转门,表现和象征了权势集团人物在运作权力方面的轻松循环:私人精英和公共权力的共生现象。[62]

新葛兰西主义的视角

赫德森的权势集团和社团主义的组织部门是四个概念中最为经济化的,赞成精英要从(或至少部分从)资本密集的国际制造商和银行家阶层来吸纳人员的思想。通过承认经济利益对政治和政治制度的重要性,两个相关的概念靠得越来越近,最终形成了关于权力的更激进解释:葛兰西思想。后者的框架要全面得多,显然比以上审视的任何一个概念都重要,它也是解释国家—社会关系的一种更好方式。此外,葛兰西很少考察的"国家精神"观念提供了理解国家—社会关系的新见解,这一观念在以上考察的四个概念中几度被暗示,但对它的阐述不太令人满意。

葛兰西把卡尔·马克思争论的东西变得更为直白:统治阶级的思想在任何一个时代都是统治思想。[63]然而,葛兰西更进一步地将意识形态的、政治的和文化的斗争拉进了马克思主义思想的中心,从而为知识分子创造了空间。他认为是"有机知识分子"——与统治阶级相关联的思想者,例如在大学,或教会、大众媒体、政党里面的那些人——在发展、说明和传播主流的思想、价值、规范;以及制造"自然的""常识性的"和心理上使整个社会满意的思想,实际就是原则上要支持统治阶级。

以慈善的名义
美国崛起进程中的三大基金会

通过斗争、妥协和建立持久的超越阶级、种族和人种分裂的联盟，形成主流的"现实"思想、主导性的概念，这构成了一个特定政权的基础。[64] 由于政权——或霸权项目和联盟——由跨阶级的盟友构成，它们需要形成和维持动员公共舆论使大众（或至少他们的绝大部分）相信：他们与当前的安排利益攸关。简言之，历史上的集团由基于"被统治者的同意"的领导来产生和维系，处于资产阶级的政客和知识分子的霸权领导之下。

由于"被统治者的同意"对政治安排至关重要，它由思想的、政治的和文化的精英通过各种渠道所设计，卷入的不仅有国家，还有赫德森的权势集团、社团主义的组织部门、艾泽纳齐的超国家和知识社群承认的各类组织：主要的公立和私立大学、对外关系委员会和大型慈善基金会——福特、卡内基和洛克菲勒。

根据葛兰西主义者的说法，精英和大众权威是由一个国家和私人机构的联盟，为了破坏旧秩序和引入新秩序而建立的。私人精英分子动机的核心是葛兰西的"国家精神"观念。从本质上说，国家精神激励领导人以个人方式关注民族和国家，使狭隘的经济和政治利益从属于广泛、长期的国家整体利益。具有国家精神的领导人将自己投入到全方位的国家和全球历史发展中：他们的远见意味着"连续性"，无论是过去的、传统的还是未来的；也就是说，它假定每一个行动是复杂进程中的一个时刻，已经开始并将持续。[65] 根据葛兰西的说法，这些领导人甚至开始认为"他们就是国家"[66]。

对于美国国家的和私人的精英外交政策行为的研究并不适于增加国家—私人网络的重要性，这一点肯定要受到质疑。私人精英凭借着对美国的直接和间接支持，在外交政策制定、舆论动员和海外政策实施方面扮演了重要的角色。确实，基金会和智库经常打着它们是独立的非国家机构的幌子，能够在敏感国家和地区内运作。概念化和领会这种现象的最好方式是通过框架来提供对于建立共识和

第一章
基金会在美国外交政策中的重要性

构建网络的重要性的足够认识,以及动员国家—私人网络的国家精神,两者都是在美国权势集团和它们与从属社会阶级的关系的范围里。

实际上,三大基金会的地位、角色和历史的主要概念化提供了一种新葛兰西主义者推动的重要分析的显著对比。基金会的"主流"学者和基金会的内部人士倾向于将美国基金会视为一种良性的、启发性的和无私的力量,使国家和世界变得更好;视为高于政治和意识形态、超越大公司和国家,和作为第三部门的一部分并独立于前两者[67];视为由大学学术机构和其他思想机构引导并依附于它们,而不是动员前者来推进任何意识形态的政治议程;视为一个更加开放和多元的美国以及一个民主化不断加强的全球市民社会(后者自20世纪80年代以来)的建设者。例如,他们认为基金会理事并不会"干预"大学的研究和教学,无论是美国国内的或国外的大学,因为美国学术专业学会比基金会成立得更早,在基金会成立的时候,就已经发展成了一个思想自主体,这种自主性过去和现在都不会被基金会削弱。[68]由于两种文化根本不同,他们还举出一个葛兰西理论(以及其他欧洲精英理论)的重大反例,来证明其不适用于(或至少不太适用于)美国的案例。他们认为在欧洲,知识分子是由政党动员的;而在美国,政党是不同的和不太合法化的组织,知识分子唯恐避之不及。因此,慈善基金会和学术界在政治上甚至政府里分得很清,保持着超越于党派、任免和乡土观念之上。[69]所以卡尔和卡茨通过转向对于基金会内部人士更加乐观的解释来对葛兰西主义者的基金会分析做出反应,这些内部人士声称基金会只是为了自身目的来资助好的思想或知识,而不是为了政治的、战略的或意识形态的目的。[70]因此,在本书所考察的基金会作用的案例中,卡尔和卡茨等人将期待着发现无私的、非政治的和非意识形态的、独立于美国政府的资金捐助和投资倡议;也就是说，他们期待着发现证据来确认基金会对于它们角色的公开声明。本书将从根本上挑战这些解释。

问题和方法

考虑到有关三大基金会地位、角色和历史的思想与观点的巨大差异，接下来我将直接阐述几个问题：

（1）基金会是超越政府和公司利益的吗？或者它们是不具代表性的东岸权势集团和霸权统治精英的一部分吗？

（2）慈善基金会当前和过去在美国外交政策（对内和对外）中的角色是什么？

（3）美国慈善基金会和它们日益强大的全球慈善网络积极地创造了一个政治上和意识形态上扭曲的"全球市民社会"来支持美国（和西方）的霸权吗？基金会目前在建立支持美国领导的全球化的组织和市民社会基础设施吗？

（4）这些证据对于美国"权力是如何运作的"意味着什么，尤其是关于知识和知识网络的角色？

这些问题将通过从20世纪30年代到"9·11"反恐战争期间基金会角色的一系列详细案例研究来解答，具体通过基金会记录的相关而全面的历史和当代原始证据来分析。这些基金会的角色可分成以下几类：第一，制定政策和建立国家级研究能力，尤其集中于基金会支持智库和其他政策相关思想机构，如对外关系委员会、卡内基国际和平基金会、耶鲁国际事务研究所和美国国际问题研究委员会；第二，通过考察对外关系委员会的地区委员会、外交政策协会和太平洋关系学会，以及大学国际关系项目的产出，来努力形成和动员精英舆论；第三，建立正式的和非正式的国际组织来施行美国的影响和霸权；第四，与美国政府合作直接进行海外干预，在特定

第一章
基金会在美国外交政策中的重要性

案例上就经济发展战略来促进美国的思想、价值和方法,这些案例包括冷战期间对印度尼西亚、智利和尼日利亚大学的干预,以及促进美国主义和更广泛地与反美主义作斗争;第五,在后冷战时期促进新自由主义全球化和推进民主化战略。

基金会的记录是一份极具知识和洞察力的珍贵资源,含有其领导者的思维方式和所资助项目的理论依据、范围和效果。具体信息来源如下:政策制定委员会(包括理事会)的主要设想和意见;阐明目标/任务的内部会议文献;记载资助特别项目、工程和研究机构的拨款文件;拨款的影响评估报告;记录政策辩论的内部交流和备忘录;项目官员和受资助者的通信;外部的鉴定报告;年度报告;项目官员和理事的口述史;与国务院(以及其他相关部门)的通信。这些记录提供了大量证据——包括美国大学的地区研究和国际关系项目、精英舆论的动员活动和基金会在支持美国霸权方面自身的海外行动——对关键问题作了阐明。案例研究(时间自20世纪30年代至二战、冷战时期和后冷战时期)揭示了慈善组织在一个很长的历史时期开展美国外交事务的差别;提供了它们政治意识形态特色的证据,以及它们与美国政府和大公司的关系;它们对自身在历史上建构的知识网络的作用和影响的认知;它们在全球化、促进民主和建立全球市民社会中的作用,因而在某些政策相关和意识形态的导向方面有别于其他的"动员偏好";以及如何来解决这一终极问题:在一个主要的自由民主国家,以及通过其日益扩大的"全球化"边界,这些证据在"权力是如何运作的"这件事上告诉了我们什么。

整个研究将要考虑基金会的第三部门声明的第一个问题。实际上,更具体的是,这一问题将会通过对基金会理事与官员们的政治、宗教、教育、职业和公司的背景的原创分析来加以解决。通过考察基金会领导者与美国社会、政治、国家和经济其他部门关系的累积记录,我将分析理事们的广泛关系及其随着时间而起的变化。很显然大家都承认的是,社会出身虽然并不总是决定性因素,但却具有深远的影响。同时,大家也都认为社会化进程在持续性和效果上是终生的:每次个人进入其生活的新阶段或进入新的机构文化,他们在自我概念上将会承受微妙的再教育。

第二个问题——美国基金会在美国外交中的历史和当代作用——将会以众多相关的方式进行探讨。例如,我将分析基金会在加强美国的政策制定功能方面的贡献,包括通过资助倡议来增加国家的研究/知识建构能力;提高官方政策制定者与专家和智库的联系;增加有助于政策制定者的学术性政策相关专业知识的供应;以及增加受过更好训练的、与美国外交政策相关的区域研究和国关项目毕业生的供应。

此外,我将考察基金会在形成和动员精英的、有关的和公共的舆论层面上的问题。由于美国的政治体制特别需要回应公共舆论,美国精英们发展出了一套复杂的操纵舆论的手段。基金会在塑造舆论方面的角色,将会通过以下方式来进行:它们对于重要的亲国际主义者和反孤立主义者的出版组织的资助;妇女大会、工会和商会;研讨会和面向学校教师和学生的教育材料;对于国际公共舆论塑造战略和具体语音广播有效性的研究;以及与利益集团建立联系来推动政策:如废除20世纪30年代后期的美国中立法和使美国在1941年12月日本攻击珍珠港前夕成为交战国。

本书也要考虑三大基金会如何通过它们的美国大学区域研究项目网络和与美国利益攸关的战略性国家的海外大学的联系,来直接促成美国的霸权。特别是本书考察(具有地区和战略枢纽地位的国家:印度尼西亚、尼日利亚和智利)三个案例研究,来显示基金会如何构建知识网络,该网络推动了经济发展战略的专门形式(资本主义现代化)、实证主义的社会科学研究方法论,以及资助了美国

第一章
基金会在美国外交政策中的重要性

与国外大学的合作。

由网络促进的人员（学者、博士生、政策实践者），思想（通过国际贷款、援助和投资发展资本主义经济和政治的思想）和金钱（基金会拨款）的流动是基金会赖以具体建立美国霸权的手段。本研究认为网络的建构不仅是建立霸权的手段，同时也是目的；因为这种网络一旦建立了，将会连接和维持人员、思想和金钱的流动，确保第三世界精英留在强有力的美国/西方机制的轨道之内。

第三个问题——基金会在全球化、促进民主和全球市民社会中的作用——本书将会通过考察正在出现的21世纪慈善基组织的二手文献[71]，以及国际战略慈善组织网络、亚太慈善组织共同体和主要的美国基金会与它们的欧洲同行（索罗斯）的开放社会网络、世界中的欧洲和欧洲基金会中心的活动来解决。除了对联合国的全球化相关研究机构和世界银行的发展与贫困消除计划等的重要资助，这些慈善组织的网络——以及慈善网络的网络——在发展全球化论坛如世界经济论坛、世界社会论坛方面也扮演了一个重要的角色。[72] 最后，全球慈善组织——紧随美国国内模式——正声称要发展国际非政府和跨国游说网络与联盟，这构成了一个更具代表性的和有责任感的"多元"全球市民社会，它将会填堵"民主赤字"，这也是新研究挑战的一项声明。

本书的章节结构意在系统性地解决以上问题：第二章考察基金会领导层的历史起源和目标、社会学（的演进）和世界观，考虑基金会被当作东岸外交政策权势集团的中心组成部分的案例。

第三章覆盖的范围从20世纪30年代到第二次世界大战结束，考虑在美国外交政策的"孤立主义"时期，基金会培育自由国际主义和与孤立主义力量作斗争的方式。它也要讨论慈善组织如何在二战期间通过反对中立法和资助精英的干涉主义者组织如对外关系委员会、发展基于大学的国际关系项目和在国际关系学科内作为一种主导话语的现实主义,来帮助美国走向全球主义。同时也要相当详细地考察精英知识网络的建构和它们计划的新的世界秩序。

本书接下来的几章覆盖从20世纪50年代到80年代末的冷战时期,包括基金会通过发展美国研究网络(包括萨尔茨堡美国研究研讨会、亨利·基辛格的哈佛国际问题研讨会以及英国和欧洲的美国研究协会的崛起),促进美国主义和削弱反美主义的详尽分析(第四章)。第五章探究福特基金会在印度尼西亚以及建立亚洲研究网络中的角色;特别是考察康奈尔大学的现代印度尼西亚项目,以及所谓的伯克利黑手党或"美丽的伯克利男孩",在权力从左派的苏加诺转移到苏哈托的军事独裁政权和印度尼西亚经济开始全球化过程中的作用。第六章考察福特、卡内基和洛克菲勒基金会作为资本主义现代化精英在非洲的发展,特别关注但不限于尼日利亚,以及非洲研究网络的发展。第七章考察三大基金会在智库和拉丁美洲研究网络中的角色,特别提及福特和"芝加哥男孩"、美国国际开发署(USAID)和智利大学与天主教大学的经济系。并且,第七章还考察从阿连德到皮诺切特的转型(1970—1975年)、新自由主义的崛起和福特经济学家的角色。

第八章考察美国基金会在后冷战和后"9·11"时期的角色:发展和促进新自由主义全球化、民主和全球市民社会,与后"9·11"时期反美主义的高涨作斗争;并发展一种后布什时代的方法来应对全球权力。第九章通过考察美国基金会在发展和巩固美国帝国主义霸权世纪过程中的重要性、基金会对政治驱动的精英知识网络权力的评估,及其历史和当代现实的理论意义来总结全书。

第二章

美国基金会领导人

以慈善的名义
美国崛起进程中的三大基金会

　　本章将考察现代美国慈善组织的历史、创立和领导基金会的相关人物，以及塑造他们行为的世界观。有证据表明，这些基金会领导者是美国权力精英的核心部分——尽管不具代表性，也难以解释，却在国家对外关系中具有高度影响力，并削弱了竞争性精英团体的多元成分。有证据支持葛兰西学派的观点，即基金会是被全球主义霸权计划所凝聚的私人和国家精英历史集团的一部分。这项证据挑战了对美国慈善组织的解释，即基金会是为了推广自己的理念，或是为实现总体上更美好的社会或人类的公正投资者。美国慈善组织的领导者们既是历史的产物，也是历史的缔造者；虽然他们总是被主流政治学和国际关系所忽视，却在美国崛起为全球主义的进程中扮演了重要角色。[1]

　　虽然美国基金会有时与其核心价值的某些方面不太一致，但它们却在国家生活中占据着一个显著的位置。在一个致力于承担民主责任和义务的社会中，基金会却不对股票持有者、市场力量或是选举人负责。就像公司财富和权力的过度集中会使美国人担心，导致要规范"小制造商、手工业者和不受限制的竞争"一样，他们对"强盗贵族"的慈善捐赠时不时地也会产生疑虑。[2] 它们是能够产生"政治"和思想影响的集中性"风险"资本集团，能够扭曲"思想自由市场"，能够破坏价值并且表现美国人内心深处自由传统矛盾的"重量级选手"。基金会领导者们的态度反映了他们自我吹嘘的立场：他们倾向于成为"民主精英分子"，对"大众"的观点几乎不屑一顾。后者仅被视为适于慈善组织所资助专家们投资和干预

第二章
美国基金会领导人

的目标,而不是作为凭借自身能力的主导者。[3]

当然,三大基金会也不是没有它们的民主或自由特征:它们重视言论自由、对知识的追求以及政治体系的多元化特色,包括公共舆论的作用。基金会也宣称是任贤唯能的,其理事来自于社会各个阶层。然而,以上的每一个特征,无一不是需要条件和资格的。它们致力于思想自由,这源自于它们的政治中立主义,比如它们反对左派、右派或者孤立派。它们致力于公共舆论,是因为它们深信:公众的无知是无所不在的,所以需要精英们来"教育"公众如何"正确地思考"。它们任贤唯能的远见,只在于这样一种长期实践,即基本上只招募有社会和经济背景的男性白人精英为理事。而那些来自于非精英背景的理事,一般来说早已被融入和吸收到精英文化之中。[4]

这些在相对开放的政治民主中发展起来的组织初看起来像是一个矛盾复合体。实际上,对精英们来说,这种组织形式对于民主国家绝对是必要的,因为在民主国家中公共舆论是有价值的,并且在决定性的历史时刻也会具有巨大的潜在影响。[5] 精英利益在民主国家受到组织良好的小集团的严格保护,他们通过建立网络来推动公众中的特别类型思想、大众的服从或默许、精英间的团结和共识以及国家层面上的专门政治项目。这些组织形式可能具体源自美国慈善组织的"开创者们"发展的机制创新。本章将显示卡内基、洛克菲勒和福特在以下方面的最大创造力:组织制度的工程化;使用各种权力的手段如联合和集中;遍布美国和全世界的广大公司事业的网络化;使美国进入一个适合其自身公司目标的单一"制度"的现代化;在国内建立一个新的"行政化"国家以及对外使它们的权力越来越国际化。它们的慈善机构都因追随组织创新而塑造,这对管理和最大化具有全球规模的巨型公司的权力非常重要。如果说,以"科学化"和制度性的方式"给予"是20世纪初慈善组织特征的话,那它在很大程度上也是增加给予者权力和影响的一种手段。正如沃尔所指出的,虽然他们对于财富的爱好可能会感到乏味,但在大多数情况下,慈善家们对"权力的渴望……却不适用于边际效用递减的同样法则"。慈善家们的欲望,在特征和内容上都是帝国性的——他们想获得至高无上的权力。[6]这一点极为重要,尤其是美国联邦政府的制度性能力虽然在发展,却仍然有极限的时候。

坦白地说,美国在世界舞台上地位的改变,以及国内所发生的影响深远的变革,在孕育现代美国慈善组织的过程中起到了至关重要的作用。历史的个人和非个人力量为美国新兴的精英创造了背景,他们看到自己的国家与19世纪末、20世纪初以前不同。对于东海岸的精英们来说,美国在经济、政治以及道德上都是领先者,已经准备不仅仅坐在世界政治舞台上的"重要位置"上,而且要将"美国梦"出口给全世界,取代行将灭亡的殖民主义。[7]由于自身诞生于对殖民主义的反抗,美国声称将成为相对民主的国家,拥有重视个人机会的具有吸引力和开放氛围的社会环境。[8]用今天的话来说,东海岸精英们深信:美国具有强大的"软实力"。[9]基金会精英们渴望更好地展现他们的"软实力",同时也实现他们的目标:让美国发展和壮大自身的软实力和硬实力。

美国三大基金会中的两个,或者更确切地说,基金会的"家族"——洛克菲勒和卡内基——都始建于19世纪末和20世纪初。福特基金会创建于1936年,但直到50年代早期才成为全国性的组织,并且按照洛克菲勒或卡内基的模式而建构。因此,三大基金会在整个两次世界大战期间都很活跃,经历了"咆哮的"(也是孤立主义的)20年代、大萧条以及冷战时期。它们在今天的后冷战、后"9·11"世界(以美国领导的"全球反恐"为特征)仍然十分活跃。它们是富有经验的组织,有成熟的技巧来适应环境,并且在塑造这些国内和国际的环境中扮演重要的角色。

第二章
美国基金会领导人

更加值得称道的是,尽管20世纪动荡不安,基金会致力于提升美国世界地位的整体战略目标却丝毫未变。虽然基金会本身在组织和项目上有一定的发展和调整,但是它们所致力的战略目标却保持不变。这种战术上的活力是它们生存、发展和发挥影响力的关键。例如,作为20世纪20年代和30年代的自由国际主义者,洛克菲勒和卡内基慈善组织在美国外交政策相对孤立的时代处于边缘化地位。然而它们的做法却被证明具有高度的灵活性。基金会领导者不是放弃,而是苦心扶持了国际主义的"反霸权"来与主流的(并且是公认的、非势均力敌的)孤立主义相抗衡。[10]

三大基金会在应对来自左翼和右翼势力针对它们的存在,包括它们所声称的"美国主义"的政治攻击时也极具灵活性。例如,1915年,羽翼未丰的洛克菲勒基金会在美国遭到了左翼势力的攻击,原因是它对美国政体产生了非民主的影响。在麦卡锡主义占据主导地位的50年代以及新保守主义占据主导的后"9·11"年代,三大基金会曾经并且现在仍然受到右翼势力的攻击,因为它们所采取的"反美"或者"非美国"方式,例如1949年"失去"中国和"9·11"以来支持巴勒斯坦的"恐怖分子"。

当然,战争确实对基金会的活动有重要的影响,强化了它们的中心战略任务。20世纪30年代中后期迈向战争以及由此而提供给美国的机会和带给美国的威胁,都影响了洛克菲勒和卡内基使命的确切机制,但并没有改变使命本身。第二次世界大战、冷战的开始和结束,以及2001年9月11日的恐怖袭击,都以几乎相同的方式对基金会的战略思想和运作产生了影响。全球化时代的开始也影响了基金会的进程,但没有影响它们背后的根本目标:提升美国的权力。

最后,战术活力和战略连贯也可能与基金会领导层的特点有关——理事会和组织的经理人都是精英、白人和男性。当然,在20

以慈善的名义
美国崛起进程中的三大基金会

世纪 80 年代以来全球化和跨国主义年代，基金会也开始招募女性、非洲裔美国人和外国人进入理事会。[11] 然而它们的精英主义仍然未变；基金会领导人仍然执着于机制和抱负，力争形成美国外交政策权势集团的全球性优势地位。

国际背景

毋庸讳言，19 世纪末 20 世纪初世界经济、政治和军事权力格局经历了深刻的变化，正是在此期间，基金会出现了。到 1950 年的时候，世界权力的轮廓几乎很难用 19 世纪 90 年代甚至一战时期的参照来认清。正如老亲英派迪安·艾奇逊所评论的，英国从全球性帝国的领头者衰落为努力在世界上寻求一席之地的国家。[12] 很显然，一个大国的衰落通常会伴随着另一个大国的崛起。美国从对英国损失惨重的军事胜利中获利颇丰，主要体现在经济和金融方面。当英国耗尽它的气血和财富后，美国成为"民主兵工厂"（更不要说它的银行）——它是战争物资的制造者，但却由于东西两岸的海洋与南北两边的弱国获得了保护。

美国在内战（1861—1865）后的经济和金融转型是十分显著的。众所周知的事实有：农业各个领域的产量都扩大了——例如小麦产量增加了 256%，精制糖增加了 460%，煤炭产量在 1865—1898 年间提升了 800%，而钢轨产量则迅速提升了 500% 多。1901 年，当安德鲁·卡内基的工厂出售给 J. P. 摩根公司时，仅它一家的钢产量就比整个英国钢产量的总和还要多。[13]

到 1937 年的时候，美国制造业的出口量已占当时世界总出口量的五分之一；1939 年，美国的海外资本已超过 120 亿美元，远远超过英国的 30 亿美元。早在 1918 年，美国就已成为当时世界上最大的债权国；其他国家欠美国多达 12 亿美元，这还不包括政府贷款。

第二章
美国基金会领导人

到 30 年代后期的时候,伦敦金融城作为世界金融中心的优势地位被纽约华尔街所取代。[14]

这些卓越的表现为美国采取更自信果断、更民族主义的外交政策提供了基础。许多经济、商业和其他的利益集团要求美国在全球性事务中"展示自己的重要性"。根据霍夫施塔特所言,欧洲19世纪90年代"瓜分非洲"的行为曾引起许多美国精英的警惕,惧怕这种划分世界势力范围的行为会将美国排除在分赃国家之外。[15]麦金莱总统(1897—1901)和罗斯福总统(1901—1909)都特别果断、军事化地开展了以下行动:1898年打败西班牙,1902年挫败德国对委内瑞拉的入侵,1823年更普遍性地实施门罗主义("美洲人的美洲"),只要符合美国的利益就可以干预拉丁美洲。实际上,正如保罗·肯尼迪指出的,美国政策制定者对西半球之外的全球事务更加热衷:1900年有2500人的美国部队被派往中国"维持秩序";1904—1905年罗斯福充当日俄战争的调停者(他还因此而获得诺贝尔和平奖),并坚持美国要参加1906年关于摩洛哥未来的阿尔黑西亚斯会议。[16]罗斯福是一名盎格鲁-撒克逊帝国主义者,认为"落后的"人群需要高级种族的监管。他在1902年说:"越来越多国际政治经济关系中不断增加的相互依赖和复杂性使得所有文明和有序的大国有责任来维护世界秩序。"[17]罗斯福并不是局外人,他正是崛起中的东海岸外交政策精英的一个强有力的代表。

国内背景

根据霍夫施塔特的观点,就在洛克菲勒和卡内基基金会诞生前夕,美国正处于20世纪初期的"精神危机"之中。[18]事实上,以安德鲁·卡内基和老约翰·洛克菲勒及小约翰·洛克菲勒为首的工业巨头的问题,既是该危机的原因,又是该危机的症状。这场由大规模工业化、大规模移民以及快速城市化所引发的精神危机主要体现在几个方面：首先，席卷全国的大规模抗议运动——尤其是平民主义、暴力罢工和工联主义——在精英中间引起恐惧，即革命的趋势一般来说会是"带来剧烈社会动乱的……幽灵"[19]；其次，生产过于集中化，以致引起了对公开的市场竞争与机会消失的恐惧；第三，美国边境的关闭，使得人们普遍相信令人沮丧的能源主要出口通道已不复存在；第四，人们普遍认为商业、政治和政府的腐败现象在蔓延。所有这些都表明自维多利亚时代即盛行于中产阶级圈子的秩序感将要发生重大的变化。如上所述，这次精神危机的一个结果是美国对开拓疆域的渴望："一场海外冒险的激励"（如西奥多·罗斯福所言）来团结整个国家以克服国内动荡与动乱。另一结果则是"激烈的抗议和人道主义的改革。平民主义、乌托邦主义以及基督教社会福音的出现，知识分子对于社会主义日益浓厚的兴趣，以及社会安置运动"[20]。慈善事业就隐藏于两者之中：一方面是精神危机的各种根源——正如我们将看到的，卡内基和洛克菲勒的工业力量与劳工关系的各种实践都是强大的驱动力；另一方面是有人提议如何通过社会变革和改良资本主义工业化中存在的激烈矛盾部分来解决危机的某些症状。[21]

洛克菲勒与卡内基慈善事业所基于的工业财富既来自组织的创新和诚实劳动的努力，同时也离不开对劳动力的剥削。卡内基的钢铁工厂主导着整个产业。1892年，卡内基钢铁的资产高达2500万美元，而安德鲁·卡内基每年的收入是400万美元。[22] 1898年，卡内基获利高达1000万美元，比上一年度增加300万美元，回报率几乎是整个资本的50%。[23]

然而，对劳动力的剥削——低廉的薪水、超长的工作时间、不安全的工作环境以及时断时续的与有组织劳工的斗争——导致了血腥的工业冲突的爆发，也为贬低洛克菲勒与卡内基的价值以及它们

第二章
美国基金会领导人

慈善事业的改进目标提供了丰富的证据。所有这一切对于像卡内基这样的"强盗贵族"的世界来说都很正常。但是,正如约瑟夫森所言,劳工反抗到19世纪80年代时正发展到"最具威胁性的状态"。"面对劳工们逐渐增长的势力所造成的威胁,以及他们所持的令人难以容忍的要求,强盗贵族们以坚定的无情手段竭力与之对抗。在美国,以及其他工业化国家,有组织劳工的侵蚀都被阻止或中立化了,或者完全没有产生任何效果。"[24] 卡内基的作为证明了这条规律并无例外。

1892年6—7月发生的霍姆斯特德罢工/停工事件为安德鲁·卡内基提供了有启发意义的方法。在此之前,卡内基时常被认为是一个仁慈的雇主,对这次罢工的处理让他的名誉蒙羞。简要来说,卡内基在宾夕法尼亚州霍姆斯特德的钢铁厂成立了工会。卡内基想破坏工会,并想裁减工人和降低工人的工资水平。[25] 面对反抗,卡内基的经理亨利·弗里克让工人停工,并重新招募了非工会的人顶替罢工的工作者,还雇用了几百名来自平克顿国家侦探社(一个19世纪私人军事承包商)的武装人员。[26] 在接踵而至的枪战中,有12人伤亡;州民兵部队被召集起来以保护顶替罢工的工作者;4个月后,罢工者重返岗位,而所有的罢工领导人都被列入黑名单,并且其中许多人被指控谋杀,工会最终解体。尽管后来卡内基表达了愧疚,这次事件还是提出了一个重要的悖论:正如约瑟夫·弗雷泽·沃尔指出的,卡内基"在试图作为一位伟大的民主自由人士和想确保卡内基钢铁处于行业领先之间纠结不已"[27]。

洛克菲勒家族的财富起步于1870年建立的俄亥俄标准石油公司,至19世纪90年代的时候,它已迅速成长为控制着石油生产、提炼和分配的大公司。它的总资产保守估计有7000万美元,1882年的年度收入即达到了1000万美元;到19世纪90年代的时候,它的收入几乎翻了一番。1882年,该企业全资拥有14家子公司,部分拥有 26 家其他公司，其中包括资产达 3000 万美元的国家运输公司。在当时，该企业全部收入的 53% 来源于运输业，只有 36% 来自于石油提炼。[28] 它是一个多元化的企业，经营触角遍布美国，而且在其成长过程中，它对待有组织劳工的手段甚至比卡内基公司更加冷酷无情。

发生在 1913—1914 年洛克菲勒的科罗拉多燃料与钢铁公司（简称 CFI，洛克菲勒拥有该公司 40% 的股份）的冲突事件甚至比霍姆斯特德停工事件更加血腥。多达 66 名罢工者和他们的家人被国民警卫队杀害于"帐篷城"，那是他们从 CFI 公司所在地勒德洛的家中被驱逐后建立起来的居住地。小约翰·D. 洛克菲勒所扮演的角色与霍姆斯特德事件发生前后卡内基的角色如出一辙：他支持公司经理来破坏罢工并强行降低工资水平。1913 年 10 月，洛克菲勒要求 CFI 公司采取正确行动：反对矿工集结成工会以及引进私人武装防卫队。[29] 洛克菲勒对这次公司管理层的行为表示祝贺，称"打了漂亮的一仗，**不仅维护了自己公司的利益，更是极大地维护了科罗拉多其他公司和全国商业的利益以及劳动阶层的利益**"。洛克菲勒迅速地雇用了一个公关公司——由这个行业的创始者之一艾维·李牵头——来处理这件事在美国新闻报道时出现的问题，这表明他对在美国"管控"公共舆论的政治重要性有着敏锐的理解。李的一系列公告以及新闻报道，都有意发布于当地的科罗拉多煤炭经营者而不是小洛克菲勒的办公室，派往全国范围的舆论领导者，使美国新闻界作出了对其广泛有利的报道。[30]

全国上下发生了很多抗议活动，包括在纽约的洛克菲勒公司办公室外面也发生了类似活动。勒德洛的杀戮将公众的注意力重新吸引到洛克菲勒基金会和约翰·洛克菲勒身上，主要是进行中的国会授权调查工业关系的委员会努力的结果，该委员会的主席是弗兰克·沃尔什律师。[31] 沃尔什委员会的一个调查结论就是，新成立

第二章
美国基金会领导人

的洛克菲勒基金会被用于洛克菲勒的工业利益,在工业冲突期间被部署用作开展宣传。除此之外,洛克菲勒在CFI冲突的问题上还接受了加拿大劳工专家、未来担任总理的威廉·麦肯齐·金的直接建议,金之后被基金会雇用以对"促进工业和平的工业关系"进行"公正的调查"。[32] 金就技术专业知识和公司资助之间的关系,向沃尔什委员会提供的证词是有启发性的:他认为他所从事工作的技术特点意味着他是公正的,尽管他研究的结果受强大的利益支配的影响。[33]

人们总是轻易地相信:卡内基和洛克菲勒的慈善组织是完全公益的,毫无私心。然而,以上两个事件为纠正这种看法提供了重要凭证。至少,发生在霍姆斯特德以及勒德洛的流血冲突表明:慈善家们的动机是复杂的,并且值得深入分析。然而,这一章的论述却不是建立在基金会捐赠者的个人"心理"与动机之上的。从长远来看,对于本章论点的支撑——"罪恶"感和想要"回馈"社会的愿望——远不如慈善组织的潜在目标、运作方式和长远影响。本章对于捐助基金会的工业家历史的简要回顾,寻求(至少部分地)揭示他们成长为行业领先者的过程中所采取的手段——冷酷无情的手段,对贿赂、腐败和暴力的运用,以及彻底的剥削。然而,与他们慈善事业的特征同样重要的,还有这些工业家们的组织视野,如大规模的计划、集中式的公司—官僚化的全国和全球网络。也就是说,他们"正常的"(并且基本是合法的)商业行为与经历是理解洛克菲勒、卡内基以及福特慈善组织的另一个关键。

起源、目标和创建者

如上所述,19世纪90年代发生的精神危机某种程度上反映了美国所经历的极速资本主义工业化以及随之而来的社会两极化,这

以慈善的名义
美国崛起进程中的三大基金会

在精英中间产生了极大的恐惧。其中一些恐惧引发了呼唤改革的浪潮：要求清除贫民窟、颁布劳工法等等；其他则转向了慈善事业。还有另外一些人，包括洛克菲勒和卡内基，则转向建立慈善基金会以帮助医治美国的社会、经济和政治疾病。新建基金会的风潮反映出百万富翁数量的迅速增长——1880年估计有100位，到一战中期增加到了4万人。个人的财富令人印象深刻。1901年卡内基的个人财富就达到30亿美元，而1913年约翰·洛克菲勒的资产达到了90亿美元，这让他成为有史以来最富有的人。[34]

虽然洛克菲勒基金会建立于1913年，但是其家族慈善活动开始于创办芝加哥大学（1892）、洛克菲勒医学研究所（1901）和普通教育委员会（1903），之后又有创建于1918年的罗拉·S.洛克菲勒纪念馆（LSRM）和1940年设立的洛克菲勒兄弟基金。安德鲁·卡内基的慈善活动包括创办华盛顿卡内基协会（1902）、卡内基理工学院（1905）、卡内基促进教学基金会（1905）、卡内基国际和平基金会（1910）和纽约卡内基公司（1911）。其他创建于这一时期的慈善基金会还包括拉塞尔·赛奇基金会（1907）和克利夫兰基金会（1914）。

卡内基公司（简称CC）创立于1911年，其中1.35亿美元的捐赠用以提供"信息与理解"，尤其是成人教育。由于享受免税的待遇，它被禁止支持政治事业或是从事宣传。[35]卡内基公司的理事声称他们不支持任何观点；他们仅仅希望为学者们提供"肥料"[36]。另一方面，理事们深知公共舆论其实"很大程度上取决于'美国人民的'代表们的思想"，因此，要"教育"民众来支持美国"在全球事务中发挥其领导作用"。[37]卡内基国际和平基金会（简称CEIP，建立于1910年）甚至更为直接关注"教育"公共舆论。参议员伊莱休·鲁特于1915年指出，它的创立精神之一就是迫切需要CEIP和其他基金会"提醒并教育这个正在掌管外交事务的

第二章
美国基金会领导人

伟大新主权［公共舆论］"[38]。

洛克菲勒基金会（简称 RF，创立于 1913 年）则更加直接：它声称要最大限度地促进全人类的福祉。其任务被设定为以科学为动力解决美国及世界上最难以应付的问题：疾病、贫困、落后和无知。[39] 福特基金会（简称 FF），如同它早先创立的同行一样，致力于激发人类的潜能、促进和平与自由以及全球政治和经济的发展。[40]

基金会重要领导人

本节将追溯卡内基、洛克菲勒和福特慈善事业的主要开创者和领导者的生平——那些建立、资助和领导基金会发展的人物。通过这些简短的人物介绍，我们可以发现，基金会自其诞生之日起便是美国东海岸权势集团的缔造者们不可缺少的组成部分。

老约翰·洛克菲勒（1839—1937）

老洛克菲勒出生于纽约州宾汉顿市附近里奇福德的德裔美国人家庭，在家里六个孩子中排行第二。他在当地的奥韦戈学校和俄亥俄州克利夫兰的一所商业学院接受了教育。16 岁高中毕业后，他进了银行当职员。虽然当时他的收入不高，家庭负担也较重，但作为北方浸信会的成员，他还是将自己收入的 10% 捐赠给了慈善机构。洛克菲勒的父亲威廉其实是一个骗子，这件事常使他的家庭感到尴尬。[41] 洛克菲勒的母亲，一个近乎固执的苏格兰清教徒，在塑造老洛克菲勒勤俭、个人责任、刻苦工作以及宗教信仰的习性方面发挥了重要的影响。[42] 然而令人有些意外的是，据说洛克菲勒从他的父亲威廉身上，学到了在生意中讲究诚信、履行合同和及时结算票据的重要性。威廉声称要通过"让孩子们尽可能频繁接触财务问题"来教会他们认清人生的现实。[43]

以慈善的名义

美国崛起进程中的三大基金会

根据内文斯的说法,这种家庭环境"塑造"了洛克菲勒的目标,并使他成为美国工业史上的一位伟人。内文斯是一名极具同情心的传记作者,他将洛克菲勒的事业用以下特征来概括:"专注;具有敏锐洞察力;鄙视感性因素;对未来具有直觉;拥有巨大野心;以及寻求新奇武器来达到目的的手段(这对他的对手来说似乎有些残忍)——足智多谋。"[44]他是一个去教堂的唯物主义者、一位仁慈的公民但也是冷酷的企业家,以及一位未列入内战征兵名单的共和党人(很大程度上依赖于他的生意)。他是一位堪与帝国首席缔造者塞西尔·罗德斯相媲美的心智淳朴、有雄心壮志和战略意识的思想者。[45]他比别人更清楚地明白"兼并与集中"的力量,并按这种力量行事,他知道如何"在体制中以合理的方式集结力量,组建适当的联盟,与有弱点的对手交手"。科利尔与霍洛维茨在谈及洛克菲勒主要贡献时的观点无疑是正确的,他们认为他的贡献"与其说在石油技术方面不如说更多在**权力手段**方面"。他酷爱"处理各种不同的结构,就像创立公司信托一样"[46],这是一个权力网的强大体系。

老洛克菲勒的最大成就是成功创建俄亥俄标准石油公司,它不仅仅在短短数月内打败了克利夫兰的其他竞争者,并且继续发展成为世界上最大的跨国公司之一。在一个限制跨州拥有公司所有权的年代,洛克菲勒开创了"信托"的先河,这是一种新型的组织,使得他可以集中控制美国范围内的商业利益,打破了国内政治组织的桎梏(或者说保护)——让它们分布到美国的几十个州。他不仅仅使他的公司变得国家化,还将其国际化——这种做法后来被很多人效仿。洛克菲勒是一个无情的竞争者,他不仅能够利用竞争性制度的本身来压垮对手,并且能够超越它而"进步",由巨型跨国公司占据主导的时代,这是资本主义的一个新阶段。标准石油公司的对外政策,在某种程度上也反映了它的国内政策:"标准石油公司按它

第二章
美国基金会领导人

原先在国内拥有的特许权,以同样凶猛密集的方式来征战海外市场……像在国内对待州立法机构一样蔑视外国政府。"[47] 通过频繁的削价和其他行动,到 20 世纪初期的时候,标准石油公司已经成功地获得了欧洲石油市场 60% 的控制权。有意思的是,在本书对洛克菲勒和其他美国慈善组织的研究中,可以发现标准石油公司的海外行为与联邦政府的目标高度一致。因为在海外地区,标准石油公司的"成功即是美国的成功,它的天定命运与国家的天定命运是相同的"。根据科利尔和霍洛维茨的研究,标准石油公司享有可自由使用国务院关于中东与东南亚的研究报告的特权,它实际上充当了一个有"自身对外政策的影子政府"[48]。

除了记录在案的"买通"国会议员以终止对其具有威胁性的法案,在造成饱受批评的垄断、不正当竞争之后,最高法院在 1911 年发布命令宣布拆散标准石油公司。[49] 由于标准石油公司股价的飞涨,洛克菲勒成为美国第一位亿万富翁。正如亚伯在总结老洛克菲勒于组织方面所取得的成就时充满赞美之情,认为标准石油公司确实形成了高度整合和网络化的制度:"正如石油的运作通过整合被纵向扩展了,信托公司在源头拥有自己的矿井,并在批发和零售阶段出售最终产品;借助它自己的管道、通过海上邮轮和各大城市(甚至国外)街上的油罐车来运输石油。"[50] 老洛克菲勒和小洛克菲勒的慈善组织自身也成为开路先锋:他们转变了目标、组织形式和"施予"的规模,就像老洛克菲勒对美国公司所作的改造一样。他的慈善组织是科学的;是一个全球范围的网络化制度;通过效率、集中化权力来获取最大化的影响;还能产生"社会红利"。[51] 实际上,他使美国变得国家化和全球化,并开始引导美国慈善组织来竭力使全球变得美国化。

小约翰·D. 洛克菲勒(1874—1960)

实际上,小洛克菲勒才是洛克菲勒家族慈善事业的主要负责人。小洛克菲勒一直在他父亲的影子下生活和工作，两人持有相同的态度和思想。小洛克菲勒的人生总是被这样一种欲望所驱使：他希望公众面对"洛克菲勒"这个名字时，想起的不是缺乏社会责任感与享有特权，而是社会责任的承担者与社会服务的提供者；因此他在"科罗拉多冲突"之后雇用艾维·李作为他的长期高级顾问。[52] 同时他也致力于大生意，像他父亲一样为后代留下大笔的财产。[53]

小洛克菲勒在10岁前一直接受私人教育，之后他相继进入纽约语言学校、卡特勒学校和勃朗宁私立学校学习。1897年他从布朗大学毕业后[54]即进入他父亲公司的财务部门工作，由可敬的弗雷德里克·盖茨来指导他，而盖茨同时还经营和管理着老洛克菲勒的许多慈善项目。[55] 再后来，小洛克菲勒做了一系列人事任命来促进慈善组织和其他事业的发展，实际上复制了老洛克菲勒用以运作高度网络化标准石油公司的现代公司委员会制度。而盖茨的影响则由小洛克菲勒任命的那些"非正式"合伙人，包括雷蒙德·福斯迪克和比尔兹利·拉姆尔来补充，他们是积极进步的现代主义者，也是组织化、网络化和一个全新"行政王国"的缔造者。[56] 小洛克菲勒将洛克菲勒家族的利益真正融入到了美国生活的制度层面。[57] 福斯迪克与盖茨提议小洛克菲勒应当熟读精英主义和国际主义的太平洋关系学会、对外政策协会、对外关系委员会以用其他由于一战而建立的重要组织的著作，这些著作促使小洛克菲勒形成了全球事务及联盟的观念。[58] 身处在现代化浪潮之中，小洛克菲勒将洛氏资金用在了集中化、科学化管理和使"美国影响与权力全球化"的那些项目。[59] 他在自己慈善组织中的工作，其实与他在清教教会、布道所和慈善信托公司的工作是同一性质。而通过收购大通曼哈顿银行（1930）和公平信托公司（1911），小洛克菲勒能够继续依靠他在标准石油公司所持股份和他进军银行业与金融业所获利润

第二章
美国基金会领导人

来为其事业提供资金。[60]小洛克菲勒最终建立起一个慈善事业网络和其他具有代表性的美国实体机构,它们都如同标准石油公司垄断石油企业一样令人印象深刻。然而本质上,小洛克菲勒的"施予"和他同时追逐更多财富之间绝无任何矛盾;事实上,"施予"被看作是"得到"更多权力的一种方式;抑或,至少在兼并、聚集、集中化和国际化等伟大的社会及其他运动方面,能施加更大的影响——而他相信这将主导未来。

安德鲁·卡内基(1835—1919)

安德鲁·卡内基出生于苏格兰邓弗姆林一个充满友爱的家庭。他从未体验过贫困的折磨,也未对那些有此经历的人抱有同情。根据沃尔所说,卡内基在《财富的福音》中对贫困的高调描述泄露了他从未能真正在乎他人的经历:他生活中所受到的关心和爱护使他经常会特别以自我为中心。[61]卡内基在地方学校接受教育,是一个酷爱阅读的学生。他的双亲都不是虔诚的加尔文教教徒,父亲支持"宪章运动"——这是19世纪英国一个致力于民主运动的激进改革组织。然而讽刺的是,当时正是那些"宪章运动"的支持者对涌入美国的外国移民家庭的反对声愈来愈强烈。对于安德鲁这个接受过"宪章运动"对政治民主诉求"教育"的人来说,美国有着世界上最好的制度,他渴望抓住一切机会。如同老洛克菲勒一样,卡内基小小年纪便担起了养家糊口的重任,因为工业革命淘汰了老式织布机,他的父亲威廉作为一名织布工人对此感到非常怨恨。那时还无任何迹象表明安德鲁·卡内基日后将成为一名美国工业革命的先驱者。

1851年,卡内基开始任职于俄亥俄电报公司匹兹堡分公司,当一名电报传递员,他勤奋工作的天性和对机遇的灵敏眼光让他很快晋升为主管。此后他开始投资股票和分取红利赚钱。在进军铁路业后,卡内基担任了内战时期军事铁路电报的主管。他最大一笔横财

以慈善的名义
美国崛起进程中的三大基金会

是1864年时用4万美元投资获利100万美元,这笔钱被他聪明地投资于钢铁产业,当时政府为了打败南部邦联军队,与他签订了许多铁路、桥梁和军备等方面的合同,使他获得了丰厚的利润。

和洛克菲勒一样,卡内基也是组织行为的创新者:他通过建立原材料的供应链纵向整合了钢铁的产品线,买进了所有的对手企业,进而建立起世界上最大的钢铁公司。1901年当卡内基将股份全部出售给摩根大通时,他获得了4.8亿美元。[62]这笔买卖促成美国钢铁公司的出现,这是世界上第一个资产过亿的公司。[63]当卡内基退休的时候,他发誓要在去世前"捐出"绝大部分财产。

洛克菲勒父子和卡内基都将慈善性给予作了现代化处理,形成了"科学的"慈善组织。他们所建立的基金会从某种程度上来说也是一种投资和投资人——体现在思想、学术和研究机构方面。正如他们革命化了美国工业组织并收获了红利一样,他们也完全改变了"施予"并希望获得以下形式的红利:社会的和平与稳定、特别形式的进步、美国制度意识形态上的合法化,以及良性的改革——通过专业知识的规则来凝聚精英,建立起强有力的联邦政府"管理"大众,从而使美国变得现代化。

亨利·福特(1863—1947)

福特基金会一方面在形式上较为"现代",另一方面它只是冠名的那个人——亨利·福特事业的副产品。尽管在1936年收到了来自福特汽车公司利润和红利的23亿美元资助——这个数额远远超过卡内基和洛克菲勒两家基金会所获得的慈善捐款——但福特基金会并不是福特家族事业的直接延伸。安德鲁·卡内基和洛克菲勒父子对基金会的概念作了界定并且建立了他们的基金会,而福特基金会的使命来自于以罗恩·盖瑟为首的"专家"委员会。罗恩在1950年时是洛杉矶的一名律师。尽管亨利和埃德塞尔(亨利的独生子)是创始人,然而基金会作为一个重要机构却是在亨利·福特二世(亨

第二章
美国基金会领导人

利的孙子）手上发展壮大的。因此，从某种程度上来说，福特基金会比起卡内基基金会和洛克菲勒基金会更能显示现代企业所有权和控制权的"分离"。自1950年以来福特基金会很大程度上依照其他主流慈善组织的模式运作，表明尽管它的早期历史可能与后者有些不同，但福特基金会的战略任务、运作方式和目标却与它们几乎完全相同，它与当时的两大基金会其实是一样的。[64]

尽管福特个人的总体名声具有人情味的特点，尤其体现在1914年实现的"一天5美元"的工资制度和他对诚实勤劳工作的赞许，但同时他却执拗地反对工会组织。福特公司服务部威胁、恐吓那些被工会吸引的工人，同时使用"贿赂、酒精和妓女"来对付任何危害福特利益的人。在退役拳击手哈利·贝内特的领导下，服务部完全落入底特律黑社会的犯罪团伙手中，并参与了政治腐败。在整个20世纪30年代，贝内特雇用了大量暴徒、间谍和密探，使用"恐怖"手段来对付工会的组织者和支持者。[65]

不出意料的是，福特的深层价值观是严格的个人主义：如果你不喜欢某件事物，要么改变它，要么改变你自己。他厌恶慈善并认为那是可耻的，而且会像毒品一样滋生出人们对其永久性的依赖，它并不能根治如贫困这类问题。[66] 根除贫穷的方法并不是慈善而是工业的增长、发展以及对社会的服务。慈善事业——尤其是那种错误方式的慈善——简直是浪费资源和徒劳无用的：福特认为"无论慈善事业的动机多么高尚，它也不能激发人们自力更生"[67]。实际上，这样来说慈善，人们也许更容易接受，即"花费时间和金钱来帮助世界比帮助自身更有用"。然而，福特的观点与卡内基和洛克菲勒的观点并无太多不同，福特的许多创新都以特定的中产阶级家庭价值观为支撑，即使它们的主要动机都是提高效率和获取利润。[68] 福特社会学部门的目标在于提升工人文化来实现福特心目中的标准：干净、以男性为主导的核心家庭、说英语并且完全美国化。[69]

后一点对于理解"创始人"的主要特征有着十分重要的意义：他们是"制度工程师"，善于"诊断"组织的问题，以便更好地实现他们的工业目标。除此之外，他们能够以特别成功的方式实施他们的诊断并将其运用于全新的领域组织之中——即通过将他们的慈善事业运用于美国社会及全世界其他角落。的确，如果他们帮助制造了美国的制度，他们从中发现世界需要组成全球化体系的元素，而在这个全球化体系中，美国制度自身也会繁荣昌盛。他们的这些思想其实并不孤单：泰勒制的哲学，或者说科学化管理，在世纪之交的时候也开始在美国占据主流。[70] 慈善组织的活动将在本书的后面部分加以考察，下面需要关注的是三大基金会的领导方式。

洛克菲勒基金会和美国精英：1930—1951

社会背景影响人们的行为。[71] 人们对他们所处社会和整个世界会做些什么、想些什么或如何想，很大程度上受以下这些因素的影响：他们出生的地点和年代、"历史的一代"、社会阶级、接受的教育、种族、性别与民族、宗教信仰以及他们被美国社会同化的程度。一个群体的社会构成创造了特殊的亚文化和思维方式，它们不仅会影响拨款和项目的决策，也会影响不同种类的人群、价值观以及那些被认为是"可接受"的观点。因此本节接下来的部分将追溯三大基金会领导人的背景和关系网，首先从洛克菲勒基金会开始。

有一项调查考察了洛克菲勒基金会的理事们，具体只选取了三个年份——1930、1945和1951年，这是美国外交政策发生转型的关键时期。29位理事的背景数据取自《世界名人录》和《世界故人录》，包括出生的地区和年代、接受何种大学教育、专业技术、是否曾任公司主管、是否曾在政府任职、与其他政治—知识精英组织的联系以及是否是精英俱乐部的会员。

其中几位理事都是当时商界、新闻界和政府部门的重要人物。

第二章
美国基金会领导人

小洛克菲勒在 1913—1940 年间担任理事，而他岳父温思罗普·奥尔德里奇于 1925—1951 年间曾担任理事，同时他还在洛克菲勒的银行——大通国民银行中担任领导职务。《纽约时报》的出版人阿瑟·苏兹伯格担任理事的时间是 1939—1957 年，而约翰·杜勒斯担任理事的时间是 1935—1952 年，此后不久艾森豪威尔总统即任命他为政府的国务卿（1953—1960）。

大多数理事（15 位）都出生于东海岸地区，尤其是纽约州和宾夕法尼亚州，而其余理事的出生地则均匀分布于美国其他地区：其中两个出生于东南和西南部，还有两个出生于海外。除了一个之外，其他所有理事都生于内战之后至 1900 年的这段时间，表明他们这代人都会经历前面提到的这几十年间的"精神危机"。当然，这段时期的特点也包括福音派的觉醒和科学上的达尔文革命，这些都给美国慈善组织带来较为显著的影响。

从受教育的水平看，洛克菲类基金会的理事展现了明显的精英特质：其中 19 个人曾就读于"常春藤盟校"（14 人在哈佛和普林斯顿），以及其他的精英大学（5 人），包括芝加哥大学和约翰斯·霍普金斯大学。

基金会理事主要从事法律和教育职业：其中 10 名律师来自主要的"贵族血统"纽约律师事务所，如苏立万和克伦威尔律师事务所（杜勒斯是其合伙人），戴维斯、波克、沃德维尔、加德纳与里德律师事务所（约翰·戴维斯是其高级合伙人）。耶鲁大学校长（詹姆斯·安吉尔）、普林斯顿大学校长（哈罗德·多兹）、芝加哥大学校长（马克斯·梅森）和加州大学洛杉矶分校校长（罗伯特·斯普劳尔）都曾在 1930—1951 年间担任理事。除了奥尔德里奇和小洛克菲勒之外，还有几个理事是商业和金融业的重要人物，如贝尔电话公司的总裁切斯特·纳德、互助人寿保险主席刘易斯·道格拉斯和通用电气公司的欧文·扬。

除小洛克菲勒外,在总数 34 人的理事中担任公司总裁的有 14 人。这些理事们"代表"了一些最有分量的公司,包括通用电气公司、美国电话电报公司、西屋电器公司和互助人寿保险公司。

许多理事还有一个重要的共同点:他们都曾在政府中担任要职。有一些曾担任美国大使,如温思罗普·奥尔德里奇、约翰·戴维斯和刘易斯·道格拉斯——他们都曾担任美国驻英国大使。约翰·杜勒斯曾在艾森豪威尔手下任职,他也因家族中出了很多政要而声名在外:舅舅罗伯特·兰辛和祖父约翰·W.杜勒斯曾担任国务卿,弟弟艾伦·杜勒斯在 20 世纪 50 年代曾担任中央情报局局长。此外,毫无疑问,杜勒斯自一战以来在几位美国总统手下任职的经历也为洛克菲勒理事会带来了一种重要的视角。

洛克菲勒基金会的许多理事（18 人）也在洛克菲勒其他的一些慈善机构中任职——比如普通教育委员会和洛克菲勒医学研究所。有 4 名理事也是卡内基慈善组织的理事,包括卡内基公司与卡内基国际和平基金会。此外,几位理事还与其他一些慈善机构有着广泛的联系,比如卡尔·康普顿,他担任了 5 个其他基金会的理事,其中包括福特基金会。还有一些理事与定期接受洛克菲勒基金会大量捐助的机构之间有着千丝万缕的联系,这些机构包括对外关系委员会（9 名）、太平洋关系学会（2 名）以及布鲁金斯学会（2 名）。

最后,25 名理事还是 100 多个精英俱乐部的会员,包括位于纽约市的世纪俱乐部（18 名）、哈佛俱乐部（5 名）和大都会俱乐部（4 名）,而 4 名理事是华盛顿宇宙俱乐部的会员。约翰·戴维斯参加的俱乐部最多,他是 9 个俱乐部的会员。[72] 1940 年,世纪俱乐部成了好战组织成员们的温床,而这些人主要来自于对外关系委员会的领导层。[73]

卡内基国际和平基金会和美国精英:1939—1945

卡内基国际和平基金会最初的领导层出自一个狭隘的东海岸精

第二章
美国基金会领导人

英团体，28位理事中的27位都生于内战前。[74]据第三任主席阿尔杰·希斯说，基金会在成立40年后几乎没有什么根本变化，直到他上任。他声称基金会的理事们与慈善团体、纽约公共图书馆、大都会博物馆、大都会歌剧院和洛克菲勒基金会都"相互关联"。正是通过这样的紧密联系，使美国一小部分人的态度占据着文化和其他方面的支配地位。[75]

一份关于1939—1945年间（含首尾两年）基金会理事的详细调查提供了其精英性的社会经济和其他方面特征的指示，比如是否任职公司管理层、教育背景、出生地与居住地，是否是其他外交政策组织的会员、所属精英俱乐部，以及政治与宗教附属机构的成员资格。平均来说，1939—1945年间，卡内基国际和平基金会理事的数量每年大约是28人，虽然由于人员的流动，样本研究只选取了总共35人的资料，但其中至少有33名理事的资料可从《世界名人录》以及舒普和明特关于对外关系委员会的研究中查找得到。[76]

这27名理事的出生年代和地区信息都可以查到。其中7名生于19世纪60年代，10名生于70年代，9名生于80年代，只有一名出生于90年代。因此这些理事的年龄大多处于50—70岁之间，他们在成长时期见证了后美国内战时期、美国全国性公司和跨国公司的崛起以及美国帝国主义和进步主义的兴起。基金会的主席巴特勒出生于1862年，是最年长的理事。

大多数理事出生于东部的沿海地区之外（占有12名）。实际上，与出生于其他地区的理事相比（中西部7名；西部3名；南部4名；海外3名），东海岸提供了最大的单一团体（按出生地）。然而，在居住地方面，大多数理事都定居在东海岸地区（16名），与之相比，中西部只有6名，西部和南部各有3名，即仍有12名理事居住在东海岸之外的地区，这远远超出罗伯特·戴维恩对该基金会的大致评论。[77]鉴于该基金会的焦点在于公共舆论，因此组织能够大致代表整个美国的意见是极其重要的。

关于理事们受教育程度的资料很少，目前只得到了7名理事的相关信息。其中一位理事（哈珀·西布莉，一位农业综合企业商）列出了其精英学校——格罗顿，该校由清教徒恩迪科特·皮博迪所创立，旨在美国本土重建英式的公学。[78] 关于"常春藤盟校"的数据更加详尽也同时更令人兴奋。理事们列出了50个大学和学院（大多数理事都在一所以上的大学学习过）。理事们登记注册的50个大学中有21个是属于"常春藤盟校"，其中哥伦比亚大学（7名）与哈佛大学（6名）最多。登记其他精英学校的有18名，包括芝加哥大学、麻省理工学院、加州大学和乔治敦大学。此外，有10名理事在海外的，尤其是欧洲的大学注册过。

理事样本中几乎有50%的理事是"职业"商人（33人中有16名），并且与经济领域有极大关联。其中最明显的例子就是匹兹堡的霍华德·亨兹，他在1919—1941年间曾担任亨氏公司的主席；另一个例子是阿兰森·霍顿，他从1918年起一直是康宁公司的总裁。托马斯·沃森曾任国际商用机器公司（IBM）的总裁。这16个人都是职业商人，但从总体来说，这33名理事是覆盖全美的工业、商业或金融业企业的总裁或董事，这些企业包括通用电气、美国钢铁公司、纽约互助人寿保险公司以及一些银行。

样本中有9名律师与商界有着紧密联系，其中5名有着自己参与合伙的业务。这个群体中有两个人较为突出：一个是约翰·戴维斯，他来自纽约华尔街的戴维斯、波克、沃德维尔·加德纳和里德律师事务所。戴维斯曾担任对外关系委员会主席、美国西弗吉尼亚州前国会议员（1911—1913）、美国副检察长（1913—1918）以及1924年民主党总统候选人。另一个则是约翰·福斯特·杜勒斯，他是华尔街沙利文和克伦威尔律师事务所的合伙人，也是当时律师界的顶尖律师，后来还担任了国务卿。

第二章
美国基金会领导人

卡内基国际和平基金会的一些理事还高度活跃于商业组织中。其中最活跃的莫过于 IBM 的沃森，他曾在国际贸易局（ICC）担任重要角色（作为总裁），也是美国贸易局和全国制造商协会（NAM）的理事。此外，沃森也是一些组织的成员，如美国商务部的商贸咨询委员会（BAC）、全国对外贸易协会（NFTC）、协商委员会和纽约经济俱乐部。埃利奥特·沃兹沃斯曾任波士顿商会（BCC）（1934—1939 年）的主席、国际贸易局美国部的主席（1937—1945 年）和美国贸易局的主管（1934—1940 年）。沃森和沃兹沃斯被美国贸易局前主席哈珀·西布莉和芝加哥银行家和律师塞拉斯·斯特朗引荐到卡内基国际和平基金会董事会。

33 名理事与政府至少有 42 人次的"联系"；3 名曾是美国国会议员，1 名曾是州长，2 名理事曾担任财政部助理部长的职位，而另外 2 名理事曾担任美国副检察长。虽然 3 名理事与陆军部有联系，2 名理事分别与作战新闻处（OWI）与战略资源局（OSS）有关联，但与卡内基国际和平基金会理事有关联的最大一个联邦政府部门则是国务院（7 名）。4 名理事曾担任特命全权公使，5 名曾代表美国参加 1919 年巴黎和会，3 名曾参加 1945 年旧金山会议。6 名理事曾在 20 世纪 20—30 年代作为美国代表团成员或领导人参与许多国际的、金融的、经济的和裁军的会议。简言之，在 42 人次"与政府的联系"中，有 32 人次（或 76%）直接关系到美国的对外关系。卡内基基金会理事主要是共和党人（8 名），有 4 名声称自己是已注册的民主党人。

当人们观察卡内基的理事与商界、法律界以及政府部门的联系时，他们与学术界的关系常被忽视。尽管只有 6 名理事是职业学者（占总数的 18%），但理事中声称有讲师资格的有 10 名，占整个样本总数的 30%。实际上，有几位是他们那一代人中的杰出学者，包括历史学家和国际事务专家、教授詹姆斯·肖特维尔（哥伦比亚大学）；国际法学教授菲利普·杰瑟普（哥伦比亚大学）；以及丹佛大学社会科学基金会主任本·彻林顿。以上这些人都是国际事务领域杰出的学者和活跃分子。此外，理事中还有3名大学校长：巴特勒（哥伦比亚大学，1901—1945年）、亨利·里斯顿（布朗大学，1937—1955年）和弗朗西斯·盖恩斯（华盛顿与李大学，1930—1959年）。

有10名理事与出版界和广播界有联系。理事中最有名的出版商是来自费城的教友派信徒威廉·查宾。他在芝加哥、西雅图以及旧金山拥有一些地区性报纸。来自得克萨斯的彼得·莫利纳也是如此。到20世纪40年代时，莫利纳成为广播评论员并且担任几家颇具影响力的新闻以及金融杂志的编辑。这些联系对于一个致力于启发公共舆论的组织的重要性是显而易见的。

卡内基基金会的理事通常在其他著名的外交政策相关组织中发挥领导作用，比如太平洋关系学会、国家协会联盟、和平组织问题委员会以及伍德罗·威尔逊基金会。有16名理事具有这样的联系，但其中超过一半（9名）都只与一个组织相关——对外关系委员会。在这9名理事中有6名是对外关系委员会的董事：包括哥伦比亚大学的菲利普·杰瑟普；通用电气公司的菲利普·里德；布朗大学校长亨利·里斯顿；银行家诺曼·戴维斯；律师约翰·戴维斯；以及国际法律师、金融专家和通用电气与美国钢铁公司的董事（其中之一）列昂·弗雷泽。

卡内基国际和平基金会和洛克菲勒基金会的理事与众多的商界、政界、学术界以及外交政策界的精英关系复杂。他们是领导人和活动家、主编和主管、律师和商人、政治家和他们的顾问。他们所有人都至少是两个领域的领导人物——一个是他们的职业，另一个作为理事——并且他们中的许多人都活跃于许多议题和组织之中。

第二章
美国基金会领导人

这两大慈善组织相互重叠的几位会员也十分重要：约翰·戴维斯和约翰·杜勒斯以及道格拉斯·弗里曼都是这两个基金会的理事。与两大基金会理事都有着最多联系的精英智库是精英主义和国际主义的对外关系委员会，两大基金会各有9名理事与其有联系。在政府部门的工作经历也是双方理事的另一个共同点：两个基金会的理事在和平、危机与战争时期都有在政府许多部门工作的重要经历。他们服务过的政府职位超过130个，上至美国国务卿。洛克菲勒基金会理事与政府的90条联系中有41条与外交领域相关，卡内基国际和平基金会理事与政府的42条联系中有32条与外交有关。最后，两大基金会的理事大多是同一个精英俱乐部的成员，即纽约的世纪俱乐部，它于1940年为对外关系委员会的精英们起草支持美国介入二战的宣言提供了重要场地。因此，我们发现私人基金会、精英智库以及联邦政府外交政策机构之间有着相当程度的共同经历和紧密联系。

福特基金会的理事们：1951—1970年

福特基金会在1951—1970年间一共有67名理事，其中有一半（35名）连任数届，所以实际上福特基金会在其现代阶段的头20年里总共只有44名理事。其中33名理事的信息可以从《世界名人录》《世界故人录》以及其他传记资料中查找，他们的集体身份写照可总结如下：

这里所分析的福特基金会理事群体是冷战时期美国权力精英的一个缩影。他们包括：4名国家安全顾问与国家安全委员会成员，包括麦乔治·邦迪；3名世界银行总裁，包括有时被称作是"美国权势集团主席"的约翰·麦克洛伊；2名主流报纸出版商，约翰·考尔斯和马克·埃思里奇；壳牌、通用电气、标准石油和福特汽车公司的董事长，分别是约翰·劳登、查尔斯·威尔逊、弗兰克·艾布拉姆斯和罗伯特·S.麦克纳马拉；5名大学校长；以及一名国防部长，麦克纳马拉。

　　福特基金会理事的出生地分布广泛：包括东海岸（10 名）、中西部（8 名）、西部（6 名）和南部（5 名）。他们主要生于 1890—1920 年间，这段时期有前文提过的"精神危机"作为一代人社会化的重要因素，他们成熟于 1914 年至二战结束期间，几乎一半理事（16 名）在两次世界大战中参过军。他们主要在私立精英学校接受教育——至少有 4 名就读过格罗顿、霍奇科斯或菲利普斯·埃克塞特学院——之后大多数继续就读于精英大学。总共有 21 个精英大学的入学登记记录，包括普林斯顿大学、耶鲁大学和哥伦比亚大学。有 14 名理事都是哈佛校友，剩下的理事曾就读于加州大学、芝加哥大学、麻省理工学院和其他精英大学。总的来说，33 名理事登记了 50 所大学入学记录，这表明其中有人进行了研究生水平的学习。

　　学术背景是理事被雇用的重要依据，共有 24 名理事有学术任命。然而，考虑理事群体构成时会包括活跃在各种职业领域的人，如银行界、法律界和商界。他们是一些商业组织的领导者，包括美国商会、商业理事会和大企业联合会。总体上，福特基金会有 13 名理事担任重要商业组织的领导职位，其中至少拥有 76 个公司的总裁职位，包括家喻户晓的通用电气、壳牌、史蒂倍克、标准石油、化学银行、大通曼哈顿和贝克特尔。

　　福特基金会理事与美国政府之间联系的数量和质量都不容忽视。上文已提到的麦克纳马拉（1960—1968 年）曾担任国防部长并与国家安全委员会有联系。此外，还有一名副国务卿威廉·唐纳德森（任职于尼克松政府），12 名理事与国务院有关，17 名理事与国防部有关。麦乔治·邦迪在卸任肯尼迪和约翰逊总统的国家安全顾问后曾担任福特基金会的主席（1966—1979）。他像许多他的波士顿绅士派同伴一样曾就读于精英学校——格罗顿学校，之后毕业于耶鲁大学，他在耶鲁时曾是排外小团体"骷髅会"的成员。作为哈

第二章
美国基金会领导人

佛的政治学家,邦迪于 1961 年被肯尼迪总统雇用,并在当时重要的外交决策中发挥关键作用——试图推翻古巴卡斯特罗政府(失败)和决定发动越战。总体上,福特基金会理事与美国政府的联系有 104 人次,其中至少 33 人与外交和国家安全事务有关。

福特基金会的理事绝大多数都是清教徒、共和党人和白人,只有 1 名理事即经济学家维维安·亨德尔森是黑人。福特基金会理事与其他基金会的理事会有着密切的联系,包括卡内基系列慈善组织、斯隆和梅基金会(总共有 6 个)。此外福特基金会的理事还与兰德公司——美国空军智库——以及布鲁金斯学会和对外关系委员会有关(理事中有 6 名领导成员)。正如人们预想的那样,理事们参加了大量精英乡村俱乐部和绅士俱乐部,包括宇宙、大都会和世纪俱乐部。

根据福特基金会前办公室主任沃尔德玛·尼尔森所言,"基金会处于或几乎处于美国权势集团势力的中心"[79],并且这里的"基金会"也适用于三大基金会以外的基金会。例如,本·怀特克发现,美国最大的 13 个基金会的理事 50% 以上就读于哈佛、普林斯顿或者耶鲁大学;年龄都在 55—65 岁之间;都是圣公会或者长老会成员。[80] 此外,基金会理事之间也有着十分复杂的联系,在这些有影响力的机构之间稳定地流动。正如玛丽·柯尔威尔所说明的,基金会理事与接受大量慈善捐助的组织之间有着同等的紧密联系。她指出,精英主义的对外关系委员会在 1961 年 1/4 的收入来自于三大基金会。与此同时,美国对外关系委员会成员名单上显示,卡内基基金会的 14 人中有 10 人、福特基金会的 15 人中有 10 人、洛克菲勒基金会的 20 人中有 12 人在名单上。1964 年,约翰·麦克洛伊同时担任了美国对外关系委员会主席、福特基金会主席、洛克菲勒基金会理事和大通曼哈顿主席。[81] 根据肖普和明特的研究发现,1945—1972 年间几乎一半的白宫顶级外交官员都是美国对外关系委

以慈善的名义
美国崛起进程中的三大基金会

员会的成员。[82]

毫无疑问,从大萧条至60年代末美国三大基金会几乎到达了美国精英权力的顶峰。它们的理事来自于最大型的公司、最富声望的大学、华尔街最具战略性的律师事务所与金融机构,以及政府部门,尤其是国务院和国防部,并且在战争期间都有广泛的服务。在这些理事之中有一些冷战的最重要设计者,比如约翰·福斯特·杜勒斯、迪安·腊斯克和约翰·麦克洛伊。腊斯克是除迪安·艾奇逊之外任期最长的国务卿(1961—1969),他还是洛克菲勒的董事以及洛克菲勒基金会的主席(1950—1961),曾获得牛津大学罗兹奖学金并在加州大学伯克利分校学习法律。麦克洛伊毕业于哈佛法学院,曾担任世界银行总裁(1947—1949)、美国驻德国高级专员(1949—1952)、洛克菲勒的大通曼哈顿银行主席(1953—1960)、洛克菲勒基金会理事(1946—1949和1958年)以及福特基金会的主席(1958—1965)。他于1954—1970年间还担任过对外关系委员会的主席。麦克洛伊曾做过肯尼迪、约翰逊、尼克松、卡特和里根的总统顾问。[83]约翰·福斯特·杜勒斯毕业于普林斯顿大学和乔治·华盛顿大学,曾是一位华尔街的著名律师(苏利安和克伦威律师事务所),并且是美国对外关系委员会的创始成员、卡内基国际和平基金会的主席,并担任过艾森豪威尔总统的国务卿(1953—1959)。在最后的任期中,杜勒斯深度参与了1953年中央情报局支持推翻伊朗首相穆罕默德·摩萨台的决策,这是杜勒斯致力于让美国政策从"遏制"转为"推回"的一部分。

这些理事的经历和联系对于如三大基金会这样的组织发挥的不仅仅只是传递利益的作用,他们还是集体专业知识、组织经验和全球知识,以及美国政府中心事务的"内部知识"的重要来源。他们是"了解这个世界"并且规划基金项目的那些人,他们存在的真正价值在于促进"知识运用"的那些网络化机构:大学、研究机构、

第二章
美国基金会领导人

智库、政策游说团体、专业学术社团、期刊和会议。因此,在大量"政府—私人"网络里,这些知识创造者与美国政府外交机构有着深入密切的联系应该并不令人吃惊。[84]

当然自那时起,世界发生了许多历史性的变化:越战的失败,一块土地因饱受轰炸化为废墟——这是罗伯特·麦克纳马拉策划的战略的后果;里根总统时期的新冷战;柏林墙倒塌;经济全球化开始;"9·11"恐怖主义袭击;以及始于2003年的不合法的伊拉克战争。基金会的理事会如何应对这些历史性的转变呢? 可以确定的是,它们对于世界形势以及美国在其中的世界地位是极其关注的。各种运动的出资方在1945年后支持美国"崛起全球主义"——帮助建立战后国际基础设施(国际货币基金组织、世界银行、联合国)——使得美国已经接受全球化和跨国主义。

这一点反映在它们的领导层中:福特基金会将其理事中少数群体(民族和种族)的比例从80年代的6%上升到了90年代的24%,并将女性的比例由13%提升到18%,还招募了外国人,如尼日利亚的奥巴桑乔将军(他在70年代支持了一场军事政变,并在21世纪来临之际当选为总统)。福特基金会的苏珊·贝雷斯福特,毕业于瓦萨学院和拉德克里夫学院,在1996年成为第一位任职于三大基金会的女性领导人。2008年,福特理事会几乎50%都是女性,而洛克菲勒和卡内基公司的18名理事中有8名女性。虽然通过简单的浏览我们就可以发现,这些女性理事实际上和历史上长期主导基金会的男性一样早就是接受了高等教育的精英,但这毕竟是三大基金会发生的一个主要变化。

三大基金会招募的外国人数量同对女性的任命数量一起在增加。世界银行管理总裁曼菲拉·蓝菲勒女士任职于洛克菲勒基金会;还有费尔南多·卡多佐,他曾是左派"依附论"的学术领军人物,并在2001年前一直担任巴西总统,也是一位新自由主义经济改革家。与此同时,三大基金会对于美国男性精英的招募也在快速增加:高盛公司的前董事托马斯·希利加入了洛克菲勒基金会成为理事,他是哈佛肯尼迪学院的高级研究员,曾任里根总统的财政部长助理,同时也是胡佛研究所的董事会成员。托马斯·基恩在1991年首次被任命为卡内基公司理事会成员,1997年晋升为主席。2002年9月,基恩被小布什总统任命为"美国9·11恐怖攻击调查委员会"("9·11"委员会)主任,这是一个致力于调查针对纽约和华盛顿的恐怖主义袭击的两党联合小组。之后基恩还担任了"9·11公共话语项目"(PDP)的主席,PDP是一个私人基金创立的非营利性组织,致力于继续调查委员会的工作,保护美国未来不再遭受袭击。他在2005年重新加入了卡内基公司董事会。

基金会的项目并没有因为人员任用的改变而发生明显的变化。相反,这样的人员任用恰恰体现了他们适应新环境的能力,以及继续实现他们"促进美国精英利益"的历史使命。以上内容描绘了美国社会和政府中存在的深入且强大的寡头趋势,这挑战了它们之间相互不关联、基本上是竞争性力量在角逐的观念;但这只说明建立共识仍是理解美国权力如何运作的中心问题,而主流慈善基金会过去和现在都处于建立精英共识任务的核心。[85]

基金会领导人的世界观

基金会领导人世界观的大概轮廓现在就比较清晰了:最突出的当然是他们对美国全球领导权坚定的(实际上是不可动摇的)依恋,这种"固有的"态度将会在后面的具体章节中系统地描绘。这里只需看一下小洛克菲勒的儿子以及他真正的继承人大卫·洛克菲勒对该立场的总结就够了:

> 如今世界各个部分已经变得紧密相连,以至于美国无

第二章
美国基金会领导人

法独善其身……我们是世界上唯一的超级大国,在经济上占据支配地位。我们的主要职责之一便是根据我们国家的价值和理念来提供英明和持久的领导,只有这样做才能保证避免世界回到充满血腥的20世纪冲突中。[86]

美国的价值体系——自由市场、个人主义、有限政府——都深深植根于基金会自身的捐助者和创始人脑海里。实际上,洛克菲勒、卡内基以及福特正是秉持着"美国梦"的精神建立起了他们的帝国。下文将试图勾勒出那些盛行于基金会精英中的观念,他们决定了基金会追求的使命的类型,决定了他们如何看待自己以及国内外的其他基金会,决定了他们如何"经营"慈善事业。而在基金会领导的亚文化的探索中有四个相互关联的主题是十分清晰的,即他们的宗教色彩、科学主义、种族主义和精英主义。

"是上帝给了我财富。"老洛克菲勒在一次批评者们要求他承认他拥有巨大财富是人格"污点"时,他这样回答。[87]基金会的领导们无一例外都来自"信仰者":清教徒、精选的群体、被选中的少数,这些在他们自己眼中是美国真正的"主人"。作为他们那一代中最成功的人群,这种自我印象实在不足为奇。从这一点可以很容易地让他们相信自身的优越性——作为一个社会群体、一个国家精英,相对于美国的"下层"阶级,或者海外"不如"美国的人群的优越性。宗教与"被选者"、自己取得的世俗成功与他们在受限制的社会与种族环境(精英学校、常春藤盟校、"贵族"律师事务所和美国官僚政府)中的行为之间的联系汇聚成一个混合体,这个混合体试图凝聚"里面的"群体并往其中加入其他"可恶的"群体:非精英美国白人、非清教徒——还不算非洲裔美国人和皮肤黝黑的非盎格鲁-撒克逊人。"里面的"群体"有学识"并且"做决定","外面的"群体是知识的接受者。

安德鲁·卡内基因为较为世俗化而引人注目,他甚至有些反对宗教与神学。不过，他这种状态的转变，只是让他正当地从基督教的传教者变成了生物进化论的传教者，这至少在表面上被冠上了"社会达尔文主义"以及赫伯特·斯宾塞的观点。据斯蒂芬·沃尔的看法，长久以来卡内基都在寻找一种可靠的信念来取代苏格兰长老会教义。[88] 看上去，他的理想似乎是资本主义工业的胜利——正如他在匹兹堡的钢铁工厂一样。实际上，卡内基是一名实用主义者：把斯宾塞哲学放在一边，卡内基反对自由放任主义的主张，认为政府对于现代经济来说是必要的，因为它是钢铁合同的来源，并能为工人提供某种最低的保障。[89] 卡内基同时也十分反对"优生学优势"，因为他认为真正的领导者出生于贫困的家庭——正如他自己一样。1900 年，卡内基宣称自己是进步主义者。

当然，即使是洛克菲勒的宗教色彩在面对财富和世俗化思想时也要作出妥协，这使其转变成一种更高级的"科学"真理。在这里，"社会—科学的"真理，伴随着福音主义狂热而兴起，并将其与"在尘世建立上帝的王国"这种世界观结合起来。根据格林利夫所说："科学主义（认为）……真正的知识只可能在以某种方式认真仔细观察、列入目录或者分类的基础上才有可能存在，要基于一定法则或者基本原理来测量、计数和归纳整理。"[90] 在 19 世纪后期的发展过程中，蕴含了现代社会科学的萌芽。[91] 美国社会科学的奠基人通常是牧师或是沉浸于宗教的人，这一点并不令人吃惊。[92] 清教中对个人救赎的追求在 19 世纪中期转化为一种社会伦理。天国将要在这个世界建立和完善，上帝以各种物质的形式存在着，包括社会组织，正如格林所讲的那样。[93] 福音主义的狂热从此转化为世俗的善事。"社会福音"（真理）要求净化所有腐败的国家机构和生活中的罪恶——商业、政治、政府、教会和大学。这场运动的领导者包括神学家华盛顿·格兰登和哈里·福斯迪克、哲学家威廉·詹姆斯和约翰·杜威、自然科学家阿萨·格雷和阿尔弗雷德·怀特

第二章
美国基金会领导人

海、政治学家赫伯特·克罗利和沃尔特·李普曼,以及社会学家索尔斯坦·维布伦、理查德·伊利、约翰·克拉克和伍德罗·威尔逊。[94]麦克洛林认为"进步主义的'核心概念'是'相对主义''实用主义''历史主义'、文化有机论和创造性的知识",以及随之产生的一些新价值观如"高效化、一体化、系统化、规则化和职业化"[95]。因此,社会科学开始表现为一种社会用以调控现代美国应对剧烈的国内变化和加强美国对于世界领导的理性"企业"。再次回想一下,"科学施予"是三大基金会了不起的创新,它是一种理性的行为——是一种投资——希望获得某些特定的社会成果。

"科学施予"的创始人大概是受人尊敬的弗雷德里克·盖茨,他一度是浸信会牧师和洛克菲勒的顾问。[96]正是盖茨协助现代慈善事业,"将慈善活动从治疗社会问题的症状延伸到……从病因上消除问题"。根据大卫·洛克菲勒所说,这致使"开始对科学方法的接受和对许多领域专家工作的支持"[97]。施予开始成为一种系统化的行为,同时它也优化了洛克菲勒基金会所采用的组织结构。盖茨杜绝"零售式"的慈善而采取"批发式"的慈善,从上而下的捐助,因为前者具有混乱性并且"对规则和效率造成破坏"[98]。通过对结构十分精细的国家组织的捐助,盖茨声称"洛克菲勒先生的商业智慧得到运用,之后他对慈善组织和自己的商业成就开始有了同样的关注"[99]。安德鲁·卡内基用经营自己商业帝国的方式来运作他的慈善基金会——凭借精明务实的效率和十二分的关注:"我从来不分散我的注意力。"他这样说过。[100]拉斯基说,大型基金会对大学科研资金的影响表现为对研究的人员、方法和主题的有效控制:"危险性的问题不大可能被纳入研究范围,尤其不能被'危险人物'盯上。"他列举了一个被基金会拒绝投资项目的例子,原因是"它的完成将会惹怒墨索里尼先生"[101]。仅仅三大基金会的存在就足以影响研究的进程:"基金会不用去控制,"拉斯基建议,

"用最简洁明了的话来说,因为它们没有这个必要。它们仅仅只需指明当下的方向就足以让大学学界发现:是谁在一直巧妙地吸引着思想罗盘的指针。"[102]

当然,对外的种族中心主义据信是建立在国内"科学的"盎格鲁-撒克逊优越感之上的。慈善组织致力于通过教育来提升其他种族,尤其是非洲裔美国人的社会发展水平。但是它们任命的领导者——从教育领域中几大主要基金会机构之一的"普通教育委员会"来看——都深受种族主义思想影响。盖茨自己就曾将孩子从新泽西蒙特克莱的一所多种族的公立学校转学,因为黑人和移民的孩子据说"缺乏礼貌、下流并且不讲卫生"。黑人只需要职业培训,盖茨认为,"拉丁文、希腊文以及形而上学这些知识会让我担心有色人种同胞将会用其来选择自己而不是用来团结我们"[103]。洛克菲勒在南方投资的学校庇护种族隔离,正如通识教育委员会(GEB)的执行秘书华莱士·巴特里克所指出的,"黑人是低劣民族——而盎格鲁-撒克逊是优等民族"。南方的黑人适合"卑贱的工作,应当做粗重的活",拿的工资比白人或者移民少。[104]虽然老洛克菲勒和小洛克菲勒都没有支持这种赤裸裸的种族主义观点,但是他们都屈从于南方的隔离主义者。最后,90%的GEB资金都分拨于南方的白人学校而不是它们的目标群体。[105]正如路易斯·哈伦所展示的,北方的慈善家默许南方黑人被剥夺权力和对"黑鬼"(这是美国白人至上主义者对黑人的蔑称。——译者)的种族隔离,把这当作他们对黑人"工业"教育投资的保证。[106]实际上,随着北方的工业资本投入,战后南方重建的再整合需要的是大量不熟练或者半熟练的黑人农业劳动力,这反过来"使得南方白人劳动力从事更专业化的工作,而将田地、矿井和更简易的事务留给黑人"[107]。因此,鼓动种族平等只会造成政治不稳定,从而也会为北方投资者带来不确定因素。通识教育委员会的威廉·鲍德温希望黑人劳动力集中在田

第二章
美国基金会领导人

野、商店和矿井以满足现存南方环境提供的"塔斯基吉模式"（该大学位于亚拉巴马州，是一座始建于 1881 年的美国私立传统黑人大学，在美国内战后为改变非洲裔美国人的生存状态而建。——译者）的种族教育。有意思的是，采取此种立场，北方慈善家通过对钱包的控制，拒绝并排斥了北方传教士社团的种族平等教育战略。[108] 尽管有像 1925 年在费斯克的一些抗议，南方黑人却经常在批评种族化教育的慈善面前保持沉默，因为他们害怕连原先的那种支持都会失去。[109]

主流基金会同样对种族化负有责任，最不光彩的例子当数卡内基公司。尽管在第 6 章有详细的描述，这里还是要提一下：卡内基公司尤其支持种族隔离。菲利普·斯坦菲尔德在他对慈善事业和黑人种族隔离的深入研究中得出结论："卡内基公司是主流基金会中唯一一个在种族隔离的社会对白人至上的观点如此推崇的基金会。它从不允许黑人拥有一些如种族关系研究或者发展黑人图书馆等领域的决策权。根据卡内基公司的章程，黑人的命运只能由白人决定。"[110]

安德鲁·卡内基认同这些观点。[111] 他捍卫"说英语的民族"的优越感，呼吁英国、澳大利亚、新西兰、加拿大、爱尔兰以及美国在后者的领导下建立一个"种族联盟"。卡内基对社会达尔文主义和其"适者生存"口号的赞许，以及对当时英美社会常见的对男子气概狂热崇拜的共鸣，与他对盎格鲁-撒克逊联盟的呼吁一脉相承。[112] 考虑到他们优越的品质，盎格鲁-撒克逊人有义务来出口优质的政府形式、他们的工业成果，并把他们的文明散布到世界各个角落。当然，1898 年美西战争后，安德鲁·卡内基公然反对美国吞并菲律宾。然而他这样做的理由却是关注吸纳像菲律宾人这种连居住在美国边界的优势都没有的低劣种族将会给美国文明带来危害。[113]

结　论

　　具有精英主义、技术官僚、功利主义和种族中心主义四种特征的基金会领导人主导着大笔的捐款用于社会工程。他们的哲学通常是实际的、实用的和功利的。基金会从其自身利益出发并不关注"象牙塔"式的思考，而是密切关注流动性的知识和专门技术。他们欣赏的方法来自于有保证的专家，即"知道"问题和能提出"解决方案"的社会—科学的技术官僚，而这些方案通常被相对无力的方式指导，其主观需求也不为人所知。他们声称希望找出社会顽疾的潜在病因却未被认可——实际上，也不可能被认可——基金会得以建立的最初捐赠来自于公司资本主义制度，而捐赠继续产生的收入来自于公司投资，这两者也许是社会问题背后的重要促成因素。相反，它们使人们更加确信公司服务于国家和全球利益，以及大多数问题源自于个人——贫困社会化、缺乏教育、人格问题、家庭不完整等等。基金会面对社会问题的办法应是渐进改革而不是激进变化。

　　以上呈现的证据表明，建立和经营主流慈善基金会的领导团体拥有"精英主义、无代表性和不负责任的"特点。这些证据也提供了一些关于他们"世界观"的远见卓识、他们对待国家和世界的指导思想。他们的种族中心主义以及社会、国家和种族的优越感对理解他们的"国际主义"提供了一种具有指导性的基础。用桑德拉·赫尔蒙[114]的话说，他们的国际主义是带有"民族主义"色彩的国际主义，这种国际主义套用一下林肯的话来说，就是推动美国权力作为"人类最后最好的希望"。美国过去对殖民主义和帝国主义的反对和它优越的工业及政治制度使其成为世界事务中最进步的力量——是一种为了和平、繁荣和自由的力量。美国将会避免成为

第二章
美国基金会领导人

帝国转而支持那些代表大国小国权利的国际组织,和平解决争端并且确保国际安全。无论从经济上还是商业上来说,尤其是随着需要超越它们的国内市场进入世界贸易制度,包括先前的保护主义者安德鲁·卡内基在内的基金会领导人,都开始逐渐加强与国际组织多边框架内的开放贸易体系的联系。洛克菲勒和卡内基慈善组织支持美国和其他国家,尤其是英国的这些运动:它们最开始支持国际联盟,然后是联合国、国际货币基金组织和世界银行。在各种国际组织中,美国——通常是和英国结盟——要行使领导权。这代表着盎格鲁-撒克逊主义的吸引力拓展到更大范围的国家,包括斯堪的纳维亚半岛的民主国家,这一点在第3章将会被更多提及。实际上,最终主流基金会的兴趣在于建立美国的全球性霸权。建立霸权不仅需要在国内促进自由国际主义,还需要将其主要对手——"孤立主义"边缘化。我们的注意力现在将转向这个双重任务。

第三章

建立全球主义的基金会:
1930—1945

以慈善的名义
美国崛起进程中的三大基金会

> 社会科学家已被证明他们可以运用技术和知识投入战争,就像研究瞄准器的自然科学家一样。
>
> ——约瑟夫·威利茨

促进全球化、打击孤立主义和赢得二战胜利是建立自由国际主义美国外交政策权势集团过程中的主要胜利。[1]而鲜为人知的是大基金会在促进全球主义霸权、削弱孤立主义和运用更为"清醒的"现实主义方法来处理国际事务方面的作用。此外,基金会还在"孤立主义盛行的"20世纪20和30年代建立并推动了有效的国际合作,以及建立和扶持了官方和非官方的国际组织并通过它们在一个"良好的国际环境"中促进了美国强权。[2]同时,基金会资助的项目对于战略性精英或更广泛的社会大众在发展现实主义的观念模式、世界观和知识基础方面也很有影响。

现实主义与全球主义在学术界的兴起和传播,让大学与有关现实世界中权力如何运作的各种思想和实践形式更加趋于一致,这些思想和实践在美国处于主导地位并且促进一系列观念的产生,即倘若劳动力分配合理,那么两个世界将能进行融洽的合作。现实主义和全球主义通过大学教学得以传播,帮助巩固了美国公共舆论中战略少数派(即受过教育的阶级)那些观点的霸主地位。虽然美国采取了"硬实力"战略,但在学者和政府官员的劳动力分工中,处于霸权项目背后的国际关系(以及其他)专业知识分子/学者却被动员了起来,而这些霸权项目思想上即设计成要向学术界、中西部"孤

第三章
建立全球主义的基金会: 1930—1945

立主义的"大本营、地区精英以及海外精英渗透。

现实主义知识与国际关系学科兴起于19世纪末20世纪初,正值此时"实用性知识"在现代化的大学中极受追捧。处于竞争性市场中的私立大学,需要生产具有实用性的知识以此增加收入、强化专业认证、加强与外界的研究合作以及巩固企业和国家之间的联系。此外,越来越多先进的大学开始由那些视美国国家问题为己任的人所支配,这些人希望建立起强有力的联邦政府以实现国内改革和美国对世界的领导。身为哥伦比亚大学校长和卡内基国际和平基金会一个重要部门负责人的尼古拉斯·巴特勒就是进步大学领导人中的典型代表。[3]

现代基金会纵横于现代大学和国家以及大学和大型企业之间。[4]基金会将重要的国家机构、国际公司以及大学组织起来以支持一个霸权计划——对内建设加强联邦政府,对外进行美国的全球化扩张,由此进步主义和帝国主义得以并驾齐驱。[5]

本章将要探讨卡内基和洛克菲勒的慈善事业在建立国际关系中具有影响力和支配性的现实主义传统中所发挥的作用,而这一现实主义还将影响民族国家权力的社会、经济和意识形态的因素都纳入考虑之中。实际上,在以下复杂领域厘清卡内基公司和洛克菲勒基金会是困难的:以一个政治—经济—军事计划来促进美国全球主义;削弱孤立主义的政治、道德、经济和世界观;并且同时帮助现实主义的兴起。这个过程包括大幅增加大学的国际关系课程和对外国区域研究的项目,但更多的是要在一个广泛的背景中看到慈善组织对国际关系和现实主义崛起的作用:包括大学研究与教学、增强和促进精英外交政策智库的顾问作用、建立和扩大国家的外交政策研究能力、推动公共舆论研究和周到的公共舆论动员,并且鼓励特定的研究方法而使其他方法边缘化。

基金会在目睹英法的全球影响力明显衰退之后感到十分满意,

以慈善的名义
美国崛起进程中的三大基金会

但对于能否让美国精英们意识到他们国家将在世界事务中扮演一个更大角色的潜在机遇也有某种疑虑。尽管有美国未能加入国联的失败，以及30年代的经济保护主义，东海岸的自由国际主义者仍积极地建立了一个紧密的由智库、政策研究机构、出版组织构成的网络，试图以此与孤立主义抗衡并建立全球主义。他们在一个"孤立主义"霸权中建构了全球主义的反霸权网络，并利用这个网络在拥有"高科技"军事实力的时代，来反对"不道德"的冷漠孤立、"不负责"的经济保护主义以及"狭隘"和"落后"的岛国主义。[6]他们动员起来减轻了30年代的中立立法（的反对氛围），促进了自由贸易，支持了国联，并进一步改变了公共舆论、主要政党、新闻界、战略精英和知识分子。他们与大多数接受全球主义思想的政府机构合作，尤其是国务院。

此外，基金会在加强其资助的智库、学者等之间正式的和非正式的国际合作，以及建立新的国际组织方面也扮演了一个战略性角色。到20世纪20年代时，这些团体都相信美国的精英是适合领导世界的：因为美国是个更先进、更民主、更具活力的国家；美国反对垂死的帝国和无神论的共产主义；并且有一种奔向和平世界的新方法。[7]这个新方法就是扎根于美国领导的国际组织的美国国际主义。[8]通过建立国家导向的学者、智库、公司和工会等的网络，基金会相信它们将生成一个支持全球主义的国内联盟，与不列颠、英帝国和欧洲持具有类似思想的国际主义者联合起来，这些做法从长远来看将有利于美国的霸权。尽管网络建设是美国霸权的前提，但它作为一种社会化工具本身并不会产生美国"霸权"。物质刺激的流动——拨款、工作与奖学金——这些对网络建设必不可少的东西很显然具有重要作用。然而，基金会网络建设和美国崛起为全球主义都与催化性的全球事件相互联系：如1941年12月日本偷袭珍珠港就特别重要。这些具有催化性的事件将宝贵的机会留给那些早已

第三章
建立全球主义的基金会：1930—1945

准备好利用这个空间来面向"新思维"的力量，而这种"新思维"在"危机"发生之前往往被认为是"不可想象"的。

东海岸的自由国际主义者所面对任务的范围需要一种综合全面的战略，这种战略针对不同时期不同的人群强调不同的东西。"国际主义"的标题传达了一系列信息，它们的要旨在于：美国拥有全球性利益，因此它也将承担全球性责任和义务。一个成熟的大国需要做好本职工作，并不依赖他人来实现自身及世界的安全。

这一章将考察三个具体但相互关联的、基金会领导的促进现实主义和全球主义以及削弱孤立主义的项目：它们在大学的国际关系（和地区研究）项目、在增强精英专家咨询能力和国家研究能力，以及在精英的、受关注的和公共舆论的形成与动员中的作用。

基金会和大学国际关系（及地区研究）课程与项目

基金会在使美国的国际关系和地区研究成为学科方面发挥了重要的作用。[9] 下文涉及两个项目——一个位于耶鲁大学，另一个位于普林斯顿大学——它们在推动全球主义，并使现实主义成为国际关系领域占据主导性的趋势方面发挥了重要作用。

洛克菲勒基金会与耶鲁大学国际问题研究所

从20世纪30年代起，洛克菲勒基金会就在资助大学关于国际事务的科研项目和"非西方"研究方面占据主导地位。基金会成员很早就认识到了美国在国际事务中变化的地位。他们认为这就需要一种新的外交政策，因而相应地需要受过专业训练的专家，他们精通外语，并了解那些会被纳入美国"国家利益"轨道的国家的历史、政治和文化。大学国际关系课程对于培养国际事务中获得广泛认可的美国未来领导人方面有着重要的意义。[10]

耶鲁国际问题研究所（YIIS）就是洛克菲勒基金会早期干预的

一个很好案例。1935年YIIS凭借洛克菲勒基金会五年多时间里拨给的10万美元捐款得以建立。[11]从成立之日起,YIIS就聚焦于"国际关系中的权力主题"——一个被美国学者忽视的领域。[12]它致力于以一种"现实主义的"视角来看待世界事务,希望能对外交政策制定者有用,同时出版带有学术性但又能被大众接受的著作,并且还要为政府部门培养学者。[13]后来耶鲁大学被国关圈内人士戏称为"权力学派",这一点足以证明它在使现实政治制度化方面取得的成功。[14]基金会能做到这一点,是因为耶鲁有着像弗雷德里克·邓恩、阿诺德·沃尔弗斯和塞缪尔·比米斯这样的高级研究人员。[15]除去1935年最初的10万美元,基金会又在1941年和1944年分别投入了5.15万美元(保证运营3年多)和12.5万美元(保证运营5年多),总计投入达27.65万美元。[16]

YIIS的指导人尼古拉斯·斯皮克曼(1935—1940)、弗雷德里克·邓恩(1940年—二战后)所采取的现实政治方法深得洛克菲勒官员的赞同。[17]1942年的YIIS年度报告强调:起草"新的世界秩序的抽象计划"和"象牙塔式的推测"并不在其议程之内。相反,YIIS聚焦于"基础研究"以填补当时国际关系思想和知识的概念性空白。[18]到1944年的时候,YIIS关注更多的是"可能会给美国外交政策造成**最大麻烦**"的问题,比如英国—美国以及西方—苏联之间的关系。[19]

YIIS的备忘录和各种记录证实了它信奉现实主义的事实。有一份文献记载了1945年3月一次会议的结果,文中提到:美国不应再在处理欧洲事务时"搭便车"。尽管英国的国际霸权实质上已经终结了,可它仍是西欧一个关键的"桥头堡"。因此,英国的持久存在仍然事关美国的国家利益,必要时甚至不惜使用武力。会议指出,欧洲必须维持"均势",必须防止出现新的拿破仑或者希特勒主宰欧洲。为了避免被拖入另一场海外战争,美国必须参与"肮脏

第三章
建立全球主义的基金会：1930—1945

的权力政治"。这次会议认识到了苏联扩张的危险，但同时也承认苏联的合法安全关注。虽然苏联应当在领土方面受到压制，但（美国）每次在社会改革运动时都与它对着干也是错误的。那只会让西方的自由主义者和激进分子确信英美政策的"极端保守"特征并且"会将（他们）……推入教条主义的布尔什维克的怀抱"。最后，备忘录写道：美国的经济已经成为全球繁荣的主要因素。未来美国的经济政策不仅仅要帮助欧洲重生（因此需保持英国和法国"继续参与"），而且必须同时"负责任地"发展美国自身经济。美国国内的繁荣将为世界产品创造一个稳定的市场，从而促进全球安全。[20] 这种帝国主义态度被记录在二战时期 YIIS 所出版重点书籍的一份内部基金会的评论中。[21]

尽管 YIIS 希望能为政府所用，但它也还是拥有自己"私立的"特点。弗雷德里克·邓恩于 1943 年为基金会官员所撰写的备忘录《大学国关研究机构的地位》中写道：私立的地位赋予了研究更大的灵活性，并且也给"知识占据主导地位提供了机会"。例如，研究机构能够研究国务院所关注但却具有政治敏感性的问题。邓恩认为对于一个民主国家来说，如果所有研究人员都被纳入政府机构中，那么这种情况对国家本身来说是"危险的"，因为这将会使得"有识之士"趋于沉默，减少公众关于重要问题的讨论。他认为，无论一群研究者多么趋近于"无所不知与乐善好施"，他们也不可能运用不同的手段和设想从各种角度来解决问题。[22]

不管 YIIS 有多么珍视它的"独立性"，对政府有用仍然是它首先要考虑的事情。1944 年 8 月，邓恩告诉威利茨，研究所已经成立了一个委员会（有国务院代表参与）来讨论大学如何才能"培养出好的决策者"[23]。两年前，YIIS 年度报告中首次提到了几次与美国陆军部官员一起召开的关于近东政策的会议。报告强调，"它意在作为一种测试，去证实学术知识与其在实际政策问题中的应用是否有可能实现快速动员"。1941—1942年的报告进一步指出：耶鲁大学创建了大量"外国地区研究的课程"，以提升对于外国社会的了解；研究所还"根据需求"向美国政府传递信息；并且 YIIS 毕业生还在几个政府部门中担任重要职位，比较突出的有国务院和陆军部、经济战争委员会以及内尔森·洛克菲勒领导的"泛美事务协调办公室"。[24]

陆军部请求耶鲁国际问题研究所为军队官员成立一个亚洲研究院，该院于是在1945年夏天应运而生。同时，国务院和 YIIS 成立了一个联合委员会（由邓恩担任会长），以加强外事官员的培训。这种政府联系的影响，随着伯纳德·布罗迪（YISS 成员）任主席的美国政治协会成立"政治—军事关系"小组，而被更广泛的政治学业内人士所知。[25] 即使当研究所对政府明显地不那么有用，并因此显现出其独立性时，它解决问题的方式也与国务院并无不同。最值一提的例子是在1943年度报告中记录的一场关于中东对于美国重要性的讨论。报告指出，安全并不仅仅是一个军事问题，它还需要对那些扩展战略海洋路线和军事基地的民族和资源保持警惕。研究所提议对"工业发展""民族主义的兴起""种族和人口压力（因为它们影响这些地区的稳定）"等方面进行调查，认为美国应尽早采取补救措施。[26] 这早早表明了国家安全方向领域研究项目的重要性。[27]

YIIS 出版了许多关于远东、英美关系以及非洲在美国安全政策中地位的著作。半个多世纪后，有两本著作脱颖而出：威廉·福克斯的《超级大国：美国、英国和苏联——它们对和平的责任》（1944），这本书首次提出了"超级大国"的概念[28]；另一本是尼古拉斯·斯皮克曼的《世界政治中的美国战略：美国与均势》（1942）。历史学家约翰·汤普森认为，斯皮克曼的研究是"对美国在战争年代所采取的战略立场最全面的分析"，其主旨是"美国利益诉求要对战争

第三章
建立全球主义的基金会：1930—1945

进行干预以恢复欧亚的均势"（这个观点在日本偷袭珍珠港之前即提出了）。[29] 斯皮克曼认为美国必须要准备一种全球战略，融汇整合权力的各种关键因素：包括军事准备、经济活力、政治效率和动员，以及明确意识形态的全球战略。斯皮克曼还认为需要消除和平时期和战争时期的界限，因为"全面战争即永久战争"。最后也是最深远的一点，是他认为"在权力政治的计算法则中，世界上不存在任何一个地区因为距离太远而不具战略重要性，也不存在任何一个地区因为位置太偏而可以被忽视"。全球规模的永久战争，这就是耶鲁对美国大战略的贡献。[30]

两本书都好评如潮并且十分畅销。斯皮克曼的书在3个月内售出了近1万本，据它的出版商说："该书可被视为我们这十年来最具影响的书之一。"[31] 一位基金会评论员说它在华盛顿十分畅销[32]，该基金会的社会科学负责人写道，这是本"伟大"的书并且值得"潜心研究"。奥尔森和格鲁姆认为斯皮克曼的书"对五角大楼的战后计划制订者有着巨大的吸引力"[33]。

YIIS的影响力也通过国际关系本科和研究生层次的教学而得以扩大，主要凭借的是1935年国际关系本科专业的设立。国关专业主要是围绕着国家安全与战争这一主题而建立，其课程指南可总结如下："战争是一种实现国家政策的工具；和平时期的备战，即实现对国家资源的动员；战争的指挥及社会控制的问题；战争的军事、经济、政治和宣传工具。"[34]

在20世纪40年代，美国海军在普林斯顿大学爱德华·厄尔的协调下于耶鲁大学开设了战争战略和"国家权力的基石"课程。该课程同时也在加州大学洛杉矶分校、西北大学、普林斯顿大学、北卡罗来纳大学和宾夕法尼亚大学等其他五所大学开设，显示了这种思想和探究路线在整个美国的进一步散播。不可避免的是，有些学生反对耶鲁大学的这些项目和"权力""武力"及"战争"扯上关系，特别是那些把国际关系看作是基督教建立和平世界的一种方式的学生。正如斯皮克曼在1939年向洛克菲勒基金会报告的那样，"在耶鲁，该学科相当现实主义特征的方法有时会使他们（基督徒）的年轻理想主义者感到震惊，但是……这并未阻止他们将其推荐给别人"。正如保罗·拉莫斯写的，"对现实主义的皈依正在发生"[35]。

耶鲁大学国关专业的学生人数在二战前并不多（1937—1938年17人，在1939—1940年增加到52人），但在1942—1943年增长到88人，1945年后逐渐稳定在80人左右。总体上，拉莫斯估计1935—1951年间大约有800名学生选择了耶鲁的国关专业。[36]在1935—1945年间，耶鲁有27名硕士生和博士候选人毕业。知名的国关校友包括伯纳德·柯恩、卢西恩·派伊和威廉·奥尔森。[37]其他的校友则陆续加入了一些重要的美国外交政策相关机构，如对外关系委员会、外交政策协会、驻外事务处和国务院。[38]

YIIS的影响不仅仅只限于学术界，这一点对于它的基金会赞助人来说十分重要。它的工作会被其他外交政策的"影响者"和政策制定者所重视。国务院与它们之间的惯常联络显示了他们相信其工作的重要性。外部顾问如雅各布·维纳和以赛亚·鲍曼，在基金会需要某一领域的评估时总是对研究所很热心。它的研究中心和研讨会吸引了许多著名学者，如政治学家哈罗德·拉斯韦尔、《纽约时报》记者汉森·鲍德温、国务院相关人员如格雷森·柯克（他是对外关系委员会战争-和平研究项目的成员）。1945年，研究所在前副国务卿萨默尔·韦尔斯的主持下于"旧金山会议"召开前夕通过广播播放了关于"和平的问题"。[39]随着洛克菲勒、卡内基和福特基金会资助区域研究，YIIS极大地推动了现实主义范式的传播，并促进形成了国际关系学科中一项新的"权力共识"。[40]

研究所"独立的"地位帮助其观点变得具有合法性。确切地

第三章
建立全球主义的基金会：1930—1945

说，公众很少认为其与基金会或政府有着长久联系。它为政府或学术圈服务，培养了数百名本科生以及数十名研究生，这进一步加大了其现实主义方法的影响。到1948年，YIIS创办了期刊《世界政治》，并且启动了美国最有威望的研究生培养项目。[41]

爱德华·厄尔、美国国研会与普林斯顿研讨会

厄尔[42]是一名坚定的国际主义倡导者。他因在两个方面的工作受到洛克菲勒和卡内基基金会的支持，一个是"美国国际问题研究委员会"（简称"国研会"，ACIS），他自1939年起即担任该会研究部主任[43]；另一个则是普林斯顿大学的研讨会（1937—1943年）。厄尔对于外交和军事史的方法是实用性的，他主要关注发展一种更为强硬和更加全球性的——比如现实主义的——方法，在学术和政体的范围内处理美国外交事务。虽然现实主义和全球主义之间不存在必然和自发性的联系，但厄尔对美国国家安全需求的阐述却要求有一种以军事力量支撑的积极外交政策。尽管身为现实主义者，厄尔也对包括道德、贸易以及捍卫自由等美国外交政策的国内根源表现出同等的重视。他也不像战后现实主义者那样对人性特点愤世嫉俗，而是相信人类可以变得完善，并且认为可以通过教育公共舆论来支持强势的外交政策。[44]

厄尔反对在国内和国际事务之间进行"划分"，他推崇对社会、经济、工业和教育的改革，以更好地为军事冲突做准备。厄尔表示美国人民还需要发展一种"战争思维"。他建议美国建立一个国家安全委员会以评估国家的战略和安全需求。厄尔对"国家安全"的定义远远超越了美国边界："安全"，意味着要干涉海外事务以防止可能出现的威胁——而干涉的形式则视具体情况而不同。[45]

厄尔建议的对战争要有心理上的准备，是普林斯顿大学研讨会参与者们工作的一个重要部分。例如，阿尔弗雷德·瓦茨要求美国

大学生应当接受适当的"教育"以理解"世界的暴力",并且做好与"极权主义"斗争所要求的"不懈使用……持续性的军事努力"的准备。他坚持认为大学应当从"象牙塔转变成为瞭望塔"[46]。

厄尔的目标,更具体地说是与美国国研会相关的目标,是进行关于战后解决方案方面与"美国的利益、责任和机遇"相关的"基础研究"。"基础研究"这一术语含义广泛,它既可以用来检验美国怎样以及在何种情况下能够参与创造和平,也可以利用其自身的联邦主义经验实现全球性目标。由于战争的进展,国研会决定进行政策导向型的研究,其焦点定在四个领域:美国的军事地位、经济和社会方面的战争准备、美国—西半球的关系,以及"当今德国、日本和苏联的基本趋势及其与未来美国关系的影响"[47]。这种对于全球性的区域研究强调了隐性和显性的信念,即世界事务就是美国的事务,而新的战争技术阻止了外交政策中的孤立主义立场。厄尔和他的合作者们研究的关键问题在于构建一种切实可行的"大战略",它可以维持均势、维护"重大利益"、受到适度军事能力的支持,并且最重要的是,要能确保获得美国纳税人的长期支持。[48]

厄尔早在1937年就请求国务院建立一个政策导向的学术研讨会以制定"美国的大战略"[49]。凭借着卡内基公司在1940年2月的一笔捐助(86 500美元),厄尔的研讨会提出了在美国仍属相对新颖的观点,即"军事是兼具合法性和(学术)重要性的问题"。他认为此类研究是"一种学术'责任'"。在之后的一份备忘录中,厄尔写道:"保卫国家一直是美国历史的动力之一;战争必须被认为是一种非常基本的社会现象。"因此他敦促对"民主国家中军事的作用、西半球防御的概念、我们在远东的(军事)地位……以及军事政策作为一个立法和行政问题"进行研究。在1940年末和1941年春天,卡内基公司对厄尔和研究所在"美国军事问题和政策"研究上一共投入了38 000美元。[50]

第三章
建立全球主义的基金会：1930—1945

厄尔的研讨会出版了许多报告，内容覆盖了从孤立主义（《美国孤立主义的历史根源》）到促进现实主义（《海权的地缘政治信条和要素与欧洲和远东的均势》）。到1942年的时候，研讨会已经出版了对于美国海军力量的主要研究成果，并且正在出版艾伯特·温伯格的《美国历史上的孤立主义》。在厄尔的研讨会中，这种欧洲人（即现实主义者）视角和民族成分被一位卡内基公司理事亚瑟·佩吉称为是"难民殖民"[51]。然而，对厄尔来说，来自更具国家主义欧洲传统的学者对于转变美国人看待国际关系的态度是必不可缺的。事实上，研讨会最经久不衰的作品之一——《现代战略的制定者》便来源于美国和欧洲专家的协同合作。由于厄尔的工作获得了学术界的认可，华盛顿的军方也开始向他寻求咨询并让他展开海外调查，尤其是针对1940年英美之间"驱逐舰换基地协议"相关的军事与海军基地。[52] 此外，厄尔还向情报协调办公室的阿奇博尔德·麦克勒和威廉·多诺万提供帮助，同时还在美国陆军培训部创办了一个以欧洲战争为背景的14场讲座节目。[53]

厄尔的研讨会也对其他大学军事研究和国际关系研究的方法产生了重要影响，这些影响部分体现在研讨会成员要求开设讲座需求的增加，部分体现在需要开设新课程的建议。比如，艾伯特·温伯格在约翰斯·霍普金斯大学就孤立主义开讲座，厄尔在加州大学和普林斯顿大学开讲座，而赫伯特·罗辛斯基则在哈佛大学开设洛威尔讲座。[54] 厄尔的一篇文章《国防与政治科学》激励了几所著名大学开设自己的"战争、权力和政治"的课程。《时代》杂志刊登了厄尔的军事研究《大纲范本》，这扩大了它的传播。[55] 此外，研讨会还为大学和研究军事的学者贡献了两本参考书——《太平洋的海权》（1942）与《现代战争的社会和经济方面》。1942年，研讨会成员还为陆军部的军队入门课程出版了一本讲座文集《我们战争的背景》。[56] 研讨会的学术和军事重要性由两件事而被认可：一是美国军事学院（AMI）对于普林斯顿大学的再定位；另一个则是研讨会成员哈维·维尔德被任命为AMI期刊《军事》的编辑。陆军部还考虑将研讨会作为其"地缘政治"部与美国各大高校的"联络人"。[57]

厄尔的《现代战略的制定者》同样影响深远。威廉·福克斯在1949年即宣称它是一部经典，奥尔森和格鲁姆认为它是"战略研究"的先驱。70年代，当人们对核武器之前的战略兴趣增加时，学者们开始转向厄尔的这部著作，这本书在1986年又被再版。[58]厄尔指出，这本书将军事研究放在了"可敬的"学术基础上……以此来唤醒政治学学生注意这样一个事实，即军事战略是国家治理的一个内在组成部分，无论何时都不应当被忽视。[59]伯纳德·布罗迪可能是普林斯顿大学研讨会上最著名的人物了。他的《机械时代的海权》（1941）在大学课程中被广泛采用，他的《海军战略入门指南》（1942）出版的第一年销量就超过了2万本，而他的《绝对武器》（1946）被认为是核威慑理论的先驱。[60]

厄尔在"高级研究所"和"美国国研会"的工作代表了政策导向的、强硬的现实主义。这通过它的研讨会项目、出版物和北大西洋会议体现出来。哥伦比亚大学的纳撒尼尔·佩弗在他给卡内基公司的报告中称厄尔的工作是"不可或缺的"。美国国研会的研究项目对整个国际关系学科也有重要的影响，因为参与普林斯顿研讨会的学者回到自己的机构后，会对"他们自己所在的环境施加一种焕然一新的影响"[61]。厄尔的普林斯顿研讨会将国家安全为导向的国际关系学术研究推向了美国国关学界的中心。根据福克斯所说，到40年代末的时候，美国绝大部分的国际关系论文和大学课程大纲都强调"国家体制的本质和运作……基本的权力因素……大国的政策"，这与战前的地位相比是一个重要的转变。[62]

第三章
建立全球主义的基金会：1930—1945

提升政府的研究和精英智库的咨询实力

如果说现实主义在理论和实践上的焦点是国家实力，那美国的现实主义/全球主义者在20世纪30和40年代的确是尽了最大努力通过各种方式来提高国家实力。这方面起带头作用的是对外关系委员会，它是处于美国外交政策权势集团中心的一个智库。[63] 对外关系委员会作为一个专业的国际主义者组织成立于1921年，到二战时它已经成为这个领域最具权威性的美国研究机构，发行有《外交》期刊。[64] 它在向国务院建言方面所做的主要贡献是通过战争－和平研究项目实现的，该项目的目标就是要界定美国国家利益、为决策者们拟定计划蓝图，以及就战后世界的特性和美国在其中的领导地位提供专业指导。对外关系委员会向国务院提供了战争－和平研究项目，因为它希望抓住历史性机遇将美国提升为"世界上的领先大国"。鉴于它具有政治敏感性的特点，国务院将其推荐给了洛克菲勒基金会，让基金会来资助这个项目。[65]

从1927至1945年间，洛克菲勒基金会就此项研究向对外关系委员会捐助了44.3万多美元；这项研究主要采取"研究小组的方法"，专家和实践者通过小组研究的方式产生权威性的出版物。在此方法的运用之下，大量的专著得以出版，其中包括艾伦·杜勒斯和H.阿姆斯特朗的《我们可以中立吗？》（1936）。[66] 对外关系委员会的战争－和平研究项目自始至终（1939—1945年）由洛克菲勒基金会提供资助，拥有大量的研究资源，涉及近100名顶尖学者。[67] 这个项目被分成经济和金融、政治、军备、领土以及和平目标等五个研究小组，每个小组有一名指定的负责人和研究秘书，而总体的指导委员会向每个小组分派主题；然后一名小组的成员先写出关于问题的初步陈述，这份陈述在经过深入讨论后会写成报告转交给罗斯福总统和国务院。该项目与五个内阁级的部门和其他官方机构都有联系。他们召开了 362 场会议并为官方需要发表了近 700 篇独立论文。[68]

由于基金会捐助的规模高达 30 万美元（1939—1945 年间），所以它对对外关系委员会在外交政策方面的价值保持着密切关注。虽然对外关系委员会轻易地驳斥了对它最为夸张极端的批评，但即使再谨慎的评价也不能忽视对外关系委员会与国务院之间不同寻常的亲密关系。根据威廉·邦迪（自 50 年代起就是对外关系委员会内部人士）的说法，对外关系委员会和政府之间的亲密关系在二战时期达到了最高峰，是"美国历史上任何时期任何私人组织（所享有）"的最亲密关系。[69]

如果说对外关系委员会的精确影响很难界定的话，那么能清楚确定的是：对外关系委员会的经济与金融小组提出的帝国主义"宏大地区"的概念，宣称整个世界都是"美国的国家利益"，这个观点得到了国务院的认可。此外，领土小组建议富兰克林·罗斯福总统宣布格陵兰是美洲的一部分，因此应当被置于门罗主义的"保护"之下。最后，对外关系委员会各个小组在为《1943 年莫斯科协定》所草拟的备忘录中也发挥了作用。[70] 以赛亚·鲍曼认为对外关系委员会的工作弥补了《莫斯科协定》相关思考方面的缺失。他写道，对外关系委员会的备忘录将"哲学与行动结合了起来"，十分有用，如果没有它们，国务院在为《莫斯科协定》准备期间将会有许多缺失。[71] 另一个评论人也证明了这种对对外关系委员会的褒奖并未言过其实。他提到，对外关系委员会的各个小组最早提出了这个协议，并且"使思想的微风从外部吹进国务院成为一种可能"[72]。最后，利奥·帕斯沃尔斯基（国务卿科德尔·赫尔的特别助理）说，对外关系委员会不仅启动了莫斯科进程，而且更主要的是，它还在为官方机构"培养和训练"人才方面发挥了重要

第三章
建立全球主义的基金会：1930—1945

作用。[73]

对外关系委员会的战争-和平项目的影响力还体现在：当时的国务院建立了与对外关系委员会研究小组平行的各委员会，并逐步地将后者吸纳进国务院的机制之中。而直到1947年国务院才建立起自己的政策规划部门，这也是战争-和平研究项目预想的一个发展前景。关于对外关系委员会各小组作用的报告均持肯定态度。[74] 国务院官员认为对外关系委员会成员因其专业知识、负责任和严谨的态度而受到信任。正是基于这些报告，洛克菲勒基金会主席雷蒙德·福斯迪克在写给对外关系委员会的信中提到："洛克菲勒基金会作为这个重大项目的参与者感到非常自豪。"[75]

洛克菲勒基金会以此方式资助了对美国有深远影响的研究项目。对外关系委员会成员进入国务院，协助定义美国的国家利益，撰写备忘录，并发挥了相当大的影响力，尤其是在应对未雨绸缪事件的计划上。[76] 洛克菲勒基金会持续资助对外关系委员会，是因为国务院本身既无资金也无机制来支持长期的计划。但这样做违背了它自己宣称的一个原则：不能明显地引导政策制定和干预政治。然而一位基金会官员却声称，战争-和平项目被作为一项伟大的实验而广受欢迎，这是"一次将知识和行动相结合的特殊机遇"[77]。

上述的三个项目都聚焦于国家权力：它集中于国际事务、战争和实现和平，以及更高层次国际知识建构的基础设施、接受学术训练的毕业生、大学和外交政策智库的专业知识的需求。事实上，这些项目是受各基金会、精英智库和大学的知识分子所组织、资助和领导的。然而，他们的方法却远远超过了新干涉主义和反孤立主义外交政策的要求。美国知识分子并没有以狭义的术语来界定国家权力，也没有忽视这样的事实——即"国家"是在一个扎根于大众主权的历史、神话和文化的特定社会和政治制度内运行的，并且与其相互交织在一起。相反，美国知识分子认为国家的全球地位和任务建立在使主流政党、国会、公共舆论和出版业远离孤立主义之上。在他们脑中，推行现实主义、增强国家实力与动员美国人实行全球主义之间没有差别。这一章接下来的部分将上述的国家建设项目置于一个更广的背景之中——在美国动员全球主义，反对孤立主义与和平主义。具体从普林斯顿大学的一个公共舆论研究项目讲起，接着考察了外交政策协会、太平洋关系研究所和对外关系委员会地区委员会的舆论动员活动。

普林斯顿公共舆论研究部

对于建立新的全球共识感兴趣的人而言，公共舆论肯定是其关注的根本问题。洛克菲勒基金会采取了战略性的行动来扶植了学习、教学、研究以及其他公共舆论相关活动的路线。其中最重要的是由基金会资助的、哈德利·坎特里尔所领导的"普林斯顿公共舆论研究部"。洛克菲勒基金会主席雷蒙德·福斯迪克认为："国家不仅仅在军事、经济和外交阵线上作战；它们还用话语和图片作战。"坎特里尔主要关注的问题是"话语"的影响，尤其是那些美国领导人所使用的关于战时和战后世界的话语的影响。[78] 基金会在四年多时间里（1940—1943）投入了9万美元来研究公共舆论和舆论趋势；试验采用新式的研究手段；以及培养新一代的研究人员。其中1.5万美元拨给了"美国公共舆论研究所"（乔治·盖洛普领导的组织），用于收集之前五年的民意数据进行列表和分析。[79] 另有5000美元支付给了盖洛普，让其代表坎特里尔探寻关于战争的问题。[80] 坎特里尔渴望发现"人们相信什么、有多强烈以及为什么"，这使他处于美国公共舆论研究的前沿。正如他所宣称的，如果他的研究能够揭示"（美国人）基本的价值观和态度"，那么他将有能力来影响他们"对待战争的具体态度"。

坎特里尔研究影响舆论的"客观"因素如收入、教育、民族、宗教、地域和年龄等，以"了解舆论为什么会变化，并且预测舆论

第三章
建立全球主义的基金会：1930—1945

的趋向"[81]。坎特里尔向罗斯福总统办公室、国家防务委员会以及军事情报机构传递了大量情报。他说："有经验的领导人在面对实际问题时会利用情报来帮助自己。"他进一步评论道：这种情报可以用来"指导教育"，并能帮助政府"预测他们规划和平提议时将会面临哪些反对的声音，它将显示哪种教育和宣传……在使人们接受一种'正义的和平'方面是必要的"[82]。事实上，政府官员建议坎特里尔将他的一些发现当作"军事机密"，不要让公众知晓。

坎特里尔研究的内容包括：公众对拉美的态度、总统广播讲话的影响、"远离战争"派的受欢迎程度，以及孤立主义者和干涉主义者的社会经济特征。简要来说，研究表明对拉美感兴趣的美国人更倾向于反纳粹和亲英国。据此，坎特里尔推断出：一个假定的宣传者如何能通过建立一个总体反纳粹的参考体系，运用那些能够动员的知识，"在南美针对特定的行动"创造特定的舆论以反对德国或其他国家。最后，他补充道，将态度转变成行动需要宣传，这种宣传将"强调个体的重要性，并增强面对纳粹威胁的'紧迫感'"[83]。

关于总统广播讲话的研究显示总统讲话的收听量与收入呈正相关的关系，并且听众主要是干涉主义者（亲英国），因为他们认为德国的胜利会使他们遭受更大的损失。同时研究表明，在1940年12月29日罗斯福发表"炉边谈话"后，支持援助英国的听众比例上升了9%。更有意义的是，坎特里尔显示了为什么增加的比例在四周内又恢复到之前水平（因为总统没有采取行动来维持这种态势）。坎特里尔得出结论认为罗斯福的演讲确实有"一定的影响"，还显示如果在广播之前大力通过广告宣传的话，它们在低收入群体中的影响将会提升。[84]

坎特里尔的研究表明，"反对派"的可能性特征是：反战的女人和男人在数量上大约是3∶2，而来自低收入人群的年轻人"尤其"倾向于反战。半熟练和熟练的工人占该派人数的40%；农民占

17%；雇主占 13%；专业人员占 10%。[85] 社会经济阶级看起来是一个基本变量。而干涉主义者主要是来自美国社会中高收入阶层的男性，他们在纳粹胜利的情况下将蒙受最惨痛的损失，而在战争经济的贫困状态下损失最小。"简言之，"坎特里尔总结道，"在这方面，自身利益和（对英国的）同情之间几乎没有冲突。"[86]

这些基于"科学"分析的发现对于决策者是有用的。1943 年，政府机构和部门向坎特里尔的办公室支付了 5 万美元，这还不包括来自美国内部事务协调人的非具体开支。[87] 可以肯定的是，基金会作为主体正式参与了这项工作。约翰·马歇尔认为坎特里尔已经"在美国政府圈子赢得了非比寻常的认可"[88]。美国陆军（G-2部）甚至在普林斯顿大学设立了一个办公室（在坎特里尔的机构内），名为"心理学战争研究处"[89]。1943 年，坎特里尔的办公室与 22 个政府（以及私人的）机构开展了合作。[90] 国务院任用坎特里尔（秘密地，以防止公众发现它的"担忧"）来研究公众对战后解决方案的态度。[91] 坎特里尔甚至收到了几封来自罗斯福总统的感谢信。[92]

为了强调实用性，洛克菲勒基金会官员约翰·马歇尔告诉了坎特里尔政府所关心的两件事：政治领袖"说了什么"和"对其效果的研究"。约瑟夫·威利茨在书写民意测验的宣传价值时对这番言论进行了辩护。他认为，尽管基金会的政策是避开政治宣传，但为了更持久的发展，"所有的赌注都可能落在这个目标上"，他认为，"社会科学家已被证明他们可以运用技术和知识投入战争，就像研究瞄准器的自然科学家一样"[93]。因此，基金会将坎特里尔的研究成果带给了公开的政治宣传组织，如支持干涉主义的"援助盟国保卫美国委员会"（CDAAA）。[94] 事实上，尽管战前持保留态度，洛克菲勒基金会还是资助了许多研究来操纵"大众情绪"，从而避开纳粹和苏联的威胁。[95]

第三章
建立全球主义的基金会：1930—1945

到1939年，当孤立主义与干涉主义之间的争论达到白热化程度时，基金会资助一些组织来压制美国的好战情绪，同时也想打倒孤立主义和中立主义的氛围，比如CDAAA和"为自由而战"（FFF）。支持干涉主义和反对孤立主义的CDAAA和FFF，在对外关系委员会负责人的主要领导下，深入美国社会的许多群体中，包括有组织的劳工以及首次被触及的黑人。[96] 鹰派人物在哈莱姆和芝加哥组织了黑人分支机构，还在两所历史悠久的黑人大学（霍华德大学和林肯大学）建立了分会。由于与黑人群体鲜有联系，他们寻求动员了黑人的舆论领袖——包括工会领导人（A.伦道夫）、牧师（亚当·鲍威尔）、学者（拉尔夫·本奇）和报纸编辑。[97]

CDAAA/FFF的黑人动员运动将反希特勒主义的斗争与反对国内种族歧视的斗争结合在一起。鹰派领导者批判美国过去的种族问题并希望将黑人从对希特勒主义的"冷漠"或对孤立主义和共产主义的积极支持中脱离出来。[98] 此外，他们将国防工业中持续性的种族歧视为引起不和与效率低下的原因，因为它削弱了使产出最大化的努力。FFF在这方面作出了杰出的贡献，它大力支持罗斯福总统禁止种族歧视的8802号行政法令（1941年）。同时很清楚的是，鹰派承认亚非人民对于美国国内种族关系的重要性，并且利用战争的机会来努力推动民权的改革。[99]

基金会官员不断地通过外部的独立证明人来检查坎特里尔办公室的工作质量，这些证明人有乔治·盖洛普、爱德华·厄尔、莱斯特·马科尔和亚瑟·苏兹贝格（二人同属于《纽约时报》）。[100] 通过出版"科学"的研究成果，坎特里尔督促政策制定者尽快利用他的研究和技术。许多公共机构开始采用他的研究技术。政客和细心的公众对他的发现感到担忧，即大众致力于国际主义是肤浅的，许多工作实际仍未完成。坎特里尔的基本功能就是掌握技术以发现公共舆论的神秘之处。一旦掌握这种技术，人们相信它就会被用于彻底改变"被统治者的同意"这段话的含义。公共舆论将会因此而被更有效地"掌控"或"塑造"。[101]

外交政策协会

外交政策协会（FPA）成立于1918年，它认为美国应在国际事务中发挥比过去更大的作用，并让学习国际事务成为美国民众义不容辞的责任。[102] 它关注从自由国际主义角度教育公共舆论，在成立初期便赢得了卡内基基金会的资助。

20世纪20年代后期，外交政策协会发起了一系列活动，包括研究当时和历史上的外交问题并发行出版物、设立一个活跃发言者的办事处、建立众多地方性分支机构、成立一个华盛顿办事处、举办吸引超过4万人的年度午餐讨论会，以及制造一个每周在NBC播送15分钟的"今日世界"节目。[103] 因而，这是一个一方面致力于影响公众舆论，另一方面也为政府政策建言献策的组织。到二战时，外交政策协会已有17个地区性分支机构，会员人数超过1万。[104] 同时，它也致力于为美国政府提供特殊时刻的战事工作，尤其是在国务院的战后外交政策规划方面，它的会长弗兰克·麦克罗伊将军同时还在情报协调办公室担任顾问。[105]

30年代后期，外交政策协会建立了一个研究部门。在爱德华·厄尔、雷蒙德·布尔和维拉·迪安的相继领导下，它每半个月出版一份报告，自我定位是为"从事严肃外事工作的主体人员，包括官员、编辑、作家或教授们提供参考"[106]。自1936年起，外交政策协会也为普通大众出版了许多高质量的读物——它的《新闻焦点手册》（*Headline Books*）系列——销量非常好。到1942年，该系列著作已出版了30部，销量高达125万册。美国陆军部在1943年还购买了20万本《新闻焦点手册》用于军务人员的入门培训。[107]

虽然外交政策协会教育项目的主要目标是受过大学教育者，但是其他人群也会受到关注，包括有组织劳工，针对他们曾经在1942

第三章
建立全球主义的基金会：1930—1945

年安排了一个特别系列论坛。[108]同时它在持续二十多年的时间里，密切关注着高中生、大学生和学校老师。1943年，外交政策协会接受了卡内基公司一笔5000美元的拨款，用于将《新闻焦点手册》发行给高中生。而之前一年，它已经向这些学生销售了40万本手册。[109]卡内基公司的兄弟组织卡内基和平基金会也帮助发行了2000本手册给全国高中的国际关系社团，8个城市的教育董事会则将《新闻焦点手册》列入了它们的推荐书单。与此同时，外交政策协会还为学生、老师、社团领导人、有组织的教师出版并发行地图、学习指南和参考书，组织教师、学生之间的研讨会以及大学生的年度大会。[110]根据卡内基公司的报告，这些材料以一种"年轻人易懂的"方式编写。最后，这些书并不以销售为其最终的目标，特别的配套学习资料也会随之发行，包括给小组计划的建议、考试材料和延伸阅读材料等。[111]

外交政策协会同时利用NBC广播来进一步推广教育工作，它向美国、加拿大以及欧洲和拉美的部分地区播出了一系列名为"美国看海外"的谈话节目。[112]1943—1944年，外交政策协会还与科罗拉多大学及落基山广播委员会合作每周播出一个15分钟关于外交事务的节目。[113]正如它的一份备忘录所指出的，"为了证明其存在的价值，外交政策协会必须不仅要展示其权威性的研究实力，同时还要建立起实现学以致用的能力"[114]。电影《时光的流逝》曾在全球11 000家影院上映，而它的制片人写道，外交政策协会的"报告已经成了我们这些外国故事的主要信息来源，并且它们是无价的，因为我们相信它们的真实性"[115]。

要了解所有这些演讲、广播和讨论小组的影响是不可能的。然而可以肯定的是，外交政策协会被广泛认为是极具重要性的组织，它受到官方决策者和卡内基公司的高度评价。卡内基公司在1945年之前的10年里向其捐助了6.5万多美元，并在1947—1949年间又捐助了13.6万美元。[116]卡内基公司的总裁弗雷德里克·凯佩尔在1938年写道：在所有对成人教育的尝试中，"即使有，也很少存在像外交政策协会一样在这方面意义重大和影响深远的外交政策研究组织"。卡内基的查尔斯·多拉德在1942年写道："卡内基以能够为外交政策协会的工作提供些许帮助感到自豪。"[117]官方政策制定者也赞扬外交政策协会在增强美国公众对外交事务的认知和理解以及促进联合国方面所作出的努力。[118]

太平洋关系学会

太平洋关系学会（IPR）于1925年在火奴鲁鲁成立，是一个由在太平洋地区拥有利益的国家建立的组织。[119]它的创始成员国包括美国、中国、日本、加拿大和英国。IPR的目标是成为"非宗派、非争议性和非宣传性的"组织[120]，但却在60年代初"麦肯锡主义"不断的口伐笔诛下被迫解散——罪名是"丢掉了"中国。[121]据托马斯所言："美国委员会"，即后来广为人知的"美国太平洋关系学会"（AIPR），在所有国家委员会中实力最强，并且对"国际政治关系具有重要的影响力"[122]。与美国太平洋关系学会相关的名字中最响亮的有亚洲学者欧文·拉铁摩尔；曾任美国和国际IPR负责人的爱德华·卡特；还有弗里德里克·菲尔德，他是范德比尔特家族的百万富翁并且信仰共产主义。

卡特是一个在各个领域都很活跃的人物，虽然太平洋关系学会不能以机构名义发布任何政策，但他坚持认为AIPR/IPR应当讨论"当下的政治问题"。卡特负责制作太平洋关系学会学术性的期刊《太平洋事务》和《远东概览》以及其他受重视的出版物。他同时利用自己与慈善基金会的联系来为美国太平洋关系学会赢得资助。[123]

欧文·拉铁摩尔于1933年成为《太平洋事务》的主编，他认为尽管美国太平洋关系学会是自由的或"独立于任何官方联系"，但

第三章
建立全球主义的基金会：1930—1945

其他的国家委员会——尤其是英国的——却有"权势集团的力量"，因为它们有官方的外交政策制定者参与其中。[124] 然而下面要谈论的是，虽然美国太平洋关系学会在形式上是私立的，但它却与政府有联系，并且实际上从其一开始成立，就由卡内基公司慷慨资助，是美国外交政策权势集团内的一个重要组成部分。[125] 例如，对于西南亚他所持的是"现实主义的"权势集团观点，在一份对外关系委员会的机密文件中写道：美国不会允许它的敌人控制该地区，因为"我们要确保来自这片地区的大量原材料供应并向这一区域输出大量制成品"[126]。而且，在50年代的普遍反IPR运动期间，拉铁摩尔正是因为被看作是一个"权势集团"人物而遭受迫害。[127]

卡内基公司的董事们很看重太平洋关系学会并且向其慷慨捐助。截至1932年时，卡内基公司就向美国太平洋关系学会的活动捐助了127 486美元；1938—1945年间，这一数字增长到158 500美元；在1940—1947年间美国太平洋关系学会接受其最后一笔捐赠时，该数字已升至175 000美元。总体上，卡内基公司给予美国太平洋关系学会的捐赠金额达到了46万美元。[128] 而洛克菲勒在1929—1941年间在太平洋关系学会身上投入了95万美元。[129]

美国太平洋关系学会的国内活动主要由公开会议、研讨会和面向大众的战时项目出版物组成。它的主要关注点在西海岸城市，通过建立图书馆和学习中心、开展教师培训研讨会，帮助地方社团、大学、教会和美国军方教育部门来获取太平洋事务的知识。[130] 在旧金山，美国太平洋关系学会有450名会员，5名全职员工，还有一个有地方学校董事会授权的关于太平洋关系的教师培训项目。[131] 在西雅图，美国太平洋关系学会为成人、学生和他们的老师举办了20场公共论坛，还资助了一项高中论文竞赛；同时它还和加拿大国际问题研究所联合举办了一次年会。[132]

美国太平洋关系学会还在全美范围内定期组织两天会议，与会者有当地民众和远东问题专家。"无论好坏,"佩弗认为,"美国太平洋关系学会已经成为美国不断增强其远东意识的工具。"此外,佩弗认为美国太平洋关系学会推动了太平洋区域研究的教学,并在中学、大专和大学建立了有关远东的系部。[133]

具有相似思想的国际主义组织如外交政策协会和卡内基国际和平基金会之间的合作也很常见。美国太平洋关系学会和外交政策协会在战时为纽约的教师和高中学生组织的联合研讨会促进了有关日本、整体世界大战问题、战后问题以及与联合国相关事务的讨论。这些活动吸引了数百名学生,帮助促进了"国际性思想意识和学生领导能力"[134]。而卡内基国际和平基金会不仅对美国太平洋关系学会项目的各个方面进行了资助——总额达 15 000 美元——提供书目材料给教师、提供新的故事给报纸并为广播作好准备,而且还在一系列教育活动上与美国太平洋关系学会进行合作。[135] 在 1943—1945 年间,卡内基国际和平基金会在旧金山和芝加哥的"国际中心"还联合赞助了关于远东和一般性外交政策事务的会议。[136]

美国太平洋关系学会还拥有高质量的、国际知名的研究项目和出版物。据佩弗所说,美国太平洋关系学会的《太平洋地区手册》(Handbook of the Pacific Area) 已成为"这个学科的标准读物",它的半月刊《远东概览》受到广泛关注,而它的季刊《太平洋事务》则是一份"靠得住的评论"。太平洋关系学会的出版项目——"探索",发展成了 25 本小册子,是"关于太平洋的可用数据的精华",必将成为战后和平缔造者的无价财富。[137] 为了更合乎大众的口味,美国太平洋关系学会还出版了一系列小册子,其标题类似"日本和鸦片危害"[138] "笼罩在新加坡头上的阴影""日本袭击南方"和"中国:美国的盟友"等。仅美国陆军就把每种小册子各订了一万份以"用于其入门课程"[139]。

在日本偷袭珍珠港后,美国太平洋关系学会成了政府战争努力

第三章
建立全球主义的基金会：1930—1945

的一个重要组成部分。它的研究项目越来越"由政府的需要所决定"，因为美国太平洋关系学会是"唯一一个……在此领域拥有可观……情报的机构"[140]。由于战争情报处（OWI）、战略服务办事处（OSS）和军方增加了其对美国太平洋关系学会研究和知识的要求，卡内基公司也加大了对它的支持。[141]美国太平洋关系学会是美国进行国际主义教育的一股重要的力量，并且受到了基金会的经济资助。

对外关系委员会的地区委员会

佩弗的报告提到，对外关系委员会的会员数量很少，但都是"根据他们各自所处环境的重要战略职位挑选的"。卡内基公司董事会本身就是按照这种观念而组成的：在1923—1932年间，卡内基公司捐助了382 230美元；在1938—1945年间，它捐助了261 300美元，总计643 530美元。[142]

卡内基公司自1938年起就直接发起了美国对外关系委员会的地区委员会项目。它的目标是以一种将有助于国务院的方式来提高外交事务方面的"成人教育"。卡内基公司的总裁助理查尔斯·多拉德从一开始就意识到了"与国务院保持联系"的必要性，在进行与对外关系委员会的正式接触之前，该组织就要建立和运作各个委员会。一名基金会理事阿瑟·佩奇提到，总裁弗雷德里克·凯佩尔向国务卿科德尔·赫尔咨询："问他是否存在某种方式，使得我们在适当和合法的范围内……能够帮助他。"每个人都赞同这些委员会对于帮助"教育"地区公共舆论很有用，或者至少它的那部分就是由"舆论创造者"所构成的。[143]

当然，这些委员会也是美国对外关系委员会领导人根据精英主义来构想的：它们由"杰出的个人"组成，它们能够"帮助（作出）正确决策……（他们）将反过来通过他们的重要地位来影响公众的观念和行为"[144]。虽然卡内基公司总是否认外界对其曾经资助政治宣传的指控，但是它的一名董事，在考察它的计划后表示，这种"对公共舆论的教育"将打破"专制政权"采用的"有效方式的垄断"。他得出结论：这将创造"公众对明智的外交政策的支持"[145]。

最初成立的七个委员会的目标是"帮助刺激部分地区领导人在各个不同的领域对外交事务有更浓厚的兴趣"[146]。到1944—1945年时，已经发展成拥有900多名会员的20个委员会。[147]据珀西·比德韦尔说，各委员会的组织秘书，他们的基本功能就是帮助当地和地区的领导人形成一种支持全球主义外交政策的舆论。[148]就会员来看，委员会成员的1/3来自商界，其中最著名的是通用汽车公司的总裁查尔斯·威尔逊；16%是教育工作者；15%是律师；以及少量的工会领导人和农民代表。此外还有一些国会议员和报纸的专栏作家和编辑。弗兰克·卡普拉和沃尔特·迪士尼是洛杉矶委员会的两位知名代表。[149]

大多数委员会都有一个充满活力的项目，包括定期会议、组织学习和研究并参与为期两天的各部门年度全国会议。[150]纽约委员会利用这些委员会当做宣传其自身影响和搜集来自全国各地公共舆论的工具。有一次，美国对外关系委员会出版了一份地区委员会报告的合集，并在1945年用更具体的调查取代了它们，提出这样一种观点，即"要让国务院知道关于我们外交政策的一些地区性意见"[151]。1944年，国务卿科德尔·赫尔允许国务院和财政部的官员访问这些委员会，"作为他们的官方职责的一部分"[152]。

比德韦尔认为各委员会在它们当地已变得非常有影响[153]，出版了更多来自地方委员会秘书处的独立报告，对外关系委员会成员开始了巡回演讲（比如艾伦·杜勒斯），同时国务院也更重视它们的工作和作用。甚至一份国务院战后对委员会的评估（1952年）也论证了它们在"制定和支持合理的外交政策"方面发挥了重大作

第三章
建立全球主义的基金会：1930—1945

用。[154]事实上，在战时，国务院曾有意寻求"小心地指导……（这些私人的委员会），希望它们的研究为国务院所用，并远离国务院所认为的充满危险和不切实际的研究"。美国对外关系委员会各委员会对希望操控讨论内容并间接操控地方舆论的官方政策制定者有极大兴趣。助理国务卿休·威尔逊认为对外关系委员会应当"派一个人到这儿（华盛顿）来讨论问题。这个人可以与国务院的相关人员进行讨论，并自己准备一份不归属于国务院的备忘录，以将这些机密信息传给经过挑选的（对外关系的各委员会）名单上的人"。当然，另一名官员写道："我们可以（这样）安排……以使这份名单上的人不会注意到这是国务院的材料。"[155]正如它们最初的组织秘书弗朗西斯·米勒在回忆录中写的，各委员会不仅是"感知国家情绪的重要监听哨"，还在为国家制定两党认同的外交政策中扮演一个独特角色。[156]它们是卡内基公司在二战爆发前的短暂时期及二战期间的战时教育公共舆论战略的重要组成部分。

由卡内基公司发起的各委员会项目以及向其源源不断的注资，对于理解其组织文化和其在外交政策权势集团中的地位特别重要。这种文化具有强烈的政治性和"国家主义色彩"，公司将美国外交政策中的问题视为它自己的问题并试图通过"合理和合法的"行为来解决它们。然而在进行之前，卡内基公司官员也会小心翼翼地咨询国务院，以防它们的倡议被认为是"根本无用的"。

地区性精英舆论的建构与强化，与美国对外关系委员会和其他组织在华盛顿，以及厄尔在普林斯顿的工作结合起来，是美国崛起为全球主义的重要方面。因而，这大力反驳了卡尔和凯兹所认为的基金会是无私的和非政治性的观点。通过动员地区精英，卡内基公司和美国对外关系委员会试图在其中心地带挑战孤立主义和用自身国际主义联盟的知识和论据武装起来，产生一种新国际主义的共识。这是有意识地试图动员人们放下特定概念的偏见，接受美国在新的国际秩序中的角色。

一项被拒绝的申请

哥伦比亚大学社会学家罗伯特·林德的态度与以上观点截然不同，而卡内基慈善基金会则拒绝向他提供资助，这使得上面的论述得以强化。林德的"关于动员时期民主进程的潜力研究"分为8个部分，耗时5个月，花费233 000美元得以完成。[157]林德假设：美国发动反法西斯战争，就要对民众做战争动员；而问题在于，如果把战争动员交给国家官僚及其党羽，这将会滋生好战的军国主义倾向并且削弱公民自由。他认为，民主应当是这样一种制度，在这个制度中人们能够发挥自己所有的潜力并满足自身需求，如果这种趋势大力发展下去，那么打仗则无须沙文主义的政治宣传和动员。他对人们所处的社会条件、基本物质需求、对信息的要求等等因素进行了社会调查。最后得出结论：发动反法西斯战争将会增进而不是削弱民主。[158]这项研究被送给26名审阅人，只有5人表示反对，其中为首的就有林德在哥伦比亚大学的同事查尔斯·比尔德教授和菲利浦·杰瑟普教授。[159]

然而，来自卡内基公司的批评声音更有分量，其中最为严厉的是来自卡内基基金会促进教学部的豪沃德·萨维奇，其批评甚至带有侮辱性。林德和萨维奇在研究战争动员和民主的本质中所用的方法完全相反。萨维奇着重强调他军事方面的记录，并称林德的"社会守旧者"完全不至于"让人们互相残杀"。萨维奇进一步论证，林德只关注威胁美国民主的一个因素，即纳粹主义，却并没有提到"共产主义的威胁"。林德因为他的提议被斥为"愚蠢至极"，其捐助申请遭到了卡内基和洛克菲勒两大基金会的拒绝。[160]

在萨维奇无情的批判之后，拒绝林德的提议对于卡内基公司和

第三章
建立全球主义的基金会: 1930—1945

洛克菲勒基金会在民主、国家目标、领导能力、大众宣传和战争方面的愿景具有启发性。萨维奇被认为是"思想坚定的"、有世界眼光的,也更加实际;林德则相反,被认为是书生气、言语夸张,是一个"不切实际的社会改良家"。慈善基金会更倾向于资助耶鲁大学的厄尔等人,而非林德。路易斯·科泽认为基金会是"思想的看门人",它们培养和塑造特定的研究思路不像其他人那样看上去不真实。[161]

国际网络:20世纪30—50年代

基金会的国内与国际网络建设倡议是结合在一起的。三大基金会和它们的网络都投身于一项自发的霸权计划来支持全球主义和反对孤立主义;它们的国内活动目标旨在推行这样一种思想,即美国依赖于世界并与世界相关联,它不能再置身于国际事务之外。如果美国这个由"上帝的选民"[162]组成的明显"好国家"不去将全球威胁"扼杀"在萌芽状态,它必将会遭受经济困难和军事攻击的威胁(或实际攻击),然后"邪恶"的力量将会主宰全球。[163]的确,冷战时期美国的国家目标十分明确,NSC-68文件证实,即"要建立一种能使美国繁荣发展的国际环境",这一目标需通过遏制苏联来实现,但同时它也是"一种即使没有苏联威胁我们也应追求的政策……一种试图发展成健康的国际社会"的政策,该国际社会由美国主导的组织如国际货币基金组织、世界银行、北约、马歇尔计划等等组成。[164]随着世界变得越来越小,干涉主义已成为一种共识。[165]美国政府高官和私人精英都认为,国际组织是美国主导下的世界秩序的组成部分。[166]在那种世界秩序下,国际组织并不被认为是独立的政治实体,且美国总是(并不令人吃惊地)"寻求维护自己的利益"。对于克雷格·墨菲和罗伯特·考克斯来说,国际组织（如国际劳工组织、国联）代表了资本主义积累政权的国际机制结构。[167]与此相关，哥伦比亚大学历史学家和卡内基基金会驻国际劳工组织代表詹姆斯·肖特维尔在一篇名为《国际劳工组织作为暴力革命的另一种选择》的文章中指出，国际劳工组织的目的在于支持资本主义和反对共产主义。在文章中，他认为席卷欧洲的布尔什维克革命和政治动荡使得劳工问题被列入巴黎和会的议程。随后，和平缔造者们努力"向世界工人证明社会公正原则是有可能在资本主义制度下建立起来的"[168]。

基金会国际网络的建设和它们的国内事业一样具有战略性。正如洛克菲勒的官员们所说，在选择伦敦的大学（如伦敦经济学院）进行投资时，伦敦的研究机构早已成为提供巨大优势给世界帝国网络的一部分。在大英帝国的心脏（这里指伦敦——译者）影响所问的问题和所用的研究方法，意味着其全球影响力的成倍增长。[169]

美国主流基金会对于一些国际组织的建立发挥了关键作用，正是通过这些组织，它们的思想得以表达，尤其在美国参议院未批准国联之后，国际治理的思想得到了规范化。创立讨论工作环境、贸易、法律规范、战争债务、赔偿、战争以及和平等问题的国际论坛，不仅为美国的精英们提供了抬升自己地位的机会，而且还促进了反民族主义、反殖民主义和反共产主义等议题的合作。尽管美国国际主义者和他们新近支持者的宣言具有理想主义的色彩[170]，但事实上是一种霸权的表示。正如伊肯伯里指出的，"当外国精英引入国际秩序（潜在的）霸权的观念并将其归为己有时，霸权的控制就出现了"[171]。这种劝说通过"与这些国家的精英的直接联系，包括外交渠道、文化交流和外国研究"得以实现[172]，或许还应当把私人的国际组织也列入其中。对于美国的国际主义者来说，建立国际组织的目的是为了后来人们熟知的"第二轨道"外交，使得政府官员与其他精英能够在国际组织进行非正式的会面，在政府之间冗

第三章
建立全球主义的基金会：1930—1945

长的国际谈判中表明不同观点。[173]

基金会还资助了美国对外关系委员会与其英国的兄弟组织——皇家国际事务学会（简称 RIIA，也被称为"查塔姆大厦"）之间的长期合作。[174] 作为国际事务研究所（IIA）的两个分支，对外关系委员会和皇家国际事务学会在 20 世纪 20 年代初成为全国性组织。尽管如此，它们的合作不断发展并且变得"特殊"：实际上，它们是英美合作和联盟的佼佼者，并成为有力打击"侵略者"和维护世界和平的最佳方式。从 20 年代起直至冷战时期，它们建立了联合会议和研究小组，进行了正式和非正式的外交，在许多方面——例如在海军、贸易、战争债务、战后太平洋地区问题等方面，使它们各自对应的政府机构相形见绌。虽然它们不"解决"问题，但为政策导向的精英创造了空间，在这些空间内，精英们能够坦率地抒发他们的不满，以此说明他们各自政府享有多大可操作的政治空间。它们同时还建立和加强了英美之间的合作和对话的惯例。[175] 二战期间，当两个组织都与它们各自的官方外交政策制定机构高度合作的时候，两大团体的领导人和他们各自的政府制订了战后国际机制的框架结构，即后来为人们熟知的布雷顿森林体系：包括国际货币基金组织、国际复兴开发银行（或世界银行）和联合国。[176] 关于后者，对外关系委员会作为一个组织和以赛亚·鲍曼的作用都有很好的记录。很显然的是，对于对外关系委员会和以赛亚·鲍曼来说，联合国是用来维护国家安全、防止"传统形式的帝国主义"出现的国际组织。[177] 美国的权力将会通过一个美国领导的"国际"体系得以彰显。

基于美国对外关系委员会和皇家国际事务学会之间合作的模式，从 20 世纪 20 年代起兴起了一场建设国际事务研究机构的"运动"。澳大利亚、新西兰、加拿大、南非以及意大利、比利时、荷兰、德国还有法国都建立了这类组织。根据各自的国内情况，美国主流基金会都对它们进行了资助。[178]当面对日渐增长的民族主义对手、经济独裁和军事冲突等因素时，它们的总体目标与基金会本身对国际事务的理念是大致吻合的，那就是，通过加强国际对话，转移战争和经济压力，并建立起符合国际惯例的观念和行动准则。[179]正如多贝尔和威尔莫特所总结的，这些研究机构的成立标志着"跨国精英"体系的建立，并且会继续为奠定当代国际秩序的基础发挥重要作用。[180]

实际上，除此之外，基金会精英更多地致力于建设民主国家之间的国际联系和网络来阻挡外部侵略和军国主义。他们的计划很有意思，在冷战结束后又受到了追捧。近期美国提出的"民主国家共同体/协调/联盟"[181]，以及鲜为人知却很有意思的"英语圈"[182]（意在促进英语国家的团结），实际在30—40年代就有相应的组织——联邦同盟。它受到了《纽约时报》记者克拉伦斯·斯特莱特和查塔姆大厦的莱昂内尔·柯蒂斯的推崇，包括英国和它的帝国盟友，美国、加拿大、南非、澳大利亚、新西兰以及斯堪的纳维亚国家，是由"先进"民族构成的民主、爱好和平国家的一个联盟，实质是"民主和平论"在20年代的一个体现。[183]联邦同盟内在的种族主义十分明显——并且为当代观察者所诟病——他们认为这是一头"巨大的金发野兽"[184]，特别表现在它的创始人试图将纳税能力作为联邦大会代表门槛的基本要求，从而削弱印度人和其他有色种族的投票权。[185]在考量众多剥夺权力的方法（包括被用于美国南部黑人的识字测试）之后，"纳税能力"被当作最终的选择。当然，尽管包括首相丘吉尔在内的英美精英对此表示高度认可，但联邦同盟还是没有采纳。不过这也为我们提供了一种展示英美精英如何看待世界，并将如何行动的洞察力，并且该运动背后的动员精神也成了美国基金会广阔且相互关联的网络的一部分。当时正是国联出现危机的时刻，它无力阻止纳粹和其他侵略者，并且出现了许多

第三章
建立全球主义的基金会：1930—1945

寻求建立"世界秩序"的规划。当战时讨论在美国对外关系委员会—皇家国际事务学会内部以及与各自相应外交机构之间展开时，联邦同盟的核心理念与价值发挥了重要作用。[186]国际事务研究机构与联邦同盟在领导人员组成方面存在着重叠，它们的资金来源也相互交叉，这使得精英的国际网络更加紧密，美国基金会领导人正是借此将他们的价值观输送到了全球体系之中。[187]

美国基金会是非官方、私人协会中国际合作的主要支持者。这些协会采用国际事务研究机构的组织方式；太平洋关系学会（IPR）举行太平洋地区大国之间的讨论；支持国际劳工组织（ILO）的社会正义的目标（卡内基在这方面特别积极）[188]；甚至建立像常设国际法院（PCJ，也是卡内基支持的项目）这样的国际法律组织。美国慈善机构还支持了国联的国际智力合作委员会（IIIC）的国际研究大会（ISC），国际智力合作委员会在1945年发展成为联合国教科文组织。[189]当卡内基基金会的詹姆斯·肖特维尔担任美国委员会的主席时（1932—1943年），国际研究大会和国际智力合作委员会都从洛克菲勒和卡内基基金会获得了大笔的捐助。[190]

这些基金会本身就是国际组织，或者准确地说，是在国际范围内活动的国内组织。例如，卡内基国际和平基金会在巴黎设有一个欧洲办公室，同时在日内瓦（国联的总部）也设有代表处。洛克菲勒基金会在其早期便是国际导向的，不仅仅表现在其在疾病方面的努力，还体现在其与美国教会在海内外的工作上。[191]卡内基公司在"英属"非洲十分活跃，并几乎在非洲各地都有办事处。[192]

结　论

美国慈善基金会在美国崛起为全球主义和同期的现实主义传统崛起为美国国际关系的主要特色方面扮演了重要角色。稍作回顾就能发现，洛克菲勒和卡内基基金会致力于一项霸权计划，以协助美国政府提升其研究机构的实力和专业知识，从而更好地展示其权力。美国政府在这方面的领导地位——由于拥有诸如对外关系委员会、外交政策协会、太平洋关系学会、卡内基国际和平基金会这些私人精英组织的积极参与和协助——便很好理解了。但只凭这些是不够的，大学也必须发挥作用，尤其是在培养更多和更好的毕业生方面。这些毕业生受过理论和研究方法的训练，使得他们能够适应政策制定和实施的领域。因此，区域研究和国际关系项目，随着国家权力、均势、重大利益以及战争不可避免的概念的出现，在耶鲁、哥伦比亚、普林斯顿、约翰斯·霍普金斯等大学得到资助，并成立了一系列有威望的研究奖学金项目、大型会议、研讨会以及之后的专业学会。这个网络化的基础工作包括建立成功的学术事业、培养新一代的毕业生，以及让研究机构来雇用他们。这些专业性网络一旦建立起来，便拥有自身的权力，研究特定领域的知识，使得特定的方法论和理论框架成为学者们的优先选择对象；它们垄断了各研究机构、慈善组织和政府的捐助；并且确立了网络的"意识形态-思想"边界。

然而，政府、慈善组织、大学国关领导人所推崇的权力政治仍然只代表了整个全球计划的一部分。美国作为一个民主国家拥有一个总是偏向公共舆论的国会。政府精英和他们的盟友畏惧公共舆论的力量并力图更好地了解它的规律，以实现对公众舆论的干预，并使得精英有意识地、间接地影响公众意见。普林斯顿公共舆论研究部、对外政策委员会的地区委员会、外交政策协会和太平洋关系学会为大学和高中生举办的会议，足以显示精英为使全球主义计划取得美国人的同意所作出的认真努力。不能说因为一些精英开始相信美国已经准备好实现对世界的道德和政治上的领导，国际关系学术层面上对国家权力真实性的信仰就会同时得以发展。因此，为支持

第三章
建立全球主义的基金会：1930—1945

日益复杂的国内国际网络，应当为仍受基金会资助的组织和活动正名。

本书的下一部分——第 4 章至第 7 章——将更深层地思考战后地区研究项目的影响，这些项目不仅用于鼓励美国精英们期望领导的对于世界的有组织学习，还用于更好地干涉世界以提升美国的权力和打击它的敌人。第 4 章探讨了基金会在冷战期间促进美国主义和打击反美主义过程中的作用。

第四章

推行美国主义、打击反美主义和发展一个冷战美国研究网络

以慈善的名义
美国崛起进程中的三大基金会

> 美国私营企业……要着手为自己在全球谋得一席之地，否则就是坐以待毙。其责任在于积极认真地进行世界政治、社会和经济事务的领导……如果将世界比做一家公司，我们作为最大的生产商、最大的资本来源和全球机制最大的贡献者必须承担起身为大股东应尽的责任……这并不是一份给定的工作，而是一份永久的责任。
>
> ——里奥·韦尔奇（1946），标准石油公司

> 我们拥有的财富约占世界总量的50%，但我们的人口却只占其总量的6.3%……在这种情况下，我们肯定会成为嫉妒和怨恨的对象。我们真正的任务……是设计一种能让我们保持这种优势地位而又不实质损害我们国家安全的关系模式。
>
> ——乔治·凯南（1948），国务院政策规划办公室

> 确实存在着美国人不能忍受的意识形态……也确实存在一些政治设计和观点让美国人必须永远保持敌意。
>
> ——约翰·加德纳（1948），卡内基公司副总裁

美国自二战后崛起成为世界霸主。[1] 由于在距离几千英里之外的地方作战，美国在本土未受损失的情况下取得了军事胜利，而后扩大了其工业实力。它还拥有"潜在的"资本在寻找适合的投资出路。[2] 正如我们所见的那样，美国已经为全球主义发展了国内基础设施——对世界上最具战略重要性的地区和国家有了更多了解。两

第四章
推行美国主义、打击反美主义和发展一个冷战美国研究网络

党都对美国在世界上发挥更重要的作用表示支持,尤其通过联合国、国际货币基金组织和世界银行这些新兴国际组织来进行。美国称霸的条件已然成熟。

然而一些美国精英仍然心存忧虑。孤立主义观念的再现、对永久性美国全球领导力所需承担公共责任的缺失,以及共产主义和民族主义/中立主义在欧洲和亚洲的兴起,这些都使得世界上越来越多的地方脱离资本主义体系。尽管美国精英拥有能力并且愿意承担"权力的责任",来创造一种市场经济下"健康的国际环境"——这是他们眼中唯一能够抵御20世纪30年代那种令人恐惧的政治经济危机的方法,但已很难再将美国的霸权作为一种良性商品来"出售"。[3]

在这种情况下美国精英开始致力于发展全球霸权战略。他们将"苏联的威胁"[4]树立成自由与奴役、文明与野蛮之间的生存性斗争,并在公众的头脑中将其与共产主义运动和其他与苏联无关的激进民族主义运动有效地结合起来,这成为美国和西欧在"防御"借口之下实行重新武装和扩张势力的主要理由。[5]反对美国霸权的政策则被归结于受到共产主义或者反美主义的影响,反对这两者则被视为开放的经济和社会形成"健康的国际环境"所必需的条件。

因此,导言中约翰·加德纳所宣称的"美国人"所无法忍受的意识形态通常被标记为"反美主义"或"非美主义"。美国慈善基金会在打击"反美主义"方面发挥了重要作用。[6]从积极的方面看,基金会促进了美国生活方式、价值观和社会制度等最具吸引力的方面。然而,更能说明问题的是(特别是在冷战期间),美国基金会与"反美主义"作斗争。正如它们所界定的,反美主义是通过挑战美国国内和全球的那些趋势来反对"美国主义",例如第三世界的反殖民主义和欧洲民族主义运动便是如此。在这两类运动中,基金会都与美国政府和东海岸外交政策权势集团的扩张性目标保持

一致。

　　由于大规模的经济资源要通过全国的和全球的网络来配置，基金会对于它们所定义的反美主义斗争有着高度的影响力。由于这是一项具有高度政治性和意识形态色彩的行为，它实际上违背了基金会再三声称的非政治性和科学化使命。[7]它们与美国政府机构或多或少的公开合作体现了它们融入历届行政部门的效率和热情。[8]美国研究的政府-私人网络帮助培育了产生智力工作和交流的学者团体；诠释了美国的文化、历史和价值；并最终促成了一个跨大西洋外交的积极环境。一旦建立起"本土学者权力"的可持续网络，基金会和美国政府机构就会"部分撤离"并继续向新领域进发。[9]更消极的是，基金会和美国政府的资助致力于削弱美国权力和政策的反对力量，尤其是和平主义或中立主义（就像处于两个超级大国之间），特别是在盟国之间。正如罗伯特·斯比勒所指出的，尽管它们目标"不同"，政府和基金会项目还是"倾向于相互补充而不是相互冲突"[10]。

　　美国慈善组织的领导人看见了许多针对它们全球主义理想的威胁：欧洲和其他地区对美国权力的嫉妒和怨恨，对新兴超级大国社会、文化和政治的无知或误解。因此，反对美国外交政策被视为建立在情绪、无知和怀旧主义之上。解决的办法是针对战略精英进行文化或者公共外交的说服，以使他们相信：美国是一个善良的国家，它捍卫自由并打击暴政；美国的文化是深厚的，并不肤浅；美国的物质财富并不代表其文化的全部；并且美国严肃地看待一些抽象观点。简言之，目的在于显示：美国霸权并不意味着一个赤裸裸的危险社会，一个不稳定的政治体系，或是一个虚伪的政治精英团体。[11]美国的领导层有文化，受过教育，理性、沉着冷静且富有思想。世界其他国家可以信任美国，并利用美国的实力在世界体系中为自身谋取利益，而不只是单纯地追求自己狭隘的国家利益。这

第四章
推行美国主义、打击反美主义和发展一个冷战美国研究网络

就是与美国战后覆盖全球的军事实力互补的"软实力"战略。[12]

这一章将考察基金会在促进"美国主义"(特别是通过在国内发展"美国研究")和打击欧洲精英的"反美主义"方面的项目。[13]它将涉及卡内基公司在冷战意识形态竞争背景下为国内"美国研究"项目注入活力方面的角色;福特基金会在资助基辛格"哈佛夏季研讨会"与萨尔茨堡"美国研究研讨会"中所发挥的作用(这两场研讨会的目标均是化解欧洲精英对美国力量的担忧);洛克菲勒基金会在发展英国的"美国研究"与"欧洲美国研究协会"中的角色;以及福特在推动秘密而反共的"文化自由大会"方面的作用。

"反美主义"是一个贬义词,对一些人而言它是知识分子的反犹主义,对另一些人来说是一种心理的失调,或是一种源自于对美国财富和权力的嫉妒和怨恨的现代主义反应。[14] 政府和基金会官员过去总是(现在仍然)以这些视角来看待对美国和美国政策的批评。对于美国的批评总被认为是那些"反美主义"者出于内心的偏见或焦虑,而不是出于美国政策本身的问题。实际上,以这种方式看待"反美主义"是消除了"反美主义"中的"美国"概念。因此,尽管需要更多努力来缓解非理性的恐惧和改善对美国动机的理解,美国的政策却依然保持不变。在基金会的报告中,甚至反对美国侵略越南的战争都被划上"反美主义"的名号。[15]。然而,有一点是大家默认的:某些层面上的"反美主义"——不论是感性的妒恨还是理性的反对——是不可避免和值得忍受的代价,因为这种政策的改变会违背甚至损害美国的核心利益或目标。

在国内推销美国主义

这一节将在1945年后美国崛起为全球主义和它与苏维埃集团日益加深的冲突关系的背景下,考察卡内基公司在国内推行美国主义

所采取的一些方式。[16]有证据表明基金会官员和理事们对于文化、意识形态和以价值观为基础的冷战本质的关注是多么的深入。他们尤其关注美国的学生缺乏对于美国传统的信念，不知美国代表了什么，也不知这样会如何阻碍这个正在崛起的超级大国有力地面对来自欧洲异议、第三世界民族主义以及苏维埃力量的挑战。[17]

卡内基公司在全美的学院和大学积极推行了"美国文明"与价值观的教学和研究。1950年副总裁约翰·加德纳所写的一份公司报告指出，学生的教育正处于一种"道德真空"，通过死记硬背的方式学习价值观，缺乏参与超级大国之间竞争的必要信念。[18]加德纳的目标在于利用卡内基的资金来探索如何使大学生更为自觉地意识到他们国家的价值观，以及使他们"在面对（未来的）意识形态、经济甚至军事的冲突时，能够坚定不移地保护这些价值观……明智的政策、充满活力的经济和军事的实力能够让我们走得很远，但毫无疑问的是，在终极考验时我们将不得不从美国人民的心灵中去寻找我们的力量"[19]。显而易见的是，由于公司深感美国价值观没有得到足够的尊重，所以它选择批准大学的"美国研究"项目，以人们对美国文明（艺术和人文方面）的重视来远离更具批判性的社会科学学科。加德纳指出的问题之一是，美国教育的趋势是提倡用过于理性主义和实证主义的方式来理解价值观；并认为价值观是通过"价值中立"而不是生活习得的事物。事实上，比起理性的、推理的和以知识为基础的思维方式，"非理性的思考更接近于这个问题的本质"[20]。不过关于这点，加德纳却忽视了一个事实，即卡内基几十年来一直在拥护理性主义、实证主义的社会科学方法。

加德纳承认，促进一种关于"美国"的狭义概念将会落入麦卡锡主义者的手中。"我们必须坚持'美国主义'这个术语，不能将它当作一件包装个人偏见的外衣来获取最大化的应用。我们必须主张

第四章
推行美国主义、打击反美主义和发展一个冷战美国研究网络

对不负责任的人（即麦卡锡主义者）运用'非美国主义'这个术语零容忍"，因为它使美国人分裂，"不知道如何定义它们**真正的**敌人"。具有争议的是，加德纳相信确实存在着**美国人不能容忍**的意识形态，也确实存在一些**政治策略和观点**让美国人必须**永远**保持对其的**敌意**。[21]作为一个"自由的"慈善组织的领导人，加德纳的这番言论受到的唯一批评来自于一位态度良好的优秀学生戈登·奥尔波特，他升起了"危险的红旗"（意指他提出的问题具有警示性——译者）；奥尔波特提出：是否真的存在"那些我们作为美国人不能拥有的想法？"奥尔波特建议加德纳调整措辞，他承认加德纳确实是"站在天使一边的"[22]。加德纳重新修正了他的结论："确实存在这样的意识形态，它们与我们认为作为美国人应该有的价值体系相冲突"。加德纳声称，他并不是有意让美国"去实行一种特定的思想控制"[23]，然而这种暗示是十分明显的，甚至可以说是卡内基公司的一位"朋友"。

加德纳的报告呼唤着一种全新的观念，即认为尽管存在着那些似乎能够决定个人生活的各种复杂力量，人们还是可以掌控自身命运："事实上，那些影响和改变历史进程的社会总是相信通过它们自身的努力能带来它们所设想的计划"[24]，卡内基想确保的是，在美国崛起为全球经济和军事大国的过程中，它能够尽其所能来提供帮助。

1949—1958年间，卡内基公司为发展美国国内的"美国研究"投入了90多万美元，这些研究包括"美国文明"课程和一个有活力的美国研究协会。[25]其目的很简单：就是教育美国人使其更具自我意识，更"了解自己"，更能理解美国过去的成就和辉煌，还有更重要的、为捍卫国家做好最后牺牲的准备。它希望通过资助著名历史学家写作大众可读的美国历史来实现；这个项目并不试图推进"基础的历史研究"或者对"历史研究的神秘性"有更深的理解；

而在于它"能一直启迪美国文明的一个或多个方面"[26]。不过，任何时候通过对"美国研究"的学习和研究，还要看它对"**当前历史性危机**"的贡献，这才是获得卡内基资助的决定因素。[27]在冷战后的十年，卡内基公司投资近100万美元在布朗大学、伯纳德学院、宾夕法尼亚大学和科尔盖特大学创立了优秀的"美国研究"项目，并且支持了阿姆赫斯特学院和普林斯顿大学已有的高水平的研究项目。这些大学同时以强有力的学生管理著称，这会将公民道德与美国主义及其教育课程结合在一起，成为生活的现实。[28]

因此，卡内基在国内与非美国主义作斗争，成为杜鲁门反共产主义运动的一部分；对国家与联邦政府不忠诚的恐惧在学术上也找到了同类物，而对于美国年轻人精神和情绪适当性的关注，也开始了反对国内外敌人的斗争。[29]卡内基和其他基金会并没有远离这场意识形态的对抗和政治动荡，而是完全参与到了冷战政治的主要事件之中。

这一点从麦卡锡主义者在国会就"非美国主义"对基金会进行的指控中再一次得到说明。基金会为自身辩护的观点是很有启发性的：它们否认自己反美国、非美国或支持马克思主义，明确宣称它们从未资助过知名的共产主义者。它们和50年代的许多美国政治精英一样是反共产主义的指导思想——只是运用了更加巧妙的方法。洛克菲勒基金会主席迪安·腊斯克说："我们基金会事实上的政策是拒绝向知名的共产主义者提供资助"，这有两个原因。第一，这种资助违背了"美国明确表示的公共政策"，第二，因为"共产主义在学术和科学上的攻击日渐增强"。[30]这些言论不具有任何自我怀疑或讽刺的暗示。对于与"悔改的共产主义者"的关系，腊斯克表示更能理解他们。虽然他们本质上"有一个问题……即（他们的）政治天真与……对极权主义制度的全身心的认同"。腊斯克还称洛克菲勒基金会的任何行为都不具有"政治性"和"宣传性"[31]。

第四章
推行美国主义、打击反美主义和发展一个冷战美国研究网络

在否认它们支持左翼计划时，基金会重申了它们对于美国主义、美国政府和自由企业的意识形态拥护——所有这些客观上讲都是"好东西"，当然具有足够的价值值得向外输出。

亨利·基辛格在哈佛大学的国际夏季研讨会

正如卢卡斯所说，基辛格在哈佛的研讨会显示了美国霸权计划高度整合了美国的文化、学术和外交政策，加强了政府-私人网络的核心部分以进行冷战活动。[32] 这种网络的优势在于官方政策可以通过所谓的非官方渠道提出。[33] 美国基金会是推广美国主义和打击反美主义的理想组织机制。

哈佛大学的国际夏季研讨会最初由哈佛的威廉·埃利奥特（他是基辛格的博士导师和中情局顾问）于1951年建立，中情局向其提供了启动资金（15 000美元）。[34] 基辛格后来成为研讨会的关键人物，发展了研讨会的意识形态指导思想并招募参与者。1953年，基辛格从费尔菲尔德基金会（Farfield Foundation）获取经济支持，该机构也是中情局资金的来源之一。1954年，福特基金会开始资助研讨会并与其建立起长期联系。[35] 因此基辛格研讨会的起源与公共和私人的捐助是分不开的，这是政府-私人网络概念的很好范例。

基辛格认为，哈佛大学国际夏季研讨会的目标是"建立起年轻一代人对于欧洲与美国价值观的精神联系"，因为欧洲正在为其"传统价值观"的衰落深感沮丧，并面临着一个似乎缺乏同情心的美国的崛起，存在着"对于经济繁荣的不知所措和对欧洲问题的误解"[36]。从基辛格在哈佛的活动或者从其自身作为移民被美国价值观同化的经历可以看出，他认为美国需要透过"事实"发现美国与欧洲之间更深处、更神秘的结合。欧洲消极的态度为"中立主义"和共产主义敞开了大门。研讨会将"通过给予内心实际充满活力、充满智慧的年轻欧洲人深入学习美国民主的机会来抑制住欧洲'中立主义'和'共产主义'的发展"。然而这个项目如果只通过

"教条地灌输"则会失败；因此，它必须聚焦于**说服**欧洲人，让他们相信美国不只是拥有"**物质繁荣**"，它还真正地关注"抽象问题"。这个项目将作为"**反对和批评**"的论坛，与之伴随的一种观点得以彰显，即"尽管如今的时代十分复杂，自力更生仍是可以实现的，并且承担个人责任比无条件地服从组织更具有意义"。和共产主义一样，民主主义者也需要**展示**"它们信念的力量"[37]。这个项目的基础理论类似于卡内基公司的**个人**能把握自己命运的论调。它被设计用来让战略精英敢于挑战现存的反美主义。

哈佛研讨会并不是简单粗暴的教条灌输：通过考察自由的概念，美国民主中更深层次的抽象和生活的哲学意义使得项目很具活力；"艺术上对自我实现的追求则与感受到的传统压力相背，还有对平衡理性主义、个人责任和宗教教条主义的探索"。研讨会的目的不在于为政治的和社会的问题得出"绝对的答案"，而在于进行对基本问题的阐明，使得社会问题……对规范化概念形成挑战。[38]

福特基金会的作用

考虑到福特在50年代初期领导层构成——拥有像保罗·霍夫曼、约翰·麦克洛伊和谢帕德·斯通这样的人（他们都与国务院或中情局有关系）——基金会能够为"哈佛研讨会"私人资助提供极好的资源。[39] 1954—1959年间，福特向研讨会捐助了17万美元，将欧洲和亚洲有潜力的领导人聚集在一起，让他们熟悉美国的领导人、价值观和各种体制。总的来说，1954—1971年间，福特向努力改善大西洋关系的基辛格和其他人捐助了数百万美元。[40] 例如在1945年，有40名年龄在35—40岁之间的参与者（据基辛格所言，这个群体常常为"狭隘的民族主义"寻求庇护）[41]，其中包括一名德国外交官、一名英国议员、一名法国记者、一名韩国讲师和一名菲律宾律师。它的成员数量一直维持在少数，以确保研讨会领导人"能够关注每一位参与者"。该项目的成功"很大程度上依赖于

第四章
推行美国主义、打击反美主义和发展一个冷战美国研究网络

它选择人员的过程"。研讨会每年会接受大约 700 份来自欧洲的申请;最后的挑选是基于美国和欧洲精英们:例如基辛格的期刊《融合》的撰稿人;研讨会的校友;"与欧洲有联系的哈佛教员";以及像"国际英语联合会"(English-Speaking Union)和各种国际事务组织这样的国际性社团的推荐。亚洲成员的选择一般基于美国情报部、哈佛校友俱乐部和被大学指定者的推荐。[42] 所有这些推荐的入围名单最后由基辛格和他的助手,或者根据申请者的国籍,由一位委托的代表在欧洲对他们进行面试。[43] 最终的决定权在哈佛手中。

"研讨会"成员一般是"多产的"作者和演讲人,他们回国后会把"哈佛研讨会"的信息广为传播。国务院和"国际教育研究所"的代表会近距离观摩研讨会,这也保证了它的重要性。[44] 1956年,福特的报告指出,研讨会正在对参与者和整个美国产生影响。例如,研讨会就像一个很好的论坛,能够"纠正关于美国的错误印象,特别是对亚洲的访问者";它吸引了战略性地区"具有重要性或潜在重要性的人物";正如"负责的"新闻评论所言,它的效果在哈佛之外都能被感受到;其他美国大学则通过教员参与研讨会和研讨会出版物的传播而受到影响;并且研讨会帮助发展了美国和重要外国人之间,以及外国人相互之间,形成一种有共同目标的感觉,他们中的一些人建立了研讨会校友俱乐部,包括一个在印度举行的地区性研讨会。福特资助了许多这类校友会议,并向所有的研讨会校友散发研讨会文献,以帮助支持该网络。[45]

研讨会巧妙的设计使与会者可以在两个月的时间里对美国有广泛接触:研讨会的内容涉及政治、经济、哲学、艺术和美国的民主,以及关于"美国与世界其他国家关系"的讨论;甚至还有外界人士和哈佛教师的讲座,包括一场詹姆斯·伯纳姆对麦卡锡调查委员会的顽固辩护;外国人对他们国内问题的介绍;参观美国的商业

组织、工会、报纸媒体和棒球比赛，还有当地居民的家。与这个致力于理解美国在世界中角色的复杂项目相互交织的还有一系列主题看似与其无关的会议，比如"诗歌的本质"、法国歌剧、二战后的德国小说，以及法国宗教艺术的复兴。[46]因此，这里所呈现的研讨会（为展现真实的美国生活而设计）的力量，以及之后提到的各种主题的会议，帮助实现了研讨会克服"国家偏见"的目标。

参与者与研讨会领导人之间真正的接触为访问者营造了一种主人翁的感觉。[47]基辛格通过政治学家厄尔·莱瑟姆引导的一场关于美国政治制度多元性的讨论，和麻省理工学院经济学家查尔斯·金德尔伯格观察世界体系中的经济状况，描绘了福特基金会项目的细节性轮廓。对于其他问题如中国、中立和世界共产主义等详细讨论也被完全广播了出去。

精心安排的社交场合用来"鼓励与美国人建立友谊"，从而在精英之间形成一种情感纽带。[48]基辛格称社交项目比任何正式的演讲都更能促使人们对美国产生好感。对于基辛格来说，这个项目最具"决定性"的影响在于让参与者在"**非正式对话的磨炼中**"形成"思想所决定的态度"。还有，例如"研讨会的成员发现：与一对美国夫妇和他们的朋友进行晚间交谈，能够比数月的阅读更能增加人们对美国社会的好感"[49]。

通过八个多星期的密切接触，研讨会成员发现了"众多通向普遍的国际理解的渠道"。通过这些方法，基辛格认为哈佛研讨会"为它们提供了独一无二的机会来评价这个在西方世界中承担着最重责任的国家的品质……每个人都开始以一种更深入的观察来看待他们曾经不信任的美国——这种观察能够消除他们最初的偏见"[50]。在哈佛大学威德纳图书馆一起工作、参与充满挑战的讨论，以及一起欣赏波士顿交响乐的经历，驱散了参与者最初认为美国文化很低俗的观点。[51]简言之，基辛格宣称，研讨会取得了绝

第四章
推行美国主义、打击反美主义和发展一个冷战美国研究网络

对的成功,因为它在欧洲和亚洲的精英之中引起了一股对美国社会、美国精英,以及美国对西方"负担的责任"的共鸣、理解和欣赏。

参与者对于研讨会的评价有些过于乐观。基辛格向福特基金会传送了几百封来自参与者的信件作为评价研讨会效果的证据。参与者写道:研讨会"令人激动,信息量很大,并且特别公正";研讨会为建立世界团结"形成了一个急需的(国际)精英团体";研讨会获得了人们的理解,并驳斥了一切"对美国人民错误的指控";研讨会基本没有展示带有偏见的美国式"服从";还有"你雇用那些具有批判性的(美国)演讲家告诉我们什么是最好、什么是最坏的方法,比任何传统的政治宣传更能消除敌意,并取得成功"。阿兰·克莱门特是《世界报》的一名记者——《世界报》是一份重要的中立派报纸(即支持欧洲独立且不与超级大国结盟的概念)——却转向了美国文化、哈佛和基辛格。[52] 尽管基辛格自己在美国国务院、国家安全委员会、美国军控与裁军署和兰德公司的担子越来越重,但他认为他还是会继续组织研讨会。[53] 研讨会中重要的校友有日本的中曾根康弘(1953)、法国的吉斯卡尔·德斯坦(1954)和马来西亚的马哈蒂尔·穆罕默德(1968)。[54] 在形式和内容上,"哈佛研讨会"与后1989和后"9·11"时期的公共外交截然不同。[55] 它向参与者提供了"一种积极参与而不是……仅仅成为接受者的感觉"[56]。然而,哈佛研讨会只是当时令人印象深刻的一系列公共外交行动的一部分。

"文化帝国主义的微光":萨尔茨堡美国研究研讨会

"萨尔茨堡美国研究研讨会"[57]实际就是海外的"哈佛研讨会"[58]:它的目标定位于社会中拥有顶尖地位的欧洲人,在坦诚

交流、批评和思想接触的基础上运行——一种"思想上的马歇尔计划"[59]。它在1947年作为日内瓦国际学生处和哈佛学生会的合作项目得以成立。到20世纪60年代后期时,有6500人参加了设在研讨会所在地萨尔茨堡的课程。[60]

萨尔茨堡研讨会的目标很简单,即通过"那些有分量或者将来会有分量的人物之间的对话"来促进国家之间的理解(因为即使是受教育程度高的欧洲人,也会以"一种扭曲和消极的眼光"来看待美国)[61]。根据哥伦比亚大学校长的说法,这个研讨会被设计成对"那些在公共舆论方面有分量的人物发挥重要影响——在各自国家组成团体"[62]。它还进一步强调还原"美国原本的模样"和用"公正和有深度"的眼光来探索国家之间的问题。如果想要描绘出"真实的"画面,"就不能总是听到赞扬之声"。它极为强调参与者和美国研讨会教员之间的关键性接触,这些特点在研讨会的每一份文件中都会以关键术语记录下来:教员和参与者之间问题的"爆发""通过包容实现公正""一起探索""一起发现"、远离政治宣传等。[63]这种"双向学习通道"的概念激励了研讨会组织者,并且结出硕果。[64]一位捷克研究员在1967年的评论证明了这点:"你们的政治宣传是最好的政治宣传,因为它根本就不是政治宣传。"[65]基于这种"非政治宣传性"的政治宣传,欧洲精英得以通过他们的组织、报纸、书籍和演讲将他们的理解广泛传播。[66]正如一位萨尔茨堡官员在1960年所说的,"比起美国,欧洲的公共舆论更易受到小部分人的操控。他们通过报纸、期刊、中学和大学、工会……来传播他们调整后的美国生活观念"[67]。

一份对于萨尔茨堡研讨会研究人员职业(1951—1959)的分析,揭示了它在吸纳新兴精英方面取得的成功:在2878名参与者中,有718名大学毕业生,564名教师或学者,376名记者、编辑和作家,343名政府官员和公务员,260名律师,以及6名工会领导

第四章
推行美国主义、打击反美主义和发展一个冷战美国研究网络

人。研究员从众多国家中选取：人数最多国家有德国（585名）、意大利（478名）、法国（411名），都是重要的欧洲大陆国家。[68]

在萨尔茨堡研讨会官员的捐助申请中，他们总是强调他们（美国人）与欧洲研究人员不同的观点、方法和眼光。欧洲人更注重精英主义，美国人更注重平等主义。欧洲人总是对美国人的开放印象深刻，感觉与自己的含蓄正好相反。例如，即使萨尔茨堡图书馆设施和资源（1万本图书、100种期刊、内容广泛的报纸）具有开放性的特点，但据说欧洲人不太适应这种"开放的"程序，并对此感到吃惊，这再次让他们体验了美国的一个基本特征。[69]

福特基金会在1955年开始向研讨会提供经济资助，并在之后的20年间承担了其20%的开销——资金总额大约100万美元。国务院和富布赖特项目提供了剩下的大部分。富布赖特项目在1946年启动，意在通过全世界学者的交流来促进国家间的相互理解。福特认为，萨尔茨堡研讨会是"最有影响力的美国研究项目之一"，如国务院官员所证实的，它为加强东西欧领导人之间的进一步联系提供了机会。[70] 研讨会的董事会成员包括哈佛的迪安（他后来担任了肯尼迪和约翰逊政府的国家安全顾问和福特基金主席）、标准石油的麦乔治·邦迪和埃米利奥·科拉多，还有麻省理工学院的沃尔特·罗斯托。[71]

在运作方面，研讨会的日程安排十分紧凑。它为期四周（一年三次），包括上午的讲座、下午的小组工作，还有在馆藏丰富图书馆的晚间讨论和独立阅读。项目的有些方面"看起来不正式"，但在组织者看来却十分重要：

> 研讨会期间，生活在同一屋檐下的研究员、教工、员工在课外继续进行讨论；每个人都参加娱乐活动；事实上，实际的教学方法本身——通过讲座提问和与教员的近距离交往，与欧洲的方法相差甚远，这本身就为理解作为

一个可行的民主国家有了直观的感受,因此它与实际的课程问题讲授一样重要。[72]

萨尔茨堡研讨会的具体效果很难被量化。福特内部的一份关于研讨会二十多年影响的报告令其作者都感到吃惊。社会学家丹尼尔·贝尔赞扬研讨会教育了欧洲知识分子,并将他们联系起来,还促进了一些年轻学者的事业,比如拉尔夫·达伦多夫(其最知名的著作是 1959 年出版的《工业社会中的阶级与阶级冲突》,并在 1974—1984 年间担任 LSE 负责人)和米歇尔·克洛泽(1964 年出版的《官僚现象》的作者)。在贝尔所负责的 1956—1957 年文化自由代表大会上,萨尔茨堡的校友们名声大噪。[73] 研讨会主席德克斯特·帕金斯指出,同期建立起来的校友俱乐部——"萨尔茨堡圈"——是自费组织起来"讨论美国社会"的同乡会。他还指出校友们有一种"对美国更同情——或者至少更主观的概念"。研讨会还促进了美国研究欧洲联合会(EASS)——其目标在于"继续研讨会资助的会议发起的工作"。在 1954 年美国文化学术会议的成立,也体现了研讨会影响的多样性。[74]

"英国美国研究协会"和"欧洲美国研究协会"的会议

为了更好地理解美国的生活方式和政治制度,其他国家教育制度中加强了对于美国学科的研究基础。这些基础是通过教育者、学生、知识分子和严肃的作者等能够塑造公共舆论,引导国家政策的人们建立起来的。

——国务院教育和文化事务局,曼努埃尔·埃斯皮诺萨,1961

美国主流慈善组织总是以国际为导向,并且是坚定的国际主义者。[75] 它们不仅仅对世界范围内教育和研究项目进行慷慨资助,

第四章
推行美国主义、打击反美主义和发展一个冷战美国研究网络

还在国外公开试图促进对美国的研究和认识。下面就简要介绍两种促进对美国认识的方式。

英国与美国之间的关系往往被描述为"特殊",尤其因为两者不仅在二战期间展开合作,还享有共同的文化、语言和政治传统。事实上,英国教育委员会、情报部和外交部早在1941年就开始了推行美国研究,当时很显然的是美国实力将会超过英国,因此后者需要更好地了解前者。比起战争,卡内基基金会更优先于在英国扩大美国事务的利益。在美国,这种利益很大程度上受变化的政治形势所驱动,相应的事实是:当与法国联盟似乎更能帮助打败德国时,英国同样也推动了对法国的研究;1941年7月之后,当苏联成为英国的盟友后,英国也推进了对苏联的研究。[76]除了战时联盟,英国在冷战时期美国的全球战略中还占据关键位置:它仍然是一个庞大的(尽管在不断下滑)、拥有充足海陆空基地(这是美国所缺少的)的帝国;它是打击共产主义和民族主义的积极盟友;并且它能够还算迅速地部署军事力量。美英关系的纽带——在文化和教育交流层面——是由美国政策所建立的。基金会很热衷于加强英美关系,尤其是在1956年"苏伊士危机"前后。从该事件上,可以很明显地看出全球权力已经从欧洲帝国转移到了美国,并且就英国来说,1960年工党大会单方面决定废除英国核武器之后,也对这种"特殊关系"的拥护者敲响了警钟。[77]

洛克菲勒基金会资助了最终发展成英国美国研究协会(BAAS)的一些预备会议。在英国美国研究协会的发展过程中,洛克菲勒基金会和政府机构,特别是富布赖特委员会、美国新闻处、美国驻伦敦大使馆等一道采取了行动。也就是说,英国的美国研究计划——在牛津和剑桥、诺丁汉、曼彻斯特和其他地方——都被认为是美国对外文化政策的重要组成部分。事实上,富布赖特委员会的理查德·泰勒指出,后者与基金会是英国美国研究协会的"孪生教

父",对其建立和成长做出了极大贡献。[78] 根据剑桥大学圣约翰学院的弗兰克·西斯尔思韦特所言,这些预备会议实际是泰勒倡导的。[79]

英国美国研究协会起源于1952—1955年间由富布赖特委员会(还有洛克菲勒基金会)资助的一系列四场"任务会议"(正如他们所称的),这些会议将许多学者、学校教师和其他对美国感兴趣的人聚集起来(至多五周内)。[80] 参加这些会议的人中有不少著名的美国发言者,包括巴里·宾汉姆,他是《路易斯维尔快报》的出版人和主编。他不仅是一个热切希望美国加入二战的亲英派,还是"为自由而战"(一个由对外关系委员会领导的鹰派好战组织)的领导成员。[81] 在会议期间,宾汉姆就常驻大厅,"成为美国方面的主要成员,出奇的温和且具有合作意识,完全不自大"。同时,在1955年会议中最著名的学者是历史学家理查德·霍夫施塔特。其他著名的美国学者还有约翰·霍普金斯与耶鲁的C.范·伍德沃德、耶鲁的威廉·福克斯,以及阿尔弗雷德·卡赞。[82]

富布赖特会议的目标是:"消除英国对于美国的信息的缺失"和"纠正错误信息和错误理解",将英国和美国学者聚集起来促进英国中学和大学对于美国相关学科的教学,并且创立一个由**独立**学者组成的网络,"**自发地**组织会议工作的文集,作为对自身要求的回应而不是被迫接受,比如来自某些美国基金会的粉饰门面的支持"(强调为笔者所加)! 这一章不会详细讲述这些目标,但是很显然,富布赖特或洛克菲勒都不会对一个完全独立或自发建立的组织真正抱有兴趣——提供"信息"和纠正"错误信息"会被纳入无争议的假设和意义之中。作为在美国国内外反对左翼力量的"爱国"组织,洛克菲勒不会(尤其是在麦卡锡时期)向任何可能挑战美国在世界上地位的组织进行捐助。政府控制下的富布赖特委员会注定会在机制上反对共产主义,就像人们认定它在50年代的那样。因此,这些

第四章
推行美国主义、打击反美主义和发展一个冷战美国研究网络

会议是向世界推行支持美国主义和打击反美主义思想计划的一部分。[83]事实上,对于富布赖特会议最初的推荐来自于国务院[84],因为他们对"萨尔茨堡研讨会"的结果有深刻的印象。

这些会议的效果在富布赖特委员会看来十分积极。当许多代表只是享受这些聚会带来的团队精神和社会意义时,另一些却看见了额外的好处。一位来自威尔士的校长指出,他对"美国人民有了更深的理解"。来自爱丁堡费茨学院(前英国首相托尼·布莱尔的母校)的历史学研究生大卫·金斗尔感触很深,并且"在学习刚开始时就渴望继续学习"。还有一些可能会让国务院感到欣慰的评论:一位来自彭赞斯的英语教师觉得会议"为英美未来安全建立了合适的纽带"。一位来自多尔切斯特的教师认为:"我想不出更好的方式(除了把我们大部分人运到美国)来促进英美关系。"最后,一位来自西洛熙安区的历史教师写道:"那些教授让我对美国的发展和它如今在国际事务中的地位有了更合情合理的理解。"[85]

由于受到这些会议的激励,西斯尔思韦特和许多其他著名的美国主义者如H.艾伦、马库斯·坎立夫、丹尼斯·韦兰、马克斯·贝洛夫、威廉·布洛克以及赫伯特·尼古拉斯[86],就思考如何能够建立一个长期性的学术协会来促进英国大学中的美国研究、举办年度性会议、制作能在英国获得的美国研究材料索引,并推出他们自己的期刊。由于提议的项目需要更多的经济资助,创建者们希望能够得到洛克菲勒基金会的资助。[87]富布赖特委员会的理查德·泰勒在一份写于1955年的关于事件影响的备忘录中表示,希望这些观点能够"激发你们(指英国的美国主义者)的想象力"。泰勒在这份备忘录中暗示:"至少一个美国基金会向其承诺对捐助这样的学会和委员会有兴趣。如果想利用这种实际的兴趣,重要的是这种学会应当通过适当的积极合作得以建立,官员应当有声望并具有相应能力。"[88]泰勒后来成为英国美国研究协会的临时委员会的执行秘

书，也是富布赖特委员会的一名官员，还是一名美国政府的代表，以及洛克菲勒基金会的一名密友。因此他的"建议"和意见，在英国美国研究协会形成阶段和拓展美国人的计划来促进英国对美国的学习和理解方面很有分量。[89]而英国美国研究协会则在1955年5月12日按期成立。[90]

洛克菲勒基金会的E.德阿姆斯（他参与了德国美国研究学会和萨尔茨堡研讨会的成立）则就刚刚起步的英国美国研究协会未来行动直接向西斯尔思韦特提出了建议。德阿姆斯担心英国美国研究协会的期刊难以发行，"因为目前所有的期刊都面临着困难"。但英国美国研究协会在1967年还是决定创办《美国研究期刊》。此外，德阿姆斯还推荐英国美国研究协会与它在美国的相应机构——即基金会资助的美国研究学会——建立联盟，致力于为英国学者寻找研究的机会和访问美国。[91]德阿姆斯除了提出建议外，还推动和加强了基金会自身的美国研究组织网络。如果没有洛克菲勒基金会的资金支持，人们会发现"这些会议将根本不可能作出（把英国的美国主义者聚集在一起并创立英国美国研究协会）这样的贡献"[92]。

除了洛克菲勒和富布赖特的资助，英国美国研究协会还受到美国新闻署（USIA）的资助来对位于英国的美国研究资料进行归类。USIA提供的2万美元资助，被用于雇用研究员和支付他们的旅行费用，还配备了一名秘书，以及购买办公室材料。[93]然而，考虑到英国美国研究协会官员雄心勃勃的计划，它仍需要更多的资金或赠予来满足可能的新办公场地（英联邦基金提供了伦敦哈克尼斯中心一些房间的租金）、面向英国学者的新的咨询服务以及新的出版物（可能是一份期刊）的要求。西斯尔思韦特指出，英国美国研究协会已经发展了100名成员，其中包括74名学者和24名技术人员和教师。他向洛克菲勒基金会要求更多的捐助，用来召开不同种类的会议：一种是面向学者和研究员的为期一周的会议；另一种是面向

第四章
推行美国主义、打击反美主义和发展一个冷战美国研究网络

对美国有一般兴趣的更广范围听众的会议；还有支付秘书的费用。英国美国研究协会希望,"在这些我们必然缺少资金的形成阶段",能够获得几年的资金来"使我们起步"[94]。在后来西斯尔思韦特与德阿姆斯于纽约的一次会面中,当时前者正担任宾夕法尼亚大学美国公民项目的客座教授,他提议英国美国研究协会成为许多渴望申请洛克菲勒基金的英国学者的"守门员"。[95]

在对洛克菲勒基金的正式申请中,英国美国研究协会大致描述了其任务:"转变英国学者、教育者和知情的业外人士对美国历史、文学和制度的认识。"在建立一年后,英国美国研究协会即拥有了177名成员。它声称自己在推广有关美国的知识和理解方面比富布赖特委员会和国际英语联合会有优势,因为不像前者——"我们独立于政府",并且也不像后者,英国美国研究协会不是一个进行"政治宣传"的社团,这一点会让英国人产生各种怀疑。由于和洛克菲勒基金会一样相信知识是自上而下传播的,英国美国研究协会开始坚定地在大学里建立具有合法性和权威性学术规范的美国研究,其影响一层层波及二级学院、公立中学和高中。英国美国研究协会认为,"只有通过加强这种影响才能让新一代英国人带着对美国事务的敏感性成长"。英国的美国主义者同时需要研究经费用于在美国访学,尤其用于进行博士和其他研究生的培养。"没有这样一种（洛克菲勒基金会）捐助,我们将会面临失去影响力的危险。而我们的失败,"英国美国研究协会威胁道,"来自于这个特殊时刻,将会让美国研究倒退一代人。"当然,英国美国研究协会内在的担忧就是苏伊士危机,它在1956年给英美关系造成了深深的裂痕。英国美国研究协会申请了一笔五年多时间总额达 10 500 美元的资助[96],洛克菲勒在1957年批准了这个要求,这让盖恩斯和富布赖特委员会十分满意。[97]

总体来说,洛克菲勒基金会和富布赖特委员会为充满活力的英

国美国研究协会的建立作出巨大的贡献，它促进了"美国研究"在大学内成为一门学科；出版一份高标准的学术期刊，以及其他出版物；并且举行年度会议。它来自"刺激式"的赞助——尤其是奖学金项目——通过资助年轻学者来建设"美国研究"的未来，他们中的一些人后来成了这个领域的翘楚。[98]很难讲它是否实现了最初设定的目标；然而会议报告和英国美国研究协会《公报》很清楚地表明，它确实在冷战的特别困难时期修补了英美关系。[99]

在20世纪60年代，福特基金会——通过美国学术团体委员会（AC-LS）——建立起了洛克菲勒基金会和美国新闻署过去十年的工作。根据福特的一份内部报告，"美国研究"推进的目标是"建立……（一个世界）……在这个世界中它能够生存"[100]。换句话说，"美国研究"被视为包含在苏联对美国文明的威胁作斗争的范畴之内。后者在1956—1969年间向英国的"美国研究"提供了331 000美元。[101]福特基金会向欧洲和太平洋地区的"美国研究"共拨款560万美元，其中110万美元用于英国。在201名接受资助的学者中，来自英国的有42名，其次是来自德国（40）和日本（36）。[102]曼彻斯特大学为英国的美国主义者扮演了"培育者"的角色。经过曼彻斯特培训的学者，他们之后开始领导苏塞克斯、东英吉利和赫尔的相关系部。在这些发展的带动下，在伦敦经济学院、圣安德鲁斯大学、格拉斯哥大学和爱丁堡大学的"美国研究"成长了起来。美国驻伦敦大使馆也为英国美国研究协会的成立提供了捐助，它投入了74 700美元用于在伦敦建立"美国研究"机构，还在全英资助了11名讲席（教授）和讲师职位并出版了大约40本书。此外，富布赖特项目每年资助大约600名学者跨越大西洋访学。[103]这种整体的影响是为了"创立一个受过良好训练的教育者和研究者的精英群体……他们了解……真实的美国制度和生活，这为知识分子提供了话语和理解的基础"[104]。下面这个消息受到了美国驻伦敦大使

第四章
推行美国主义、打击反美主义和发展一个冷战美国研究网络

馆的欢迎,即它的文化参赞(可能有些不真实)指出:"就公民而言,有关美国的知识和他对美国外交政策的支持之间存在着一种紧密的联系。"这一观点受到了福特基金会的欢迎,他们的内部备忘录承认了资助该项目的政治特点[105]:"尽管文化帝国主义的气息很微弱",福特的霍华德·斯维尔指出,"但这种环境却对促进美国研究十分适合。"[106]

在泛欧洲层面上,洛克菲勒基金会为欧洲美国研究学会(EAAS)提供了许多资助,欧洲美国研究学会在1954年基金会资助的"萨尔茨堡美国研究研讨会"上成立。它的角色是对欧洲的"美国研究"推广进行协调,尤其是在德国、英国和其他国家的学会建立之后。[107] 洛克菲勒基金会建立欧洲美国研究学会立竿见影的效果是1957年的大会决议:让欧洲学者的研究聚焦于"两大洲的跨大西洋影响和比较研究"。进一步讲,欧洲美国研究学会由于接受洛克菲勒特定的研究经费,而同意鼓励学者们研究一战后"美国在欧洲人眼中的形象",具体可细分成"美国在欧洲不同国家眼中的政治形象……美国教育理论在欧洲的影响……以及美国作家在欧洲的活动"。洛克菲勒基金会指出,这笔提议的2万美元捐助将提供手段来反击欧洲更为"传统的"学者,因为他们总是倾向于建议年轻学者做那些"没有想象力和较为传统"的项目。[108]

据富布赖特的罗伯特·斯彼勒所言,EAAS的作用是为欧洲的小国——瑞士、比利时、荷兰和卢森堡以及斯堪的纳维亚国家——提供"一种有兴趣搞'美国研究'的出路,否则它们不会有(出路)",这帮助"美国(在欧洲)的事业形成了一个整体"[109]。

在美国国内外推行美国研究的目的在于:提高美国价值观在国内的支持,促进美国文化在海外获得尊重。它试图将基金会的国内价值观向世界其他地方出口,并且建立起"美国研究"学者、组织和学会的全球网络。英国美国研究协会和欧洲美国研究学会是这个

网络中两个非常重要的方面，它们都在建立初期受到了美国私人基金会和美国政府的鼓励和资助。虽然在 60 年代有许多福特/美国学术团体委员会资助的组织的学生参加了游行示威，但有两点值得指出：学生对与美国研究相关的学科或研究的热情并没有消退，也没有发生针对基金会资助的组织的暴力攻击，这同国外的美国政府设施形成了鲜明的对比。这突显了表面上私人的、非政治的基金会推动的倡议的优势，尽管它们一直与美国政府有合作。[110] 然而，综合来看，基金会和美国政府建立了持续的网络，它们在最具影响力时，能为跨大西洋外交营造一种积极的环境；在危机时刻，即使网络不存在了，仍能帮助（美国）度过那些可能更凶猛的风暴。但是，无论是好时光还是坏时光，它们的网络总在持续，吸引学者和资源，使其他的声音和议题边缘化，并生产权威的知识和象征性的资本。一位英国的"美国研究"先驱人物马库斯·坎利夫承认，英国的美国主义者很少有关于美国的新颖和原创的言论，"并且主要在一种由美国人自己设定的思想和假设框架内，寻求对于'美国经历'的解释和证明"。当然，美国主义者也反驳那些"左翼和右翼中流行的错误概念"，这是很健康的（做法）。[111] 这些网络，最初只是实现其他目标的一种手段，最后自身却变成了目的，产生了那些很少（如果有的话）公开宣传的结果。可以确定的是，这些网络并不能阻止危机——比如 1956 年的"苏伊士危机"——但是它们却能帮助推动后危机时代的"正常化"进程。

打击国外的反美主义

冷战期间，基金会在全球范围内积极地支持各种组织且追求与反美主义作斗争的政策，把国外任何针对美国的批评实际都界定为反美主义。本节将探讨基金会如何与它们所认为的反美主义作斗争

第四章
推行美国主义、打击反美主义和发展一个冷战美国研究网络

的一个例子。通过这个例子，我们可以清晰地了解基金会在"反美主义"和支持美国主义方面的全球性角色，这也代表了它在促进美国权力和削弱民族主义和/或左派主义的中心目标上的两面性。

福特基金会和文化自由代表大会

考虑到两种概念界定的宽泛性，在福特基金会、国务院和其他政府机构的眼中，与反美主义作斗争和打击共产主义两者之间的联系十分紧密。事实上，很显然共产主义代表了反美主义最鲜明的版本——这是一种挑战自由市场、私有财产、有限政府和个人主义的连贯世界观。因此，福特支持中情局一项臭名昭著项目——文化自由代表大会（CCF）——就不那么令人吃惊了[112]，该项目的创立者将其视为"欧洲复兴计划（ERP）的政治经济和北约的安全框架的文化-思想版本"[113]。文化自由代表大会受到了福特基金会董事会的重要支持，与此相伴的还有前中情局和OSS成员，此外还有马歇尔计划的参与者和美国驻德高级机构的成员，例如约翰·麦克洛伊。它与中情局、文化自由代表大会和许多其他的共产主义及反美主义的反对者的关系十分密切、持久和顺利。[114] 仅有的"分歧"是：福特是否应当作为中情局的资助渠道，以及福特能够找到继续资助文化自由代表大会却不会被公开发现其支持中情局倡议的方式。[115]

文化自由代表大会的世界观由实证的经验主义、理性主义、技术官僚的现代主义以及一种对"极权"哲学（也包括放任自由主义）的普遍反对所主导。文化自由代表大会代表了"马歇尔计划"和罗斯福与杜鲁门"新政/公平施政"的政治经济的认知理性化的一种形式。[116] 它同时还很广泛地共享了福特基金会的世界观。

据斯科特-史密斯说，1953年斯大林去世后，文化自由代表大会的反共失去了对象，这时它找到了新任务：推广西方的自由、多元主义和社会民主的好处和优点。它们推崇无须革命的福利资本主

义和无阶级社会的兴起。和福特在印度尼西亚的经济学家一样（见第五章），文化自由代表大会的忠实拥护者推行了凯恩斯主义经济管理的各种变化形式。在欧洲，这种思想路线直接引发了三位美国社会科学家——丹尼尔·贝尔、西摩·马丁·利普塞特和爱德华·希尔斯"意识形态的终结"的思想。[117]

文化自由代表大会在英国的政治影响主要体现在工党政治上，它在许多美国观察者眼中有着非常强大的左翼势力，各个层面上都有反美因素。[118]对于美国的外交政策、美国在英国土地上建立陆军和空军基地以及1960年党代表大会决定英国应当单边销毁核武器的反对，都是工党"反美主义"的表现。因此，文化自由代表大会扶植了工党和一些运动的右翼——包括休·盖茨凯尔、丹尼斯·海利、R. 克罗斯曼、托尼·克罗斯兰和罗伊·詹金斯。1955年文化自由代表大会米兰会议为这些工党领导人——所有议员和后来成为工党领袖的盖茨凯尔——提供了一个机会来与欧洲"温和的"社会主义者甚至美国民主党的改革派（由像 J. 加尔布雷斯和小阿瑟·施莱辛格这样的杰出人物所代表）建立联盟。据斯科特-史密斯说，这样做的目的是加强改革派的左翼势力并维持他们的"大西洋联合"。海利在50和60年代是彼尔德伯格俱乐部的领导成员。[119]因此在1961年，盖茨凯尔能够反转"单边销毁核武器"的决定。

谢帕德·斯通是福特基金会、文化自由代表大会和欧洲工人政治的一个关键成员。[120]斯通和丹尼斯·海利在1954年的彼尔德伯格会议上进行了初步谈判，这导致了福特对于刚成立的伦敦战略研究所（ISS）的资助。福特在三年多的时间内向这个新兴智库提供了15万美元，该智库支持大西洋联盟并宣扬右翼的工党思想，即支持核武器和美国领导的北约。[121]因此它为工党运动中反对左翼和"反美的"力量提供思想和政治上的支持。

尽管 CCF 在1967年被揭露是中情局的一个战线，福特基金会

第四章
推行美国主义、打击反美主义和发展一个冷战美国研究网络

还是继续支持这个组织。之前的一些著名支持者——如法国社会学家雷蒙·阿隆和工人理论家 W. 阿瑟·路易斯——都不愿意再与文化自由代表大会有关联，除非它改变名字、地址和资金来源。据阿隆说，文化自由代表大会的反苏角色已经不再具有必要性。而文化自由代表大会的支持者则认同"它对西方世界的功能需要重新定义"。弗朗西斯·萨顿指出："在西欧，反美主义现在是一个重要的思想现象。一个美国资助的组织不可能轻易地应对这个现象；它要么积极地'亲美'，要么勉强和尴尬地向'公平'低头。"萨顿的备忘录指出，文化自由代表大会出版物尤其是《对抗》没有"对美国进行足够批判"，尤其在美国对越南的政策上。萨顿的结论是：文化自由代表大会对于处理"（知识分子之间）不负责任和目的性减弱的问题"是绝对不可缺少的，尽管与福特支持半公开的活动有"某些矛盾"。[122] 萨顿建议对一个更新的、国际性的文化自由代表大会资助 456 万美元。[123] 事实上，董事们在 1967—1971 年间对文化自由代表大会的继任者——文化自由国际协会（IACF）捐助了 700 万美元[124]，后者基于文化自由代表大会原有网络并由谢帕德·斯通领导。

结 论

反美主义不是冷战或后冷战时期的特有现象。正如威廉·威廉姆斯很久之前即指出，美国是在一种反美主义托词的基础上进行冷战的斗争，其反对的对象从左派到右派，从民族主义到共产主义再到保守主义。冷战并非始于 1971 年（或者据此理由来说，也非结束于 1989—1991 年间）；必须将其理解为"现代西方资本主义和其国内与国际危机之间持续的对峙"。根据威廉姆斯的说法，原因是观察者们错误地把冷战当成了美国与苏联和共产主义中国之间的对

峙,"而真实的冷战原因在于它们是通过批判资本主义成功组织起来的第一批大国"[125]。美国把所有对其扩张主义的反对者称为"反美国者"或"非美国者"。

基金会在国内外也都表达了相似的观点。它们推动美国研究网络来加强对美国核心价值的情感联系,并拒绝资助那些它们认为削弱美国主义的事物——这是一种"中间偏右"的自由主义,它推动可控的变革并反对任何左派和右派。在全球方面,主流基金会建立了"美国研究"学者和学会组成的网络,尤其是在欧洲。它们在印尼、尼日利亚和智利(以及世界其他地区——见第5—7章)对亲美经济学家的推崇深深地影响了这些国家的政治经济发展。更不可告人的是,基金会帮助中情局支持的"文化自由代表大会"来打击反美主义和支持共产主义的力量。

同时,美国基金会的"美国研究"项目是通过直接接触上千(也可能上万)人的主动性,来解决全球精英"反美主义"偏见的一种有力手段。而福特针对"反美主义"的公共外交斗争则间接地影响了数以百万的学生、学者、记者和报纸与杂志的读者。[126]基辛格和萨尔茨堡研讨会是意在双向交流和学习的综合、连贯、集中、组织有素、深入参与、真实的教育项目,因此它们不被认为是高高在上的政治宣传,或者是任何形式的政治宣传。哈佛和萨尔茨堡项目中不断产生的核心学者和舆论塑造者,他们通过美国的组织和教员彼此结成了网络,在短暂的研讨会结束后发挥了长期的有效作用——这就是斯彼勒所说的"本土学者的力量"。研讨会的信息不仅仅存在于口头和书本中;它还存在于所有参与者的经历中:成员在对种族关系或外交政策的批评和辩论中恪守了美国主义。

哈佛和萨尔茨堡研讨会的成功还有一个原因:它们受到了那些基本上不与美国权力为敌的国内和世界导向的精英的指导。毕竟,大多数欧洲人接受了数个世纪建立起来的殖民地文化。作为"后殖

第四章
推行美国主义、打击反美主义和发展一个冷战美国研究网络

民"大国,他们的世界观也转变成了一种新殖民的"发展主义",需要重新定义,或者更准确地说重新校准他们与第三世界国家的关系。他们与美国的问题广泛来自于对自己国家的衰落和美国崛起的怨恨,以及对核时代美国力量的恐惧。尽管持有怀疑主义,他们还是被形成于有名望的哈佛园或18世纪欧洲城堡的世俗性精英外交所说服。他们正好较易受到"软实力"的影响,因为欧洲精英对世界体系有兴趣,而世界体系的大部分管理权已经在二战后落入美国手中。

哈佛和萨尔茨堡项目在次政府和私人精英领导的层面补充和支持了政府在这一时期试图实现的东西:在不断上升的反民族主义和全球范围内与共产主义竞争的时期,为了西方更好地渗透第三世界而结成联盟。实际上,这些项目都被纳入了国务院的目标,但它与哈佛和萨尔茨堡的合作却是"密切但也是非正式的"[127]。福特基金会的资金帮助建立了这些基础设施——制度性设置、组织、专业社会、会议和研讨会、校友网络、出版物——它们在美国崛起为全球领导国家时代,使得影响知识分子和大众舆论氛围的精英网络可以形成和维持下去。[128] 福特宣称其行为是非政治、非意识形态的,并独立于政府。然而正如它自身档案记录所展现的,福特的前景显示它是以一种远非它所提到的"独立"方式在运行,其背后是葛兰西主义的"国家精神"的哲学渗透。事实上,福特基金会是精英的政府-私人网络的一个战略部分,这个网络将冷战联盟的关键部分联合了起来——在帝国的霸权计划背后是一个历史性集团。

当然,基金会让世界美国化,或者甚至让所有反美情绪中立化的目标并不总是成功的,但它们的影响也不应当被忽视。它们的资源在很长一段时间内在与美国政府领导倡议的协调中,总是成为战略性目标;并且帮助产生了现代化的精英和它所倾向的美国主义骨干,至少,会对美国在世界中扮演的角色能有一种同情的视角。此

外，通过定向资助特殊群体的学者，基金会有效地打击了持有其他观点和资源的学者。基金会还在资助"科学的"学术研究和教学的公开幌子下，进行能够带来"亲美"结果的带有偏见的教育动员。反美主义在某种程度上是全世界的"敌人"，为了促进、加强和保卫美国的全球性权力，至少需要凝聚美国政府和基金会的部分努力。接下来的一章将探讨福特基金会公开和隐秘的行动——以及它们 50 和 60 年代在削弱、打击和最终取代苏加诺的印尼激进民族主义方面的轰动性影响。

第五章

印度尼西亚的福特基金会和亚洲研究网络

以慈善的名义
美国崛起进程中的三大基金会

美国在东南亚地区的利益很大程度上取决于经济和战略因素。[1]美国的外交决策制定者对于日本在第二次世界大战中的帝国扩张威胁了美国的（更广泛而言是西方社会的）利益十分忧虑，罗斯福政府在日本偷袭珍珠港前的几个月曾声明，若日本威胁了美国在印度支那、印度尼西亚（当时叫荷属东印度群岛）和马来西亚的利益，美国将对日本发动战争。[2]东南亚矿产资源丰富（例如它是世界橡胶、锡矿、稻米和钨矿的主要产地），也是制成品的重要市场。东南亚的经济同美国的互补性很强[3]，其在安全上对美国的重要性不亚于巴拿马运河和苏伊士运河。[4]在1945年后，诸如印度、巴基斯坦和印度尼西亚这些独立国家的诞生使美国更加担心共产主义和"中立主义"或"独立自主"成为这些新国家的外交源头，到了20世纪50年代中期，印度尼西亚已经成为这些运动的领导者。[5]然而，美国的统治阶层精英们发现他们缺乏对亚洲历史、语言和文化的了解。没有这些知识——即以一种马上有助于学者和政策制定者的方式发展出来，按军事化的术语来说就是"多方"作战来"攻击"要害[6]——人们担心美国将无法影响亚洲的发展，导致共产主义大行其道。[7]这一幕随着1949年毛泽东革命的成功在中国已成事实，而朝鲜战争更表明这种"威胁"仍十分严重。[8]

本章的主要内容集中在印度尼西亚，一个对美国经济上和战略上至关重要的国家。[9]印度尼西亚是世界上人口最稠密的国家之一，是旨在超级大国的夹击中开辟一条道路的不结盟运动的领导者，同时也维持着除苏联和中国之外最大规模的共产主义政党和运

第五章
印度尼西亚的福特基金会和亚洲研究网络

动——人数约有 1500 万。[10] 美国的精英们希望确保印度尼西亚进入美国的势力范围,在经济、金融和商业关系上对西方开放,在国际政治上同西方结盟对抗社会主义势力。因此,美国发展了一个官方和民间都参与的"研究"印度尼西亚的网络,其目的是更好地干预印尼的事务,影响其政治和经济发展。长期来看,除了 20 世纪 50 和 60 年代的极度紧张局势外,印度尼西亚在政治和经济上确实完成了转型,并进入了美国/西方的势力范围。本章将考察这一痛苦的过程,尤其集中在同美国政府机构有密切合作的福特基金会的作用上。

尽管后殖民地时期福特基金会在印度尼西亚国家和社会的重建中具有重要的作用,但对于其在该国的各类项目并没有实用的考察。仅有的一篇新闻报道,其结论声称福特基金会在印度尼西亚扮演"帝国式的"角色,在学术领域外引发了巨大的争论。[11] 只有查尔默斯和哈迪兹论证了在 20 世纪 60 年代后期,受福特基金会资助和训练的印度尼西亚经济学家们"从根本上改革了经济……按几乎所有指标都可以说是促进了经济的显著增长……为资本主义发展创造了有利环境",[12] 除此之外,只有顺带提及的承认。甚至在布莱斯南这位福特基金会内部人士所著的《管理印度尼西亚》一书中,对于该国"后苏加诺时期"政治和经济转型的解释也略去了福特基金会的变革性作用,取而代之的是强调印尼经济学家们的自主性。[13] 但与之形成鲜明对比的是,布莱斯南在 1970 年福特基金会的一份内部备忘录中曾写道:"这些精英们来自(福特)基金会大力投资的经济学院系。"[14] 乔治·卡欣最近出版的回忆录也隐瞒了大量关于福特基金会在印尼的角色信息,尽管卡欣自己曾抱怨其他学者"有意或无意地掩盖了"太多基金会在印尼政治和经济成果中的重要作用。[15]

本章将通过福特基金会档案资料的新近研究来考察其在印度尼

西亚的角色，并从相互矛盾的声明中判定美国慈善组织的功能。一方面，新葛兰西主义者们声称美国基金会代表了美国社会中的一股霸权力量，这股力量在全球范围内促进了美国的霸权，尤其是在冷战时期。[16]因此，从福特基金会在印度尼西亚的角色中，葛兰西主义者们期待能找到强有力的证据，来证明政策导向的学者、学术和思想网络的"统治阶级"组织，在推动印尼学术、经济和社会完成重大转向方面，实际上是摧毁和削弱某个反美政权的组成部分。他们期待能从福特基金会对印尼精英分子的渗透中发现强有力的证据，部分证明他们试图准备用一场反霸权的运动来反对印度尼西亚的权势集团政府。

而与此相反，基金会的内部人士和一些学者认为，美国基金会对于美国及其海外的发展而言是一股相对积极的力量，并且确实是非政治性的，它的宗旨是使社会和整个世界更加美好和"人性化"[17]。确实，福特基金会的许多理事都认为它散发出"一种令人尊敬的荣耀光环"[18]。因此卡尔和卡兹（还有其他许多人）都希望从福特基金会在印度尼西亚的角色中寻找到它是公正的、非政治的、非意识形态的、独立于美国政府的基金捐赠者和投资倡导者的相关描述，即希望找到确凿的证据证明福特基金会的角色就是它公开宣称的那样。

本章将把这些互相矛盾的声明与福特基金会广泛档案记录中提取的文献证据相比较，这些文献包括主要理事们的口述历史、官方函件、办事处报告、内部备忘录、拨款文件以及理事们与行政人员和其他委员会的会议记录。福特基金会的档案资源为它们对美国学术界和印度尼西亚（在此案例中）资助的项目、工程和网络建构提供了证据，也证明了包括博士训练和助学金计划在内的美国和印度尼西亚大学体系的广泛联系。此外，福特的档案也展现了基金会与美国外交政策执行机构（包括国务院、中央情报局和经济合作署等

第五章
印度尼西亚的福特基金会和亚洲研究网络

等)的联系。本章将重点探究福特基金会资助的两个项目——加州大学伯克利分校同印度尼西亚大学经济学院系的内部联系和康奈尔大学的"现代印度尼西亚计划",从而为新葛兰西主义者和他们的批判者之间相互对立的声明提供能够得出确凿结论的案例。

亚洲研究网络

总的来看,福特基金会在其海外行动中遵循着一套流程:首先,通过在优秀的美国大学投入大量资源来加强或发展一种以美国为基地的区域研究能力;其次,几乎是同步地,在"目标"国家或地区中发展相关研究机构;第三,将正在兴起的网络的两部分合并;第四和总体上,确保整个计划适合美国政府的宏伟目标。以一个私人的、非政府的独立机构的身份,促使福特基金会在海外潜在存有敌意的国家中更容易被接受。

负责远东事务的助理国务卿迪安·腊斯克清楚地表明了美国在远东的国家利益以及官方和非官方地向该地区人民提供教育和培训的必要性。[19]这也与杜鲁门总统针对第三世界国家的发展所提出的推进美国技术知识和文化属性的"第四点计划"相吻合。福特基金会在执行杜鲁门总统的命令时重点关注了印度尼西亚(更广泛地说是亚洲)。基金会在美国大学中广泛地调查现存的亚洲研究计划,在这一新"学科"里开启了一项投入巨大的项目。通过康奈尔大学的"现代印度尼西亚计划"以及加州大学伯克利分校和印度尼西亚大学经济学者的联系,再加上其他诸如麻省理工学院和哈佛大学的重要项目,福特基金会编织了一张细密的学术网络,培养了一批致力于研究印度尼西亚政治和经济发展的政策相关型学者。这一网络涵盖了印度尼西亚和美国的政府官员与机构。福特基金会的行动后来以"私人的第四点计划"而闻名[20],被保罗·霍夫曼所拥护,而他曾经担任负责实施"马歇尔计划"来援助欧洲的经济合作署(ECA)的负责人。[21]

福特基金会对于亚洲和亚洲研究的兴趣由来已久,并且集中关注于两个影响深远的新情况:1949年共产主义革命在中国的胜利和1950年朝鲜战争的爆发。其他重要的关注点还包括印度尼西亚政治领导的地位、对于日本的"共产主义威胁"、民族主义者对法国在印度支那统治的抵抗等。简言之,冷战的意识形态和军事竞赛,以及同等重要的民族主义者对美国经济利益的威胁,左右着福特基金会对亚洲的关注。它们的关注通过对实用和政策导向型研究项目的大规模投入,以及为产生长期有用知识的依据而设计的"基础研究"来体现。

1951年,福特基金会委托斯坦福大学进行了一项美国大学在亚洲研究方面教育供应的秘密调查,充分显示了其在该领域兴趣的功利主义色彩。[22]罗恩·盖瑟提到福特基金会想要发展"重点外国地区"的知识,并将把这些知识提供给"决策者和民众",担心美国的外交决策会是"不足的,除非我们……积累、利用和传播……政治、经济和社会的知识"[23]。基金会的最初拨款总计为3.5万美元。

与亚洲研究调查相关的资料充满了一种对于动员知识所带来的政治权力的明确理解。基金会重要官员戴克·布朗在一篇备忘录中表明了这种观点:"既要动员西方关于亚洲的知识资源……(因为)……亚洲对世界发展极为重要",同时还因为"苏联已经利用了亚洲革命造成的震动来削弱西方"。这篇备忘录继续写道:"由于时间紧迫,我们必须充分且迅速地利用已有的知识。"由于美国的亚洲研究专家们分散在全国,福特基金会敦促"寻求整合的途径……让专家和学术机构在一个统一的计划中相互合作,以此来动员一切可用的资料、知识和人才"。此外,该备忘录还指出"要动员分散

第五章
印度尼西亚的福特基金会和亚洲研究网络

的和不足的资源……来(满足)迅速变化的冷战世界的需求"。要达到这一目的,最好的办法便是由来自精英组织和部门的、有很高积极性的美国学者进行亚洲研究[24],并同亚洲的相关学者和组织进行合作,组成网络。福特基金会用一种综合的、有计划的方式发展和利用知识,其核心是为美国外交决策制定者服务,并为"亚洲人的思想发展而奋斗"。亚洲研究项目的目的之一便是让"西式理念"在亚洲更好地被理解,这只能通过研究"亚洲思想"来实现。因此关于"思维方式和现代亚洲的激进主义和保守主义"的研究也被纳入计划之中。[25]

福特基金会同华盛顿决策者们的广泛关系因斯坦福大学的那些项目而更加牢固。例如,斯坦福大学倡议的"苏维埃对亚洲的政治政策的策略和战术"研究就在中央情报局、美国空军和国务院中引起了广泛兴趣。[26]国务院十分支持来自斯坦福大学的历史学家罗伯特·诺思,他是计划最初的倡议者之一,也参与了计划的实施。国务院在计划初期的实施中提供了意见支持,集中于通过计划来支持官方政策。[27]除此之外,许多学者也都供职于美国政府,如历史学家威廉·兰格(中央情报局),或者同政府官员关系紧密,如克莱德·克拉克洪(哈佛大学俄国研究中心)。他们利用同政府官员的紧密联系为福特基金会策略的制定、研究计划的设立提供意见,从而使双方达到利益最大化。这种学术看似由私人支持,但实际上是建立在官僚观念模式之上,为美国政府服务的。

受福特基金会委托的亚洲研究项目在康奈尔、哈佛、耶鲁、约翰斯-霍普金斯、加州大学中颇有成效,但总体而言其覆盖的学科并未形成体系。报告建议尽快重组并加强重要的亚洲研究中心,这也得到了福特基金会理事们的大力支持。基金会的国际培训与研究部(ITR)是美国大学地区研究的主要资金来源部门,1951—1961年投入了约5200万美元来"增加美国对世界陌生地区的了解……(并且)……增加在这些地区优秀美国人的数量"。除此之外,国际培训与研究部还投入了近2900万美元为工程师、教师、律师等提供大学毕业生外交事务课程。仅仅十年,国际培训与研究部资助了16所大学并创立了33个地区培训与研究项目。[28]从1951年到1966年间,国际培训与研究部在地区研究、语言学习、专业素质的提高以及国外学者的管理上共投资了258 555 169美元。从1951年到1956年,福特基金会单在印度尼西亚建立英语培训机构上就耗费了180万美元,协助设立了十家英语中心来为1500名中学教师提供培训。[29]印度尼西亚后来也将英语作为第二语言。基金会在印度尼西亚教育技术设施上的投资超过了100万美元。[30] 1951—1962年间,基金会在技术支持项目上对印度尼西亚的投资达到了101万美元。[31]

福特基金会同洛克菲勒基金会一起,在美国大学中建立了东南亚研究项目。例如,1957年,福特斥资30万美元在哈佛大学建立了一个"中国研究中心",同时在培养东亚研究人员上投入了12.5万美元。与此同时,福特基金会向康奈尔大学提供了57.9万美元的资金,其中30万用于东南亚研究,7.5万元用于中国研究,20.4万元用于汉语语言培训。在向康奈尔大学提供资金一事上,福特基金会在报告中写道:"相关大学同国务院在资金使用上达成一致。"[32]此类国外地区培训应最好在美国本土进行,不仅因为国内有更好的硬件条件,也因为许多国家"对于成为被别国研究的对象非常敏感"[33]。

除此之外,福特基金会把建立亚洲研究的社会团体视为极度重要之事。从1954年开始,基金会开始斥巨资支持亚洲研究协会(AAS)。该协会举办年会和论坛,为学者们创造接触到"能够影响政府决策的、活跃的政界和商界人士"的机会。截止到1965年,亚洲研究协会已经拥有三千名会员、一份季刊以及一本权威的评论杂

第五章
印度尼西亚的福特基金会和亚洲研究网络

志《亚洲研究期刊》。[34]

福特基金会的官员希望创造"互相独立的发电厂"来提供"能源":加强现有的研究中心,根据现实需要建立新的研究机构,并将它们与海外"姊妹"学术机构相互连接。除此之外,实际上该网络也会包括政府机构和舆论专家。"这种……(机制)能够保证亚洲研究专家们为国家利益的主要目标服务。"简言之,网络只是权力的手段。[35]

康奈尔大学的"现代印度尼西亚计划"

1954年福特基金会向康奈尔大学的"现代印度尼西亚计划"投资了22.4万美元。特别是基金会希望在康奈尔大学的"印度尼西亚研究项目"内部建立一个注重实际研究的社会学科分支。"现代印度尼西亚计划",这一听起来既中立又学术的名称实际上有个带有冷战时期政治意识形态色彩的原名——"苏联在印尼的教化和控制技术"[36]。该计划的本质是监控(尽管是学术的)并研究印度尼西亚的权力结构、政治运动和决策,尤其是在大多数印度尼西亚人居住的乡村地区。对于这一依靠中央情报局和国务院提供大量意见的项目来说,拥有精英阶层和群众基础的研究是至关重要的。在随后十年里,"现代印度尼西亚计划"产出了大量图书、论文、文章和报道。这些出版物先是在印尼和美国的学术圈流传,进而传到了两国官方的外交政策制订者手里,最后又通过美国的媒体传给了广大公众。除此之外,"印度尼西亚计划"的研究员们与美国政府官方外交决策制定者也有联系。最重要的是,"现代印度尼西亚计划"以及其他福特基金会资助的在美国和印度尼西亚的先导研究项目——培养、构建、发展并且巩固了一个早期的现代知识网络,这个网络连接国家机器、美国学术界和美国外交政策总体反共的目标。

乔治·卡欣教授是康奈尔"东南亚项目"的负责人[37]，他与印度尼西亚大学的苏米特罗和德约科索特诺等著名学者关系甚密，其工作就是运作福特基金会的计划[38]，该计划之前已得到中央情报局的批准。[39] 而这恰恰也是他对于计划的主要担忧，因为"关于社会主义运动的研究……本身就会引起印度尼西亚的怀疑"，也会将未来在印度尼西亚的工作置于险境之中。让他担心的还有从福特的斯韦齐处收到的一个指令："不要将'印度尼西亚研究'列入福特基金会的项目之中。"[40] 除此之外，卡欣指出直接研究印度尼西亚的共产主义——他称之为"问题"或者项目的主要关注——会忽略一个重要的事实，即共产主义者的策略是"深入内部并且获取……现有群众组织中的要职"[41]。基金会认同了卡欣的担忧，并表示："即使是那些困扰于印度尼西亚社会主义重要性的人，也可以在全方位的背景下对这个国家政治生活理解得更好。"[42] 卡欣随后列出了一个包含中央政府、议会、地方政府、劳工和青年组织、伊斯兰教政党、两个主要的共产主义政党、社会党和印尼华人群体等八个部分的细致研究计划。每一个部分研究的核心关注点都是收集共产主义者及其反对者的信息，并评估他们的角色、实力和影响力。这实际证实了卡欣所认为的共产主义是印度尼西亚的这一核心问题——恰好也是保罗·兰格为福特基金会支持该项目设定的最初目标的关键。[43]

在对中央政府的研究中，学者们对共产党的影响给予特别关注，尤其是其对内政部、劳工部、外交部和总统内阁秘书处等关键部门的影响。这与针对地方政府的研究相契合，学者们"再次将注意力集中于共产主义者的角色……（尤其）是共产主义者力量最强大的地方"[44]。在劳工组织的研究上，学者们特别关注产业工人协会和油田工人协会。伊斯兰教政党也受到了切实关注，尤其是"共产主义者的对手——重要的左翼（宗教社会主义的）玛斯友美

第五章
印度尼西亚的福特基金会和亚洲研究网络

党人"。有关华人群体的研究则主要集中于他们同政府、共产党和国际共产主义的关系上。[45]

卡欣计划将各块研究置于积极性很高的学者领导之下，让他们来协调、指导和协助那些有语言才能、地区研究以及学科专业知识的研究生工作。[46] 作为一个经验丰富的"参与观察者"，卡欣很清楚遴选合适的学者需要特别注意：单纯的专业知识并不能作为唯一的评判标准，研究者通过与印度尼西亚人建立"友好关系"的方式来获取当地人的信任也同等重要。在对华人群体的研究中这一点特别重要。卡欣建议，由于"印度尼西亚华人对于政治层面的任何刺探都很敏感"，因此该项目的负责人需要在印度尼西亚居住两年。第一年，该学者应该在一个对华人家庭感兴趣的研究生的帮助下进行一项"广泛的社会学调查"——只有这样之后才能正确地把握更加严苛的政治问题。第一年的目的是双重的，一方面他能博得对方的信任以求得到政治性问题的答案。与此同时，他也能对印度尼西亚的华人群体有一个总体了解，这对第二年进行更多的政治性研究大有裨益。很显然，卡欣的学术技能是为学术和政治双重目标服务的[47]，这也是众多政策导向型研究的核心两难困境。

卡欣给福特基金会的第一份报告——涵盖了印度尼西亚研究项目的最初15个月——对其直接和间接影响作了一个评价。它显示，从最广泛的层面来说，"现代印度尼西亚计划"成功地搭建了与同包括国家警察在内的印度尼西亚政府各重点部门，以及印度尼西亚大学教师和研究生的合作关系。除此之外，"现代印度尼西亚计划"还延伸出了一系列附带的研究项目，甚至为和他们有同样研究兴趣的其他领域研究者提供了小额的资金支持。最后，康奈尔大学的"现代印度尼西亚项目"对警察培训和地方政治也有直接影响。

由于外国学者经常被认为是"图谋不轨"的，因此在福特基金会官员的建议下，卡欣将大量的实地研究项目分配给了当地学者。

这一举措的影响是双重性的：第一，这帮助培养了受过训练有素且经验丰富的印度尼西亚社会科学家，并且创造了一个更为强大的本土社会科学团体，其规模是原来的两倍。第二也是同样重要的影响是政治上的，这有助于缩小"受过西方教育的小众精英和农民大众之间的巨大隔阂"[48]。这两个进程都对印度尼西亚的社会和政治有深远影响。

在某种程度上，印度尼西亚大学（UI）成了康奈尔大学项目的代理人。从经济来源上说，"现代印度尼西亚计划"资助了五项印度尼西亚大学的"重大项目"，其中最大的项目是"关于23个爪哇和30个苏门答腊村落的社会政治组织及其诉求的研究"。不过，"现代印度尼西亚计划"和印度尼西亚大学都坚持编造说费用开支将由双方平分承担。之所以这样做是因为"对这些项目的资助……外部的钱如果看上去不是主导的话，政治上就更容易被接受"。然而，卡欣的报告清楚地显示了印度尼西亚人"依赖于康奈尔大学的'现代印度尼西亚计划'来资助所有或几乎所有的这项研究"[49]。这些计划得到了印度尼西亚大学相关领导的支持，包括校长德约翰、法律与社会科学学院院长德约科索特诺教授、经济学院院长苏米特罗等。[50]

卡欣的报告指出，所有的项目都有福特基金会的资助，这看起来就像是关于印度尼西亚权力调查的一部完整连续剧。其中有一项研究聚焦于"印度尼西亚精英阶层的社会、经济、教育和政治背景"，尤其是"政治和军事精英"。除此之外，还有一项名为"乡村研究计划"的大规模经济和社会政治项目，旨在搜集"有关权力结构、决策、政治共识的发展、影响与声望排名以及对外部世界的态度"，有意思的是，这个项目的研究方法成为由卡欣所撰写的一本指南的主要内容，后来被列入国家警察学院研究与探讨课程的必读书目。确实，国家警察的首脑苏坎托将军以及印度尼西亚大学的德

第五章
印度尼西亚的福特基金会和亚洲研究网络

约科索特纳院长都强烈地认为,"一位优秀的警官应当对权力结构和村庄的政治诉求有很好的理解"[51]。报告同时指出,"现代印度尼西亚计划"对于印度尼西亚政治干预的另一种直接方式,是赞助有"全国伊斯兰学生组织"参加的关于"现代伊斯兰教"及其历史和当代角色的联合项目。[52]最后,一项"学生态度调查"旨在系统地考察"(高中和印度尼西亚大学的)学生对外部世界的看法,尤其是印度尼西亚同世界主要大国的关系"[53]。

基于福特基金会对"现代印度尼西亚计划"拨款而出版的著作令人印象深刻。据《拨款相关材料目录》(*A Bibliography of Grant-Related Materials*)显示,在十年的时间里,"现代印度尼西亚计划"出版了至少44种图书、章节和论文。康奈尔大学作为开展印度尼西亚研究的一流大学地位因为这些出版物而得到了提升而且更加稳固。这些研究成果覆盖了几乎所有的最初计划研究的范围。1960年,福特基金会项目官员鲍大可曾认定称印度尼西亚计划"极富成效"[54]。

《目录》和其他福特基金会内部备忘录显示,"现代印度尼西亚计划"对印度尼西亚政治和学术的干涉具有多面的复杂特性,以及该计划具有半秘密性的特点。这一点可以通过卡欣动员有意愿的印度尼西亚研究者(对于美国很友好)来承担需要"内幕人士"透露信息的研究方式看出来。在一封写给克拉伦斯·瑟伯(福特基金会)的信中,卡欣把帕林科迪多关于总统制的研究归功于自己。帕林科迪多曾经是苏加诺内阁的主管。卡欣称他自己敦促了印度尼西亚学者"在不透露任何同康奈尔大学的关系……并且表明自己的工作是独立的、不受任何美国机构支持的基础上,进行了关于印度尼西亚重要政治进程的调查和写作"。在书的序言中,康奈尔大学的角色被作者故意忽略。[55]

康奈尔大学在美国的影响力由于福特基金会的拨款得到了直接提升,它成为为东南亚地区研究提供初级教员的美国大学先导。[56]

这一最初只有三年的计划直到 1962 年仍在接受福特基金会的赞助。[57] 在印度尼西亚，"现代印度尼西亚计划"的作用十分明显，它动员和巩固了包括苏米特罗在内的印度尼西亚大学主要的美国导向的社会科学家们；支持本土研究；获取广泛的关于印度尼西亚政治、经济和社会制度的信息；并将受西式思维主导的社会精英同印度尼西亚广大农民群众相连接。康奈尔大学培养和加强了一批具有战略地位的学术、政治精英，他们对印度尼西亚政府的不结盟、独立、反西方和亲左派的倾向，以及对外国帮助、贷款和金融机构的猜忌越来越不满。对于福特基金会而言，用它经常使用的中立性公关语言来说，康奈尔的先导作用在于，进行"对新经济发展有益的系统调查"，这种经济采用的是资本主义现代化的策略。[58] 然而，在幕后以及在福特基金会内部引发了一场关于其进行"情报行动"[59] 效能的争论，福特的官员已经就"康奈尔计划"的作用向中央情报局长艾伦·杜勒斯和国务院作了澄清，毕竟，该项目将能获取"对美国至关重要的"信息。[60] 除了否认印度尼西亚计划是"情报活动"，兰格指出，"我个人认为卡欣的项目获得的成果，从长远来看很可能比大部分（美国）政府每天所做的工作都要更重要"[61]。福特基金会资助的研究项目被寄予厚望，希望能够对"美国方面制定合理的政策"做出贡献。[62] 而康奈尔大学的项目，还只是福特干涉印度尼西亚的一小部分。

加州大学伯克利分校和印度尼西亚大学经济学院的合作

这是福特最受争议的项目之一，它引发了公众的批评，同时也引起了基金会内部的强烈关注。戴维·兰瑟姆 1970 年发表于左翼杂志《壁垒》的一篇文章指出，福特基金会、洛克菲勒基金会和美国政府利用印度尼西亚计划来培养"反苏加诺"的经济学家和社会科

第五章
印度尼西亚的福特基金会和亚洲研究网络

学家,这些政府核心人物将在苏加诺"下台"后掌控印度尼西亚。这次"曝光"在福特基金会内部引起了担忧,并撰文反驳了这些观点。本章节将比较兰瑟姆和福特基金会的观点,以此来确定基金会到底多大程度上在印度尼西亚构建了一个"反苏加诺"的精英阶层。

福特基金会的目的

从1956年到1962年间,福特基金会总共对这一项目赞助了250万美元,用以促进印度尼西亚的经济发展。从某种程度上来讲,它的目的是通过拨款"来发展一个(由印度尼西亚人组成的)经济和相关领域专家和教师团体",并在加州大学伯克利分校建立"拥有科学知识并理解印度尼西亚体制的精英团队"[63]。基金会的官员们认为"那些几乎没有受过专业训练的经济学家"会阻碍印度尼西亚的发展和美国实力的增强,也阻碍了获取有关印度尼西亚社会动态和制度的信息。因此,福特基金会希望建立起伯克利分校经济学家和印度尼西亚大学教师们的合作机制,除此之外,在伯克利、麻省理工和康奈尔大学为印度尼西亚人提供博士奖学金。基金会的计划文件表明基金会的官员和理事们都认为经过训练的印度尼西亚经济学家们将"对未来印度尼西亚的经济结构的塑造具有重大意义"。基金会在1958年承认:"该项目同印度尼西亚的内部发展联系更加紧密。"[64]福特基金会辩解说这些项目只是为了增加对印度尼西亚的了解和认知,但很明显这些知识是用于特殊领域的——其真正目的是为了"发展""不论发生什么样的政治危机"都能起到作用的领导团体。[65]

兰瑟姆的观点

兰瑟姆对于福特基金会在印度尼西亚的野心和活动的观点很简单:希望用灵活的、亲美的印度尼西亚精英代替旧的荷兰殖民者。

简言之，福特基金会代表了美国在世界事务中的新统治。以此来看，苏加诺作为美国利益的工具就显得过于反美、左翼和亲共。反倒是苏米特罗和德约科索特诺，这两位倡导印度尼西亚向外国公司开放的社会党（SPI）高层领导更受美国的青睐。1957年，苏米特罗领导了社会党和伊斯兰的反动军事叛乱，由于没能将苏加诺逐出印度尼西亚而逃亡新加坡。但在苏加诺下台之后，苏米特罗又被提升为贸易部部长，兰瑟姆称此为一场在（美国）神圣学术界和慈善界而非美国军队帮助之下完成的"现代主义复辟"。而最具争议的是，兰瑟姆宣称福特国际培训和研究项目负责人约翰·霍华德曾在一次访谈中告诉他："福特感觉像是在训练一批在苏加诺下台后领导国家的人。"最后，兰瑟姆还宣称两位反对福特项目的知名美国学者也曾提出抗议，但都以辞职告终。[66]

证据：训练"美丽的伯克利男孩"

加州大学伯克利分校和印度尼西亚大学的项目自1956年7月开始，于1962年结束，主要集中于经济、商务管理和相关社会科学方面的合作。最初的拨款为50万美元，伯克利获得了其中的30万美元。印度尼西亚大学所获拨款用于为在美国大学（主要是加州大学伯克利分校、耶鲁和康奈尔大学）学习的印度尼西亚人提供奖学金，并改善经济学研究的设施。印度尼西亚大学经济学院院长苏米特罗强调印度尼西亚急需教育程度高、受过专业训练并拥有博士学位的研究人员——但在这个有八千万人口的国家只有15名博士。[67]

从伯克利的角度来说，该项目旨在"设计出能够加强印度尼西亚经济、促进印度尼亚行政水平、提高对印度尼西亚社会的科学研究和理解"的研究、教育、训练及相关活动"[68]。这些目标同福特基金会自身的理念，以及像苏米特罗等知名印度尼西亚经济学家的目标一致。[69] 该项目力求重组印度尼西亚研究机构的行政部门，并且在大学中发展面向工业界和政府的"顾问和咨询服务"。

第五章
印度尼西亚的福特基金会和亚洲研究网络

伯克利分校承诺在普通经济学和财务、工业和商业经济学、农业经济学和农村社会学以及社会经济学和普通社会学等方面提供几个"教师合作者"。在合作的过程中，伯克利分校能够获得深入的实地研究经验和比较分析理解，以及加强其印度尼西亚经济和社会的专业知识。反过来，印度尼西亚大学则能够获得经济和社会科学项目的资金，甚至美国的帮助，"使印度尼西亚的大学体系在经济和社会的发展中扮演一个更为积极的角色"[70]。伯克利分校在雅加达的小组负责人是伦纳德·道尔教授。[71]

总体而言，这个项目似乎运行得很成功，在 1958 年时又延长了两年。在 1959—1960 年这段时间里，有 21 位印度尼西亚大学研究生进入到伯克利管理项目的美国大学中：16 人在加州大学伯克利分校，2 人在斯坦福大学，2 人在加州大学洛杉矶分校，还有 1 人在哥伦比亚大学。另有 10 名学生将在 1960 年夏天抵达美国。1959—1960 年的项目年报显示，印度尼西亚学生的研究和写作水平（基于专业领域人员的观察）有了很大的提高。[72]

除此之外，伯克利经济学家们的研究、传播和咨询活动也取得了成果。他们发表了几篇关于印度尼西亚的货币问题、工人运动、蜡油分配、创业和经济政策方面的研究论文和文章。[73]伯克利分校的研究人员还将研究成果呈现给了印度尼西亚的其他大学、政府官员和商界人士，而且这些研究员还担任了保险公司、政府和商界的顾问。他们还制订了印度尼西亚的案例研究材料来帮助商科和公共管理专业的教学。[74]

总体而言，印度尼西亚大学的重组和改革虽然比预想的要慢一些，但还是根据计划循序渐进进行着。而讽刺的是，福特的教学和考试计划目标在于终结印度尼西亚的"自由式研究"体制，转而支持"引导式研究"。[75]这一计划遭到了那些未受过美国教育的印度尼西亚教师、前荷兰殖民学者和来自反殖民革命军的退伍军人学生们的反对。但是，这一项目在入学要求、课程安排以及考试的合理化方面却有很大改进。尽管受到抗议且过程缓慢，但带来的变革还是成功的，而且随着越来越多在美国受训练的教师的回归，改革也有望加速。[76]苏米特罗自身对于经济学在发展中作用的假设正通过福特基金会的行为反映出来：经济学是一门基于价值中立事实、研究和逻辑并且以政策和行动为导向的学科。[77]

显然，福特基金会在印度尼西亚大学的项目被有意设计成了通过"现代化"项目来使这种机制美国化。[78]在一个全盘考虑印度尼西亚各种政治势力的背景下，涵盖了总统、军方和共产主义者的力量和弱点，以及对美国的总体态度。福特的报告不断指出印度尼西亚政府通过引进"东方社会主义教师"、派留学生前往苏联学习，以及通过营造一种接受美国训练的印度尼西亚人因受美国培训影响而感到痛苦的氛围，从而试图"向教育者灌输恰当的政治原则"。相反，福特基金会的"美国化"项目则被称作是"进步性的""有影响力的"，并且是不证自明的"有益"和"适度"。[79]在1961年一份基金会项目的进度报告指出，"适度"的证据是印度尼西亚政府发声支持了私营企业。[80]受福特资助的学者们归国后被认为是有影响力的并且"有主见地……开始积极地影响自己的学术机构"。实际上，他们的要求也被认为是对印度尼西亚现状的"积极且关键的"考虑。归国学者们提出了"改变现状和进步的要求"，作为一个整体，他们是"规模不大但是拥有潜在策略实力的整体，并且有资格和经验来领导教育界"，没有他们，印度尼西亚会变得更糟糕。[81]布莱斯南声称，没有福特基金会的资助，就不会有印度尼西亚的"经济奇迹"。[82]

在归国的 24 位福特学者中，有 22 位"忠诚的"归国学者加入到印度尼西亚大学的教师队伍中，并"占据了关键职位"，包括经济学院和商学院的讲席教授、社会和经济研究所主任等等。由于他

第五章
印度尼西亚的福特基金会和亚洲研究网络

们与其他大学和印度尼西亚政府的合作,整个大学系统都受到了他们的影响。实际上,因为他们的活动,印度尼西亚政府都在考虑为管理者们建立一个政府训练机构。[83]受福特资助的经济学家们的影响是全国性的:苏米特罗自己的和伯克利的毕业生们不仅占据了整个印度尼西亚的重点大学,还沿着他自身教师与伯克利的紧密联系发展了附属机构。印度尼西亚大学的经济学院成了一个重要而有影响力的中心。[84]

在印度尼西亚大学里能够处处感受到拥有美国学习经历背景的人的影响力。福特的美国学者们是一个非正式的"委员会"成员,该委员会由经济学院院长(也是一名福特学者)威佐约建立,旨在针对学术、思想和行政管理事务"讨论问题并提出建议"[85]。总体而言,印度尼西亚大学—伯克利分校的合作是"明显很成功的"[86]。

为了回应兰瑟姆对福特基金会的帝国主义目标在印度尼西亚计划的质疑,基金会制作了一份秘密档案,其中包含大量直接反驳兰瑟姆在美国媒体上的观点,但又怕这个"事情"被曝光。实际上,这个事情并没受到太多关注,档案也仅仅被作为内部用途。基金会的内部资料反驳说兰瑟姆可笑到"偏离现实",他们真正感兴趣的是在印度尼西亚大学"培训教师,而非政府官员";项目完全是教育性质的,不带一点儿政治色彩。基金会仅仅是想帮助刚刚独立的印度尼西亚更加接近"现代的教育、管理和农业"[87]。而它们所做的只是用"在世界上大多数经济学圈子中都适用的现代经济学"来培养印度尼西亚人成为"'技术官僚'……非政治性的公务员"[88]。然而,在他们自己反驳兰瑟姆的档案中,福特承认他们的援助是基于"印度尼西亚的政治前景,需要关注其经济稳固与否"[89],"经济稳固"则主要指亲市场和国外投资——友好的经济政策。[90]福特否认了他们在有意识地培养苏加诺下台之后的接班人。实际上,约翰·霍华德声称兰瑟姆曲解了他说的话,他当时说的是"当事情变成那样后",受福特训练的经济学家们在苏加诺下台后"会去为政府服务",而并非出于培养接班人的目的来培训经济学家。[91]

然而,福特对兰瑟姆的反驳在伯克利项目和康奈尔"现代印度尼西亚计划"的证据,以及冷战和印度尼西亚对美国的战略和经济价值方面不攻自破。福特基金会在自己的档案中声称它不关心除了教学以外的其他事务,只是进行研究,培养印度尼西亚新生代学者,扩展美国对印度尼西亚社会和政治的专业知识,直接从印度尼西亚农民口中收集关于忠诚度和态度的信息,但实际上所有的这些举措都需要向美国国务院汇报,都是福特基金会项目的核心。这些不是非政治的项目。他们借助于联结学术和官场、改革印度尼西亚的大学以及促进广泛的亲自由市场经济的教学和研究,来帮助国务院实现目标。一份早期的福特调查报告曾提到把印度尼西亚"带入民主国家轨道的重要性"[92]。另一份更早的报告——在福特对印度尼西亚的任何投资之前——提到"失去印度尼西亚将是对自由世界的严重一击",而福特能通过教育新一代领导人、发展"深度领导"来帮助解决印度尼西亚的政治问题[93]。正如以上证据所显示的,福特在印度尼西亚的角色并不是完全中立地帮助一个发展中国家:它的矿产和人口资源以及战略位置都极为重要,而它的国内意识形态和政治也是监控的目标。把印度尼西亚拉入"民主的轨道"是一个公开声明的目标,需要美国公开或隐秘的帮助来反对荷兰殖民者和共产主义的"破坏"。而一个"健康的经济"需要受过美国训练的经济学家,这是美国(非军事)干预的最强有力形式。从福特的观点来看,它对"健康的经济"的定义是:自由的市场,价值机制占据主导,以及向外国投资、贷款和贸易开放的经济"[94];实际上,这些被认为是成功地"建立民主"和政治自由的基础。

兰瑟姆的文章宣称福特在印度尼西亚的帝国主义目标和项目如

第五章
印度尼西亚的福特基金会和亚洲研究网络

此清楚,以至于两位伯克利的学者伦纳德·道尔(首位田野项目主席)和拉尔夫·安斯帕克(一名研究生)都以辞职作为抗议。根据兰瑟姆的说法,安斯帕克声称:"我有这种感觉,即在最终的分析中,我被当作是这种美国帝国政策的一部分……通过美国的科学、态度和文化……去赢得其他国家的支持——以非常多样化的手段和高昂的代价这么做。"[95]这些声明并未收录在福特的兰瑟姆反驳卷宗之中;也没有任何证据表明福特曾私下接触安斯帕克及了解他对事情的看法,这与其他亲基金会的学者形成了鲜明的对比。

伦纳德·道尔教授被兰瑟姆描绘成一个"本质上较为保守的商学教授",他曾基于其在印度尼西亚的研究,写了一篇关于"削减不发达国家私人外国投资壁垒"的文章,文中谈到了福特在雅加达的代表迈克尔·哈里斯的相关问题。[96]道尔告诉兰瑟姆:"我不确定苏米特罗作为福特基金会代表的职位会不会像(回过头来看)中央情报局那样。"这是道尔拒绝雇用亲苏米特罗的教授的原因。由于苏米特罗是政治和军事反对派的一部分——而他受到中央情报局和国务院的军事和财政支持[97]——道尔想避免加州大学的"卷入实际上正在变成反对政府的一种背叛——无论你对叛乱的原因和叛乱的目标抱有怎样的同情"。[98]另一方面,福特内部文件却表明道尔的问题是他很难合作,无法与苏米特罗或他的主要助理"建立良好的工作关系"[99]。再者,福特并没有接触道尔来证实他对兰瑟姆所说的话。[100]福特文件中另一次提及道尔的地方是他同时期对福特在印度尼西亚的项目和目标的抱怨。例如,1958年1月哈里斯写道,道尔公开表达了对福特项目的不安,宣称它们是"一场凄凉的失败",并呼吁加州大学伯克利分校中断他们的卷入。哈里斯报告称,道尔认为"加州大学已成为国务院的一种无意中加大的工具和(福特)基金会执行对外政策的手段,而他相信这是完全不正确的……很显然,他无法或者不愿意向任何人隐瞒他的观点",包括印度尼西亚大学的教职人员。[101] 然而在一份宣称表达了福特基金会项目的清晰图景的卷宗中，没有关于道尔观点的记录。

福特的文件反驳了兰瑟姆，同样批评了（从根本上否定兰瑟姆的主张）这样的"事实"，即他把福特与洛克菲勒、美国国际开发署、国务院、美国公司等等归在一起，说明福特"想搭建平台，把西方经济学强加于印度尼西亚"，而在现实中，每一个组织却都有不同的目标和方法。[102] 然而，上面引用的论据支持这样一种观点，即福特确实想将印度尼西亚拉出"社会主义/苏联集团"的轨道——无论是在经济上、政治上、意识形态上还是军事上——而进入西方世界。尽管这些组织是各自分开的，福特依然竭力想确保它的项目与美国官方外交政策相一致。虽然有兰瑟姆记者式的夸张，但福特的多方辩护经不起仔细的推敲。

福特基金会与印尼从苏加诺到苏哈托的转变

从外部施加变革也许会显得过于强势。在一个资金稀缺、需求旺盛的环境中，基金会将其经济资助的目标定位于培植、建立、维持精英-权力网络，而这已被安置于美国的主要发展战略中。因此，福特有效地资助某些学科作为与其他学科反向的特别问询线路[103]，在印度尼西亚教育体系中巩固和支持了一个亲美的反霸权组织，而这反过来，与几个政党、学生组织、伊斯兰团体、国家警察和军队结成了网络。这个目标对于西方来说，作为一个巨大的战利品，无论是经济上还是战略上都很显然"赢得了"印度尼西亚。福特希望印度尼西亚发生政治和经济的变革：从苏加诺（反民主、反资本主义甚至可能反社会主义）的"激进社会"转变到实行"温和的"经济政策。正如威佐约同意引用的一份福特报告中所指出的，福特经济学家正在采取一个长期的观点来"建设未来"。布莱

第五章
印度尼西亚的福特基金会和亚洲研究网络

斯南也引用了威佐约在印度印西亚大学开学典礼上的致辞并持赞同态度,强调在经济政策上"除了价格和物质刺激之外,还需要在众多选项中进行有效、理性、连续、清晰的选择"[104]。福特自己总结其在印度尼西亚扮演的最有效的角色是:"**以制度性的凝聚力和持久性建立印度尼西亚的干部核心……(以及)在大量的培训项目结束以后继续与印度尼西亚及外国的支持机构保持联系。**"[105] 1993年,布莱斯南指出,技术官僚在"伯克利和其他(大部分)美国大学的经历……在专业能力上给了他们极大的自信,来帮助国家走上经济增长的道路,这使得他们与其他人(民族主义者)区分开来,像一种世俗兄弟会似的密切团结在一起,让他们赢得了'伯克利黑手党'的绰号"[106]。

本节将探讨福特面对印度尼西亚发生变革的态度,时间从福特很难在雅加达维持下去(1965年)到它的回归(1967年),内容包括任命福特训练的经济学家到苏哈托的军政权、福特资助的哈佛发展顾问服务处团队,以及在军事接管后印度尼西亚发生的总体变化。

福特在雅加达的办公室于1953年首次开放,1965年"面对不断增长的共产主义怒火时"关闭,又在1967年年初的时候开放,当时苏加诺被一些"**温和的**军事精英分子"所取代,根据一份福特的报告所言(强调为笔者所加)。"这个温和的军政权,"福特的报告宣称,"受到一群西方训练的知识分子的支持……他们在内阁和次内阁的层次上塑造了关键政策立场。"事实上,报道总结说:"这些精英来自于福特曾大力投资的经济学教员。"[107]因此,后面的经济学家的界定就是温和的。

根据彼得·斯科特所言,某些福特基金会资助的长期接受者——包括学生社团——都深深卷入了印度尼西亚军方,而军方的自我形象也越来越发展成为国家事务中的主要政治角色。[108]特别是，社团在1958年中情局支持的失败叛乱的动员，以及1960年军队"国家化"项目中都扮演了一个重要的角色。右翼的伊斯兰玛斯友美党和其结盟的印度尼西亚社会党（由苏米特罗领导）也得到了中情局支持，力度之大，达到数百万美元。[109]一些印度尼西亚社会党（SPI）知识分子和他们在军方的伙伴都与伯克利和兰德咨询公司的学者盖伊·波克尔有密切的联系。波克尔公开倡议军方"全面掌管"印度尼西亚的未来，接受印尼共产党（PKI）的挑战，并且"罢工，打扫干净他们的屋子"[110]。波克尔是一个激进的反共主义者，他是在陆军参谋与指挥学校教授军官们反叛乱、经济学和行政学的学者之一。[111]在1967年的一篇文章中，他支持领导雅加达抗议的学生，并提到了苏加诺在学生坚定表明反对其的政府立场之后，关闭了印度尼西亚大学。[112]斯科特建议军队开始"实质地作为一个跨国家、独立于苏加诺政府"的行为体而运作。这种培训项目得到与印尼社会党接近的官员和民众的信任。美国官员确认，这些受到美国福特基金会资助的民众，开始卷入（当时）美国军事参赞所称的"阻止"印尼共产党接管的'叛乱'计划"中。有意思的是，根据与福特学者这样一种密切合作，印度尼西亚军方的地方组织都发展出了一种基础设施，包括与宗教和文化组织、年轻人团体、工会和农民组织以及地方和地区性政党之间的密切联系，这些组织和团体与乔治·卡欣的康奈尔-印大团体的研究特别相似。实际上，一个重要的康奈尔团体的校友——社洛社马迪安——深深卷入了这种联系之中。[113]斯科特总结道："与民众团体的这些政治联系为1965年印尼共产党被无情镇压包括大屠杀提供了安排。"[114]

根据福特的内部报告，这些"温和的军方精英"是如何在印度尼西亚掌权的呢？苏哈托在1965年9月30日一场"尝试性的政变"之后随即上台了，这份声明仍然是有争议的。[115]福特的另一份关于印度尼西亚的报告，总结了1953—1969年的发展，并没有提

第五章
印度尼西亚的福特基金会和亚洲研究网络

及与军事接管相关的暴力行为,虽然它包括了大量苏加诺时期的缺点。例如,这段时期被认为是"政治流氓行为"之一,充满了"威胁与侮辱","不分青红皂白地反对(西方)援助",带有"一段长期政治压迫留下的疤痕",具有"破坏性影响的标志",一个"几乎从未间断的不稳定国家",具有"内在的管理弱点"。[116]而关于政变在福特的这份特别报告中仅有一处备注,提及在福特雅加达办公室关闭90天之后,"这场政变发生之后又被平定了"。实际上,"在八周之内,新政府和基金会形成了一个新的援助计划……重要的事情……又吸引了印度尼西亚的注意"[117]。成千上万"共产主义分子"的大屠杀甚至都没在任何一个脚注中提及。

也许福特只想继续做生意前行,不想停留在过去。然而,这个观点被上面提到的无数和持续的苏哈托时期的备注所削弱。再回到福特在雅加达重新开放的办公室时,米勒提到,这是我的"荣耀……亲眼目睹事情在苏哈托将军新秩序上形成,见证令人印象深刻的成就"[118]。实际上,米勒在1966年4月已回到了雅加达——比福特办公室重新开放整整早了一年。他对所观察到事情的评论是具有启发性的。

米勒在一封写给纽约的信中提到(这封信被转给了福特基金会主席麦乔治·邦迪),"印度尼西亚现在变得大不相同",人民"现在感觉到他们成了自己灵魂的主宰……国家现在强烈反对共产主义……对变革抱有一种过节般的情绪和愉快心情,对年轻人有一种真正的崇拜,他们调动一切力量与苏加诺小集团和政权作斗争"。尤使米勒铭记的是"清洗成千上万同胞的那种真正狂欢(不止一个可信的印度尼西亚人给我的数字是40万)"。在米勒看来,印度尼西亚人"之前从未有自由可以批评苏加诺和他的政策"。相反,苏哈托此时正享受着"极为稳定和热情的民众支持"[119]。

这里对于杀害40万"共产主义分子"既没有一丝批评的暗示,

也没有谴责。米勒对于上面这些看不见的事实只提供了一幅欢乐和自由的图片；福特能与"新秩序"做生意，正如米勒在他这封信的其余部分简要提到的那样。虽然有些人——包括前美国驻印度尼西亚大使霍华德·琼斯——估计有100万左派分子被屠杀了，但苏哈托政权所接受的数字只有40—50万。另外，在灭绝印度尼西亚共产党（PKI）之后，有大约150万左派分子被送进监狱。[120] 正如米勒所提及的，在反共大屠杀中，扮演主要角色的是印度尼西亚大学（UI）的学生，他们把校园作为基地。受福特资助的印度尼西亚经济学家之一苏查特莫科告诉米勒：福特在印度尼西亚大学的投资"在过去几个月里真正收到了回报。"[121] 米勒前往（雅加达）办公室的信是这样结尾的，"我很享受此次行程，希望纽约一切都好"，这回应了美国政府的观点。[122] 与此相反，尽管有米勒的同期报告，并且他同布莱斯南关系密切，布莱斯南仍声称"对舆论知情"并清楚屠杀的规模。[123]

尽管后来严格声明了福特在印度尼西亚的非政治性角色，米勒却坦陈他对新政权的支持，并为福特在培养主要的经济学家干部方面的角色而自豪，而那些人能够私底下给苏哈托将军提供政策建议。实际上，米勒在一份抄送给麦乔治·邦迪的报告中，鼓励美国政府援助印度尼西亚。他认为现政权需要加强措施防止另一个苏加诺出现。因此，在目前阶段"给予他们（印度尼西亚人）某些有分寸的传递式的鼓励尤其重要……我们政府现在任何建立联系的努力，不管是非正式的还是正式的，在任何合适的地方，包括印度尼西亚之内或之外，都是很值得的"[124]。

印度尼西亚面临着严重的经济危机：通货膨胀率达到了600%，不断增加的外债（超过230亿美元）以及不平衡的出口收益。新的军政权相信技术官僚的解决办法是需要的，他们招募了福特的经济学家，由威佐约·尼迪沙斯特罗（伯克利）领衔，"继承了关于经济

第五章
印度尼西亚的福特基金会和亚洲研究网络

发展的美国思想传统"。[125]最初的经济和财政政策五人小组中的其他四名成员是穆罕默德·沙德利（MIT）、苏布洛托（哈佛；印大）、阿里·瓦德哈那（伯克利）和伊米尔·沙利姆（伯克利）。正是这群经济学家参与了军方在陆军参谋与指挥学校的课程，作了有关经济发展和改革的讲座。苏哈托对他们思想的"清晰……（和）一致……以及实用性"印象深刻。后来苏米特罗加入了他们，成为"所有人的导师"，他是应苏哈托之约而结束流放回国的。[126]随后，外国贷款很快进来了，接着是海外投资，尤其是1967年《外国投资法》起草之后。福特资助的经济学家与福特支持的美国经济学家一起——这次是来自哈佛的发展顾问服务处（DAS）——再一次扮演了关键的角色。从1968年到70年代中期，福特向哈佛的发展顾问服务处提供了200多万美元，来帮助以威佐约为主席的国家发展计划署（BAPPENAS）。[127]经济学家们一起制定了一份"理性的、鼓励性的和启发性的政策……来吸引国内外的参与和投资"[128]。随着新秩序的以市场为主导的经济政策的完善，尽管福特宣称发展顾问服务处项目是成功的，但对印度尼西亚"现代化"的政治影响却有严重保留。例如，威佐约在1973年曾提到，有越来越多的公开反对过度依赖"市场机制""外国投资/援助/建议"，反对"权力和职位掌握在旧经济集团"即技术官僚手中。[129]1978年的一份福特报告声称，尽管"大规模的外国投资"建立在"让步"的基础之上，却只创造了极少的新工作机会。此外，军队"仍然大规模地介入非法征税、走私和商业活动"，而技术官僚被证明只是非常糟糕的国家管理者。[130]不过，同样的基本指控早在1968年就开始出现了[131]，尽管如此，福特的资助仍然大量流向印度尼西亚，这很大程度上是由于亲美的苏哈托中产阶级的支持者：大商人、穆斯林地主、知识分子和学生，期待并接受了来自"新秩序"的经济利益。[132]

结　论

　　由商业巨头和国家官员指导的福特基金会,从一开始就处于战后美国外交政策权势集团的核心。它们的领导人是美国在世界事务中有影响力的反共支持者。可以肯定的是,基金会在美国领导的世界秩序中的功能与美国政府不同,但它们的目标是一致的:渗透进国外的社会、经济和政治,把它们拉入美国的轨道中——从而远离民族主义/左派的哲学和联盟。[133]围绕着权力—知识的基础,福特建立了一系列网络,动员和整合了由资本主义经济发展理论武装起来的美国和印度尼西亚学者。福特的资源在产生经济和政治研究的具体路线上也特别重要,这排斥了其他的路线,因此也出现了偏离现象。甚至还不止于此,福特以一种半隐蔽的方式渗透进印度尼西亚的学术界,并变革了它的一些代表性研究机构,尤其是印度尼西亚大学。这些项目和变革的长期效果是培养知识分子干部,与印度尼西亚政府对着干,它们策划了苏加诺的最终倒台,使印度尼西亚的经济向外国投资、国际贷款和美国的友谊开放。

　　然而,福特的初衷并不是单方面的或者强加于并不情愿的印度尼西亚学术界:他们受到了接受过西方教育的、亲美的经济学家,甚至是苏加诺政府的热烈欢迎。实际上,前者能更完全地感受到,在"研究"的幌子下所进行的正式和非正式活动的清晰边界,它们进入了村庄的权力结构、学生的态度、政治精英的背景以及其他研究。后者看起来总体上接受了福特基金会的非政治、非意识形态和非官方援助机构的形象。

　　福特是美国霸权战略的一部分吗? 两位来自印度尼西亚—伯克利项目的美国教授认为答案是肯定的,结果自然是辞职,原因只是反对福特的"美国帝国政策"。正如亨廷顿所指出的,美利坚"帝

第五章
印度尼西亚的福特基金会和亚洲研究网络

国"更多致力于地区的渗透而不是地区的获取。福特对印度尼西亚进行干预和思想渗透主要是由于它的经济资源和战略位置，以及它在意识形态上对共产主义和社会主义的吸引力，并且渴望开辟一条特别的印度尼西亚式的发展道路。美国的政策制定者和福特的官员经常援引苏联和/或中国的"威胁"、朝鲜战争和普遍的非殖民化进程，来证明他们的利益，表现出一种防御性行动的形象。尽管这种防御也许是合理的，但这却不是唯一的动机，因为印度尼西亚被证明是一个"大奖"。印度尼西亚可以为美国资本提供廉价劳动力、巨大的国内市场，并且其良好的投资环境也很适合外国投资。因此，这些证据最终都强烈支持葛兰西主义对福特基金会在印度尼西亚角色的分析，却与卡尔和卡茨的正统派观点严重相悖。福特在印度尼西亚建构了一个政治上和军事上都与知识分子联系密切的有效反霸权集团，这些知识分子指望美国和国际金融机构来实现他们国家的经济现代化和社会进步，大力帮助其转型为"全球化的模范生"。在这个项目中，福特的初衷与美国政府正好吻合，也互相补充。

下一章将转向一个常被美国忽视的大陆，但由于其战略和经济价值，特别是对二战后西欧复兴十分重要，开始进入到美国政府，因而也进入到主要美国基金会的视野之中——非洲。

第六章

尼日利亚的福特、洛克菲勒和卡内基基金会与非洲研究网络

尼日利亚是专制非洲国家干旱沙漠中民主发展的一片绿洲。

——阿诺德·里夫金，1962

非洲大陆提供了与发展相关的几乎每个学科和众多问题研究的实验室……

——L. 格雷·考恩

　　与印度尼西亚不同，在美国政策制定者的眼中，尼日利亚对美国既没有直接的战略意义，也没有至关重要的经济价值。[1]然而对美国官员来说，尼日利亚仍然是"非洲最重要的国家"，因为它能为美国提供"向新近独立的非洲国家展示它们实现自身经济和政治目标的最佳途径……就是同'自由世界'合作的绝佳机会"[2]。同印度尼西亚和智利（见第七章）一样，尼日利亚也被当作是"现代化"理论的"实验室"，特别是通过经济"计划"来避免通货膨胀，以及在政局稳定的民主政体基础之上通过外汇管制构建一个繁荣的自由市场经济。美国的官方援助和慈善基金会在尼日利亚的活动都清楚地显示了20世纪60年代现代化理论及其自由应用的乐观性，以及所谓的达到完全"发展"所需要的线性进步。[3]不可否认的是，官方和私人机构的项目在实施上有一定的重合，它们对整个非洲大陆和尼日利亚的作用同样重要。然而美国官员们对于非洲和尼日利亚的了解程度之低，从一本规划人员所著的关于非洲的重要图书的题目——《毫无事实根据的规划》就可见一斑，同时这些官员上过的大学（许多，但不是全部）和受基金会资助的顾问对于非

第六章
尼日利亚的福特、洛克菲勒和卡内基基金会与非洲研究网络

洲和尼日利亚也知之甚少,导致许多规划只能基于一些肤浅的概况总结、偏见和对于社会科学"理性"模式的盲从。然而在短短几年之内,尼日利亚便陷入了血腥的内战,这使(绝大多数的)美国专家感到震惊。由此既显示了专家们对尼日利亚社会和种族政治的无知,也表明美国的计划者们加剧了尼日利亚国内的紧张。这种紧张源自于通过使一个"看门人"的"新阶层"富足,进而从西方的援助和市场中获得巨大且不对称的利益。[4] 长远来看,美国的援助和现代化策略并不是通过使广大尼日利亚人民群众获取利益的方式,而是通过建立并维持亲美的经营体系、思维模式和议程来实现的,受此影响,尼日利亚的经济和政治逐渐被腐败、巨额债务和不平等所吞噬。

美国的非洲研究体系的发展同精英们对非洲不断增加的兴趣是不可分割的。研究专家们很大程度上是出于对非洲角色的兴趣,将非洲视为发展和现代化理论的实验室,就像传教士将非洲视为皈依基督教的福地一样。行为学家研究、观察非洲,挖掘考古学的证据,记录人民的声音以作为文化和社会发展的证明,分析思维模式,分析非洲人民对于现代化和迅速变化的反应。然后政策制定者、大学建设者、军事策略家们从中总结经验。如果把非洲研究看作是意在海外的"项目",那么非洲研究协会(ASA)就是这个项目的先锋:它规模较小、自我延续、结构紧密、资金充足,并且与其他政府部门联系紧密。现代化理论的实施是建立在非洲和尼日利亚许多问题被忽视的基础之上的(或者问题根本就没被发现,抑或超越了理论研究范围)。因此非洲研究协会的精英们(白人)的领导地位面临着自己会员的种种质疑。这些会员对协会的精英主义特色、种族排他的做法、同美国情报机构的联系、拒绝谴责南非的种族隔离政策,以及忽视非洲裔美国人的教育需求等表示不满。1969年,非洲研究协会成员(大部分是黑人,也有一小部分白人)在蒙

特利尔通过"暴动"和退场来反抗他们的领导人,最终导致协会的分裂,该事件的影响持续了数十年。卡内基和福特基金会以及非洲研究协会对于非洲裔研究人员关于非洲发展咨询的缺失导致非洲裔美国人在非洲研究协会中不占领导地位。它强大的理事会也如出一辙,在这一思维模式下制定的外交政策也完全展现了其国内(歧视非洲人)的态度。这些"世俗的传教士们"连自己协会的内部问题都没法看清,却自负地认为已经解决了非洲贫困和发展问题。他们的失败掩盖了一项巨大的"成功":国内和国外精英们的架构建设在"危机"后经过了一番绝望的挣扎及改革后恢复正常,为基金会接下来的项目提供了基础,构建网络既是基金会活动的手段,也是目的。

非洲对美国的重要性

尽管尼日利亚以及更广泛的非洲,对美国的经济和私人投资者并没有决定性的作用,但是非洲的经济和战略意义在美国和欧洲均受到了认可。欧洲是美国实施马歇尔计划和北大西洋公约组织的对象,并为此付出了巨大努力,目的是促进西欧内部合作。恢复和保留一个强大的西欧国家集团并使其在冷战中作为美国的市场和战略盟友,对维护美国利益至关重要。非洲也理所当然地对非洲裔美国人有巨大意义。尽管这一点只被某些很难发挥影响力的非洲研究专家认识到,并且也只有70年代很短的一段活跃期,却并没有被美国政策制定者或大基金会所认可。在第二章中有提及后者对非洲裔美国人智力水平的种族歧视,这种歧视在后殖民背景下的非洲更加被放大。鲁伯特·埃默生(Rupert Emerson)是一位受卡内基公司资助的学者,同时也是"非洲研究协会"的忠实拥趸,他曾写过一篇关于近来非洲的"发现"与"重新发现"的文章,在文中他谈道:美

第六章
尼日利亚的福特、洛克菲勒和卡内基基金会与非洲研究网络

国的政策制定者只有在二战中美国的战略利益受挫时才会重视非洲。非洲不能被忽视的原因在于它覆盖了整个地球陆地面积的五分之一，如果非洲加入苏维埃集团对美国来说将是重大的打击，同时非洲对于北约的盟国有着重要的经济价值。非洲对于欧洲是至关重要的。[5] 它有丰富的工业金刚石、铌（用于航空业）、钴、镉和铍，也是锡、锰、铜和锑的重要产地。它的铀（刚果和南非）对于原子能时代是至关重要的。利比亚和阿尔及利亚的油田的发现也使它们的重要性进一步加强。非洲的主要农产品包括咖啡、可可、棉花和植物油。[6]

非洲的"倒退"迹象，却是殖民主义者一手造成的，他们"没能将非洲地区"上升到"帝国中心"，而这一失败也产生了一个不断蔓延的棘手问题，用切斯特·鲍尔斯的话来说，就是在非洲制造了一个"不详的革命局势"并不断威胁着"自由世界"。[7] 埃默生对于阿尔及利亚的"恐怖主义"反抗法国统治、肯尼亚茅茅党的崛起和"刚果的麻烦事"使非洲陷入混乱有着清醒的认识。[8]

一如既往，解决非洲"问题"的"措施"在于精英式的自上而下的现代化。埃默生提到，法国和英国的殖民统治提供了一个初期的基础，在这个基础上这些非洲领导精英们了解现代西方并且基本上都会讲一门"外语"，并且他们的思维方式不像人民大众那样传统。这些"受西方教育的，并且在很多方面上都西化的精英"终有一天将统治非洲，尽管这会引起冲突。[9] 埃默生认为非洲的未来领导人需要在美国接受教育来达到最大的智力上的转变。[10] 非洲精英们的文化适应在政治和经济上都有影响，将为美国消费产品打开更大的市场。[11]

埃默生并不把非洲人的反美看法当作对美国动机的怀疑。他很明确地指出美国要活跃在非洲，但是美国的反殖民立场因它的殖民主义同盟们对革命不愠不火的态度，以及对待国内两千万黑人"公

民"的方式而大大削弱。正如1957年，副总统尼克松在访问非洲后所指出的一样，"我们不能跟非洲和亚洲的人民谈论平等的同时却在国内实行不平等"[12]。在20世纪50年代和60年代之前，将美国对非洲和亚洲的政策与其国内的种族秩序，尤其是南方腹地的种族秩序相关联，是被自由派权势集团所认可的，尽管在国内未能一直依照这种秩序行事。[13]因此，种族问题——关于白人和非洲裔美国人之间的关系及他们相应的资源权限是导致60年代非洲政治研究分裂的主要原因。鉴于黑人被奴役的历史及对黑人的种族歧视，情况也基本上不可能有任何转变。[14]

在这样的背景之下，有必要回顾一下主要基金会的活动。非洲的重要性对卡内基公司有着巨大意义，因为它的业务范围包括英属殖民地及其自治领。卡内基是"英属"非洲高等教育发展的重要催化剂，它促进了美国的援助机构、福特和洛克菲勒基金会、国务院、主要的投资家和英国殖民部的密切合作。然而，有指导意义的是，卡内基对于前大英帝国的关注局限于南非的白人和（英属）非洲大陆其他地区的白人殖民教师。除了非洲，卡内基还关注澳大利亚、新西兰和加拿大，足以见其盎格鲁-撒克逊倾向。1957年加纳独立，尼克松总统表达了非洲对于美国的重要性，才使得发展非洲的需求变得紧迫。洛克菲勒基金会对于非洲的兴趣同卡内基大致相同，但是在最初主要关注公共健康、热带疾病及科研等领域。正如唐纳德·费舍尔和理查德·布朗所说，这些项目的帝国色彩展现在其目的上，目的是祛除那些困扰着殖民者、士兵和传教士的弊病。[15]尽管洛克菲勒基金会早在20世纪20年代就曾支持非洲的教育交换项目，但直到非洲独立国家崛起后，基金会才开始对其政治和经济发展感兴趣。[16]福特基金会在冷战中迅速发展起来，尽管其极力用科研的客观性来掩盖其政治目的，但实际上纯属欲盖弥彰。福特基金会同美国国家机构在一些机构项目上进行了积极合

第六章
尼日利亚的福特、洛克菲勒和卡内基基金会与非洲研究网络

作,这些项目包括尼日利亚伊费大学的经济计划小组和伊巴丹大学的行为科学研究。福特基金会也资助了加纳和尼日利亚非洲研究的主要机构,其目的是为了在新独立的国家中构建更强烈的国家认同。

这些基金会斥资几百万美元,资助作为一个独立的非洲研究"学科"或者在美国学界现存学科中加强非洲问题的研究。除此之外,这些基金会,尤其是卡内基基金会,在1957年成立非洲研究协会中起了作用,并且随后将协会变成它们资助刚起步学科建设的渠道。然而不到十年,非洲研究协会就因其排斥非洲裔美国人的种族歧视和精英主义及资源过于集中于少数几个机构而受人诟病。

然而,基金会的活动及它们与其他许多非洲重要机构一同进行的活动,包括旅行奖学金、研究奖学金和对美国"非洲研究中心"项目的资助,将学者、投资者、慈善家和政策制定者联结成了活跃而多产的网络,后来证明具有持久而深远的影响。尽管公开声称的政策是要减轻非洲的贫困和"欠发达"状态并开创经济增长和繁荣,但这些项目并未达成这些目标。美国基金会的项目希望在非洲国家主义者和英国殖民主义者中间开辟一条中间道路——国家主义者希望经济能快速增长,而殖民主义者更希望通过他们自己的方式构建一个非洲精英群体。最终的结果是,美国的基金会创造了一个在前景和组织上都是以精英为核心的网络,其对于国家发展和消除不平等方面的作用极为有限。亲美国和亲西方的精英网络的建立就是基金会最持久的成就。[17]

基金会如何看待非洲

20世纪50年代的非洲,在美国基金会的眼中仍然是充满殖民色彩的——落后、野蛮、暴力、停滞。它从"长眠"中"苏醒"变

得"活跃"而有自我意识是需要外界帮助的。这种观点不仅将殖民统治对非洲落后的责任推得一干二净,同时还把殖民主义美化成非洲的"黎明"。不可否认的是,这些进步是不可避免的,尽管从很大程度上来说是自由主义精英殖民地教育的副产品——一部分人欢迎这种做法;而另一些人,大部分是殖民地管理者们,对此则十分恐惧。从另一层面来说,殖民地官僚发展当地精英有其现实目的:协助殖民统治。但来榨取的国家主要对非洲的原材料、矿产资源和农产品感兴趣,只愿意为所统治的人民提供微不足道的服务。他们对管理机构的要求很低,只需要一小部分受过教育的非洲人。如埃默生在上面提到的一样,牛津大学的教育的确能培养亲西方的精英,美国的机构也将继续培养这些精英并为他们提供发展机会。

不过对于阿兰·派弗这样的人来说,虽然非洲人和非洲带有些微的希望,但其形象是暗淡的,因而适合作为现代化的传教对象。在访问非洲之前,他对基金会的理事们说:"我觉得那儿的人都差不多,到处都是一望无际的丛林。"[18] 这种观点与里夫金的看法不谋而合,他受卡内基基金会的资助在麻省理工学院带头创立了"非洲研究中心"。在他看来,约瑟夫·康拉德的《黑暗之心》和安德烈·纪德的期刊为理解非洲提供了框架。里夫金提到康拉德看到的19世纪90年代的非洲,在20世纪20年代后期被纪德认为是"地狱的另一面",而当里夫金20世纪50年代首次去访问的时候,几乎仍是原先那副样子。[19] 里夫金的非洲之行既是美国又是卡内基公司对于非洲兴趣的象征。作为"马歇尔计划"的一部分,为确保诸如片状石墨和金云母等战略原材料储备的安全,他访问了马达加斯加。[20] 非洲这一"失守的边疆"需要再发掘、理解,最终控制它。基金会鼓励里夫金在马达加斯加寻找"规模较小但在不断扩大的马达加斯加精英社会,这些人受过(殖民地)教育……徘徊在新旧社会之间,(他们)在未来将成为独立国家的领导者们"。理解这

第六章
尼日利亚的福特、洛克菲勒和卡内基基金会与非洲研究网络

一"重要的过渡组织"对"预测非洲的未来"[21]有重要作用。20世纪50和60年代的术语充斥着细微但十分清晰的殖民地时代的种族歧视:"落后的人民""挣扎着"迈向"现代化"和"发展",这些字眼儿在各个方面都带着西方优越感,并且暗示着这些困难没有美国专家的帮助是无法解决的,这就是所谓的意识形态。战略原材料储备及其他类似东西都是为了用于美国同苏联的军事竞赛和夺取全球霸权,在这一大背景下,意识形态或多或少都会显露出来。

1957年3月加纳独立之后,在一份致卡内基基金会约翰·加德纳的私人备忘录中,派弗对于非洲在美国全球福祉中的重要性描述毫无疑问是平淡无奇的:(1)非洲的面积是美国的4倍,其矿产和主要农产品的输出对美国有重大意义;(2)非洲拥有2亿人口,大部分是有色人种,稍有不慎他们就有可能成为对抗西方的势力……因此我们需要集合所有关于非洲大陆的专业知识。[22]尽管大部分非洲人仍生活在殖民统治中,1954年派弗却声称卡内基基金会对非洲的兴趣主要在于希望加强"世界上西式民主国家部分"。

1955年在一次国务院会议上,派弗和其他基金会官员听取了一系列国务院的官方声明,派弗认为这些声明"大致是好的",其中有国务院关于非洲的政策:保持非洲大陆"无有害影响"并同美国交好;保证非洲的"政治、经济和社会进步"是在美国的设想之内的;保证"美国的资源渠道"通畅;"维护战略需求";"促进美国贸易、工业和文化活动";"巩固美国对于非洲的文化和道德地位"。[23]尽管基金会声明其活动是完全独立于国务院的,但实际很难将卡内基基金会的非洲活动同国务院的区分开来。

从美国对非洲的兴趣来看,很明显的是,非洲的"发展"地位是屈从于美国和西方势力更高层次战略目标的。这从卡内基基金会对于英国殖民的敏感问题的谨慎处理上也可见一斑。英国专家们不仅希望对非洲的发展指点江山,他们甚至同情起关于殖民责任的

"负担":"英国已不再可能在这些方面提出自己的见解"[24],尽管非洲曾是"英国的势力范围"。[25]

引人注意的是,在20世纪50年代,非洲人几乎从来没有(如果真有的话)被问及关于自己大陆未来发展道路的意见。举个例子,关于西非未来十多年高等教育发展及其相关问题,在这次对非洲发展至关重要的会议上,却没有一个非洲人被邀请参加或者参与。这次会议于1958年由卡内基基金会组织,参会人员包括了福特基金会的梅尔文·福克斯和约翰·霍华德,英国殖民地和美国政府机构代表以及一些非洲问题研究专家,包括弗农·麦凯(来自约翰·霍普金斯大学,在此之前他在国务院非洲部有一席之地)。实际上,这些参会者完全不需要考虑非洲的需求和优先权。卡内基基金会的非洲编年史作家墨菲说这种情况"十分寻常",因为"美国人和英国人都普遍认为非洲人在非洲研究领域是落后的,他们没有经验,其需求要么是片面的,要么是存有政治偏见的,或者两者皆是"[26]。换句话说,非洲人对于他们自己的社会认识不足,因此更容易存有政治偏见,产生同殖民地官员、企业投资者、慈善家和美国援助机构的现代化者们不同的观点。这种情况将在60年代有所改变,墨菲说,到那时非洲人会受到足够的训练并且拥有合理的"经验和判断力"[27]。正如鲁伯特·埃默生上面提到的,50年代的美国人绝对丧失了一些反殖民精神,与此同时,他们为自己对非洲的不了解而惋惜,并且计划在美国用加大非洲研究资助的方式来解决这一问题。

非洲研究网络的建立

基金会和国家精英们缺乏关于非洲的专业知识和经验。因此,观察基金会追求用来构建这种专业知识的战略是有启发意义的,因

第六章
尼日利亚的福特、洛克菲勒和卡内基基金会与非洲研究网络

为它会告诉我们大量关于他们隐含的精英主义和种族主义假设。尽管在传统黑人大学里有一些非洲裔非洲研究专家,而绝大多数白人精英大学里并没有,基金会还是决定在白人大学中构建非洲研究体系,这在很大程度上造成了现存的非洲研究和教学项目的边缘化。一部分原因是基金会高层们所受的高等教育源自这些精英大学;另一部分是因为他们关于"优秀"以及能够培训出这种"优秀"的人和机构的认知;还有一部分原因来自于对传统黑人大学学者政治观点的怀疑,这些学者长期批判美国的种族秩序并且是非洲民族主义的支持者。一些反对非洲独立运动或者相对比较有门路的黑人学者能够得到美国政府和精英们的信任,也可以获得经济支援,这进一步证明了上述观点。即便如此,这些种族化的资助主要是由于他们把研究生作为主要对象来培养,而与此同时,传统黑人大学则将本科生作为主要对象。虽然如此,基金会仍然主要对一些白人精英大学进行了资助,而对诸如霍华德大学一类的黑人大学则关注甚少。对于自由派精英的认可,尤其是在外交政策领域,慢慢崛起的亚洲和非洲正目睹美国的种族动乱和各种病症逐渐显现,美国需要在其本土维持种族秩序,只有这样才能赢得世界有色人种的支持。这些掌握基金会大权的自由派们允许、鼓励并且资助了一个长达二十多年的非洲研究和教学的项目,该项目实际上是种族隔离项目。这种做法的后果是极其严重的:20 世纪 60 年代非洲研究体系的"建立"遭到了很大的反对,同时这也造成了非洲研究群体的"永久"性分裂。[28]

从 20 世纪 50 年代后期到 60 年代后期美国基金会对非洲和非洲人的研究提供的资金援助上可以看出这一研究的重要性。从 50 年代到 1974 年,单福特基金会就为针对非洲社会科学发展的项目提供了 1.64 亿美元,后续又为研究和训练项目提供了 1.8 亿美元。在福特向尼日利亚投入的 2500 万美元中,有三分之一投入了伊巴丹大学。从

1963年到1972年，洛克菲勒基金会又向伊巴丹大学提供了900万美元。与此同时，卡内基基金会向非洲大学投入了1000万美元，主要是投入到教师培养上。[29]

福特基金会是美国国内非洲研究项目最大的赞助人。在其投入的3400万美元中，仅哥伦比亚大学就得到了1640万，芝加哥大学得到了850万，耶鲁大学得到了630万，约翰斯·霍普金斯大学则收到了300万。大量的基金会资助还流入西北大学、波士顿大学、印第安纳大学、加州大学洛杉矶分校、哈佛大学、斯坦福大学、密歇根大学和威斯康星大学。[30]截至20世纪60年代中期，已经有32所大学开设非洲研究课程，与1957年相比，增加了13所。除此之外，还有13所大学开设了三门及以上的关于非洲的课程。[31]到了90年代，受各基金会和联邦政府资助的项目大多都被分派到了国家资源中心非洲研究部门，这些项目也包括霍华德大学、塔斯基吉大学、林肯大学等（传统黑人）大学。[32]在创立现代形式的非洲研究体系时，霍华德大学被那些"创立"这一领域的专家们认为是一个极其负面的角色。1958年在一份提交给福特基金会的报告中，格雷·科文、卡尔·罗斯伯格、劳埃德·弗尔斯和科奈尔斯·德·基维特通过对该领域的国家调查中发现了主要大学的缺陷。例如，他们指出了在非洲西北部研究中人类学的支配地位以及政治学、历史学和经济学的不足；波士顿大学研究生项目的低水平和低声望；加州大学研究的缺失；哈佛发展非洲研究体系的不情愿，除非基金会能保证15年的拨款。从另一方面来说，霍华德大学从50年代就开始有非洲研究项目——在本科生和研究生层次都有——但它作为一个研究机构却被忽视，连同其非洲研究项目也被忽略了。霍华德大学不仅是美国最大的黑人大学，它还表明了"其在非洲有特殊兴趣"，却被否定。霍华德大学存在的理由，调查委员会认为其"作为一个黑人大学正在慢慢消失"，至于其非洲研究专家"尽管在他

第六章
尼日利亚的福特、洛克菲勒和卡内基基金会与非洲研究网络

们的领域有较强的竞争力……但对于我们来说没有什么太大的动力或者在诸如非洲历史这些新领域没有什么研究",尽管他们注意到了霍华德大学有非洲历史课、艺术课以及研究西方对非洲大陆的经济和社会的影响的课程。他们总结说,黑人大学在非洲研究上并"没有先占":"尽管不可否认的是他们……有一些出色的研究,但似乎这些研究可以在任何其他大学完成。"这种根本站不住脚的逻辑遭到了福特基金会成员们所写的其他报告的反驳,因此,50年代霍华德大学也受到了福特基金会的小额资助。然而即便是在报告中也带着种族歧视的色彩,只有在霍华德大学的研究项目不再是基于"情感或政治偏见"时,基金会才会给它提供资金支持。[33]

在一份非洲代表向福特基金会提交的报告中提到,1970年福特"国际训练和研究中心"在"认识非洲裔美国人在非洲的特殊利益"方面是极其失败的,并且没能为"任何一个黑人大学的非洲研究项目提供一丁点儿有实际意义的帮助"[34]。然而,有意思的是,勒梅尔(他是非洲裔美国人)赞扬了福特基金会纠正错误的能力,即使这些策略是"正确的",还说福特在"发现"非洲方面有很大成就,还成功揭示"在躁动的非洲大陆上"有着意想不到的错综复杂。[35]尽管,非洲带来的挑战是急迫的,福特基金会还是积极应对,并在1970年前培养了"一代非洲研究专家",他们分散于60多个大学研究中心,其中有20个主要研究中心。到1970年,严格意义上的非洲研究学者超过了500人,更多的学者在研究生训练中"对非洲有了更多的理解"。相关研究质量高且数目大,1965到1969年有1422个登记在案的研究项目。非洲的过去被"重建"并成为"理解现代非洲必经之路"[36]。没有福特基金会的支持,非洲研究将无法获得"学术合法性",也无法达到当时的广度和深度。同哈罗德·拉斯基的观点相对应,之前提到过,勒梅尔称福特

基金会应该提供"建设性的批判意见"来"引导"非洲研究专家们更加关注"诸如城市规划、土地经济学、发展管理、人口统计学……政治稳定和国家整合"等能解决实际问题的知识,而不是关注一般性的基础社会科学。[37]

非洲研究协会

自 1957 年成立到 20 世纪 60 年代后期,非洲研究协会(ASA)从基金会获得了超过 63 万美元的赞助。[38] 该协会成立于 1957 年 3 月,在阿兰·派弗的强烈建议下,卡内基公司为非洲研究协会提供了 6500 美元的资助,在他看来,非洲研究需要一个独立于政府影响的专业机构来进行,这同"非洲裔美国人研究所"完全不同。[39] 然而,派弗应该早就意识到基金会领导之间关于"拉近研究活动和国务院决策进程的输出"的必要性讨论,这是对基金会及其资助机构政治中立的直接质疑。[40] 具有启发意义的是,非洲研究协会的 36 位创始人,是从一个临时委员会挑选出来的,两年内零星地同派弗进行了数次会面,他们所建立和拥护的章程造成了十年后组织的分裂。格温德林·卡特这个在非洲研究协会的构想、建立和发展上都有重大作用的人物曾表示:"由于担心麦卡锡主义和中央情报局势力的深入",创始人们决定成立"学者团"来作为组织的"看门人",还建立了包括主席、副主席和八名负责人的委员会成员在内的甄选机构。非洲研究协会的这种管理模式被直接批判为"精英主义及独裁",同时也反映了其白人精英对协会控制的事实。对于"麦卡锡主义"的担忧,尽管是合理的,但是也造成了种族和政治上的排外——主要针对传统黑人大学中激进的黑人非洲研究专家们,他们公开表达了对"泛非主义"的支持,并将非裔美国人所受的待遇同非洲的苦难联系在一起。为了反对主流的做法,美国黑人非

第六章
尼日利亚的福特、洛克菲勒和卡内基基金会与非洲研究网络

洲研究专家认为,必须要利用他们的知识来促进学术进步并且表达政治见解。这使他们对美国精英们产生了"质疑"并且变得"反美",也使联邦调查局注意到了他们。[41]霍华德大学的富兰克林·弗雷泽在50年代被视作是一个能"客观地"、不带"偏见地"、"理智地"看待非洲的学者,也是参加非洲研究协会创立会议的唯一一位非洲裔美国人,圣克莱尔·德雷克也被邀请了但是因故未能参加。[42]正如杰森豪恩所言,基金会不会资助任何反对欧洲继续在非洲统治和国务院冷战立场的学者。[43]因此夸米·恩克鲁玛和纳姆迪·阿齐克韦的母校林肯大学,在1950年建立非洲事务所的时候没有受到一丁点儿资助,尽管这一项目由著名的黑人学者霍瑞斯·曼·邦德发起,但却被"英国殖民者视为可疑对象"[44]。

凭借着15万美元的资助,再加上1961年福特基金会补贴的10万美元"核心资助"[45],非洲研究协会发展得很快。到20世纪60年代中期,它已经拥有1700名成员,其工作委员会涵盖了许多领域——考古学、文档/图书馆、美术和人文科学、政府和科研、语言及语言学、文学、口述数据、出版、研究的沟通、本科和高中教育,以及与华盛顿政府的联络。[46]非洲研究协会后来被福特基金会珀尔·罗宾森的一份报告称为"直接发展的策略"——"相当大数额的资金支持与学术政客们的精明,以及经济上合理明智的管理"对"协会建设"具有重大作用。领导人"紧密联系的网络"是非洲研究协会成功的根源,也是它的"阿喀琉斯之踵"。[47]

尽管资助独立于美国政府,很显然,"协会"还是很大程度上推动了美国政府的议程。这样的共果利益促成了与美国军方的合作,甚至在刚果阿尔及利亚和肯尼亚的动乱中成为非洲学会的动力所在。

1964年,美军向美国国家科学院(NAS)提交了一份建议设立"非洲社会心理学、社会学、民族学和人文科学的基础研究中心"

的文件。这是三项研究分支的其中一个,其他两个研究分支是拉美和大洋洲。其基本目的是为了将所有社会科学都囊括在内,同时也要包括工业与民用制造和农业,以此满足"军事问题研究需要"。除此之外,美军希望所选的参与项目的大学都已经"同适当的国外地区**建立了联络或有基本联系以协助科研人员进入高校或这些国家的公民日常生活和美国重点关注的文化中去**"(强调为笔者所加)。现存的被美军标为重点的大学非洲研究中心恰好是由几大基金会所建立的:包括西北大学、加州大学洛杉矶分校、印第安纳大学、约翰斯·霍普金斯大学、威斯康星大学、波士顿大学和哥伦比亚大学——与会代表们包括格温德林·卡特(西北大学)、格斯·利伯劳(印第安纳大学)、菲利普·柯廷(威斯康星大学)、艾尔·卡斯特戈勒(波士顿大学)、弗农·麦克莱和罗伯特·李斯塔德(约翰霍普金斯大学)、詹姆斯·科勒曼和本杰明·托马斯(加州大学洛杉矶分校)和格雷·科文(哥伦比亚大学)。[48]

倡议于1965年2月在西北大学的会议上被提交给"非洲研究中心"的代表们。参与这次会议的有:全美主要大学项目的代表们和美国军方的林恩·贝克、国务院的罗伯特·鲍姆及国家科学院—国家研究委员会的格兰·芬奇。会议注意到向非洲研究专家的研究和在"公共机构"中提升"从人类行为到环境的非洲各个方面"研究兴趣提供资金援助是有必要的,会议决定建立一个非洲研究专家委员会来制定方案。西北大学被美国陆军委托了一项价值10万美元的初步探索研究发展合同。[49]

非洲研究学者们表达了对美国军方务实性提议的主要担忧,加州大学洛杉矶分校詹姆斯·科尔曼非洲研究项目总结了这些忧虑。他指出,社会科学家们任劳任怨地努力工作,为的是能使自己的研究可以对公共政策的制定做出一定的贡献,因此当"联邦政府下属的责任研究机构"前来接触他们的时候是"极度不愿意回绝"的。

第六章
尼日利亚的福特、洛克菲勒和卡内基基金会与非洲研究网络

社会科学家对同政府机构合作当然也抱有疑虑，这并不是"反映了意识形态上的敌意"，因为毫无疑问"这些机构的目标反映了我们社会的道德目的和国家目标，因此，这种关系不会——也不必——污染或腐坏学术客观性"。然而，在非洲对于美国社会科学家们活动的认识存在着严重问题：大部分非洲人都把美国学者视为政府的代理人。的确，"一个学者独立于他的政府这种说法**对于大部分受过教育的非洲人来说都是很难理解的**"（强调为笔者所加）。这一问题的解决就是要不断发展并维持"学术独立和客观的形象……如果社会科学家们还想在非洲（或者世界其他地方）继续研究并维持其可信度"。科尔曼反对"在国务院和军方之间建立**直接**联系，并且正式地在美国大学中建立非洲研究项目"，他支持由美国国家科学院（NAS）或国家科学基金会管理拨款并与非洲研究协会（ASA）协商（强调为笔者所加）。[50] 很显然，这样会使美国军方和非洲研究专家之间有所疏远，但并未改变军队资助的目的，也没改变评估资助项目的标准——是否对美军的非洲战略有用。军队都是为了那些急于获取公众认可的社会科学家设定了合作的条件和门槛。

美国军方的计划很明显是失败的"卡米罗特计划"（主要因其着眼于智利以及更广泛的拉丁美洲而闻名）的一部分，该计划的目的是挑起"内战"和反抗。加拿大法语区、尼日利亚和印度也被国防部选定为行为研究对象，以"提升我们预测社会崩溃并提出相应解决措施的能力"[51]。社会科学的角色是研究社会的群居及行为动态并产出有用的知识。美国国家科学院的威尔顿·迪伦撰写的一份备忘录列举了美军同"卡米罗特计划"的关联并具体分析了美军研究经费的精确目标。林恩·贝克连同迪伦的备忘录，直截了当地指出，美军资助社会和人文科学的研究目的在于"支持镇压平叛和有限的军事行动"，几个新的研究中心的作用是"回顾、理解并对现存资料进行评估"，训练"青年科学家……来收集新信息并从实地

研究中获取新的知识"。"研究目的"是鼓励在"可能发生危机的领域的研究",强调"对于叛乱前期的了解和处理,包括寻找即将发生的动荡或革命的征兆以及特定叛乱的进程"的信息收集和分析。美军对于"青年和学生参与社会变革和稳定"也很感兴趣。[52]

包括弗农·麦凯在内的美国知名非洲研究专家支持这一概念及其目标,并且对于"卡米罗特计划的有效负面影响"欣然接受,例如,"政府机关和学术团体之间存在的问题"受到了更广泛的关注。"卡米特罗计划"的"失败"也导致了委员会的过剩,多余的机构包括国家科学院"行为学政府项目咨询委员会"以及诸如国务院下属的研究与情报局。然而非洲研究专家们还是担心他们在非洲会被当作是中央情报局的工作人员,更加无法把自己的研究同政府分离开来。[53]然而,尽管并非所有非洲研究专家,但仍有许多人希望在军方的支持下进行"基础研究",他们认为"不切实际"的研究课题很可能有重大价值。[54]然而在"卡米罗特计划"失败后,尽管福特基金会仍为非洲研究协会"研究联络委员会"口述项目拨款,但卡内基金会却拒绝充当美国军方和非洲研究学者之间的财政桥梁,来资助学者们对于包括肯尼亚茅茅党等在内的民族主义运动进行口述历史研究。[55]美国国防部通过其他方式,利用学者们的专业知识为未来可能发生的军事行动提供帮助。皮埃尔·贝格曾曝光过一份美国国防部名为《刚果部落制对于国家建设中国家安全方面的影响》的报告,这一事件也印证了上述观点。这份计划在"卡米罗特计划"破产之后就有了,目的在于向军事指挥者们提供"刚果'社会紧张、国民暴动、暴力和叛乱'的信息,以'使军方决策(尤其是提高在镇压叛乱方面)更加准确'",1954年美军在刚果的干涉行动就是很好的证明。[56]

第六章
尼日利亚的福特、洛克菲勒和卡内基基金会与非洲研究网络

1969年蒙特利尔"暴动"

很大程度上,由于非洲研究协会中的黑人学者反对其领导者,导致非洲学者们为美国军方计划服务,并且在"卡米罗特计划"中受牵连。尽管这种反抗于1969年非洲研究协会年会上达到顶峰,但实际上这一问题早已酝酿多年。这一问题的根源是非洲研究协会的寡头政治特色及其强势的委员会。据珀尔·罗宾森说,协会的委员会逐渐成为"非洲研究领域设定优先研究方向、输出研究资金的机构"[57]。协会理事会成员和委员会主席们,比如格温德林·卡特(语言与语言学委员会主席),对其所研究领域的资金拨款负责;卡特的委员会为《国防教育法》的管理者在非洲语言方面提供咨询建议,并为某些机构和项目提供拨款。[58] 更加微妙而影响重大的是,非洲研究协会理事会的成员同时掌控着非洲研究的"联合协会"——一个由社会科学研究委员会(SSRC)和学术团体委员会(ACLS)委派成立的研究实体。"联合协会"掌握并负责研究经费的支出,同时还对未来在人文和社会科学方面的研究做出计划。罗宾森认为,这样的活动在最初给非洲研究协会"提供了声望和合法性",但后来却成了协会的"阿喀琉斯之踵"[59],继续了这一希腊神话的悲剧。"在协会的声望达到顶峰的时候,戏剧性的一幕发生了:协会成员声称协会的势力是建立在学术政治上的不择手段以及(协会领导们)通过与政府和各大基金会发展关系之上的。"[60] 1968年非洲研究协会的黑人团体组织了一次抗议,要求协会的事务要有更多的黑人学者参与。1969年这一抗议演变成了完全的叛乱——反对协会在种族和意识形态上的问题,这也使蒙特利尔大会短暂中断。在黑人学者们抱怨无法进入领导层、充满种族歧视的研究计划和国内种族问题完全被忽视的时候,其他人——所谓的少数

派积极分子——谴责非洲研究协会支持非洲现存势力的"保守偏见"。[61]非洲研究协会同意改革,但为时已晚,最终激起了约翰·克拉克领导下建立的"非洲遗产研究协会"(AHSA)黑人成员的大规模退场以示抗议。"保守派"处于"震惊之中"[62],导致即使在一年之后,时任非洲研究协会会长格雷·科文提起蒙特利尔的叛乱都只能说是"大会上的突发事件"。[63]

非洲研究协会自身进行了改革。它结束了同各个重点大学、基金会和政府部门的非洲研究项目的排他协定,实施了开放的、单一种类的会员制政策,使得黑人学者在董事会里有更多的代表权,并且谴责南非、葡萄牙和罗得西亚的殖民政策。然而,由于非洲研究协会失去了排他性,在很大程度上也就失去了作为美国唯一非洲学者协会的可靠性。不过,它通过福特基金会资助的"研究联络委员会"(RLC),证明了其收复失地的能力。该委员会成立于1967年,旨在管理并提升非洲研究协会同"卡米罗特计划"之后派出的驻非洲的研究专家之间的关系,以及被美国研究生和学者剥削的非洲人的其他声明![64]实际上,非洲研究协会的失败也有福特基金会的原因。罗宾森指出,福特基金会曾支持协会的排他性活动以及其同政府机构之间的研究议程。罗宾森同时指出,基金会"对于一些最终证实是极度重要的问题漠不关心"。单纯的机构建设是不够的,罗宾森认为:"新的创造所产生的政策和结果对于长期的发展是更为重要的。"[65]卡内基对于蒙特利尔发生的事件持中立态度,尽管它在建立一个寡头政治色彩的非洲研究协会方面是难辞其咎的。[66]

在"改革"精神的指导下,福特基金会对非洲研究学界的种族排斥采取了三个方面的"打击":减少针对非洲遗产研究协会的拨款,资助了几个非洲裔美国人的研究项目作为"战略中心",并且为美国黑人学者在非洲和中东进行实地研究提供学术奖学金。尽管

第六章
尼日利亚的福特、洛克菲勒和卡内基基金会与非洲研究网络

这些是受欢迎的方案,但福特基金会的实际做法却带有精英主义色彩,显示了许多与以往相同的不够敏感及种族主义假设,最终导致了非洲研究群体在蒙特利尔的分裂。福特基金会会长麦乔治·邦迪的看法对基金会官员十分重要,在谈及新的非洲裔美国人研究项目的潜在影响时,邦迪曾警告道:"潘多拉的盒子已经被打开。"[67]

对非洲遗产研究协会的资助——一个"非洲"后裔的激进研究团体——仅仅停留在1970年协会年会上。[68] 福特基金会为每位海外演讲者提供了1万美元的旅行经费。尽管非洲遗产研究协会的行政委员会曾向福特基金会出具了一份资助建议,但在1970年后福特基金会资助该协会的记录少之又少。根据向非洲裔美国研究专家提供"中东和非洲研究奖学金"(MEAFP)的理论依据,白人控制的非洲研究协会或者只有黑人参与的非洲遗产研究协会都不"被认为是中立的",且"美国黑人/白人非洲研究专家的关系"正处于"深刻的对峙状态"。[69] 尽管如此,福特基金会1970、1974和1975年的报告显示,这三年向非洲研究协会分别投入了16.5万、9.06万和5.05万美元(总额超过了30万美元)。它对于像非洲遗产研究协会这样的自主机构毫无兴趣,因为它的目的是"抗衡……以欧洲为中心的"针对非洲和非洲裔美国人的看法,用"非洲中心观"来"纠正传统的误解",并且在非洲后裔中建立起相应的网络。[70] 除了在拨款上存在着不均,非洲研究协会仍是受到优待的非洲研究组织。

针对美国大学和学院里对非洲研究及非洲裔美国人研究日益高涨的需求,福特基金会决定参与并影响此领域的长期发展。基金会认为课程的"精心构思"是十分必要的,他们在耶鲁和哈佛大学建立了"针对关键部分进行研究的带头项目"。耶鲁收到了184 000美元的资助来新建一个本科专业,霍华德大学收到了143 567美元来建立一个全新的"非洲裔美国人研究所"。美国的黑人精英有接近一半都毕业于霍华德大学。福特基金会意识到自己在建立非洲裔美

国人研究项目上是落后的，因为几百所大学都已经建立了这一项目。但同之前一样，福特能将美国指引向"通过扶助几个战略性的机构来使其有秩序地发展"。由于担心发展的"模范"项目的效果只是立竿见影，受福特基金会资助的项目"可能会设置一些质量评估标准，以使其他机构能够采用并最终按照这种标准行事"。[71]

从1969到1980年，福特基金会对非洲裔美国学者提供的"中东和非洲研究奖学金项目"（MEAFP）投入了接近100万美元。目的是增加在发展相关机构中的黑人代表，在南方的传统黑人大学中培养更多的学者，并且"治疗"非洲研究团体的内部分化问题。根据一份福特基金会资助的报告，这一项目创立了一个全新的受奖学金资助的"黑人学者团体"来抗衡受很多黑人学者和一些白人学者诟病的"白人学者团体"。[72]

在传统黑人大学中，只有两所大学（亚特兰大和霍华德大学）在研究生项目里有非洲研究专业，符合"中东和非洲研究奖学金项目"（MEAFP）的标准。福特基金会错误地认为大部分黑人学生会在黑人大学里上学，实际上，大部分学习非洲研究的黑人学生在白人大学中就读。这种错误假定的结果是显而易见的：1971—1972年，全部15份奖学金都颁给了精英大学，哈佛获得了4份，斯坦福获得了3份，纽约大学和哥伦比亚分别获得了2份，剩下的给了耶鲁大学、芝加哥大学、西北大学和密歇根州立大学。研究课题包括尼日利亚的经济计划和政治发展、埃及劳动力问题、尼日利亚大学的非洲化、刚果的现状及其宗教对经济行为的影响，即研究课题同非洲发展的"需要"相契合。[73] 截止到1979年，79%的奖学金项目授给了重点大学的黑人学生，其中44%来自4所大学：哥伦比亚、哈佛、斯坦福和加州大学洛杉矶分校。仅有两份奖学金给了来自黑人大学的学生。[74] 除此之外，黑人学者仍在抱怨白人学者掌控着学术资金流向，例如较大金额的奖学金项目是由福特基金会通

第六章
尼日利亚的福特、洛克菲勒和卡内基基金会与非洲研究网络

过社会科学所委员会（SSRC）提供资金的；同时白人学者们并没有尊重黑人学者的研究能力，他们的非洲研究还带有"种族歧视"的色彩。克莱格·霍华德曾秘密向福特报告，他认为"先前摩擦产生的原因（1969年蒙特利尔事件所显示的）将继续存在"十年，甚至更久。[75]

克莱格·霍华德的报告同时也强调了黑人学者甄选小组的作用——从精英大学来看——他们通过自己的方式将奖学金同精英研究机构里自己学科研究的学生相联系。来自精英大学的申请者更了解奖学金的申请和面试信息，同时这些申请者也经常利用自己导师同甄选小组的关系来间接影响申请结果；这些导师是"学术团体"的一部分，然而规模较小的黑人大学的老师则不是。例如，珀尔·罗宾森曾是中东和非洲研究项目的学者之一，他后来成为甄选小组的一员。其他处于联系网络之外的黑人和白人申请者则处于劣势。"社会科学研究委员会"在非洲研究领域奖学金的黑人申请者劣势更大，在1976—1979年仅有不到10%的网络外人员获得奖学金。另一方面，福特的项目在十年内培养了64位非洲研究领域的黑人博士。[76] 这一项目在1980年中断，因为基金会错误地认为（根据霍华德大学），黑人学者在社会科学研究委员会的奖学金项目中有很大的竞争力。实际上，中东和非洲研究奖学金项目中的一些学者——他们中的一些人是很强的竞争者——可在1976—1979年，却只有一位申请到了社会科学研究委员会项目的奖学金。这种情况将造成黑人学者在非洲研究领域更加边缘化。霍华德大学希望福特基金会能够不偏不倚——要么保留中东和非洲研究奖学金，要么同样取消对于社会科学研究委员会的奖学金项目的拨款，如果不这样做的话，福特基金会就是在恢复"未来对这一领域的控制，且这种控制将使该领域的冲突继续，并使紧张和不平衡加剧"[77]。

大部分黑人学者都主要在州立大学教书，只有两位加入了诸如

印第安纳大学和密歇根大学这样的精英大学，4位在黑人大学，还有几个进了关键的具有政策导向作用的机构。比如兰德尔·罗宾森成立了"跨越非洲组织"（TransAfrica），该组织对黑人公民对于罗得西亚问题的意见具有引导作用。其他的学者们为国务院、世界银行以及联合国提供咨询。[78]这一项目的主要成效看似显著，但并未达到福特基金会的预期：非洲研究黑人骨干们同白人精英大学的联系加强，并紧密地连接成网络，并继续加入"主流"的组织。基金会项目的重要作用在于联系网络的构建，并且通过网络构建，达到内部相互协调与合作。

尼日利亚的项目

尽管国内的争吵在某些人看来应该尽可能"求同存异"，但当进入非洲的时候，种族主义、精英主义、帝国主义的思想又显露出来。冷战时期，非洲对于美国来说有着巨大的利益关系[79]，它的结束也预示着联邦政府及基金会对非洲兴趣的降温，然而"9·11"事件之后的反恐战争使非洲，尤其是非洲的穆斯林重新受到了关注。[80]联邦政府和基金会建立的网络已经拓展至非洲，美国研究人员和非洲学术机构之间正经历着贫穷与富裕之难，以及西部和北部代表势力较强，而南部依赖性较强。这种情况使非洲大学的发展不可避免地同美国基金会的兴趣息息相关——如果美国学术界将研究转向资金充裕的基金会项目，这将对没多少选择余地的非洲学者和机构产生多大的压力？[81]

沃勒斯坦指出，在非洲进行研究的美国人类学家们扮演着"世俗传教士"的角色，将自己视为"非洲学术机构的顾问，既公开又隐蔽，既明确又含蓄，既受到邀请又不请自来"。当然，他们的目的都是真诚而友好的；然而1969年蒙特利尔非洲研究协会大会上的

第六章
尼日利亚的福特、洛克菲勒和卡内基基金会与非洲研究网络

事件和发生在非洲的一系列事件都证明这种情况带来的影响可能是极具争议的。[82]

考虑到其在英国殖民地的长期利益,卡内基基金会率先进驻了非洲。不像英国费边主义者们有着"家长式"的行事方式,阿兰·派弗惋惜自己对非洲的实际情况知之甚少,希望了解非洲的问题和需求,从而开启对非洲投资的第一步。自然而然地,卡内基基金会认为教育对发展至关重要,因此其投入的主要领域和动用的同诸如福特基金会和许多美国政府机关的关系,主要是为了发展出一种能够大规模产出具有推动非洲未来"发展"能力的优秀男女人才的高等教育制度。在计划阶段没有非洲的参与,卡内基官员们、英殖民地专家和其他人就这样决定了非洲高等教育的未来发展方向,特别是20世纪50年代准备脱离英国殖民统治的尼日利亚。[83]

美国的基金会尽管相互独立,但在尼日利亚实施了一项非正式的"计划",这一计划具有一致性并且相互交织,同它们推广的(尼日利亚完全参与的)尼日利亚发展计划相比缜密了许多。基金会的部分计划在于干预尼日利亚的教育,尤其是要建立尼日利亚唯一的大学——伊巴丹大学。[84]卡内基集团资助了"阿什比委员会"来推动尼日利亚教育发展,并于1960年建议在尼日利亚的每个区域都建立起大学,为现代化打基础。尼日利亚联邦政府接受了阿什比委员会的报告。根据阿什比委员会的报告,委员会倡议尼日利亚大学的建设必须走"逐渐发展而非革命性的路线",并且"必须同过去的基础相联系,而且不能中断这种联系"[85]。尼日利亚联邦政府接受并实施了委员会提出的每一项意见,包括在卡内基基金会的资助下(22.5万美元)建立了一个外部援助署,它在接下来的十年中接受了美国教育部3000万美元的援助。在卡内基基金会投入了8.7万美元的基础上,阿什比委员会为尼日利亚高等教育的发展提供了超过8000万美元的援助。墨菲认为这一有卡内基基金会进行指

导的过程对于20世纪60年代尼日利亚教育的发展起到了重要作用。[86]尽管几所新兴大学发展起来了，但伊巴丹大学仍维持着其作为尼日利亚高等教育系统的知识"引擎"的地位，并对尼日利亚的发展和独立国家的建设起着愈加重要的作用。因此，伊巴丹大学也因为同联邦政府不断增强的密切联系而成为尼日利亚政界的一部分。伊巴丹大学卷入了国内种族政治，在1967—1970年的尼日利亚内战中，伊博族教职工纷纷离职。

奥耶腾杰·阿博雅德（剑桥博士）表示，在尼日利亚独立后，盎格鲁中心主义仍统治着政界和学术界精英们。[87]他还把尼日利亚的弊病归因于这些精英们——包括带来巨大伤痛的内战，民众心中责任感、奉献精神和爱国主义的缺失，价值观的扭曲和对于尼日利亚本土学术的漠视。[88]西方价值观的输入所创造的新殖民主义思维模式，对于一个刚刚独立的国家来说是极为有害的，这允许了"通过帝国主义国际协定的新方式对我们人力和物质资源的继续掠夺"[89]。

创立于1948年的伊巴丹大学是伦敦大学的一部分，在1960年有了第一位尼日利亚籍副校长，肯尼思·戴克是一位人类学家，曾在西北大学任教，因此认识非洲研究协会的创立者们。他也曾是阿什比委员会三位尼日利亚籍成员中的一员。在戴克的指导下，伊巴丹大学建立了"同政府……和高层决策层的亲密关系"[90]。这一过程也同美国基金会处心积虑地鼓励尼日利亚大学为发展创造人力资源息息相关。正如阿德莱耶所说，国际渠道的援助（福特基金会、洛克菲勒基金会和卡内基基金会，联合国教和文组织和世界卫生组织）是大量的——包括投资方案、新的人员和部门、研究生的培养和客座教授。[91]有戴克不断努力追求的美国基金会的大量资金援助，才使"伊巴丹大学如此之快的发展成为可能"[92]。然而问题在于，尼日利亚的"权势精英们"被种族政党竞争搞得四分五

第六章
尼日利亚的福特、洛克菲勒和卡内基基金会与非洲研究网络

裂,这也影响了伊巴丹大学的教工们,在委派和升职的时候,种族因素——且不问对或错——而非优秀与否成为任命的标准。新独立的尼日利亚的腐败政党政治——后殖民主义时期种下的种子在独立之后被外国援助浇灌——使尼日利亚第一所大学陷入了残酷的国内政治中,最后发展成为了内战。伊巴丹大学的许多学者都同1967年爆发的、直接导致内战的分离主义运动有关。[93]

1958—1973年,福特基金会在一系列项目中向伊巴丹大学资助了475万美元,其中一项总体发展拨款高达300万美元。[94]尽管比洛克菲勒基金会900万美元的拨款少,但向伊巴丹大学投资并使其成为西非的首个大学是两个基金会共同决定的,并未征求尼日利亚政府的意见。因此,伊巴丹大学的目标同尼日利亚政治逐渐区域化的特征相矛盾,也遭到了尼日利亚总统纳姆迪·阿齐克韦的反对。再一次,美国的基金会行事之前并未完全考虑到从国家到区域的种族政治变化,受到评估基金会伊巴丹大学投资项目的学者们的批评。[95]尽管如此,到1973年的时候,伊巴丹大学汇集了英式、美式和尼日利亚特征,一并融入了尼日利亚西部地区。

从60年代起,福特基金会对伊巴丹的资助包括了经济计划——建立在尼日利亚经济和社会研究所、非洲研究所及行为学研究小组之上。行为学研究小组认为研究"非洲人民对……社会和文化的剧烈变动的心理反应"非常重要。[96]具体的研究项目包括尼日利亚学生的态度、刑事凶杀案、犯罪行为的环境及家庭和社会阶级动态。[97]除此之外,该小组还培养人类学家、社会学家、心理学家和社会工作者,来理解并处理农村地区的整合和分裂的问题和"工人的适应和动机问题"[98]。随着尼日利亚快速变化的社会更加趋向于崩溃,产生了越来越多的精神病患者、卖淫、青少年犯罪和药物成瘾现象。这些因素导致人力资源的流失;研究社会崩溃的原因及个人和社会解决问题的方式是"实现社会和经济有序发展"的关

键无法科学地研究这些问题也意味着资源的浪费,作为发展计划研究对象的村民们不太理解或对卷入变革采取群体性抵抗的反应阻碍了工业的"腾飞"。农场工人们的"**极端保守主义**"减缓了农业的发展从而阻碍了工业化的发展。如何在农民中制造一种"**态度的转变**"是极为重要的,尤其是对年轻人来说,"这样才能使他们为新的社会经济结构转型做贡献"[99]。这份文件的作者——向福特基金会申请资助的一份报告——是汤姆·兰博教授,他是一个同西北大学有联系的尼日利亚人。对于此种研究,是对很多非裔美国人(包括西北大学的格温德林·卡特)资助的"卡米罗特项目"评论的回应。

卡内基公司和福特基金会当然对经济发展和规划很感兴趣。受福特资助的规划项目并不是很偏社会民主主义或者欧洲左翼的,更不是社会主义的。在福特基金会协助下进行的规划基本上是朝着建立一个强大的对国际贸易、金融和投资开放,并且接受来自西方特别是美国的巨额投资的市场经济。[100]尼日利亚被麻省理工学院的"非洲经济和政治发展项目"的主管阿诺德·里夫金认为是非洲"独一无二的国家"。更重要的是,肯尼迪政府认为肯尼亚经济能够变得强大、政治能够稳定,并能成为西方世界的盟友,融入全球资本主义秩序。里夫金认为,尼日利亚正在努力"构建一个多元的、内部结构民主的社会,并将把优先发展经济作为内部政治凝聚的方式"[101]。因此,肯尼迪政府在尼日利亚联邦政府批准之前就已经承诺向这一计划拨款 2.25 亿美元。里夫金曾在 1961 年领导了尼日利亚特别行动,在向肯尼迪总统提交的报告中,他指出尼日利亚计划将会被认为是充满了"社会公平正义色彩"的国家。[102]

例如,作为亲西方和英国的尼日利亚政坛精英派的"温和派",是在公共和私有制部分都充斥着社会主义的背景下,在英国殖民者不情愿的帮助和激励下成立的,是美国和英国的主要盟

第六章
尼日利亚的福特、洛克菲勒和卡内基基金会与非洲研究网络

友。[103]它是从尼日利亚的独立、贸易、投资机会、政府合约和随之而来的援助中获取利益最大化的"新尼日利亚精英政党"。[104]有着"温和的"民族主义,但是亲近西方并且内部腐化,该精英政党同英国签署了技术、援助和防务协议,对苏维埃集团十分冷淡,在明知受过教育和训练的人力资源短缺,因而过度依赖国外咨询和顾问的情况下,立法来禁止行政部门雇用尼日利亚已知的"共产主义者"。[105]里夫金表示,只有这样才能保证市场经济发展的利益能够流向"尼日利亚日益壮大的群体"。[106]

沃尔夫冈·斯托尔珀是一位关键的顾问,他是一位出生于德国的美国经济学家,曾在约瑟夫·熊彼特门下接受训练,同时也是里夫金在麻省理工学院非洲研究中心的同事。由于其同哈佛发展咨询服务中心的爱德华·梅森的亲密关系而被人称为"梅森男孩"。[107]斯托尔珀受到福特基金会的资助,被临时调派到经济发展部作为经济计划小组的带头人,被委派制定尼日利亚第一个经济发展计划。斯托尔珀表现出十足的帝国主义傲慢,他承认对尼日利亚和非洲一窍不通,但又说一个人能有多少的知识和经验呢?他感到"经验的广度过于被高估……就像是智慧的一个错误源头"[108]。在他那本十分直白地记录了他在尼日利亚一年半生活的日记中,他说他在这个国家没有什么好证明的:由于他60年代关于东德经济的研究,保住了他经济学家的地位。然而斯托尔珀的名声主要源自他同诺贝尔获奖者保罗·萨缪尔森合著及两人共同创立的"斯托尔珀-萨缪尔森定理"。尽管对于非洲知之甚少,他仍写了一本名为《毫无根据的计划》的书,书中介绍了他对尼日利亚的观点和他在尼日利亚的作用。尽管《毫无根据的计划》一书读起来充满了冷静、理性、客观和学术严谨性,但他在非洲所写的日记却削弱了这种理性和客观。日记以各种形式展现出他对尼日利亚人民的种族主义刻板印象,他说为起草尼日利亚"计划",自己要工作特别长的时间,并

且面临来自各个方面莫名其妙的反对，还要忍受工作人员普遍的懒惰，人们不禁对此产生怀疑。[109]

最终的结果是，斯托尔珀的"尼日利亚经济计划"既含糊不清又难以解释。根据阿博雅德所说，尼日利亚独立后的增长率极低，让人不禁怀疑其在组织经济和合理化上是否有进步。社会和收入的不均达到了极其严重的地步。[110]阿博雅德同时也认为尼日利亚政府没有邀请尼日利亚经济学家参与政策制定是错误的，更错在选择了从来没有国家经济计划经验的斯托尔珀和莱尔·汉森。[111]除此之外，斯托尔珀（以及作用较小的汉森，他曾在哈佛驻巴基斯坦的发展顾问服务处工作）"为计划提供了基本的结构框架"，并在尼日利亚国内引起了轩然大波。[112]

对于斯托尔珀来说，个人的自由是经济发展的基础。除此之外，正确投资的唯一准则就是盈利。紧接着，他指出盈利是可以广泛适用的准则。任何试图将"社会作用"考虑进去的做法都"展现了经济上的愚蠢"。[113]相对于长远的投资来说，斯托尔珀更喜欢短期的收益，资本的自由流动会使外国公司不受阻碍地回流所赚取的利润，他还极力反对国有化。除此之外，他在自己的日记里自诩为"国家建设者"、未来的创造者和尼日利亚的一名公务员。[114]尽管经常批判政治和商界精英们的腐败，他却认为各部部长（如尼日利亚财政部部长费斯特斯）的腐败是可以接受的，他认为这是"爱国"的表现。[115]实际上，斯托尔珀（还有福特基金会和美国国务院）都希望尼日利亚的政治精英们出于政治原因而腐败，只要求尼日利亚保持反共、亲美并且开设商务合作。在殖民地时期受过英式教育（学术和政治上的）的精英们都很高兴这样做。[116]

伊巴丹大学的经济学家奥耶腾杰·阿博雅德表示，斯托尔珀的计划完全不符合尼日利亚的需要，其核心是一个沉迷于市场机制、盈利最大化和出口导向型的自由主义经济计划。他同时也批评斯托

第六章
尼日利亚的福特、洛克菲勒和卡内基基金会与非洲研究网络

尔珀没有起草一个国有化和国有控制的可行计划,因为他在每个方面都强调要私有化。他在总体上反对国有制,思想上确实是技术官僚和精英主义。斯托尔珀同时也错误地预估了尼日利亚在初级制成品出口的相对优势下能够促成一个强大经济的发展;相反的是对于尼日利亚的农业人口来说,对世界市场产品的过于依赖,意味着内在的经济不稳定和不安全。[117]

阿博雅德对斯托尔珀的批评延伸到尼日利亚联邦政府,他认为政府缺乏勇气和信念,更不用说有什么社会使命感和良知了。阿博雅德认为这一计划"没有灵魂",也没有值得民族牺牲的内在哲学。计划的目的是达到并维持尽可能高的生活水平,但却没进一步阐释或者给出可行的方案。从长远来看,尼日利亚经济将在1980年前达到罗斯托们所说的"腾飞",即其经济发展不再依赖外国贷款。[118]

尽管处于反对者的角度,阿博雅德并不直接的批判却是十分有进步意义的。作为一个相对进步的国家主义者,他希望推动经济发展、社会正义和国家在提高生活质量方面的进步。在这一过程中他支持国家采取强有力的手段。他领导曾经制定计划的小组,并且在伊巴丹大学经济系任教,培养了一批国家精英。然而他所批判的政治精英是英国殖民统治者培养的,并且接受美国的资金援助。这些精英的民族主义往往向西方的防务、贸易、意识形态和合法性倾斜。他们的反共思想就是回避真正的社会和经济计划、国有制和对货币及资本流动的严格监管。为人所熟知的经济腐败,包括将国外援助引到个人和民族群体的收益中,以此加剧各民族间的紧张和对抗,使经济计划更难对尼日利亚人民有什么实际性的好处。简而言之,阿博雅德做的是一个白日梦:妄想着一个腐败的、受亲国外的精英领导的国家能够为本国人民的利益服务。但他同时表达了自己对于"通过投机的政党游戏来巩固经济阶层利益"的不满,这种做

法也阻碍了进步而有活力的领导。无能的尼日利亚政府的作用仅仅是将经济战利品分配给"政界内部人士"。外国经济学家和其他组织——在这里他指的是斯托尔珀、里夫金、福特基金会、美国国际开发署和世界银行——利用了尼日利亚领导人们的虚荣来赞扬他们的国家是"非洲混乱政治中强大稳定的巨人",但这个巨人也很有可能"天生就是傻子"[119]。然而,尼日利亚的领导人们被赞扬成有影响力的、不受意识形态影响的"实干家",为美国经济学家们避开意识形态,追求理性、非意识形态并且不依循理论的思想提供了沃土。阿博雅德掉进了陷阱里:他就职于一个极其依赖美国援助的学术机构,并且为一个对西方完全开放的国家服务,还同一群满足于作为西方势力与公司和尼日利亚经济发展机会的中间人角色的政治精英们一起工作。[120]尽管他的想法仅仅是社会民主主义而非马克思主义,他都没能成功挑战权势。他的参与更容易被看作是对原有秩序的一种合法化,因此可以说是融入了当权派。正如斯托尔珀在他的日记里所写的一样,新的受教育的尼日利亚人"很容易被体制国化并最终成为当权派中的一员"[121]。

韦恩·纳夫齐格对于尼日利亚陷入内战的原因进行了十分出色而深入的分析,直截了当地批评了在独立之时种族问题的"解决方式"——是由一群自私自利的精英们为了分得更多的战利品而建立的,他们对扶贫或者普遍繁荣一点儿都不关心。[122]实际上,英国殖民统治者独立后继续统治而培养的并且被埃默森、派弗、里夫金和斯托尔珀所赞扬的精英们,是造成1966年军事政变和1967—1970年血腥内战的核心原因。美国官方曾表示,早在1951年的时候,许多尼日利亚精英们对于"政治地位和金钱"的野心已经达到了受制于被委派要职或者任命权。[123]里夫金曾在1961年向众议院外交事务委员会报告称,尼日利亚"是一个对经济激励有积极反应的社会"[124]。斯托尔珀曾在他的日记里写道,福特、洛克菲勒和卡内

第六章
尼日利亚的福特、洛克菲勒和卡内基基金会与非洲研究网络

基金会内部运营的方式使它们在明知道尼日利亚存在着广泛的腐败和政治投机主义现象的背景下，还能继续投资——并且进一步将尼日利亚宣传为"乱世中的一片理性的绿洲"[125]。当然了，尼日利亚精英们之所以这么受欢迎，是因为他们的反共主义和经贸开放政策：尽管取得了民族独立，92%的尼日利亚出口产品仍是初级产品，其主要的贸易对象是资本主义西方国家，外国银行和公司从其管理松散的投资和税务体制中攫取了过多的利益。纳夫齐格曾指出尼日利亚政治阶层拿回扣。[126]据斯克拉说，同福特基金会打交道的政治阶层是"提供经济机会并决定社会分层的中坚力量"，这一过程在斯托尔珀的日记中也被深入讨论。[127]尼日利亚政治阶层——以及福特基金会——支持斯托尔珀，因为他们对尼日利亚的经济偏爱很好地满足了受商业引导的政治精英们的利益，并且同斯托尔珀的"私人企业"和反对收入再分配的经济哲学相吻合。[128]

很明显，美国基金会在对尼日利亚社会长期动态变化并未真正了解的情况下，实施了一个覆盖各个领域的方案。这种做法加剧了种族紧张、对政治和商业腐败不管不问，并且创造了一种加剧各种族和社会不平等的市场经济。根据格林所说，斯托尔珀创立的"尼日利亚计划""基本上是在对现存经济和社会政治架构不加改变的模式下发展，而非通过结构改变的方式推动发展"。同时该计划"列举的增长目标"是极其脱离实际的。[129]格林认为，**加纳**而非尼日利亚的经济计划对于快速的经济增长更为有利，并且公开指责阿诺德·里夫金是"毫无事实根据的判断"，没有经济学知识支撑。格林认为，尼日利亚的问题在于其政治阶层，已经严重分裂的"议会制民主制表层下实际上是寡头统治"[130]。从另一方面来说，加纳政府则更加贴近人民群众"并且为大众的需求服务"。这一结论是通过专业经济学家对计划的评估得出的，这些经济学家并没受福特基金会、麻省理工学院或者美国政府的支持，而那些经济学家的计

划对尼日利亚内战的爆发起着间接的作用。[131]

结　论

  上述证据都清晰地显示出基金会国内外战略的连贯性——平稳而持续地接近国内非洲研究以及非洲自身，精英、种族和帝国主义的看法愈加强烈。基金会的资助策略展现了其全球霸权野心，其核心是要通过官方和私人的网络来实现。将尼日利亚控制在西方阵营中并为欧洲的复苏做贡献才是重中之重，扶贫以及提升劳苦大众的生活水平只能靠边站。同样的，尼日利亚政治阶层完全支持此种做法，主要是因为他们是主要受益人。政治阶层是一个联邦制政体中的种族政治式的安排方式，它明确地划分了地区和中央财政收入的征收，它是20世纪50年代殖民统治者们有意为之的结果（在被部落酋长处于优势地位的北部地区，要更早一些，然后就是美国官方和私人的利益）。[132] 出于对非洲的战略和意识形态的利益考虑，基金会对非洲的研究被引向获取如何影响和控制非洲的方向，而不再关注"发展"这一遥不可及的目标。更确切地说，由"发展"所带来的一系列社会进步——更大程度上的平等、福利和诸如此类对人民大众生活水平和生活机会产生直接影响的东西——被轻易地延缓或者干脆直接抛弃，而"发展"的核心目标，如维持一批支持自由市场的"现代化"精英则一直在发展，且不谈他们存在的严重腐化和暴力。在对尼日利亚国家发展计划的撰写中，斯托尔珀——在尼日利亚政治阶层的完全支持下——将社会目标视为"经济上的愚蠢行为"。

  基金会资助的成果在于——也包括其他西方资助——因尼日利亚的亲美政治和知识架构而继续留在西方阵营，即使未能使国家取得发展。除了未能达到其所计划的目

第六章
尼日利亚的福特、洛克菲勒和卡内基基金会与非洲研究网络

标，基金会网络仍是尼日利亚规划和教育发展的基础：基金会的发展既是目的，又是实现其目标的手段，尽管并未明说。

同样的，在国内，非洲研究学者体系仍是十分强大且有用的。因为它针对美国国家的战略意图的需求而产出了关于非洲的合理知识，但忽略了非洲其他的现实和其他的美国非洲研究专家。美国对非洲的战略在于希望其变得依赖、落后、无助并且缺乏主动性和观念意识。只有外国——主要是美国——的干预才能使尼日利亚和尼日利亚人民释放潜力，实现罗斯托主义者认为的"腾飞"。

以葛兰西派的观点来看基金会的主要作用和影响，即它们同政府、企业和培养的一批专家学者们一起发展并实施了一个霸权主义的计划。并没有太多证据表明基金会是除了美国企业和政府之外独立的"第三方"，并且不带政治和意识形态目的。获取的知识并非中立——它完全陷入了一种特殊的定义世界的方式，这种方式是为了满足一部分人而非其他人的特殊利益。这就是为什么基金会对于选择支持谁或者向谁托付利益如此挑剔。这确实是基金会在印度尼西亚（第五章）的活动的真实写照，也是被山姆大叔狂妄地称为自家"后院"的智利的真实写照，这将是我们下一章节讨论的主题。

第七章

冷战中的主要基金会、拉美研究和智利

以慈善的名义
美国崛起进程中的三大基金会

雅加达要来了。

——智利军事政变前的街头涂鸦，1973

基金会所选的理事和官员可看作其内部结构和利益的象征，这也意味着至少从长远来看，限制了我们对于左派的价值观和目标的自由选择，而去支持那些展示权力和财富在某个特定社会是如何被控制的，或者什么样的社会模式是可以持久的学术研究，比如，跨国公司或国际开发署的外部援助项目的运作方式。

——约翰·法雷尔，福特基金会

应该没有比1973年军事政变后的智利更好的例子来说明美国对改变另一个国家政治和经济所实施的策略了。[1]在福特和洛克菲勒基金会持续支持的美国政府的刻意政策下，将自由市场竞争的经济意识形态移植到了智利身上，所取得的结果甚至超乎了战略家们自己的想象：一个实施完全中央集权的、已经当了几十年的福利国家，并且被认为是拉丁美洲"结构主义/相互依赖"思想中心的国家，彻底变成了新自由主义的"实验室"。以泰德·舒尔茨、阿诺德·哈伯格、米尔顿·弗里德曼为首和加上影响稍小的弗里德里克·哈耶克的芝加哥大学经济系，成了产生这种巨变的世俗传教士。私立的智利天主教大学被当作进入智利的桥头堡，从那里开始挑战其他拉美人对于"建构主义"观念和政策的信仰——特别是劳尔·普雷维什的思想和联合国拉丁美洲经济委员会（ECLA，西班牙

第七章
冷战中的主要基金会、拉美研究和智利

语缩写为 CEPAL）。美国国际合作署（ICA，即后来的美国国际开发署）是最初的策划者和主要的资助者。福特和洛克菲勒基金会从20世纪50年代中期到70年代末（指福特基金会），为其提供了大量研究经费（超过百万美元）。结果是：天主教大学培养出的经济学家，加上其他右翼智利人，于1972年制定了一个后军事政变的经济策略，完全支持军事政变，并加入皮诺切特政府，为这一残暴政权提供技术官僚知识。美国国际合作署/国际开发署、芝加哥大学、福特基金会和洛克菲勒基金会——以及为这些项目而创造的"芝加哥男孩"——表明它们的目标是促进智利的经济和社会发展，然而，智利人的自由被限制、民主被摧毁、人权也遭到了践踏。智利社会变得更加不平等，其经济也深陷于国际银行的债务之中。[2]

然而，要真正理解美国基金会对于智利的影响还需要从另一方面看问题：实际上，除了资助自由市场经济的思想，它们还资助中间派和左派那些支持联合国拉丁美洲经济委员会（ECLA）方案的经济学家。ECLA的"国家主义"并不是一种"社会主义"信仰，更不是马克思主义，它仅仅是一个为解决20世纪30年代经济危机再次发生所采取的机制化的政策，而这种机制化激起了世界范围的国家主义反对。ECLA充分意识到发展强大私有制经济的同时又需要有国家干预的必要性。这对美国基金会在智利的经济项目产生了重要影响。

美国基金会对智利进行"实验"的长期后果是很有意思的：培养的反对派经济学家骨干后来成了"管理层"——因为他们既支持左派也支持右派的经济学家。自由市场经济学家们创造了一个拉丁美洲/智利从未有过的新的学术/专业性观点。对于中派/左派（国家主义派）经济学家的资助，从长远来看，保持并发展了一个最终能在20世纪90年代政治民主恢复之时取代"芝加哥男孩"的班子。关键之处在于，美国基金会支持的两派经济学家的观点其实都是经

济学"光谱"的一部分,经常存在交叉重叠:只有"芝加哥男孩"中最极端的部分才在总体上反对国家,受资助的"国家主义"经济学家们也不太可能会否定市场和私人资本的重要作用。除此之外,极其重要的是,基金会十分注重发展技术官僚式的左/中派经济学家,并不断推动"非政治性"研究和学术的发展。这就是基金会在智利/拉丁美洲推广的"多元主义":一个自由市场占主导的资本主义和一个国家调控更多的资本主义。这两种经济观点,都是技术官僚经济学家以及受过基本相同的分析框架和方法论训练的专家团体所推崇的。[3]然而,军事政变和军政权却有着难以预料的重要作用。历史上第一次,左派和中立派的智利学者们摒除了政治庇护——他们的政党被解散,"他们的"国家四分五裂,迫使持不同政见的学者们进行合作以求得生存。因此,当他们"返回"智利后,他们的观念更加"非政治化"且更加刻意地偏向于技术官僚。如皮诺切特那些曾经一直支持技术官僚做法的经济学家们,现在却遭到了左派和中立派的技术官僚的反对。这同美国基金会的慷慨解囊也有关系:许多被流放的智利社会学家"住"在外国机构资助(包括美国慈善捐助的)的研究中心里。[4]在这种左—中—右范围之外是受共产主义资助的古巴,毫无疑问,这是非常特别的。

古巴革命与切·格瓦拉的活动加上依附理论和政策在拉丁美洲的传播,使美国精英们担心共产主义会进一步渗透到美国的"后院"。这是美国制定外交决策时对于时代背景分析的固定思维模式。"多元主义"是一种不包括特定政治力量或倾向的概念——它建立在资本主义经济基础之上,"适度"混合了国有和私有要素,但同古巴式的社会主义对于产品没收的政策截然相反。美国基金会因为共识"被迫"在智利商界、在工业策略的国家角色上,资助"国家主义"经济学家们。[5]因此,福特和洛克菲勒基金会在圣地亚哥资助了两所重点大学——天主教大学和智利大学——希望以此为学术

第七章
冷战中的主要基金会、拉美研究和智利

机构的发展提供"互补性"。

到 20 世纪 80、90 年代末,全世界的左派都抛弃了他们对于国家主义意识形态和政治上许多站不住脚的观点的支持,并开始拥护一种被稀释了的市场经济,特别是在经济全球化的大背景之下。这也就不难解释为什么曾是南美依附论者的巴西总统费尔南多·卡多佐向右转向了私有制。简要概括,经济政策和策略上的意识形态范围自 70 年代开始缩小,变成了在"有能力"而非干预型的政府指引下不同形式的市场资本主义。总体而言,在智利以及更广泛的拉丁美洲受到资助的经济学家们的长期影响在于,在政治局势不断变化、经济和金融危机以及全球化起步的背景下,将社会主义道路边缘化并将广泛的经济策略选择减少到只剩资本主义市场经济策略。[6] 到 80 年代,美国基金会在智利维持了一个强大的、主要是中间派的、拥有全球联系的、反对霸权主义的并在社会层面上逐渐接受新自由主义模式的政治学者体系。[7]

拉丁美洲与美国

拉丁美洲过去和现在都被认为是美国的"势力范围",实际上,它常被称作是美国的"后院"。1823 年"门罗主义"公开宣称其原则是"美洲是美洲人的美洲"(在美国的领导下),再加上 1904 年"罗斯福推论"的补充,赋予了美国干涉以维护文明结束野蛮的权力。[8]

美国在拉美的利益随着拉美国家内部发展以及欧洲势力的扩张而变化。[9] 因此,当国家主义者力量扩大时,其利益就扩大,利用军队干预来支持受到威胁的政权或者用更符合美国利益的政府来替代它们。[10] 30 年代由于参加欧洲战争的需要,美国开始采取措施抑制纳粹势力的发展。冷战期间的拉丁美洲被视为相对稳定并且没

有受到世界共产主义浪潮的影响,但左派国家主义在危地马拉的发展和1959年古巴革命引起了美国对该地区共产主义革命势头蔓延的恐慌。[11]肯尼迪-约翰逊政府将古巴革命视为对美国利益的政治威胁,据副国务卿乔治·鲍尔所言,这是一种颠覆、"破坏和恐怖"的活动。[12]美国的目的是增强拉美国家抵御共产主义颠覆活动的能力。肯尼迪总统的"进步联盟"通过增加对拉美洲国家的援助额来支持社会公平正义的"发展"——但除了支持并鼓励友好政权的发展之外并未起到太大的作用。1962年也有人表达了同样的观点,认为"进步联盟"预示着美国对激进改革和社会正义的支持进入了一个新时代,但他也表达了对于同"门罗主义"原则(与"非美国"政策相反)和同盟互相矛盾的政策的恐惧。[13]

除了安全利益,美国在拉丁美洲还有巨大的经济、贸易和金融利益。1960年艾森豪威尔总统访问拉美时,其代表团夸口在1945到1960年期间,美国企业在拉美投资了90多亿美元,美国政府的贷款和拨款也达到了40亿美元。[14]1880年美国在拉美的直接投资仅有1亿美元,1914年时增加到了17亿美元,而英国那时的投资为37亿美元。[15]到1929年时,美国以35亿美元成为拉丁美洲最大的外国投资来源,占到了拉美外国投资总量的35%。[16]到50年代后期,美国向国外的资本输出有30%都流向了拉丁美洲。[17]据美国内政部的统计,拉美向美国出口中战略原材料占到了很大的比重。如美国99%的铝土矿、36%的锰矿、60%的铜、43%的铁矿、31%的铅矿、35%的锌矿和31%的原油都来自拉丁美洲[18],并且20%的美国对外直接投资收益来自拉丁美洲。[19]

智利十分依赖于美国公司的投资、政府的经济援助和主要的金融机构——通过这些金融机构,美国施加了巨大的影响——从金融发展到贸易,再到维持经济运转。到1970年时,美国的直接投资刚刚超过10亿美元,而总共的海外投资为16亿美元左右。超过一半的美国私人投资都集中于采矿业,其他主要针对有能力支付的人,如智利中产和中上阶层的生活消费品生产。在铁、钢和金属制品,烟草,汽车生产线和制药等领域内美国控制了超过 60% 的资产。而智利对外贸易额最大的产品——铜,美国控制了 80%。[20] 总体而言,智利的工业和贸易对美国的依赖程度很高,使其经济在面对外来控制和制裁时十分脆弱。美国在世界银行、国际货币基金组织和美洲发展银行的影响力更增加了美国对智利的控制,美国能用各种方式影响智利国内不符合美国利益的政治变动。当 1970 年 9 月萨尔瓦多·阿连德当选为智利总统后,尼克松总统下令中央情报局来"使(智利的)经济尖叫",他指的是利用一些施压手段。[21] 正如佩特拉斯和莫利所说,"这块与外部相关联的'飞地'(指智利工业和采矿业)实际上是那些经济发达国家的'人质'"[22]。

美国国内拉美研究的发展

学术界对于拉丁美洲的兴趣是紧紧跟随美国政府和经济利益的,并且表现为整体上支持美国在该地区的目标。海伦·德尔帕说,美国政府在拉美的利益创造了对于该地区经济、政治和文化的专业知识需求。这种利益的重要作用清晰地塑造了拉美研究的特征。[23] 马克·伯格建议拉美研究"要同美国在拉丁美洲和世界其他地区的扩张紧密相连",并且"便于促进和维持美国在美洲霸权地位的体制、组织、国际关系和政治经济结构的建立和发展"[24]。

主要受美国国内利益的影响,拉美研究的兴起和发展取决于联邦政府和基金会拨款的数量,因此是零星且不成系统的。[25] 有意思的是紧随"卡米罗特计划"曝光后于 1965 年成立的拉美研究协会(LASA),是一个联结学术界和政府的重要组织。[26] 同样有意思的是,拉美研究协会的首届主席是卡尔曼·希尔沃特,不久之后他以拉美项目顾问的身份加入了福特基金会。希尔沃特是一位社会学家，他同基金会在智利的项目以及圣地亚哥下级军官介入的后军事政变的绝望情势脱不了干系。希尔沃特在军事政变中保持着"绝对自由"的姿态，并且代表着福特基金会在智利的利益。本章的后边部分，将对1973年9月11日后自由主义者们所处的极其困难的境地进行细致分析，以及他们如何策划让军政府允许政治民主转型后的道路的。

不管被人称作"西属美洲"还是"西班牙语美洲"，还是从19世纪中期起被叫作拉丁美洲，美国人对于南部土地的垂涎由来已久。[27]但直到20世纪，现代大学的兴起才在美国出现了拉美研究——着眼于拉美的历史、人类学和地理。20世纪末，拉美研究学科才建立起来。特别是在20世纪30年代到70年代，这一学科取得了巨大的发展。德尔帕说明了对该地区的学术兴趣是如何密切地受外部"威胁"的影响，间接地暗示了知识和权力之间的共生关系。[28]

海伦·德尔帕提供了令人信服的证据证明，联邦政府和私人基金会从50年代后期开始就别有用心地建立拉美研究体系。在1958年《国防教育法》的指导下，联邦政府开始将50%以上的经费用于建立基于语言的地区研究中心。到60年代中期，《国防教育法》经费中的30万美元被用于发展几个大学的拉美研究中心，包括加州大学洛杉矶分校、得克萨斯大学、杜兰大学、佛罗里达大学和哥伦比亚大学。其他的政府资金来自《富布赖特-海耶斯法案》（即《教育与文化平等交流法案》）、国家人文基金会、国家科学基金会、美国国际开发署（USAID）和国防部。资金的用途是多样的，包括对大学生语言培训、研究旅行、博士和硕士奖学金以及资助人文和社会科学的学术会议。[29]

尽管卡内基公司50年代在拉美研究领域最为活跃，但在此后被

第七章
冷战中的主要基金会、拉美研究和智利

福特基金会超越。尽管如此,卡内基公司向康奈尔的研究和训练项目及"美国学术团体协会—社会科学研究委员会"(ACLS-SSRC)提供了50万美元的拨款来提升拉美研究水平。拉美研究联合委员会于1959年在"学术团体协会—社会科学研究委员会"的要求下为了促进实地研究而成立,在5年中协助了55人。联合委员会的重中之重便是建立联系网络——包括在美国国内的拉美学者和拉美当地学者的内部以及两者之间。为了资助斯坦福法学院卡尔·斯佩思的一项实地调查,福特基金会于1962年斥资100万美元建立了包括加州大学伯克利分校、洛杉矶、哈佛、哥伦比亚、得克萨斯和明尼苏达在内的大学之间的教员交换网络。1963年进一步投资了150万美元来资助博士后研究,包括在国会图书馆增加研究资料、培训图书馆专家和康奈尔大学的拉美研究项目(55万美元拨款)。福特向佛罗里达、得克萨斯、斯坦福、杜兰和威斯康星大学以及布鲁金斯学会和联合委员会投入了百万美元。布鲁金斯学会和联合委员会自1963至1971年投入了130万美元,使其成了为拉美研究"提供帮助的基金会主要资助对象"[30]。拉美研究学者们创办了一份名为《拉美研究评论》(*LARR*)的期刊,并创立了一个名为拉美研究协会(LASA)的全国型组织,分别收到了福特基金会4万和10万美元的资助。[31]

发展知识网络进而扩大势力这一主题,在后续的报告中也有提到。福特基金会的"000100号报告"为基金会在拉丁美洲社会科学项目的核心目标做了很好的总结,值得大篇幅地引用。学者们在非洲和非洲研究上也表达了相同的担忧。范德堡大学和霍普金斯大学教授、福特基金会拉美项目副主任、美国驻哥伦比亚大使(1966—1969年)雷诺·卡尔森撰写的备忘录直白地解读了福特基金会的核心问题。[32]他展示了1960—1966年福特基金会对拉美社会科学的资助规模:经济学占到资助总额的25%(530万美元中的130多万美元)。在此地区内的几个国家有几个优质中心受到了资助,包括热图利奥·瓦加斯基金会和巴西圣保罗大学的经济系(两者也都接受了美国国家开发署的资助),以及阿根廷的布宜诺斯艾利斯大学、科尔多巴国立大学和图库曼大学。[33] 然而,同经济学家的情况恰恰相反,他对于社会学家和政治学家的匮乏感到惋惜。他认为问题在于"社会学家至多算是不可信的人",在区域分析章节中他指出,他们总是在"马克思主义框架"下进行研究,使他们"更加不可信"。然而"社会发展"是一个"新的领域",包括社会各个阶层的不断整合和参与,特别是当拉美从"传统的农耕式、等级森严的、寡头政治的、家长式管理的社会变为城镇化、工业化、契约的,并且很有希望是民主的社会"。福特基金会如何才能"参与到这一过程中并且能尽量加快这种转型",特别是其"转变的方向和速率"? 卡尔森同时也提出了如何使过程以一种"有秩序并不断前进的"方式进行,而且能足够灵活地来"处理由此产生的紧张和压力"这一问题。[34] 转型将会产生"紧张状况",除非"能在早期就被发现……否则将会恶化并产生不能在现存**政治和法治系统中**被解决的紧张和状况"。社会学家的研究发展的作用是四个方面的:鉴别"紧张状况";"分析造成这些状况的原因";构想"根除或者至少在实质上缓解这些紧张的"对策;最后分析此种对策的成本。"社会学家的作用并不在于提供规范性判断,而在于提出解决问题的可能方案并且告知决策者可能产生的成本。"[35] 这是一种社会学家作为非政治性技术官僚的经典论述,充满了美式的关于何为"好""民主"社会的假设——没有革命动乱和不受约束、混乱的变革。在他备忘录的最后一部分,卡尔森建议美国社会学家应更多地同拉美社会学家合作,因为"紧张局势并不是总能量化分析的",因为错误的分析将会导致对紧张局势的误判,并导致错误的解决措施。甚至连"基本研究"都是基于上述任务的:社会数据的匮乏——例如在

第七章
冷战中的主要基金会、拉美研究和智利

人口、城镇化以及农业改革领域——意味着无法甄别有严重政治影响的社会弊病。[36]

鉴于对智利"卡米罗特计划"的关注，卡尔森的报告展示了福特基金会同美国政府目标之间的密切关系——首先，这是以社会科学作为一种援助方式、公私皆有参与的维护并发展美国"国家"利益的手段；其次，使社会学家们变成情报来源，为未来可能发生的军事或其他类型的介入做准备，从而保证社会问题能在美国获得大量既得利益的"现存政治和法律"秩序中得以解决。

然而不可避免的是，鉴于美国社会和权力在60年代遭遇危机，美国政府和基金会在建立知识联络网这件事上产生了严重的紧张和骚动。这在建立非洲和亚洲研究体系过程中都有发生。拉美研究协会创立于1965年，当时"卡米罗特计划"的警钟仍声犹在耳。但是，拉美研究专家，尤其是那些同"当权派"关系很近的，大部分都相当保守：他们适度激烈地批判古巴1959年的革命轨迹，并且寻求通过外国援助来发展资本主义经济的方式来阻挡共产主义势力的扩张。著书立说鼓励激进的年轻一代学者质疑"拉美研究协会"的精英主义、同美国政府的亲密联系和其在美国干涉多米尼加共和国中的软弱，与此同时，对阿连德政府进行封锁的任务……落到了像威廉·威廉姆斯和怀特·米尔斯这类拉美研究学界之外的激进学者身上。[37]新建立的组织——包括"北美拉美研究大会"一直抵制"拉美研究协会"并谴责美国在此地区的支配地位，但它们从未得到过福特基金会的资助。[38]

智利项目

在瓦尔德斯对"芝加哥男孩"引人入胜的描述中，福特基金会对于资助智利社会科学表现出了不成熟、无知和中立。尽管瓦尔德斯阅读了某些珍贵的福特和洛克菲勒基金会文件资料，他仍得出了此种结论。瓦尔德斯的注意力主要集中在芝加哥大学经济系，以及其忠实拥护者们向"国际合作总署"提交的报告。然而，我在阅读了基金会文件后，却质疑瓦尔德斯的观点，并且认为他过于轻信基金会代表们所称的他们在智利的作用。[39]

正如前边所说的，美国国家战略在于削弱并最终替代依附理论。南美依附论——有各种不同的倾向——主要是要求在国家领导工业化的基础上，促进民族资本主义经济的发展，对进口商品实施高关税，并促进进口替代、福利国家等的发展。[40]这一理论的实施意味着美国同拉美和智利的贸易会受到制约，对于外国资本征收高税，间或对外国投资进行国有化，实行固定汇率，并严格限制跨国公司收益流回国内。

联合国拉丁美洲经济委员会支持依附理论，该理论由劳尔·普雷维什提出，他曾担任阿根廷央行行长并自1951年起开始担任拉美经济委员会的负责人。为了阻挠拉美经济委员会这一被美国政府视为过于左翼的组织，美国采取了双管齐下的策略：首先是通过美洲国家组织；其次是通过在美国国际合作总署提议下所建立的芝加哥大学—天主教大学建立的联系，来资助自由市场经济。[41]洛克菲勒基金会和福特基金会多年来一直为国际合作总署/国际开发署提供支持。它们同时也在帮助智利大学的经济学发展，其经济学思想更倾向于依附理论学派，并且为政府各部门提供了左派和中间派经济学家，包括20世纪60年代中后期的爱德华多·弗雷和70年代初期的阿连德。然而，值得注意的是，两所学校的思想都不是单一的（包括教员和学生在内），也对其他学派兼收并蓄。

福特基金会在智利引起了一系列政治偏见，1969年因福特要求在学校改革计划委员会要有基金会代表，以此作为拨款的前提，这也激起了守旧"规范"学校中"马克思主义教师团体"的抗议。除此之外，福特基金会同基督教民主党和弗雷政府（1964—1970）以

第七章
冷战中的主要基金会、拉美研究和智利

及同与该党和政权关系密切的天主教大学、巴内切亚中心和国家研究委员会（CONICIT）关系过于密切。[42] 彼得·贝尔在他对福特基金会1970年在圣地亚哥办公室的报告中也指出了弗雷政府的"温和"特征及其对"深入的经济和社会改革"所做的尝试，尽管最终其绝大多数承诺都未能兑现。由于"我们的机构不出所料地受到了基督教民主政府的自由派、技术官僚和改革家们的欢迎……为他们的项目提供资金援助"，包括教育和农业改革和区域及城市规划。[43] 这的确也加深了福特保持其所说的非政治性特征。然而，1964年弗雷的总统竞选却受到了中央情报局和其他美国政府机构的秘密帮助。[44]

对于福特基金会来说，"政治性"一词需要加以一定说明。尽管政策导向型的研究是建立在大额拨款基础之上的，福特基金会尽量避免参加公开的社会科学家们的党派—政治性活动。受政策影响的研究被定义为非政治性的、官僚技术性的：它能够并且将会为官方决策者提供政策建议的基础。然而，同学术上对立一方的选举、党派和意识形态之争往往会引起左派，甚至右派的怀疑。福特基金会希望，能将"美式"的受政策导向的社会科学家的模式嫁接到智利，能摒弃意识形态和政治（的偏见）而通过其专业知识来为所有主流政党或政府提供"客观"政策。其蕴含的意义就是，客观、不带偏见的科学知识是可能的、受欢迎的、卓尔不凡的，并且是发展现代国家、政治和经济的必经之路。从另一方面来说，政党政治是建立在权力之上的，因此是腐败、分裂和不稳定的源头。这种分析根植于19世纪晚期20世纪初期的美国，那时的美国精英们积极参与"寻求秩序"来作为结束政党斗争、"分肥"政治和"大多数人的暴政"的方式。也正是出于这种狭义的概念，福特和其他美国基金会自称为非政治性的。因此，它们所期望并设定的多元化、专业的智利社科团体从任何方面来说都是非"政治性"的——通过施加影响来左右结果。它们被作为满足"现代化"客观需求的"技术上的"微调和发展。

据彼得·贝尔所言,福特基金会1960—1970年在智利赞助的项目达到了2250万美元。截至1970年,福特资助了"接近一半在美国攻读博士学位的智利学者"[45]。约300万美元被直接拨给(私立的)天主教大学,300万美元被拨给(公立的)智利大学。[46] 除此之外,100万美元用来支持加州大学和智利大学之间特别是在硬科学和工程学方面的合作。[47] 贝尔承认福特并没有为共产党领导的国立技术大学拨款,尽管其在读学生人数是私立的天主教大学的两倍。[48] 其他的福特基金会官员也承认对于马克思主义或者是共产主义的学者们提供的奖学金很少。[49] 这也充分显示了福特在智利,特别是在圣地亚哥(因其密集的国际组织办事处而被贝尔称为"拉丁美洲的日内瓦")的多元主义、学术机构和对未来展望的伪装之下,其建立互补性基础的真实意图。[50]

从大量驻圣地亚哥和纽约的基金会官员的报道、备忘录和通信中,福特基金会在智利经济方面的目标可见一斑。这些大量的文件极为清晰地记录了包括福特基金会在经济发展领域的目标和策略——在圣地亚哥这一为整个拉丁美洲服务的地区网络中心,主要是培养经济学家,尤其是训练学生和教员以及制造该地区"样板"方面的网络构建和制度补充。在策略发展的同时,"多元主义"这种说法也传播开来,它对福特基金会官员们有着特殊的意义。在这里,"多元主义"的目的不在于激烈竞争或极端自私,而在于鼓励社会科学家,尤其是经济学家之间的学术竞争和讨论。关于政府或市场在经济政策中的作用,这些经济学家们的观点可能是不同的,但仍能通过辩论来保留各自的意见。即多元的辩论是基于理论上、方法论和分析技巧以及专业发展上的共同基础,它能够将政见不同的学者们凝聚在一起。经济学是超越政治和意识形态的科学,因此现

第七章
冷战中的主要基金会、拉美研究和智利

代学者也应该如此进行研究。福特基金会的多元主义是片面的：它在理论上并没有那么充满竞争性。其次，它将马克思主义者和社会主义者排除在外，对于福特基金会来说，多元主义主要包括右派的"芝加哥男孩"和左派的主流南美依附论者。这是一种在经济模式和可能的经济发展道路之间划分界限的、被削弱的多元主义，主要是资本主义特征的，辩论也是围绕国家和市场的角色来进行的。

"芝加哥男孩"最终不出所料地为皮诺切特的军政权提供了咨询——这并非福特在南美推广"多元主义"的目的。对于左派（以及中间派）来说，福特学者们在各个方面都受到了迫害——被军政权免职、流放并边缘化。福特基金会对于经济学家的投资——包括右派、左派和中间派——是受基金会在各个方面严密保护的。基金会在军政权过后的四年仍持续资助天主教大学的经济学发展。同时为了挽回其投入，发展了一系列项目，并妥善"安置"它们，为军事镇压而削弱的未来打好基础。然而重要的是，基金会并不认为它在创造两个相互排斥的经济学分支——而是始终在强调学生和教员之间政治意识形态的弥合。

在整个技术官僚议程的背后，是一种影响深远的假设——理智的社会科学发现与探索，特别是在数学基础上的经济学，是普适的，不论什么时间和地点都适用。依据此种方法，可以在一定程度上因地制宜，但要保证模式整体的效用。经济学是科学的，其研究成果是规律，因此从根本上是不容置疑的。这也清晰地展现了对于什么是"正常"的经济模式的一般假定——一种能够物尽其用的开放经济，能够反映"相对优势"，能够促进相对的自由贸易和互惠互利。这也正是关贸总协定（GATT）所倡导的：在开放的世界体系中的国家平等。[51]

下一部分将阐述"芝加哥男孩"计划的发展和影响以及美国基金会在其中的作用。同时也分析基金会对于南美依附论经济的补充

以慈善的名义
美国崛起进程中的三大基金会

性支持及其作用。两个计划都充分反映了各基金会主要的但又并未明确表明的意图：建立能长期存在的强大技术官僚体系，并通过此种体系对国家经济政策施加影响，逐步推行美国的霸权主义。正如福特基金会在圣地亚哥的代表彼得·贝尔在1970年所说的那样，在农业拨款中，尽管耗费了150万美元的"积极投入"和"一系列的合作"，但收效甚微。[52]

然而，福特基金会是一个"上进的组织"，它允许（一定的）讨论和辩论的空间。一位支持依附理论的经济学家奥斯瓦尔多·森克尔在1973年12月的基金会"自我反省"会议上指出，在智利军事政变、越南战争、水门丑闻和发展计划失败的背景下，"当帝国的势力发展遭遇重重阻碍时，它便开始反省自身"[53]。由于皮诺切特军事政权边缘化对智利学者们有重要影响，下面部分将会考察其对福特基金会的影响。

"芝加哥男孩"计划

从属于"少数被围困的群体"经常会导致内向的、紧密联系的抱团，在形式上变得狂热和极端，并沉浸于一种团队准则之中。这是"芝加哥男孩"和他们的导师们在70年代将智利转变成新自由主义实验室的方式[54]，也是加州大学"伯克利男孩"计划的运行方式。作为一个"外国"机构，它致力于在中央集权的背景下、站在自由企业资本主义的反面推动自由市场和私有化，它在五六十年代发展了一种近似种姓制度的心态，直到苏哈托的崛起。即便是在苏哈托的统治下，"伯克利男孩"之间仍保持了紧密联系，也因为他们的内部联系过于紧密，最终没为组织注入新鲜血液。

由于"芝加哥男孩"计划的主要故事架构为大多数人所熟知，因此这里将只作简要叙述，为的是强调一个被人忽视的观点：基金会在培养左右派智利技术官僚经济学家上起到了辅助作用，且从长远来讲，在新自由主义全球化时代促进了经济策略的统一。

第七章
冷战中的主要基金会、拉美研究和智利

构建"芝加哥男孩"计划对于美国政府和主要基金会意义重大。瓦尔德斯认为，该计划的核心在于通过建立与智利企业家阶层紧密联系的"知识分子精英组织"来打击依附理论在智利乃至整个拉美地区的统治权。这一"计划"最初由美国国际合作署拉美部的领导人阿尔比恩·帕特森提出。[55] 尽管这一计划曾被智利大学否定，帕特森还成功促成天主教大学同芝加哥大学经济学家们的合作，以便在几年之内培养最优秀的智利学生获取博士学位。结束了在芝加哥大学的学习后，这些毕业生回到天主教大学并建立起了受芝加哥大学影响的经济学学科。芝加哥大学同时也派遣了几名教授到圣地亚哥进行关于智利经济的研究。[56]

从1956年到1964年之间，美国国际合作署/国际开发署向芝加哥大学—天主教大学的研究项目拨款80万美元，主要用于资助驻圣地亚哥的芝加哥大学学者的研究以及为到芝加哥大学学习的研究生提供帮助。[57] 截至1963年，在全部13位天主教大学的经济学家中，有12位曾在芝加哥大学学习过。[58] 这些训练是高强度的并且个性化的：泰德·舒尔茨、米尔顿·弗里德曼和阿诺德·哈伯格以及其他学者，十分关注学生的福利、家庭和智力发展。参加这一项目的学生通常会获得工作机会，并且要参加每周例行的研讨会探讨智利经济问题和解决方案。哈伯格曾邀请学生到家中做客。作为研究助理的学生们能够获取关于智利经济问题的第一手信息，以及如何解决这些问题的"正确"思考方式，例如，通过市场手段。正如他们其中一员曾经所说那样：在芝加哥大学接受教育意味着接受"能做出正确决定的恰当知识"。智利是研究不发达问题的"实验室"——特别是通货膨胀的解决措施、货币供应及相关问题、农业问题、汇率问题、贸易管制等等。尽管有些芝加哥大学经济学者承认他们对智利一无所知，但他们对于促进通过自由市场来解决经济问题的热情却是无限的。[59]

以慈善的名义
美国崛起进程中的三大基金会

除了天主教大学和芝加哥大学间的合作关系,瓦尔德斯同时指出了其他的例外情况:比如并非所有的天主教大学学生都去的是芝加哥大学(也有去哥伦比亚大学和哈佛大学的)。他同时指出,某些"芝加哥男孩"是在智利大学进行研究,而非天主教大学。因此,从项目最初的目的来说,为了植入某种特定的经济意识形态来培养智利新自由主义经济学家所作出的努力是超出预估的。[60]

有关美国基金会的目的性,瓦尔德斯未能阐述。在瓦尔德斯看来,各基金会就"存在"于这些背景之内,而非刻意追求自己的利益。他始终坚持认为,基金会并不知道国际合作总署和国际开发署在做什么,比如对抗联合国拉丁美洲经济委员会的中央集权观点。基金会的记录并不能证实此种解读。例如,洛克菲勒基金会在1956年向天主教大学的经济学项目拨款50万美元。与此同时,洛克菲勒基金会向智利大学经济学项目捐助了100万美元。下面将主要对后者进行阐述。

将芝加哥大学的经济学家们、国际合作总署和私人基金会联系起来的关键即"人力资本发展",这一概念对经济发展至关重要。这种观点并不复杂,即对人的投资能产生回报,因为受过良好教育的人能创造财富、解决问题。这并不是一个新的观点,但它与芝加哥大学经济学家们的利益和国际合作总署的管理者的观念相吻合,他们希望把依附理论在拉丁美洲的边缘化作为促进市场经济复苏的一个基础。各大基金会对教育在转型和发展中的社会重要性也是十分认同的。由此产生了一批新自由主义的智利经济学家——他们对芝加哥大学的导师比对他们天主教大学的经济学家同胞更忠诚。比起国家主义者,他们更关注国际货币基金组织的经济策略。他们的经济学观点招致圣地亚哥大学经济学家同事们的反对,也使"芝加哥男孩"更加疏远,同时强调瓦尔德斯所说的自身"在内部利益集团中的自主性"。"芝加哥男孩"更加坚持自己信奉的"经济学"、

第七章
冷战中的主要基金会、拉美研究和智利

真相和他们的母校。皮诺切特掌权时,"芝加哥男孩"利用这次机会推动经济转型并忽略了其他任何方面。他们的时代到来了。[61]

到 1963 年的时候,"芝加哥男孩"的势力控制了天主教大学,阻挠雇用其他"传统"的经济学家来平衡他们的影响。塞尔西奥·卡斯特罗是"芝加哥男孩"中毋庸置疑的首领;卡洛斯·马萨德则认为芝加哥计划改变了经济学技巧,使其能顺应个人党派偏好的差异,他后来回到了智利大学工作。他们一同取代了查纳教务长的职位。智利大学认为"芝加哥男孩"计划是基金会持续资助的原因,因此不遗余力地帮助他们。福特基金会负责将天主教大学的经济系改造成整个地区的培训中心。除此之外,阿诺德·哈伯格计划将芝加哥男孩派遣到各地区自由市场经济培训中心以扩展其影响力,也赢得了认同。因此,这些项目囊括了阿根廷的"库约计划"和哥伦比亚的瓦里大学。

瓦尔德斯展示了各美国基金会在智利经济学发展方面的"巨大影响"。例如,在福特基金会和洛克菲勒基金会的共同努力下,智利的经济学家人数从 1960 年的 121 人增加到了 1970 年的 727 人。同时,研究所数量也从 1960 年的 4 所增加到了 10 所。[62] 讨论中的经济学家也受到了更好的训练,尤其是在定量分析技巧上。福特基金会向天主教大学和智利大学的经济学家们分别拨款 55.2 万美元和 130 万美元。

对于瓦尔德斯的两个结论我是无法苟同的:首先,福特基金会"并不知道"国际合作总署/芝加哥大学同"联合国拉丁美洲经济委员会"的观点有许多冲突,他认为福特基金会在资助智利经济学发展的时候保持着意识形态上的中立,因此资助模式亦是如此。在他的第一个结论中,瓦尔德斯承认福特官员们知晓"芝加哥男孩"的意识形态偏见,但他们对此并未表示反对。这个结论证明了瓦尔德斯对于"意识形态"这一概念的狭隘理解。瓦尔德斯认为左派/依附理论的经济学和右派/新自由主义的经济学是相互对立的，并且只看到了资助对立双方的基金会，就认为它在意识形态上是中立的。他承认拉丁美洲的主要目标是对抗马克思主义，因此福特基金会对于"芝加哥项目"产生的对抗马克思主义模式的理性分析方式并不会加以制止。除此之外，瓦尔德斯对于洛克菲勒基金会在其中的作用只字不提。洛克菲勒基金会的记录证实了在 1956 年 10 月，它的官员们曾同"美国在智利行动任务"的负责人阿尔比恩·帕特森进行了会面，以讨论芝加哥—天主教大学经济学项目。在一次会议中，帕特森指出同大学建立联系是大有裨益的：芝加哥大学"一方面在研究方法上是理论性的，**同时在政策上又是市场价格体系的坚决拥护者并以此来对抗国家社会主义**"。帕特森认为这一观点需要在智利多加强调"（强调为笔者所加）。当帕特森指出他对于"接受芝加哥—天主教大学项目教育的人可能会去从商，而不是从事教学和研究工作"的"担忧"时，洛克菲勒基金会的官员回应他，"已经同芝加哥大学的舒尔茨（经济系主任）讨论过此问题"，洛克菲勒基金会通过向从芝加哥大学学成归来的学生提供研究基金，以此作为国际合作署项目的补充。[63] 实际上，在同泰德·舒尔茨会面时，基金会的官员们认为，基金会应当更多地参与到芝加哥—天主教大学的项目中去，但国际开发署已经"很好地制定了"安排。洛克菲勒基金会寻求在其研究经费投入中获取"巨大的回报"[64]。为了阐释这一观点，舒尔茨否定了要"兜售"任何意识形态的目的，并向洛克菲勒基金会的官员们重申了拉丁美洲的主要问题在于："政府任意的干涉……和他们将经济增长置于解决通货膨胀问题之前。"[65]

在上述会议之前，洛克菲勒基金会收到了芝加哥大学关于合作项目的第一份报告。报告的内容很清楚：芝加哥大学正在组建研究团体，并且也在通过劳工报纸、期刊文章再到"大众经济学教育系列"，来向更广泛的大众群体宣传新自由主义奉行的观点——"货币

第七章
冷战中的主要基金会、拉美研究和智利

和通货膨胀……价格调控"等。报告指出，这一项目的顾问包括智利大学经济学研究所的所长约瑟夫·格伦瓦尔德，以及联合国拉丁美洲经济委员会的智利代表乔斯·马约伯雷等，他们都"看好这一计划"。[66] 如果不能表明芝加哥大学将要参与一些政策相关的研究，会不可避免地引起政治争论，报告指出了"两难困境"：智利的经济问题要求"中立的研究"，但与此同时存在这样的政治争论。因此天主教大学的经济学家们，要在"高度相关的经济研究"和"政治宣传"之间划一道微妙的界限。解决措施即进行客观的"事实收集"，来为智利经济增长提供有用的数据。[67] 总而言之，参与政治斗争中经济辩论的目的是显而易见的，然而洛克菲勒基金会官员的回应便是为天主教大学经济系的建立提供额外的资金帮助。

除此之外，智利大学经济学家——依附论者——并不像瓦尔德斯说的那么激进。整体来看，天主教大学和智利大学的项目是相互补充而非相互竞争的，福特基金会也这么认为。的确，有许多智利大学经济学家进入了弗雷政府——一个被福特基金会、中情局和天主教教会所支持，并且是公开的改革者、左派的坚决反对者，这也直接证明了在两种经济学学派间并无意识形态的分界线。[68]

瓦尔德斯认为福特基金会高估了天主教教会的多元主义。然而，福特和洛克菲勒基金会认为多元性存在于相对分散且自主的各个机构的经济学家身上，基金会也希望能够促成他们之间的合作；而他们之间合作的障碍在于各自拥有的党派偏见——他们效忠于不同的敌对政党。后来，军事政变后党派偏见的问题得到了"解决"。

"芝加哥男孩"的势力在接管了天主教大学经济系后不断扩大。但他们还需要在智利商界提升自身的权威性，并且变成国际合作署计划的那样——成为商人阶层的智囊团。20世纪60年代的学生抗议运动使其他大学瘫痪了，然而他们通过控制自己的学生巩固了权

威。除此之外，包括基督教民主党在内的智利社会极端化政党也在弗雷政府上台之后结成了一个较大的反对国家干预的阵营。随着阿连德的当选及没能通过宪法罢免他，"芝加哥男孩"早先看起来奇怪的理念，在智利企业家眼中也逐渐变得现实起来：政治危机使一切变得清晰。"芝加哥男孩"的经济理论开始得到商人们的重视，他们也成了自由经济的先驱。因此，他们参与到公开的大众媒体的宣传之中，还在密谋计划促成军政府统治下的经济改革。1970 年 9 月阿诺德·哈伯格指出，智利的精英们进行了深刻讨论，得出只有军事政变能停止阿连德的"马克思主义"计划的结论。"芝加哥男孩"在这一时期处于核心地位，并为军政权提供未来经济思想和规划。[69]

"依附论"经济学和基金会

前边提到，福特和洛克菲勒基金会给智利大学经济学家的拨款比天主教大学多，也就驳斥了只有"芝加哥男孩"被重视的观点。狭隘的补足性和多元性成了基金会内部提到圣地亚哥时最重要的经济学学术机构的时髦词汇。除此之外，基金会的记录显示，从 50 年代开始，智利大学的经济学也遵循了技术官僚路线——在教学和研究中尝试为"独立"判断提供"稳固"基础。同一般认为的智利大学经济学家是从根本上反对资本主义的观点不同，经济系的学者们并非只为政府服务，他们同包括福特汽车集团在内的几个大型跨国公司和私人企业都有合作。[70] 最后，智利大学经济系的作用大致被描述为产生了美国国家经济研究局（NBER）的研究成果，这也是芝加哥大学泰德·舒尔茨所明确指出的天主教大学计划的主要成果。[71] 智利大学经济系主任路易斯·埃斯科巴在皮诺切特的内阁中被任命为财政部长（1984—1985），他曾于 1961—1963 年担任亚历山德里总统的经济部长。[72] 下文将展示基金会的记录，这些记录显示了圣地亚哥两派主要经济学家都倾向于技术官僚式的做法。

第七章
冷战中的主要基金会、拉美研究和智利

智利大学的其中一个重要人物是约瑟夫·格伦瓦尔德,他是一位美国经济学家,同时也是经济研究所的主任。此研究所在诸如"智利经济的生产力"、大圣地亚哥地区劳动力的特征、外企对智利经济发展的历史影响及智利高成本、复杂的社保系统及其对经济发展的影响等领域,因其"学术而实际"的研究被洛克菲勒基金会重视。[73]这些研究数据对智利的经济政策制定者们十分有用,并且"为拉美经济学家的培养注入了现实主义"[74]。洛克菲勒基金会在1957—1961年内为智利大学总共拨款三笔,总额达到了25万美元。

格伦瓦尔德通过引用经济研究所对公共政策和其1956年对政府反通货膨胀项目的研究来证明研究所的技术官僚式和"客观性"的行事方式。其中1956年的政府反通胀项目因其可能对就业水平产生影响而引起了一定的政治紧张。在没有数据支撑的情况下,政客和媒体认为这一项目可能导致大规模的失业。经济研究所的劳动力调查发布了第一份关于失业率的数据,这一数据被各方看好,也被全国媒体性大量报道。同泰德·舒尔茨所指出的两难境地相呼应的是,格伦瓦尔德认为经济研究必然会有"政治导向",但必须要为社会利益和公共讨论服务。[75]这个立场与各基金会思考是一致的——只要此种导向并不质疑市场经济社会的权力结构。格伦瓦尔德的经济研究所也出版"经济学通俗读物"并传播它们来"启蒙公共舆论"。[76]

格伦瓦尔德将保罗·萨缪尔森和乔治·斯蒂格勒的新古典主义经济学与瓦西里·里昂惕夫和莱昂·瓦尔拉斯的定量经济学传授给智利大学的学生们。他也传授凯恩斯、约翰·希克斯和罗伊·哈罗德的思想,马克思的思想却不是他的授课内容。格伦瓦尔德的助理主任卡洛斯·马萨德曾在芝加哥大学接受培训,更加凸显了智利大学和天主教大学经济学家之间的交叉重叠。[77]值得注意的是,福

特基金会的威廉·卡迈克尔指出,尽管"(福特基金会)所有的项目在政治上都十分保守……项目的参与者却感觉智利大学的经济学和管理都在左派势力的控制下"。除此之外,直至1965年,基督教民主党人卡洛斯·马萨德都一直担任经济研究中心的主任。[78]

从某种程度上来说,智利大学和天主教大学之间存在着政治差异——后者更加保守,前者更加倾向于中立派。鉴于智利学术界政治化的色彩,这种差异被学者们放大,特别是当学者通过寻求政党赞助来作为提高收入和获取政府职位的手段时。然而,福特基金会的报告,特别是后来成为基金会圣地亚哥项目官员的美国经济学家约翰·斯特拉斯马所写的那些,智利大学的经济学家愿意供职于任何中间派(弗雷)、中—右派(依巴内斯)或左派(阿连德)政府,而他们的左派形象都被夸大了,同样被夸大的还有天主教大学经济学家的"反动形象"。福特基金会于1961年向智利大学经济系拨款45万美元,洛克菲勒基金会同年也出资15万美元来协助建立服务于整个拉丁美洲的"经济学研究院"(ESCOLATINA)。斯特拉斯马强调智利大学的经济学院是圣地亚哥经济学家团体中"毫无疑问最多元的",它囊括了社会主义者、自由主义者以及保守主义者,同时也有几个"'政治冷淡的'技术官僚主义者"。[79]确实,在智利大学的确包括有奥斯瓦尔多·森克尔和佩德罗·武什科维奇在内的"拉丁美洲经济委员会"的经济学家,而他们的经济思想绝不是单一的"马克思主义"。[80]

格伦瓦尔德帮助智利大学建立了紧密联系的经济学家网络,以"吸引"福特基金会自1962年"经济研究所"同"经济学研究院"合并后的新拨款。这一目标的实现要通过"发展经济学科学研究项目,改善、促进解决问题的合理、客观分析的技术发展"[81]。斯特拉斯马认为这一项目的成功源于基金会在拉丁美洲培养了162名高素质的经济学家所做出的"不可替代的努力"。这些经济学家们

第七章
冷战中的主要基金会、拉美研究和智利

在毕业之后回到自己的国家,有的成了老师,有的则成了政策制定者。然而斯特拉斯马并不满足于这些成就,他希望继续加深并扩展这一项目。通过吸引更多的学生,将经济学研究院打造成一个高端研究场所,甚至是经济学网络的中心,使其"不仅在组织方面,还要通过其成员直接参与拉美其他研究机构的研讨会和咨询活动来引导经济学的教学和研究设计"。斯特拉斯马的任务在福特的协助下,包括将智利经济学家们和智利大学毕业生派遣到"发达国家"工作,"为认识拉美大陆的真正问题提供科学、真实的机会,并在这一核心指导下……营造研究拉美现状的科学氛围"[82]。

1965年,一系列在经济学研究院指导下进行的项目证实了智利政府和私人企业对于技术官僚式研究成果的直接应用。这些项目包括诸如对拖拉机、化学品、新闻纸、纸张、浓缩牛乳等在内的消费需求研究,交通系统研究,人口分布规律研究,各经济区域生产率研究,制造业投入及产出分析,金钱需求量化分析,收入、消费和智利储蓄率分析,等等。其中没有一个利用了激进的经济分析或方法,也没有任何一种在强有力的国家控制下的市场运作方式的政治性暗示。[83] 它准确兑现了当时对福特50万美元资助的承诺——这个项目聚焦于将智利"量化"以此来帮助"公共和私人部门"的经济发展。[84]

尽管从课程安排里能看出智利大学经济学家们对社会经济发展的关注,但找不到能从本质上被定义为充满激进政治色彩的课程。例如,1962年的教学课程包括经济学原理、社会统计、农业经济学、统计推断、经济学理论、财政政策和数理经济学等。1962年,卡洛斯·马萨德升任为经济学研究院的院长。从教师构成上看,包括了1976—1981年间在皮诺切特政府的中央银行任职的阿尔瓦罗·巴尔东,以及从芝加哥大学项目毕业的卡洛斯·克拉维尔、赫塔·卡斯特罗和詹姆斯·洛克。[85] 其他的27位出现在报告中的经济学家

的毕业院校包括斯坦福大学（赫克托·阿萨埃尔）、德国基尔大学（大卫·阿勒拉夫）、爱荷华州立大学（伊万·贝洛和科特·乌尔里奇）、哈佛大学（胡安·布劳恩、卡洛斯·乌尔塔多、特丽莎·珍妮特和罗贝托·马尔多纳多）、耶鲁大学（马里奥·科蒂斯、路易斯·弗里德里希和卡洛斯·塞普尔维达）、麻省理工学院（爱德华多·加西亚）、伦敦政治经济学院（阿图罗·伊斯利尔和伊万·雅尼兹）以及杜克大学（里卡多·拉各斯）。[86]另一份报告显示了留学教师们的资助方：在信息资料公开的18位教员中，7位受到了洛克菲勒基金会的资助，5位是美国国际开发署资助的，1位是富布赖特项目资助的。[87]占主要优势的受美国教育和资助的教工们建立起了类似于美式研究院的教学项目，并将他们的导师邀请到了"经济学研究院"。这些访问学者来自哈佛、范德堡大学（阿诺德·哈伯格，1966年）和兰德公司（德尔伯特·菲奇特，1966年）。[88]

1967年一份关于智利大学经济系学生的调查证明了此观点。例如，73%的学生认为课程过于"理论化，除了一个学生外其他人都对这种安排不满意"。学生们认为不仅课程安排没能反映"外部世界的现实状况"，在"理论分析上也存在缺陷"。同时73%的学生认为这些项目具有"意识形态色彩"。只有5%的学生认为是马克思主义的，剩下95%认为主导课程的意识形态是"资本主义的"或者"新自由主义的"。95%的学生认为项目应该将学生培养成"'改革者'而不是'现状的维持者'"。尽管听起来像是技术官僚式的研究方法，65%的学生希望接受"反映拉丁美洲现状"的教育，而不是"职业的技术效率至上的"教育[89]。似乎比起教授们能教的或是愿意教的，经济学研究院的学生们愿意学习更加激进的经济学。[90]

1972年，斯特拉斯马的一份备忘录里记载了在"社会主义经济研究"方面书籍和期刊匮乏的情况。当然，特别是在1972年，阿连德的"人民团结联盟"上台之后，更加关注"社会主义"经济学，

第七章
冷战中的主要基金会、拉美研究和智利

尤其是革命后的古巴。依附理论关于"自主发展"和"工人的基本利益"的内容也更受关注。[91]在这一点上,智利学者的政治分化变得更为尖锐,因为智利大学的教员离职去了政府或去了天主教大学。实际上,即使那个时候,拥有福特基金会项目官员和经济学研究院教员双重身份的斯特拉斯马认为,当课程安排"在深受马克思主义影响的经济学家和根据阿连德总统的竞选计划制定经济政策的委员会的控制之下"的时候,教学"受社会主义支配,但并不那么教条主义"。最值得注意的是,在里卡多·拉各斯指导下制定的课程表中,尝试加入了"经济计划的合理性以及解释拉美经济问题的全球视角"的新元素。[92]

福特官员们强调经济学研究院的成员有着"外向的视野",例如,大力发展其成员同其他经济学和管理学研究机构的关系,目的是利用福特基金会"议价的能力",来强调未来基金会的捐助是同在智利大学及其所在的更大团体的社会经济学科内部建立更为理性和密切的联系这一目标息息相关的。这不仅清晰地表明福特基金会改变某些经济研究和教学的复杂机构的愿望,也展现了将福特的投资物尽其用的计划。上文引述的回忆录表明福特基金会知晓洛克菲勒基金会和美国政府准备资助智利大学公共管理研究的信息。1965—1966年,洛克菲勒基金会向天主教大学和智利大学的经济研究项目提供了20万美元的帮助。这一援助的目的也在于将圣地亚哥打造成"国际中心"。[93]

这样的目标——建立外向型的"社会科学研究机构联系网络"——在20世纪70年代继续发展,尽管学术界内部出现了严重分化。[94]斯特拉斯马认为,在经济学研究院,教学并不是"严格的宗派主义或遵守其中一种社会科学学说",有利于圣地亚哥的思维混合碰撞。经济学研究院为整个拉丁美洲的地区组织培养了高素质的人才。[95]然而,福特基金会成员担忧智利学术界的极端化。

圣地亚哥办公室主任彼得·贝尔对于经济学家们的整体左派化感到疑惑,同时智利大学的学者们也抛出了一些影响福特基金会在智利工作的难题。例如,有人问"在整体马克思主义倾向的背景下"福特基金会能"在多大程度认可多元主义",以及在这种情况下福特基金会是否会资助马克思主义的研究。随后,福特基金会成员之间也进行了关于意识形态以及教学课程的非理性化的讨论。[96]一份经济学研究院领导层——唐纳德·卡斯蒂罗(主任)、卡洛斯·罗密欧和阿尔贝托·塔萨拉——的谈话报告指出,自从阿连德上台后,福特基金会便停止了向经济学研究院的拨款。导致这一结果的原因部分归于经济学研究院的几个高层人士转向政界。例如,佩德罗·武什科维奇成为经济部长,是"反对智利银行业以及垄断的中坚力量",余下的教员绝大多数"是公开的马克思主义者……显然不会通过强烈反对某些政治倾向来遮蔽科学标准。但他们尝试着通过构建课程来让学生接触到更多的经济学思想潮流"。相反,鉴于前者在"计量经济学和新古典经济学理论"中的实力,圣地亚哥福特基金会办公室认为天主教大学的经济学要比经济学研究院更强。[97]然而其他报告认为:到了1973年,经济学研究院克服了人员倒戈的困难,并聘请了更多经验丰富的学者来教授拉丁美洲最具多元主义特征的课程,经济学研究院的课程覆盖广泛,包括古典主义、新古典主义、马克思主义和依赖理论等。经济学研究院中有着同等数目的阿连德政权支持者和反对者,这也预示着智利的军事政变正在临近。[98]智利的危机——在政治、经济和学术各方面——从福特基金会内部不断升级的焦虑可以看出。1973年军队关闭了经济学研究院,将拉丁美洲置于"官僚技术主义和保守的经济学家和规划者"手中[99],但各个团体在军事政变后的几年间仍继续接受福特基金会的援助。

第七章
冷战中的主要基金会、拉美研究和智利

1973年9月11日军事政变后的情况

"精神分裂症患者"是政变后某些福特基金会官员们用来形容其社会科学家的话：天主教大学的右翼经济学家要么加入、要么支持军政府，而其他流派的经济学家则备受军政府的折磨。

许多"芝加哥男孩"加入了军政府，包括他们的首领塞尔希奥·卡斯特罗，以及乔治·考尔斯、米格尔·卡斯特、塞吉奥·夸德拉、阿尔瓦罗·巴尔东和帕布罗·巴劳纳。他们在皮诺切特的军政府里担任了财政部部长（考尔斯、卡斯特罗、赫尔南·布基和夸德拉）、经济部部长（巴劳纳和巴尔东），以及预算主管（胡安·卡洛斯·曼德斯和马丁·科斯塔瓦尔）。其他的天主教大学新自由主义经济学家加入了"国家规划办公室"（ODEPLAN），包括罗德里戈·穆希卡、欧内斯托·希尔瓦和米格尔·卡斯特，其中卡斯特于1978年被任命为规划部部长。例如，乔治·考尔斯宣扬利用"休克疗法"来构建一个以更自由的贸易和出口推广为核心的经济，即一个全新的"智利经济模式"。[100]但实际结果却是政府支出大幅度缩减、失业率增加、人民生活水平下降。"芝加哥男孩"和军政权的关系早在政变之前就已十分牢固：塞尔希奥·卡斯特罗是1972年秘密经济计划的主要创作人，该计划因其规模和分量而被称为"砖墙"。塞尔西奥的计划制定工作得到了胡安·卡洛斯·曼德斯的帮助。圣地亚哥和纽约的福特基金会官员们对此是知情的。这一情况的确引起了他们的一些担忧，但他们决定继续向天主教大学的经济学家提供资金帮助。1977年，福特基金会认为智利的局势不再适合在多元主义情况下的大学进行独立学术研究，因此停止了援助。有意思的是，这一评估是由福特资助的、亚历杭德罗·福克斯利领导的"国家规划研究中心"（CEPLAN）中的天主教大学"中间派"经济学家进行的。国家规划研究中心基本上全部由支持爱德华多·弗雷（1964—1970）的基督教民主党组成，1976年他们认为自己在天主教大学的地位岌岌可危,在同福特基金会协商之后,决定成立了独立的研究机构,即拉美研究中心(CIEPLAN)来继续工作。在很多方面,国家规划研究中心/拉美研究中心有着福特所喜欢的"客观的"技术官僚式的行事方式,他们批判阿连德和皮诺切特,有着自1970年以来智利消失殆尽的坚定中立立场。福特基金会在皮诺切特当权的情况下仍继续拨款,这使福克斯利(威斯康星大学经济学博士)在军政权后的首个政府内(帕特里希奥·阿尔文总统)获得了财政部长(1990—1994)的职位。

福特基金会在政变之前即知道天主教大学经济系从1970年起就在逐渐失去其关键人员,而这看起来越来越像他们的"芝加哥"形象。仅剩的支持阿连德政府的全职经济学家爱德华多·加西亚也离开了天主教大学,加入了政府经济咨询委员会。左派兼职经济学家奥斯瓦尔多·森克尔因其逐渐边缘化的意识形态,加入了拉美社会科学院(FLACSO)。福特认为,这严重削弱了天主教大学经济系的"多元主义",使整个系部都一致反对阿连德政府。[101]尽管福特对此非常担忧,但基金会并未因此减少对研究所的资金支持(1972年捐助了25.2万美元)。政变之后,随着天主教大学日益陷入困顿,以及人员不断流向政府部门,福特重新定位了其资助者地位。杰弗里·普约尔认为,基金会对于研究所是否"应该继续在政府政策上"扮演关键角色充满了怀疑。[102]但是一年多之后迟至1975年8月,福特基金会又向研究所额外增加了6000美元的援助,并且指定拨款"只能用于慈善、科研、文学和教育目的"。[103]瓦尔德斯认为福特基金会官员十分幼稚是不无道理的。直到1978年福特基金会25.2万美元的拨款最终"结束",当时所有的拨款规模都被扩大,还为十个研究生奖学金提供了额外赞助,"以弥补我们不能继续为项目提供大规模援助的决定"[104]。

福特同时继续向天主教大学的新自由主义农业经济学家们提供

第七章
冷战中的主要基金会、拉美研究和智利

资金支持。后者据称对军事政变的消息感到"欢欣鼓舞":两位院系成员——胡安·卡洛斯·曼德斯和罗德里戈·穆希卡,"参与到经济计划的制定工作中,随后这一计划被军政权实施"。福特基金会的一份报告指出:"项目成员的最初目的在于利用自己的个人和职业素养,正式地或非正式地,对政府决策和行政职能产生影响。"[105] 经济学家们全然不顾政变过后军政权的镇压以及"丧命的危险",他们致力于寻求影响政策的机会。基金会的报告指出,农业经济学家们的"态度极具建设性"[106]。

除了知道几位天主教大学经济学家在政变之前就已经为军政权做过经济规划之外,福特基金会还采取了一种父辈式的、纵容的态度:福特基金会的诺曼·科林斯"十分担心他们以大学老师身份(而不是以'个人身份')参与到决策制定和咨询活动……可能带来的危险"。他继续说道:"对于我来说,他们并未充分考虑到可能遇到的问题,并且为了保持自己独立分析的地位,对自己设计和实施的政策和项目保持一种批判的态度是不可能的。"科林斯认为他的这些警告改变了经济学家们的做法,也使"农业经济学院的未来因能继续提供高质量的研究生项目而十分光明"。他同时建议将 2.6 万美元拨款转移到农业经济学院。[107] 另一份报告指出,天主教大学的经济学家们在无人接替的情况下仍在不断向政府部门转移,这也"清晰地反映了当时政府部门对于大学的社会角色的一般性看法:认为大学是一个完全从属于政府并为其服务的机构"。报告同时指出院系"可能会最终变成政府的附庸",变得没有"自由思考和独立批判的精神"。早在 1973 年 11 月,几乎各院系都"参与了协助政府部门担任职务的同事们的工作"。农业经济学院和智利政府之间因智利大学形成了一种资助关系,因为后者仍要继续向那些尚未在政府中正式就职的学者们支付薪水,并因此要支付政府和学术收入之间的差额。研究生项目的主管费尔南多·马丁内兹认为,军政府也在大力资助其雇员学习经济学,因为他们对于政权"垂涎已久"。与此同时,系部找到的接替经济学家的人员毫无例外全都是右翼,思想上"既没有学科厚度也没有意识形态厚度"[108]。

然而在 1974 年 3 月,彼得·贝尔向费尔南德斯在信中提到要保持院系"学术独立不受政府干预,(以及)在教员和学生内保证一定程度的多元主义"的重要性。[109] 1974 年 3 月,进一步拨款的意见被提出,此后直到 1977 年的每一季度都持续此种状态,尽管每份报告都指出农业经济学院处于军政权的支配之下。[110] 因此,福特基金会对于其学术—研究机构的付出是有很大感情的。但是,正如普约尔在 1978 年所说的那样,基金会"知道了对外援助在平衡研究机构和国家问题之间的局限性"[111]。

国家规划研究中心(CEPLAN)

"国家规划研究中心"设在天主教大学,是由福特基金会于 1968 年资助成立的。中心的主任亚历杭罗·福克斯利早已通过麻省理工—国家规划办公室(MIT-ODEPLAN)这个获资助总额达 44 万美元的项目与福特建立了合作。[112] 自阿连德当上总统之后,"国家计划研究中心"的经济学家就尝试在"专家和学者"之间扮演一种"知识分子"的角色来提供政策建议。他们不仅批判阿连德的中央集权,特别是在收入分配方面[113],也批判"芝加哥男孩"的新自由主义。中心的关键人物包括奥斯卡·莫诺兹(耶鲁大学博士)和里卡多·弗伦奇-戴维斯(芝加哥大学博士)。中心的学者们尤其擅长利用政府部门的量化数据来对过去的政策进行评估,并规划"未来的替代政策"。他们的工作同其他天主教大学的学者不同,是"建立在智利现实状况的基础之上的"[114]。

约翰·斯特拉斯马认为,国家规划研究中心的成员毫无例外地同基督教民主党有着密切关系,并且都是"在政府部门有工作经验"和"有着社会科学量化分析技巧"的优秀经济学家。福克斯利

第七章
冷战中的主要基金会、拉美研究和智利

公开指出,任何扩大中心政治联系的做法都"极其有害",并且会"降低生产力"。[115]在这个方面,福克斯利与不论是右派还是左派的经济学家的看法都相同。在所有福特基金会资助的项目里,国家规划研究中心的学者无疑更接近福特的理想:"温和"而"技术官僚式的"[116]。

在军事政变之后,国家规划研究中心似乎并没有受到多大影响,尽管也惧怕一位成员奥斯卡·莫诺兹可能因为对阿连德政府的"独立左派"批评而被解雇,以及担心对某位研究人员的折磨。[117]中心继续其工作但放弃了对收入分配和制铜业贸易联盟的研究;同时"在语言的运用上极其谨慎,在研究课题的选择上也是如此……以混淆(原文如此)其在国内圈子研究中的某些政治敏感性"。国家规划研究中心也注重"技术问题……并且较少关注诸如劳工参与率等方面"的问题[118]。尽管如此,福克斯利认为天主教大学的情况正在恶化,因为右翼逐渐占领了大学管理层,也缩小了独立思考的空间。在1976年初,因被禁止教授研究生科目,中心成员开始同福特基金会、联合国开发计划署和国际劳工组织探讨自己的未来。到1976年中时,国家规划研究中心解体,并在福特基金会26.5万美元的资金支持下建立了拉美研究中心。这是一个全新的独立研究中心,福特也承诺将继续注资。[119]国家规划研究中心通过福特基金会资助下进行的研究、出版、博士培养和交换项目建立了国际声望。因此,这一团体的专业性得到了提升,其理论和方法论技巧也得到了打磨。作为一个小规模团体来说(总共人数从来没有超过12人),他们的成果是相当丰富的。截至1974年4月,他们总共发表了48篇研究论文,出版了4本书。当时还有21个项目正在进行中,未来还计划继续出版7本书和更多的文章。普约尔认为,国家规划研究中心是一个有着高产出率、组织严密、"内部联系紧密"的团体,并且吸引着整个拉美地区的注意力。[120]

智利大学经济系

军事政变的直接后果对于智利左翼和（后来的）中间派经济学家来说是可怕的：大规模的撤职、拘捕、流放和诬陷。彼得·贝尔预估到1973年底军政权会出于政治原因将10%的学生和教工驱赶出大学。在智利大学，47名政治经济系的教师中有44名被解雇或是停职。贝尔还认为，在首轮镇压中，大约1/3"（大学中的）马克思主义者将被驱逐"，剩下的"将在教学、研究和出版上备受限制……大学将变得更加具有技术官僚性而不是更加趋于科学性和批判性"[121]。正如圣地亚哥的福特官员尼塔·曼尼萨斯所说的那样："我们的农业经济学家正供职于军政府，然而社会学家们却丧失了机会。"[122]除了对于社会科学的忠诚信仰，似乎没有人能预测到军事政变的发生。除了军队、商界和其在天主教大学的经济学家合作者们，大家都认为智利不应当发生这种情况。福特基金会的彼得·贝尔也曾认为军事政变是不可能的。

福特基金会内部受到了巨大的震动，这也引发了一系列自我反省，试图厘清哪些事情是有启发意义的。与智利的情况形成鲜明对比的是，尽管60年代在印度尼西亚发生的政变更加血腥，但福特基金会官员只将其描述为"温和的军政权"。智利国内关于侵犯人权、践踏公民权利的担忧愈加明显。基金会官员甚至在某些事件中建议基金会主席麦乔治·邦迪利用其关系来让国务卿基辛格进行直接干预，而这些在1965—1966年的印度尼西亚都没有发生。相反，据说苏加诺下台后印度尼西亚的气氛就像在过节。那么究竟为什么智利的政变带来的却是失落感？自我反省又将走向何处呢？

解释福特基金会的失落感需要一些背景知识。奥斯瓦尔多·森克尔牵强附会地认为，"当帝国的势力发展遭遇重重磨难时，它便开始反省自身"。1973年底的美国正在经历"磨难"：石油危机、国防部文件记载美国在越南战场的崩溃、水门丑闻揭露的权力腐败达

第七章
冷战中的主要基金会、拉美研究和智利

到顶峰,以及随之而来的尼克松总统的辞职——更不用说国内一系列混乱的社会危机和抗议所导致的"民主危机"以及法律和秩序的崩溃。除此之外,60年代的"发展时代"和对"进步联盟"的乐观态度也在70年代消失。大额的援助计划和贷款没能解决贫穷、饥饿和社会不公平问题。美国的自由派希望能促进世界发展——利用美国的力量来为世界"做好事"——但这不仅脱离现实,而且他们实施的项目也无法适应全球性问题。除此之外,美国的力量可能也并非想象得那么"美好"。

在这些背景下,福特基金会的拉美官员们在见证了近期巴西军事政变后的严厉镇压之后,对智利的未来还是充满了信心。智利的民主是有自我修复能力的,并且是深入人心的。他们向智利增加了投入,按人均分配,投资额比美国之外的所有国家都多。[123]"成功"的条件——建立现代的、发展的、技术官僚式的国家——各方面都成熟了。福特基金会的官员们认为智利处于一个"可以同'罗斯托式起飞阶段'相媲美"的发展阶段。[124]因此,军事政变对智利来说是一个沉重打击。它打破了基金会20多年辛勤投入所建立的网络。思想自由这一进行独立和批判的质疑的基石被毁坏。思想自由同时也是福特基金会在政变后的应对方式:将科研和教学的自由作为是否继续向现有的机构或者新组建的组织进行投入的判定标准。然而,福特还是决定继续资助天主教大学的经济学项目,尽管其中许多成员都参与过政变前的规划,并且整体上表达了对军事政变和军政府的支持。福特(始终)强调非政治性、技术官僚式研究的重要性。从长远来看,福特基金会和其他美国基金会在培养它们同现代国家相联系的技术官僚式观点上是成功的。危机的发生则为这种成功提供了基础。

人权还是保护珍贵的人力资源?

军事政变后福特基金会的一份内部报告指出,基金会官员正着

眼于"保护"其构建了知识网络的"珍贵的人力资源"。[125]自然而然地,福特会在有成千上万人被逮捕(约13 000人)或被杀(约2700人)[126]的血腥军事政变及其后续的镇压过程中关注它帮助建立的学术团体,并保护这些"珍贵的人力资源"[127]。然而,普约尔认为,福特基金会将不会为"已知的政治军人"提供帮助。[128]单在智利大学,就有至少两千名成员(占到了总人数的22%)被开除。[129]福特决定通过向其之前赞助的几个机构提供50万美元的资金来帮助"援救"他们资助的或者在"相关项目领域"进行研究的学者[130];目的是为了通过旅行资助、学术奖学金以及津贴等方式来保证内部和外部的难民学者的"生产性雇佣"。基金会进入了"学术网络维护"模式。例如,拉丁美洲社会科学理事会(CLACSO)在1974年秋天安置了650名智利学者,拉美研究协会(LASA)和世界大学服务处(WUS)帮助了227名学者在加拿大、美国和英国定居。报告认为福特基金会"实现了其绝大多数目标"[131],拯救了研究网络,并"为基金会带来了巨大荣誉"[132]。

然而福特基金会官员理查德·戴伊认为如何处理智利军政权以及其同基金会的关系,以及是否继续在智利境内活动等诸多棘手问题仍待解决。他认为到1974年3月智利的局势极其压抑,已经到了"极权"的边缘,政府要求"顺应历史潮流来消除'国外意识形态'和'社会科学'内危险的、颠覆性的思想潮流的影响"。这只是一种"持续地、全方面地清除任何独立思考、自主运作的智利学术机构的行动",其针对的不仅仅是马克思主义,而是"包括了所有社会科学(耐人寻味的是,它排除了经济学和管理学)以及所有中—左派和左派的思想"。在天主教大学,经济学的教学和研究不能批判"没有资本家的企业模式",并且要强调"技术官僚式"的思想。[133]

卡尔曼·希尔沃特将智利定义为"极权"国家,"公民毫无保

第七章
冷战中的主要基金会、拉美研究和智利

护,彻底暴露在国家权力之下":没有出版自由、宪法被弃置一旁、没有任何政党或公民政府、思想自由被破坏、贸易同盟领导"被杀掉、监禁、恐吓……恐惧成了政府政策执行的帮手"。希尔沃特认为"**当代智利是没有法制的**",并且总结认为"基金会**绝对不能颠覆此政权**",同时强烈暗示福特基金会或从智利撤出。[134]除此之外,戴伊认为基金会应该留在智利,进行他所说的"拓宽选择项目","稳住……主要的受援助机构"并"保护知识传统以及下一代知识分子的遴选和培养传统",将它们置于"私密中心"或"安全港"中,"不论是在智利还是其他地方"。[135] 普约尔也得出了相同的结论:尽管智利国内镇压局势紧张,"基金会大量的历史活动记录的表明不应该突然从智利撤出",而且仍有"活动的'空间',并在实质上是**有利于多元发展的**"[136]。这实际上是基金会官员所持的真正立场。[137]

军事政变的其中一个影响——尽管同福特基金会反应迅速的本质不同——就是要在基金会内部质疑"罗斯托式"的现代化理论和范式。1973 年 12 月,福特项目官员尼塔·曼尼萨斯攻击了"放纵式的乐观主义"理论,该理论认为单纯的美国式专门技术和经济增长,能够促成经济发展和自由。[138] 她认为,这种经济上的决定论是导致福特在拉丁美洲大学经济系进行巨额投资的原因。曼尼萨斯认为,"北美洲智慧和技术的可转移性"是福特基金会许多项目的指导思想,其中包括对"非政治性"的计划者以及诸如此类事物的盲目信仰。发展是一个关于走向成功的连贯故事;这种看法实际上是错误的。他认为,发展对于解决人们的温饱、住房、教育和穿衣是不够的。正如智利所发生的情况那样,发展使当前的不平等现象更加恶化,并且让社会极端化更加严重,吞噬了"政治中间群体"。基金会对经济学和其他社会科学的支持导致了"精神分裂"式的结果:技术官僚式的经济学家加入了残暴的军事政权,他们漠视国家

暴力并且对社会科学家采取了更为严厉的镇压。曼尼萨斯认为,未来福特基金会的活动应该将这一历史教训考虑在内。不论从什么方面来看,这都是对福特基金会即使不是全世界范围而至少是在拉丁美洲20多年活动具有代表性的批评,这也是对于基金会内部危机的深入例证分析。即便如此,曼尼萨斯依然是个局外人,是基金会观念的批判者,也是在很大程度上被忽略了的监督者。

卡尔曼·希尔沃特同意这种看法,基金会认为"经济是'基础',是万物之基石",在发展和现代化中是一门价值中立的科学。希尔沃特认为军事政变以及随后福特基金会在智利召开的会议,迫使基金会接受了知识并非价值中立的观点。但是这也回避了另一个问题:如果知识并不是价值中立的,那么福特基金会的价值应该是什么? 要如何表达这种价值呢? 希尔沃特认为,福特基金会应该从解决问题转向"发现"问题,在未来应该首先更多征求当地人对问题的意见,然后再转向帮助别人寻求解决办法。这是福特基金会在拉美"干预"本质概念的重建。[139] 同曼尼萨斯上述的观点相结合,显示了在某些方面福特基金会官员希望更加深入地干预拉丁美洲事务的愿望。

军事政变后在福特基金会的一次会议中,上述观点被提出来。曾任智利大学经济系主任的社会党人里卡多·拉各斯认为,福特基金会应该向更多的组织进行投资,包括那些因军事镇压没有制度化的组织。另一种可能性在于,拉丁美洲的"许多社会科学可能因此销声匿迹"。这也引发了关于可行性的讨论,福特基金会在智利政变后会做些什么? 这一问题引出了在本书前半部分没有讨论到的一个有意思的矛盾:它存在于福特自己的成员之内——不是在纽约或实地办公室的受资助者/官员们之间,而是在受训练的社会科学家和那些在政府部门中担任官僚角色那里。那些有着社会科学训练背景的学者倾向于不仅将政变和它的巨大影响看作一个存在主义的问

第七章
冷战中的主要基金会、拉美研究和智利

题，他们将它赋予了更为广泛而宽广的意义。但那些"官僚化"的学者在看这些问题的时候更加实际。不过在最后，曼尼萨斯和希尔沃特以及其他的社会科学家们，尽管都有自己的看法，但都认为做出一个最终的决定是极其必要的，他们希望能够快速转变关注的重点，让当地人来领导（尽管他们没有指明，是哪些当地人或者在哪里训练的人，以及他们的社会科学倾向是怎样的）。然而正如希尔沃特所说的："在政策不明确的情况下是没有办法进行工作的。"所以这个问题仍然存在："'由谁来定义问题？'我们如何检测、表达，或设定问题的优先次序呢？"他认为福特基金会错误地认为培养技术人员便能解决这些问题。然而事实在于，是人创造了现实，而不是现实创造人。我们错误地让《纽约时报》专栏定义的十个问题决定我们应该关注的问题。与此同时，他批评了福特基金会过于纸上谈兵的做法，称他们过于沉迷于历史。然而正如本章最前面所说的，也有可能是基金会的结构上的缺陷和限制，它们都是真实存在的。福特基金会内在的自由主义的限制使其无法解答希尔沃特和曼尼萨斯两人所提出的逻辑问题——将权力迅速从作为美国机构的福特基金会手中，转移到"当地人"的手中：福特要促进真正的在当地人领导下的发展。

里卡多·拉各斯就智利是如何陷入危机的这个问题提出了一种诊断。他认为社会科学家在其中起到了推波助澜的作用，他们"纵容关于意识形态的辩论"，将自己的研究机构同政治团体相挂钩，侵蚀多元主义，让学术研究脆弱不堪。军事政变让变革不得不发生，并使现实愈加清晰："在智利，许多社会科学家正尝试同之前反对群体的学者合作，以此来拯救学科。"对于拉各斯来说，"问题在于如何保护那些没有政治化的并希望留在智利的学者（左派）"[140]。奥斯瓦尔多·森克尔的研究并不会随着机构的关门而停止——在任何地方都能开展学术研究，正如那些30年代欧洲的学术难民们所做

的那样。彼得·贝尔总结道:"学术机构"可能将不复存在,但"社会科学自身"仍要保持发展。[141]正如威廉·卡迈克尔在一场会议结束时所说的那样,福特基金会在拉丁美洲社会科学建设上的投入是史无前例的,使其在政变后仍能产生新的研究成果。尽管军事镇压力量占了上风,但也仍应保持乐观主义。[142]

在拉美和加勒比办公室(OLAC)会议闭幕期间,拉各斯向福特基金会提出建议,他认为应将重点放在其核心任务上:"福特的事情是思想。"他认为,福特基金会应该继续资助那些从长远来看能够"解决贫穷问题"的理论化研究。例如,拉丁美洲的社会科学家提出了依附理论,福特基金会应该向他们提供持续的资助来创造"新的解释概念的方式和范式",而不是一点点地在诸如农村贫困问题上浪费有限的资源。[143]一位福特基金会官员彼得·克里夫斯认为,"学术团体的建立……可能是福特基金会最终的目标"[144]。

最后,福特基金会将智利军事政变后的策略大致分为三种,尽管它们并不是以同一标准来划分的。戴伊、贝尔和卡迈克尔的"官僚主义"观点同拉各斯和森克尔的观点,以及福克斯利的观点相契合,占据了主导地位:福特基金会应继续在智利进行活动,并且要保护"他们的"智利智力资产以备未来之用。社会科学家希尔沃特和曼尼萨斯为福特应该代表什么和如何去提供更为深入的分析。正如前面引用的克里夫斯关于建设和维护知识网络的看法一样——这是"基金会最终的目标"。

尼塔·曼尼萨斯对福特基金会1976年之后向独立和难民学者提供的援助项目做了总结。除了向"拉美研究中心"提供的26.5万美元的帮助,又将34.3万美元用于"在极权主义愈加严重的历史背景下,维护一个关键的、建设性的、知识空间"[145]。曼尼萨斯认为福特基金会的主要目的在于通过保护那些可能为未来发展提供其他道路的、同福特基金会在过去有着紧密联系的学者,来防止学者们

第七章
冷战中的主要基金会、拉美研究和智利

成为"迷失的一代"。这并不是一项慈善事业,她认为是受资助的学者和团体的研究必须要有"国际水准",并且要体现其研究"同"南锥体"的现实和发展轨道的"契合"。[146]流向智利研究者的20.6万美元,被用于一同帮助"加强当地社会科学团体的基础"[147]。福特基金会的资金援助也影响了其他组织的援助项目,这也显示了基金会工作的"乘数效应"。对于曼尼萨斯来说,智利、阿根廷、乌拉圭1980年的研究质量,"要比军事政变前高很多"。这其中的主要原因是那些最努力的、最具奉献精神的、最爱国的社会科学家仍活跃在学术舞台上。[148]

伊丽莎白·福克斯撰写的另一份报告(由曼尼萨斯辅助撰写),强调了私人研究中心正在尝试发展"将……经济效率……与社会公平正义相结合……的方法"[149],这也在早期体现了智利对于历史上中央集权国家主义的排斥和对一种新的"社会"新自由主义的支持。[150]这篇报告也注意到智利学者特别容易受到外来的影响的这一现象:他们"过于依赖……国际资金援助……(因为)其成员……必须要不断'兜售'学术项目才能生存"[151]。在智利投资研究的不仅仅有福特基金会,美国企业研究所向皮诺切特女儿领导的"公共研究团体"提供资金,以此来展现"一种全新的技术性民主"。然而,拉美研究中心却发展了"政见不同者模式",抑或是希尔瓦所说的"政见不同者技术官僚式"[152],他们同麻省理工学院及其他学术机构进行合作,在国内外宣扬对于军政府的经济政策的批判。[153]拉美研究中心是非常高产的:截至1980年,福克斯利的组织已经出版或发表了32篇论文、23篇技术笔记、21篇短文章、9本书和一些报纸上的文章。他们在教育、健康、住房、军事理论、通货膨胀和失业等诸多专业政策领域都举办了学术研讨会。拉美研究中心的成员同时也担任着拉丁美洲社会科学理事会(CLACSO)、社会科学研究委员会(SSRC)和伍德罗·威尔逊国际学者中

心以及其他机构的顾问。拉美研究中心一直在积极宣扬军队关于权力一旦回归公民政府经济就会分崩离析的观点。尽管它毫无保留地接受了军队规划的渗入,但却一直在想办法"解释这种(经济上的)失衡能够在中短期内被解决"[154]。据经济学家和拉美研究中心成员帕特里西奥·梅勒所言,中心尝试通过缓和地利用渐进主义替代民众对于国家干预的需求。智利已经饱受激进试验的折磨——从弗雷的自由革命到阿连德的社会主义,再到皮诺切特的休克疗法——因此需要稳定的、技术官僚式的治理。梅勒在2007年写道,拉美研究中心尝试采用一种新的方式——"在公平基础上的经济增长"——即英美式"第三条道路"的变种。[155] 1990年,第一个"后军政府"上台,拉美研究中心为阿尔文的政府提供了财政部部长(福克斯利)、劳动部部长(雷内·考特查)、预算主管(巴勃罗·阿雷利亚诺)和中央银行研究主任(弗伦奇-戴维斯)等人。[156]拉美研究中心意识到让智利适应全球化环境的重要性。[157]不久后,作为智利总统的里卡多·拉各斯采取了同样的经济政策。[158]

除了拉美研究中心,福特也资助了一些综合团体,如基督教人文主义学院(同天主教会有联系)、拉美社会科学院(FLACSO)和经济社会研究中心(VECTOR)等。这些机构为那些被驱赶出大学的学者们提供庇护。福特基金会于1974至1978年间为拉美社会科学院在圣地亚哥的项目提供了38.3万美元的帮助。然而由于拉美社会科学院的项目都是无组织、没有重点、过于宽泛的,因此不太可能吸引资助"经验主义式'解决问题'项目"的国际投资。[159]"基督教人文主义学院"由天主教会成立于1975年,是一个为边缘化学者提供一定程度保护的综合组织。经济社会研究中心(VECTOR)是一个世俗化的基督教人文主义学院,其资助研习会、学术研讨会和演讲,并发布工作文件和月度公报。它同时也关注智利有

第七章
冷战中的主要基金会、拉美研究和智利

组织的劳工运动。经济社会研究中心、基督教人文主义学院、拉美社会科学院和拉美研究中心及其他组织,尽管政治党派和宗教性质不同,但它们因共同反对军政府而联合起来,这也使其能更多地组织共同行动。[160]智利学者认为,这样的联合是极其重要的,在建立"这些相互交流的、意识形态的、社会的、文化的以及部分政治性的基础……使未来公民社会在未来能够拥有重新(崛起)的力量……如果没有这十年的工作,(公民社会的)复活将极其虚弱,覆盖面窄并且速度慢"[161]。普约尔则认为国际学术联系使智利的"异见知识分子能够始终同全球学术主流保持联系"[162]。

  福特基金会的"后政变"活动——同其他国际机构——是十分成功的:它们维护了强大而活跃的包括政党、非政党、宗教性的综合团体和学术研究中心的学术基础,为智利的经济、社会和政府提供了"现实的"分析和评论。80年代,福特基金会平均每年向智利研究和其他组织提供80万美元的资助。[163]由于军政权对于"极"左派的领导人的清除,迫使他们只能进行地下秘密活动或被驱逐出境,意味着在新的或重建的福特基金会和其他组织在20世纪70、80年代维持的知识网络中消除了马克思主义的声音。[164]1993年奥斯瓦尔多·森克尔曾说:"政治光谱……现在正倾向于向中间聚集(因此)减弱、缓和并减少了异见,并避免讨论它们。"[165]确实,这些网络——经常是由基督教民主派领导的——培养了一个"温和的"反对军政府统治的反霸权集团,但足够完成大部分军政权的经济计划无法"实现"的任务[166],这一集团也从来不控诉军政府对于成千上万的公民的杀戮、大规模的折磨以及成百上千的蒙冤入狱和流放等侵犯人权的行为。[167]福特基金会的项目不仅创造了"自由的空间",它们还为智利思想家转变他们的自我概念和政治规则概念创造了空间。[168]他们利用由外国代理人资助的空间从事激进的自我批评,首次超越了政治党派的界限,并整合了有着强大的学术倾向和教育背景的前政界人士。[169] 里卡多·拉各斯于 1987 年成立了民主党,当时他还担任着"经济社会研究中心"的主任,亚历杭德罗·福克斯利在基督教民主党内的更加活跃。[170] 正是在这种军政权紧张局势下的"现实"动乱中,智利的"民主"社会主义党得以发展起来,他们反对革命并拥护"代议制民主",而且使"统一对抗"运动成为可能。[171] 没有这些关键时期对先前建立的"人力资本"投入基础之上的帮助,1989 年反对军政权的全民投票是无法组织并最终取得胜利的,也不可能获得国际社会的大力支持,特别是"华盛顿共识"的新自由主义资助机构的帮助。[172]

结 论

福特基金会在智利的计划是极其成功的:它们组建起了同政界和政府机构都有联系的学者网络,并影响着智利政治和经济发展的进程。不可否认的是,福特基金会对于皮诺切特的军政权并非毫无保留地支持,但这个基金会(连同洛克菲勒基金会和国际合作总署/国际开发署)在一定程度上培养了一批希望通过激进的经济计划来根除国家主义、在各方面将实行自由市场经济机制和原则的新自由主义经济学家。即便是在军事政变之后的自我反省,有一点福特基金会官员们始终保持沉默,即他们不承认培养了激进的、利用自己专业知识的学术团体,他们对于侵犯人权的问题全然不顾。他们更希望将经济学视为一系列分析和方法论技巧,而非寻求激进改革的过于意识形态和政治化的力量。很难说福特和其他美国机构没有受到自由市场经济出现的影响,他们反对新自由主义者在经济政策的社会影响上的"万马齐喑"(同时也担忧阿连德政府的社会政策中的经济不足)。然而比起皮诺切特来说,他们更担心阿连德政府:自 1970 年开始,智利大学的左派经济学家不再受到援助,尽管天主教

第七章
冷战中的主要基金会、拉美研究和智利

大学的"芝加哥男孩"在他们积极提前准备的军事政变发生后的 4 年内仍持续受到资助。乌内乌斯认为，皮诺切特政权的经济政策和镇压手段是相互补充的，后者为前者的实施提供了条件。[173] 在皮诺切特掌权的时候，福特基金会创建一个中派研究者和半政治性的组织网络，这一包含了广泛的、各种各样的学术和政治倾向的网络最后组成了一个强大的中间派，构成了智利改革的基础。它们在政变前和政变后都进行了投资，相互重叠，并相互加强，为 90 年代的政治和技术官僚统治打造了一支学者反对派骨干队伍。随着智利的社会科学家和政治阶层逐渐接受在全球化和市场约束基础下的"华盛顿共识"，30 多年来对智利各个大学的投资终于见效。[174]

在杰弗里·普约尔描述智利知识分子群体的书中，他完全同意学术网络是促成（民主）改革发生的工具。他的结论特别值得一看，特别是网络力量的角度，这也是书中的核心观点——学术网络构建既是方式，又是目的，这是美国慈善界从未公开表明的——这在现有的研究中是十分先进的。普约尔认为，资助方"**在无法提前预知其精确影响的背景下建立学术网络**"。这样的学术网络——包括受过良好训练的学者、"机制、标准、同僚、辩论以及国际协议"——为未来"民主回归"提供了"高层次的人力资源储备"。对于优秀的社会科学家的持续投资能够从本质上改变一个国家的政治文化及其技术官僚治国的方略。[175]

第八章

后冷战时期的美国权力和主要基金会

以慈善的名义
美国崛起进程中的三大基金会

当冷战结束的时候,也意味着美国全球角色的主要理论依据、"军工复合体"和大量国家安全政策的终结。所谓"苏联的威胁",即美方认为存在一个来自莫斯科精心安排的、充满扩张性和侵略性的共产主义,威胁着世界和平与美国的国家生存和安全,已不复存在。美国的权力(本书认为它自身具有扩张主义和霸权的意图)需要一个新的理论依据来继续其全球的事务。这一点特别重要,因为冷战后人们不断要求有一个"和平的红利"——用于补偿为维持与红色威胁作斗争的大规模军事预算所作的牺牲,也就是通过社会进步来解决国内贫困、医疗健康、教育成就不足、不断攀升的城市犯罪率、不断下降的生活水平和日益加剧的社会和经济两极分化等问题。[1]

美国权力新的理论依据的一个方面以推进民主的方式出现,尤其是在"9·11"恐怖袭击之后,客观上团结了自由的国际主义者、保守的民族主义者和新保守主义者。虽然推进民主是一个旧思想,但它却以科学化建立"真理"的方式——"民主和平论"(DPT)——获得了新动力。这表明美国国家安全的理论依据有了一个根本性的夸张转变:美国现在是以推进民主作为全球安全与和平的主要源头。与此同时,更重要的是,"民主和平论"鼓励世界的区域认同,将反民主或非民主以及它们的同类作为威胁:非民主国家被定义更为好战的、不稳定的,可能会支持恐怖集团和通过获取大规模杀伤性武器来威胁世界。此时的世界被分成"和平区"和"动荡区",后者需要通过民主化来获得安宁。

第八章
后冷战时期的美国权力和主要基金会

"民主和平论"有效地融入了资本主义全球化的逻辑,将其解释成推动"市场民主国家"。这样"民主和平论"就得以重塑全球政治秩序的轮廓,证明资本主义全球化的正当性:开放社会和开放市场携手并进。实际上,正如存在"红色"国家"威胁"全球和平一样,也存在那些被排除于资本主义全球化获益的国家,它们无法在市场中竞争,是无序政治不稳定的源头。它们需要来自美国/西方的行动,而领导国家和国家间代理、基金会和其他非国家行为体的角色使全球化较残酷的方面变得人性化,就像三大基金会近一个世纪以来在国内和第三世界所做的那样。这是社会新自由主义[2]的一种方式,与20世纪90年代智利的后皮诺切特政权并非没有相似性。

"9·11"之后,这些趋势加剧了。"民主和平论"甚至更加公开地成为美国外交政策权势集团团结的一个源头,这些权势集团几乎全体一致地支持"全球反恐战争"、反对"伊斯兰法西斯主义",正如有些人所称的那样。[3] "9·11"激发了地区研究方面的兴趣,并以一种新的形式出现——对于伊斯兰地区研究的兴起,以及需要更多对于该地区、它的支持者、它们的语言的理解,以及宗教"极端主义"的动因和方法。2003年美国领导的伊拉克战争和随后的阿富汗战争加剧了对这些国家、文化和语言的学术知识需求。

反恐战争(包括2003年的伊拉克战争和接下来美国领导的对于该国的军事占领)并不是(完全)根据乔治·W.布什政府任期(2001—2009)的计划而行:批评的声音来自于高压政权的更迭和民主的推进,这场战争的最终(尽管主要是事后的)理论依据一直伴随着伊拉克并不存在的大规模杀伤性武器。也有许多公开的和反对派的对于美国日益在全球不受欢迎的大声疾呼,这种不受欢迎由于其管理的拘留营中侵犯人权行为被曝光而更为加剧,包括古巴的关塔那摩、伊拉克的阿布·格莱布监狱和阿富汗的巴格拉姆空军基地。在此背景下,基金会(温和地)支持的"批评"质询就更好地

以慈善的名义
美国崛起进程中的三大基金会

代表了权势集团，例如"普林斯顿国家安全项目"。它们将继续进行反恐战争，但拓展了美国所面临的安全威胁的范围，包括全球传染病和气候变化、发展战略来更有效地与"反美主义"作斗争，以及保证美国/西方比布什更好。在许多方面，奥巴马总统的民主党政府（2009—）及其国家安全战略（2010）延续了布什的反恐战争。

与以往一样，主要的美国基金会支持从总体上"重新设定"美国外交政策，因为它们看待世界和美国的角色出自相同的视角：它们支持资本主义全球化战略，实际上，它们自身就是全球化的驱动器。世界继续需要积极的美国领导——一个没有苏联的世界是动荡的和不稳定的，需要人性的和军事的持续干预。这同样是一个机会来重塑更加接近和符合美国自身形象的世界。当然，另外正在出现的新的大国需要融入和适应美国主导的全球秩序——例如中国和印度。因此，虽然在全球权力分配上有了重大的转变，主要基金会的使命却几乎没有变化：它们仍然致力于一个美国领导的全球秩序，其中的机制体现着与美国相符的价值和利益。

本章反映变化了的世界和基金会的项目，审视它们在推动和巩固"后冷战"世界美国权力首要和互补的框架中的角色：一个是由资本全球化所体现的经济秩序；另一个是对需要各种改良战略的逐步认可（包括论坛来倾听全球化批评者的声音）；以及一个美国领导的民主化浪潮为特征的政治/安全秩序。接着，本章考察紧随美国领导的伊拉克战争而带来的激进"反美主义"浪潮，以及对美国全球角色日益增多的焦虑。本章也要考察基金会在与反美主义作斗争的重建企图中的角色，以及发展"新的"更易于为世界所接受的美国权力的概念。这里要特别关注美国的德国马歇尔基金会（GMFUS）和普林斯顿国家安全项目（PPNS）的活动，两者都特别依赖于三大基金会的资助。最后，本章将简要地考察主要基金会在发展伊斯兰项目方面的角色，这些项目自1991年之后虽然在区域研究中的资助

第八章
后冷战时期的美国权力和主要基金会

有所下降,但"9·11"之后却出现了增长。该证据表明伊斯兰"地区"研究反映出国家需求的程度。这并不是说它们没有自身的生命周期,而是说在那方面的主要变化倾向于反映美国国家和精英基金会的广泛利益,原因就在于全书所讨论的——对于参与的或被需要的个人学者其实并没有隐瞒(意指这种情况下学者可能会丧失独立性——译者)。相反,财务权力的客观结构和提供大量捐助给政策相关研究和课题的重大项目的知识合法性对于学者和它们的研究机构来说实际上是无法抗拒的。结果,在这样一种基金会和美国国家都支持了一个世纪的机构种类中,"确认的问题种类"和对待它们的方式及程度倾向于反映主要精英的思维。

全球化和全球市民社会

三大基金会建立国内和国际网络的历史经验在狂热追逐创立一个全球秩序来适应、扩展和保护全球资本主义的过程中找到了当代表达。[4] 正如托马斯·弗里德曼所认为的,当代世界以"一体化和网络"以及不平等的利益分配为特征。有效的全球化需要全球性的机制结构,以及支撑性的全球市民社会,正如一百年前的美国的工业化和"国家化"需要一个国内市民社会——一系列密集网络化的公众构成的战略性少数——来提供其社会基础。三大基金会以及其他新成立的美国基金会,正处于当今这些发展的中心。它们积极地支持现存的国际组织并促进新的组织更加适合于全球的条件。这个总体性的战略至今仍未改变,即使项目和人员发生了一些变化:美国化和美国领导的全球化仍是其目标。实际上,很清楚的是,美国基金会在这场冒险事业中并不孤单,虽然它们仍是最重要的参与者。

虽然基金会现在实际上在每个大陆上都有,但美国慈善组织仍

以慈善的名义
美国崛起进程中的三大基金会

然独占鳌头。自1987年以来，美国基金会的数量已由28 000增加到了55 000个。20世纪90年代新基金会在财富上取得了某种巨大的增长。它们的资产从1987年的1150亿美元增加到超过3000亿美元，而它们的国际赠予在2002年也达到了30亿美元。自90年代中期有记录以来国际赠予方面的纪录一直在增长，这主要归功于新财富的上升，尤其是比尔·盖茨的微软公司，成立了"比尔和梅琳达·盖茨基金会"。[5]然而，2001年"9·11"恐怖主义袭击对这一趋势造成了一个暂时的打击，尽管它们把基金会的更大注意力放在了国内问题的全球性源头。[6]

越来越多的欧洲、日本和澳大利亚的基金会开始介入国际活动。"原先的欧盟15国"中有6万多个基金会在运作。根据欧洲基金会中心（EFC）的调查，意大利有3千多个基金会，其中一半是1999年以后建立的。德国基金会的40%多都在2004之前的十年中成立。它们的总资产超过了1000亿英镑，其中威尔康姆信托基金独占鳌头，资产达到100亿英镑。欧洲基金会中心越来越多地介入跨国和全球化活动中，其中30%已经这样做，而68%则表达了未来这样做的兴趣。推动法律改革以更加精简并激励国际慈善组织，这也是主要基金会网络改革运动的目标。欧洲基金会中心的"世界中的欧洲"倡议——投射欧洲的慈善和政治文化的影响到全球舞台上——驱动着欧洲基金会和国际组织（经济合作发展组织、联合国发展项目）、大公司和全球的网络阵营如跨大西洋社区基金会网络、欧洲创新合作基金会网络之间增强联系。世界上的基金会、基金会网络和网络的网络正变得越来越密集。[7]

在美国上升为全球主义的时代，基金会在国内和国外构建和推动了美国精神的自由国际主义图景。在全球化时代，它们促进一种"跨国的"美国精神，即支持新自由派的项目却寻求使其粗糙的边界变得更圆滑。[8]今天的基金会正复制它们在国内和国外的历史策

第八章
后冷战时期的美国权力和主要基金会

略；它们寻求通过从事相关活动来改善消极后果，保护现存权力制度，而它们正是这一制度的主要构成者，同时也是受益人。[9]正如一次国际战略慈善组织网络会议的一个"关于全球化的公开小组会"所指出的，"基金会的繁荣得益于全球化"[10]。在20世纪初，基金会致力于消解由城市化和资本主义工业化所带来的国内贫困和贫民窟，今天它们关注新自由主义全球化所带来的世界范围的社会后果。[11]

与美国财政部一起，国际货币基金组织（IMF）和世界银行（WB）被广泛认为是新自由主义全球化的火车头。[12]它们受洛克菲勒/卡内基基金会全力支持，1944—1945年间于布雷顿森林建立，不断获得来自东岸慈善组织的养分。正如下面所显示的，世界银行接受了来自福特基金会的资助，而大卫·洛克菲勒从来就是国际货币基金组织的忠实拥护者。[13]

正如历史案例所显示的，美国基金会经常开展国家不做或不能做的项目，今天也是如此——考虑到与里根经济学和撒切尔主义相关联的国家合法性的重大缺失——非国家行为体便自告奋勇地承担起了关键职能。根据卡内基公司所称，修补穷人和富人之间日益扩大的差距的后果已成为一个重要的基础性任务，尤其通过支持"能够塑造行为远离风险因素的**危险方向**（即反美主义和反全球化抗议）的关键性机构"[14]。部分解决方案被认为是依赖"推进民主、市场改革和促进市民机制"[15]，也就是说，依赖新自由主义项目自身。在20世纪90年代期间，卡内基公司积极推动"全球发展的伙伴关系"，由知名的学者和政治家牵头，促进市场的自由化作为一个核心关注。与皮特和其他人相反，新自由派全球化基金会的支持者并不认为新自由主义和其批评者之间有巨大的鸿沟：通过它们的社会改良政策，它们希望和声称要促进市场及社会正义。[16]

1985年，洛克菲勒基金会（RF）宣称消除社会不公正是其经济发展关注的中心。1999年，即将就任的洛克菲勒基金会主席、苏塞克斯大学前副校长戈登·康威强调其基金会有两个优先性："一是理解由全球化策动的变革进程；二是找到使穷人和受排斥者不再被遗漏的途径。"基金会态度的内在特性被理所当然地认为带有全球化的新自由主义特征。[17]因此，这三者被有些人称为"非神圣化的三位一体"并不奇怪，福特基金会拨款给保守派智库哈德森研究所15万美元，来帮助"爱沙尼亚、拉脱维亚和立陶宛的经济学者和官员发展计划改革其经济结构以融入世界经济"[18]。为了考察市场改革的结果，洛克菲勒基金会以15万美元的成本管理一个项目，"探索贸易自由化及其对贫困农民的影响"[19]。

美国基金会为那些重要的全球化的发动机提供支持。例如福特授予了一笔40万美元的资金给世界银行来资助后者的"咨询团体，帮助最穷的人发展小微金融机构的能力，以及提升成员国在支持微金融方面的实践"[20]。小微金融是一项提升市场地位的战略，提供给那些因为太穷而无法从主流商业银行获得贷款的人。福特基金会主张要给孟加拉国小微信贷的发展提供贷款，这些小微信贷是孟加拉乡村银行系统的先行者。批评者们反对说乡村银行几乎没有消除贫困，而是增加了贫困家庭的债务，并正中公司投资者的下怀。[21]1999年，洛克菲勒基金会捐助了80万美元给世界银行的经济发展研究所，用于研究经济增长加速战略问题。[22]2003年福特又进一步捐资给该机构，试图建立大型西方公司与第三世界小企业之间的相互联系。[23]90年代，洛克菲勒家族的领导者——大卫·洛克菲勒——对国际货币基金组织全球的项目给予无条件的支持，没有这种支持，世界将会回到30年代的经济危机，并有全球经济和军事冲突的威胁。[24]洛克菲勒有一笔25万美元的资金致力于资助"世界贸易组织治理下亚洲政府官员、学者和市民社会团体之间的战略研讨和会议"[25]。

第八章
后冷战时期的美国权力和主要基金会

同样，美国基金会从其自身来说也是一股正在全球化的力量[26]，不断加强大学、智库、政府机构和慈善组织之间的全球知识网络。[27] 由德国博茨曼基金会——有美国基金会的支持——设立的战略慈善组织国际网络（INSP）鼓励慈善组织的全球化扩散。（美国）慈善倡议公司致力于确保对私人慈善资源的战略性和系统性的投资来解决长期不发达背后复杂的、相互关联的原因。洛克菲勒基金会已支持几个倡议来培训全球赠予人的新一代。相似的项目也由福特、休伊特、凯洛格和查尔斯·斯图尔特·莫特等基金会在运作。甚至正在加强的慈善团体也进入了支持集团网络，如基金会理事会和欧洲基金会中心。全球赠予人还进一步与地区和全国的慈善组织如亚太慈善共同体，以及国际的网络与联盟如世界经济论坛结成了网络，而这反过来，其中也有自身的全球性社会—投资者项目。[28]

在此背景下，随之而来的捐赠信息只是巨大冰山的一角。福特基金会拨款 40 万美元给了波兰慈善发展学院（ADPP）——这源自一个美国国际开发署（USAID）项目，用于加强地方的基金会。而福特的一笔 20 万美元资助致力于波兰和白俄罗斯的非政府组织（NGOs）的加强。与此相关，福特还拨款 50 万美元给巴西非政府组织协会来帮助组织世界社会论坛（WSF），该机构正在发展一个"当前全球化模式的替代品"[29]。

福特基金会是一个热心但有点争议的世界社会论坛（WSF）的支持者。实际上，私人公司和慈善资助人是世界社会论坛的第二大捐款人，充当了世界社会论坛对于资本主义全球化批评的一个制动器。福特基金会（FF）已投入了一百多万美元直接给世界社会论坛来帮助其组织活动和在全球传播其信息。[30] 在其第三次年会上，世界社会论坛吸引了来自 156 个国家的 10 万名代表，包括女性主义者、工会分子等等。根据福特基金会治理和市民社会部主任迈克尔·爱德华兹的说法，世界社会论坛更改了"关于全球化辩论的术语……（现在）有了一个关于大公司角色和全球化的收益分配的绕不过去的公共辩论……这很大程度上归功于世界社会论坛的工作人员"[31]。在福特基金会和其他基金会的资助下，世界社会论坛推动了对于"市场自由化某些消极方面的批评：不断增加的经济不平等、医疗卫生的私有化和环境的恶化"。根据福特基金会爱德华兹的说法，世界社会论坛的最终目标是"全球市民社会"，其影响可比肩于二战期间形成的布雷顿森林体系的效果。[32]世界社会论坛志在构建"一种替代性的发展模式，并建立一种全球化的新形式"[33]。卡内基公司拨款 25 000 美元用于帮助"世界经济论坛和世界社会论坛代表之间进行全球化的对话"[34]。福特基金会给予伦敦经济学院的一笔 50 万美元的拨款意在帮助学者们探索"全球治理的深度及其对一个政体的责任"，这是所有三个主要基金会都推动的另一个改革性措施。[35]

实际上，世界社会论坛更多时候是一个被批评的对象。例如，"孟买抗争大会"认为由西方代理人资助的世界社会论坛是个"缓和发展合作和结构调整项目的灾难性工程"，而这就是它自己组织的。[36]它声称世界社会论坛的出资人收买反全球化势力，使得它远离"直接的和军事的对抗……进入讨论和辩论，而这通常是没有新意的，并且大多数是没有焦点和漫无目标的"。某些世界社会论坛会议的参加者抱怨他们最期待的其实是"倾听"世界社会论坛领导人的声音，而不只是参与；目标是"将人脸加入到全球化之中"。世界银行将世界社会论坛称为"一场正在成熟的社会运动"，而该行的官员也被赋予世界社会论坛会议观察员的地位。世界社会论坛的支持者包括巴西总统卢拉。他是劳工党的党首、IMF 政策和美国自由贸易协定的支持者和农民土地斗争的反对者。最终，世界社会论坛将让资本主义全球化的粗糙边界变得更圆滑。[37] 2004 年世界社会论坛会议的组织者在印度孟买拒绝了福特的捐助，因为福特在印度绿色革命中的角色，这场革命制造并恶化了贫困农民的问题。[38]

2007年世界社会论坛会议在肯尼亚的内罗毕举行，也受到来自非洲各组织的类似批评。根据一个信息来源，会议主要受"白人的北方"NGO所主导，而南方的声音却没有得到表达。会议同样由在世界社会论坛拥有排他性权力的大公司所资助。实际上，世界社会论坛会议有点"交易会"的感觉，而穷人参会者被迫采取直接的行动仅仅是为了获取会议的入场券。气氛绝对是非政治的，议程几乎不会暗示政治基本就是"富人和穷人"之间的斗争。[39]

最近一项关于内罗毕世界社会论坛会议的学术研究成果认为：世界社会论坛的运作不像是一种与新自由主义相反的、处于反霸权项目背后的主导力量，而更像是娱乐的来源——一个宫廷弄臣而不是"后现代"王子。在发展与真正处于新自由派全球化中心的那些组织的更密切联系上，世界社会论坛已经被它建立起来试图取代的那股势力所收买。[40]葛兰西主义者认为主要国家、全球性大公司、慈善组织和其他势力是一种"全新的历史性集团"，发展政策并"鼓吹全球化的意识形态"，甚至在其推动作为替代物的组织之内。[41]

现在，让我们把注意力转向公司全球化的政治对手的思想基础——在"后苏联"时代由美国来促进的市场民主国家。

"民主和平论"：美国权力新的理论依据

"民主和平论"是奥巴马总统（同时也是其击败的共和党对手、参议员约翰·麦凯恩）外交和国家安全政策的隐含理论基础。民主党总统比尔·克林顿于20世纪90年代发起了"民主扩张"和"民主接触"运动，推动自由和民主，而这也是布什主义的关键。[42]

本节说明基金会资助的知识网络对于"民主和平论"由一个相对模糊的社会科学理论崛起为被广泛接受的国家政策基础的重要性。当然,没有一项声明提出是基金会网络独自将这些思想转化成了政策;冷战结束后开放的思想空间在其发展中扮演了一个关键角色,就像"9·11"事件所起的作用那样。但在一个充满不确定的"后冷战"世界,由"民主和平论"所允诺的社会科学的"确定性"被证明是决定性的。事实在于,来自政治光谱各层的对于"民主和平论"的支持使得对它的采纳变得更有可能。没有"民主和平论"——它可能是以单边或多边、和平的或强制的方式运作——美国外交政策可能不会有这样一个概念能够凝聚对它的认同,或者提供给它一种"价值中立的""科学的"后苏联时代的理论依据。从冷战遏制战略的思想外衣(其中任何东西如果能够消减苏联影响都被认为是正确的)开始,"民主和平论"提供了一种科学的证明和容易理解的国际行为"准则"。

"民主和平论"的发展

"民主和平论"为推进民主提供了思想的合法性;它在学术界获得了广泛认可,并衍生出了一系列极有成效的"研究项目"。[43]更夸张一点说,杰克·利维(在其卡内基公司资助的研究中)称"民主和平论"是国际关系的唯一"实用的准则"[44]。

下面就将考察"民主和平论"的起源、发展和崛起为科学准则和公认政治实践的过程,它最初由福特基金会(后来由麦克阿瑟基金会)资助的学者迈克尔·多伊尔在20世纪80年代提出,导致了美国政治学和国际关系学界中自由国际主义学者重要的理论重新定向,以及克林顿政府第二任期(1997—2001)向"民主接触"的转向。第二个发展主线(尽管相互重叠)包括与民主党的"进步政策研究所"有密切联系的胡佛研究所学者拉里·戴蒙德的工作、克林

第八章
后冷战时期的美国权力和主要基金会

顿政府第一任期的"民主扩展"议程,以及民主国家社区理事会。

尽管可以追溯到伊曼纽尔·康德,但却是迈克尔·多伊尔在其1983和1986年的三篇文章将此问题最终带回了学术界。而这又是部分源于1979—1982年间福特基金会的资助。[45]福特当时拨款409 735美元给一个为期三年的总项目,"用于支持研究国际经济秩序的未来"[46],其中90 000美元拨给了多伊尔和迈尔斯·凯勒,用于一项为期三年的关于全球南北经济关系的研究。这个项目包括一项考察意识形态对于国际经济关系的影响。多伊尔同时也有兴趣测试一系列的外交政策理论,这些理论假定国家和社会、利益和意识形态、传统和当代回应,以及体制地位和经济战略之间的常规联系。该项目强调了第三世界国家之间日益加剧的经济差异化。当更多发达的第三世界国家和地区——肯尼亚、象牙海岸——变得自由化以后,它们将开始建立"自由党"。[47]多伊尔随后关于"自由的和平"著作的种子呈现在他受福特基金会资助的项目中。世界舞台上的"自由党"已经作为"民主国家协调"重新出现。当然,多伊尔关于"民主和平论"思想还有其他的重要来源和它们的相应后果。例如,承认多伊尔最初涉足"民主和平论"完全是"偶然的"这一点十分重要,需要立即在一个学生会议上发表讲话。然而,同样很显然的是,把思想变成出版物需要时间和空间,关于这一点多伊尔向福特基金会谦逊地表达了他的感激之情。在他后来关于此事的著作中,多伊尔承认他也欠了麦克阿瑟基金会一份人情。[48]

实际上,在多伊尔1983年的文章之前,罗纳德·里根总统在1982年伦敦发表的一个演说中,以及后来成立全国民主基金会(NED)来推动民主时都宣称:"自由主义的外交政策"内在地具有"和平的"特征。"自由和平理论"的诞生和现代重现在其复杂意义上来说是多伊尔的工作,然而,同样凑巧的是里根政府的进攻性反共主义,提供了一个政策制定者使用学术理论的不详警告,正如多伊尔自己所提醒的那样。[49] 当然，多伊尔的"民主和平论"包含了一种对"自由和平"的珍惜，以及对"自由帝国主义"的批评。后来的美国总统对"民主和平论"各取所需，以其原创者们无法预料的方式使用它们。然而，无法否认的是，多伊尔的理论处于一个广泛自由框架的中心，强调自由市场的理念也是世界和平的源头，这回应了里根的经济自由主义。[50]

拉里·戴蒙德和克林顿政府

戴蒙德是一个自由主义鹰派人物，也是促使"民主和平论"从学术界转向政策制定者的关键人物。作为斯坦福大学的一名学者，他从1990年开始即担任全国民主基金会的《民主期刊》的共同主编，该刊物与民主党的"进步政策研究所"(PPI)有着密切的联系，对1995年卡内基委员会关于推进民主的一项重要研究作出了贡献。作为民主国家共同体委员会的领导成员之一，戴蒙德于布什政府时期在伊拉克担任盟军临时政府的一名高级顾问（2004年1—4月）。

戴蒙德把"民主和平论"介绍给了进步政策研究所和克林顿政府。他的进步政策研究所政策报告《美国的民主外交政策》阐明了"民主和平论"的基本原则，并延伸了和平观点，认为民主国家作为贸易伙伴更加可靠，能"为投资和履行国际条约提供更为稳定的环境"。戴蒙德对冷战结束表示欢迎，认为美国应抓住机会重塑世界，变依附于全球"秩序和稳定"为公开重塑国家主权以使美国可以对国外进行干预。戴蒙德强调了美国要"**深谋远虑为将来数代人塑造整个世界的政治特征**"[51]。他把理想主义和现实主义联系起来，宣称通过使别的国家民主化，美国的安全可以得到保护，这提供了一种战略上的迫切原因来使民主成为美国的任务。实际上，戴蒙德认为推进民主为乔治·W.布什的"新世界秩序"提供了一种切实可行的选择，而这（戴蒙德认为）一直被"秩序、稳定和'均势'"所困扰——经常以自由和自决为代价。最后，戴蒙德认为美国

第八章
后冷战时期的美国权力和主要基金会

应当建立一个新的"民主国家协会"来"代表民主国家"以动员其快速行动[52]。

戴蒙德的独特贡献在于将"民主和平论"引入到克林顿主义分子的思考中。进步政策研究所帮助克林顿来利用这一学术思想,正如1991年12月克林顿演讲中所显示的,它改编自戴蒙德的报告。例如,克林顿提及布什总统依附于"政治稳定……超过促进自由、民主和经济增长的一贯政策"。民主并不仅仅反映我们"最深层的价值……它对我们的国家利益也十分重要"。但比戴蒙德更进一步的是,克林顿强调了"新安全环境"的危险,而它得以建立的基础是"冷战中自由的胜利"[53]。

克林顿更加明确地将"民主和平论"进行了"变现",将世界分为民主国家区和专制国家区,后者对前者是一种新的威胁。[54]正如巴格和威勒姆森所指出的,"创造民主和平的确定性……增加了民主和非民主国家间关系的不确定性……根据民主和平区来进行思考也会创造出一幅"动荡区"的前景。[55]克林顿的国家安全顾问托尼·莱克在1993年指出,美国人现在应当将**我们的安全使命明确为促进市场民主国家世界的'蓝色区域'的扩大化**"[56]。莱克宣称克林顿的外交政策是"实用的新威尔逊主义"[57],公开促进扩大化为"遏制战略的继承者",将防御性概念替换为积极的和扩张性的概念。[58]副国务卿斯丘比·塔尔博特用几乎相同的口吻,也指出美国正在一个"新的地缘政治的环境中运作:在后冷战时代保卫民主"[59]。对于约瑟夫·克鲁泽尔来说,"民主和平论"提供了一种关于国家安全的先发制人战略,通过将一个国家变成民主国家从而减少它的威胁。[60]

实际上要注意,如果"民主和平论"全球变革的潜力完全被美国国家安全的管理者所利用,它就需要额外的压舱石。正如史密斯所指出的[61],民主转型理论仍然有它的作用,而戴蒙德则合并了这两种方法。净效应是与"确定性"争论,即民主不仅保证和平,它也直接使国家的转型更为迅速。戴蒙德的理论观点随着他为卡内基公司"预防致命性冲突委会员"的工作而得到放大。在《推动20世纪90年代民主》中,戴蒙德认为不应当被历史的或"社会的预设条件"所削弱。他认为,"在许多新兴的民主或转型国家,政治和社会力量存在着危险的平衡",提供给"国际行为者……影响政治发展进程的真实范围"。戴蒙德用安全的语言,指出民主国家应优先考虑"它们自身的安全以及对地区和全球安全具有重要性"的国家的民主转型,选择那些能"充当民主发展的'**桥头堡**'的国家来转型"。[62]

沿着戴蒙德进步政策研究所报告所显示的线索,克林顿政府积极活动来建构一个"民主国家的共同体"。由国务卿玛德琳·奥尔布赖特发起,2000年在华沙成立了一个民主国家共同体理事会(CCD)。CCD的形成可以看作是某个进程的延续,即将世界分割为民主和平区、转型/动荡区和其他地区,作为一个先驱,它的轮廓越来越鲜明,施加更大的压力来使某些大国变得民主化。民主国家共同体理事会特别关注与某些国家保持接触,这些国家已被曼斯菲尔德和施奈德确认为"动荡转型"过程中有滑向民主国家的危险。[63]结果是,民主国家共同体理事会发展了许多地区性的民主国家集团,并在联合国建立"民主核心小组"。千真万确的是一家美国企业接受了无数的资助,资助方包括美国国务院和洛克菲勒基金会。[64]

冷战的终结和比尔·克林顿总统的雄心恰巧碰到了一起,给"民主和平论"提供了一个机会——即通过像戴蒙德这样的学者活动家——来直接从对立的讲台走向决策圈。然而,"民主和平论"在从学术界转向国家层面的时候,它变得军事化:像"威胁""国家安全""和平区"和"动荡区"这些词汇越来越与"和平"理论联系在

第八章
后冷战时期的美国权力和主要基金会

一起。"民主和平论"被转化成了政治术语,在政策制定者中建立"确定性",为美国权力寻找新的方向和更高的道德目标。[65]

哈佛和"民主和平论"

如果戴蒙德在"民主和平论"形成阶段是通向克林顿政府的一个重要纽带的话,哈佛的"贝尔福科学和国际事务中心"则是"民主和平论""成熟"和合法化的关键。贝尔福中心的政策导向性期刊《国际安全》(International Seucrity)尽管是(或者是保卫)现实主义倾向的,却通过发表一系列的文章(紧接着1996年出版的一个"读本")在解释"民主和平论"方面扮演了一个重要角色。特别是其政策相关的文章[66],例如马利尼亚克以及其他人指出,《国际安全》是该领域12份主要期刊之一,国际关系学者中的安全研究专家最热心"与政策界接触",其30%—60%的文章与政策问题相关,而形成鲜明对比的是其他国关期刊只有10%—20%的比例。《国际安全》一直是引用率最高的5份国关期刊之一。[67]

1996年的"读本"部分得到了来自卡内基公司的支持[68],而贝尔福中心长期以来都受到福特基金会的资助。[69]贝尔福中心是肯尼迪政府学院的一部分,受肯尼迪家族的资助,在20世纪60年代后期的时候将注意力转向了"越南战争的教训",审视国家安全的管理者对于历史和历史类比的误用。[70]贝尔福中心一直与大基金会有联系。例如,卡内基公司前主席戴维·汉伯格是贝尔福国际委员会的成员。1997年,卡内基公司拨款70万美元给贝尔福中心研究"国际安全的新概念和制定政策建议"。卡内基公司强调中心的工作是确认"有利于'民主和平'假设的条件……美国外交政策是否应当寻求推进民主……以及假设许多正在民主化的国家会经历一场不稳定的转型,在其中它们相对更可能会进入战争"[71]。中心的顾问和研究人员还包括世界银行行长和前副国务卿罗伯特·佐立克;克林顿时期的国防部长威廉·佩里;联邦储备委员会主席

（1979—1987）保罗·沃尔克；历史学家尼尔·弗格森；美国中央司令部指挥官约翰·阿比扎德将军。最近，布什政府时期负责民主和全球事务的副国务卿保拉·多布利安斯基也加入了贝尔福中心做高级研究员。拥有一百多名来自商界、政府部门和军方的学者和实践者，贝尔福中心实际上是一个以大学为基地的智库，它的主要目标是"推动政策相关的知识"[72]。

推进民主在20世纪90年代《国际安全》的版面中占据了重要位置，特别原因在于克林顿总统是"'民主和平论'的明确信徒"[73]。理论和实践的互补性在《争辩民主和平》中体现得很清楚："民主和平问题也具有实践的重要性。如果民主国家从不发动对彼此的战争，那么国际和平最好的药方可能就是鼓励民主的扩散……这种民主的扩散将削弱对美国威胁的可能性，并扩展和平的民主区域。"然而，编辑们也警告，如果该理论是错误的，将可能导致美国进入"大型战争，以及多年的占领"[74]。

同样是在《国际安全》上，施奈德和曼斯菲尔德强化了"民主和平论"，但却淡化了克林顿政府推动民主的热情。[75]副国务卿斯丘比·塔尔博特表明了他对《国际安全》中关于民主和平，特别是曼斯菲尔德和施奈德文章的熟悉。[76]在他们的文章中，曼斯菲尔德和施奈德提出，正在民主化的国家可能比成熟的民主国家更容易发生战争，尤其是在头十年里，因为老精英们动员民族主义者在民主政权下诉诸竞争，而这反过来会加强新精英们自己的民族主义言辞，使其更难控制新动员起来的公众。如果羽翼未丰的民主失败了，返回的专制很可能会发动战争。在新民主国家中缺乏可持续而稳定的机制使形成稳定联盟和政策凝聚力变得困难。曼斯菲尔德和施奈德建议西方国家通过长期的接触帮助促进多元化，将"动荡转型的危险"最小化。[77]他们的文章最初在《外交》1995年5—6月期上发表，早于1995年《国际安全》夏季号。正如我们所知道的，

第八章
后冷战时期的美国权力和主要基金会

这很可能成了克林顿政府的主要路线,在 20 世纪 90 年代后期从推动民主转变成接触民主。

在接下来的一系列著作中,曼斯菲尔德和施奈德沿着上面的主线发展了他们的观点。他们部分受福特和卡内基基金会资助,在 2000 年出版了《从投票到暴力》;受胡佛和贝尔福基金会资助,2005 年出版了《选择战斗》。在这些和其他的著作中,曼斯菲尔德和施奈德讨论了在一个可能的民主化国家举行选举之前,鼓励发展法律规则、中立的公务员、民权和专业媒体的具体步骤。[78] 强调的重点已经从直接民主转向了建立稳定的机制性基础。2005 年,在批评布什政府可能粗暴地理解了"民主和平论"之后,曼斯菲尔德和施奈德公开称赞克林顿政府有细微差别的方法。[79] 作者认为要想民主取得成功,这些国家必须经历循序渐进的民主前提基础的发展。奥巴马政府是否采取了更具细微差别的方法仍是有争议的。[80] 曼斯菲尔德和施奈德的著作并没有反对"民主和平论",更确切地说,他们是沿着"现实"的路径发展了它,以使其实施起来更为有效。[81]

很显然,"民主和平论"只是在冷战后才变得有影响——主要在克林顿政府时期——而且只是在其政策导向的精英知识机制被合法化之后。实际上,在由学术理论转向外交政策的过程中,"和平"理论被"资产证券化"了。

进一步转向政治—意识形态权利,弗朗西斯·福山对于"民主和平论"的讨伐也对该运动作了设定[82],在新保守主义者更为军事化和进攻性地追逐"民主和平论"以达到其"逻辑化"的结论——可强制的政权更迭。有趣的是,在 2000 年的时候,像"新美国世纪工程"(PNAC)这样的小组积极地与克林顿的五角大楼接触,而福山却在普林斯顿国家安全项目中变得有名,该项目由约翰·伊肯伯里和安妮-玛丽·斯劳特牵头,而排在后面的还有托尼·莱克和乔治·舒尔茨。

以上的证据显示了"民主和平论"的影响力。从概念上来说，从克林顿到新保守主义者，思考美国权力的目标和证明的方式发生了变化。美国的自由价值和其国家安全利益由"民主和平论"统一了起来。象征性地，在一个有流氓和恐怖主义国家危险（它们通常都是非民主的、野蛮的、藏匿恐怖分子并威胁着和平）的世界，"民主和平论"使得美国的优势合法化了。干预反对这些国家的政权进一步保证了美国作为一个好国家的形象——维持近乎冷战时期水平的强有力武装力量和军事预算，并防止出现一个"分裂的和平"的要求。"民主和平论"这种工具性的影响在克林顿时代可以看到，或许在后"9·11"布什主义和随后的对伊拉克战争中更加清晰。

但实际上，"民主和平论"在政策界变得如此出名的过程既非直接也不是预先注定成功的。"民主和平论"最初是被忽视的，后来它的影响也变得衰落和流失。有信奉它的必胜主义者，也有更为复杂的支持者和批评者，尤其在现实主义者中间，并且也有竞争性的范式。它的影响来自于无法预料的事件和冲击，以及促进和提炼该理论的强有力网络。简特森显示"民主和平论"采取了一种特别的思维方式——即用前政策规划者和大学教授托尼·莱克来与律师出身的国务卿沃伦·克里斯托弗相对——来使克林顿在其1994年国情咨文中"几乎纯康德主义"的信条具体化。[83]然而，不管权力的派别如何，它仍在持续施加着影响。[84]

在布什时期与反美主义作斗争

在充满军事攻击色彩的布什时代（更具解释力的说法是推进民主和自由），人们目睹了世界范围内反美主义水平的急剧上升，尤其是2003年伊拉克战争，它实际上充当了将对美国权力包括美国领导的全球化的普遍焦虑托出台面的一种催化剂。[85]美国权力在全球舆论的广阔地带中都被认为是名声不佳和不公正的。虽然布什政

第八章
后冷战时期的美国权力和主要基金会

府通过各种倡议不断作出努力来重塑美国,私人基金会也行动起来要改革公共外交使之更有效地改变全球对美国权力的看法。下面的章节考察美国的德国马歇尔基金会(GMF)的态度和活动,它是一个相对较新的运作型基金会,接受来自福特和卡内基基金会的资助,与反美主义作斗争并发展跨大西洋对话。关键之处是福特、卡内基和洛克菲勒基金会愿意资助精英的"消防"活动,以及更为宏大的计划来发展"布什主义"的替代物。

德国马歇尔基金会[86]的资助者包括福特和洛克菲勒基金会、对外关系委员会(CFR)、北约(NATO)和美国国际开发署(USAID)。[87]它的项目特别关注两个互补性的目标:推动跨大西洋的合作和与欧洲的反美主义作斗争,具体是通过建立美国和欧洲精英之间的合作,包括学者、记者、政治制定者、商界领导人、智库和慈善基金会。它的目标被设计成针对跨大西洋问题发展"创造性的解决办法","一个使美国的声音被欧洲倾听、欧洲的声音被美国倾听,并使美国和欧洲的声音被世界其他地区倾听的机会"。德国马歇尔基金会将其自身定位成遍及全球网络的中心,包括大学、大众媒体、美国众议院和参议院、欧盟,以及像印度工业联合会一样的企业家组织和乔治·索罗斯的开放社会研究所。[88]

2003年,德国马歇尔基金会进行了广泛的活动来建立跨大西洋合作。它资助了一项横跨七个欧洲国家和美国的"跨大西洋的趋势"的调查。6月,德国马歇尔基金会组织了一场有28个美国和欧洲智库参加的研讨会,风头盖过了官方的美国—欧盟峰会。研讨会分析了对中东和全球贸易的分歧态度,审视了大国集团之间"解决紧张关系的前景"。在美国国会发表成果和意见的人员包括美国议员达格·贝罗伊特、欧洲议会主席帕特·考克斯、负责政治事务的副国务卿马克·格罗斯曼和希腊外长乔治·帕潘德里欧。在持续考察欧洲和美国的分歧的同时,德国马歇尔基金会还为新上台的德国领导人安排了一场与亨利·基辛格的特别战略讨论。[89] 最后，德国马歇尔基金会在 2003 年 2 月还发起了贸易与贫困论坛（TPF），意在发展美国—欧洲与第三世界领导人之间针对这些事务的对话。它的第一份报告《恢复对 WTO 的信任：坎昆的挑战》，紧随"意在如何回应坎昆贸易谈判的破裂，以及如何促进广泛的发展目标"之后。贸易和贫困论坛包括来自美国（以前财政部长罗伯特·鲁宾为首）[90]、日本、印度、巴西、南非和欧洲的六个代表团。它试图"聚焦于重建发展中国家认识到有关其经济福祉的世界贸易的重要性的信心"，以及"教育媒体和公众认识有关美国—欧洲在贸易和发展问题上领导力的重要性"[91]。

自 2000 年以来德国马歇尔基金会工作的一个重心是在意大利的科莫湖举行"新兴外交政策领导人"年度会议。这个项目是与贝塔斯曼基金会和应用政策研究中心联合举办的。三十多位美国—欧盟领导人——"来自各个专业、从私营部门和媒体到政府和智库——考察跨大西洋分歧的原因、巴以冲突、像联合国和北约一样的国际组织的未来；经济和金融的相互依存；以及可以采取什么步骤来更新和重建跨大西洋关系"[92]。

德国马歇尔基金会有一项重要的研究奖金倡议。2003 年，英国人马克·伦纳德获得了一项奖金去美国旅行。他是托尼·布莱尔首相的智库外交政策研究中心（FPC）的主任，也是《给世界重新排序》这本书的主编，该书呼吁紧随"9·11"之后建立一个新的"自由帝国主义"。伦纳德坚持"本·拉登是 1989 年之后乔治·W. 布什和比尔·克林顿总统、约翰·梅杰首相所犯错误的余震[93]，也是布什政府和"新美国世纪工程"（PNAC）这个新保守主义项目共同远景的一个回声。[94] 在与布莱尔外交政策前顾问、现英国外交部官员和欧盟外交与安全政策高级代表哈维尔·索拉纳的顾问罗伯特·库珀合写的一篇文章中，他认为世界可分为三类国家：后现

第八章
后冷战时期的美国权力和主要基金会

代的、现代的和前现代的。在库珀看来，欧盟和美国或多或少地属于后现代阵营，为了它们自身的安全，被迫合作来处理前现代国家中的基地组织和其他恐怖基地。[95]要这样做，它们需要使用任何必要的手段，包括"武力、先发制人式的打击和欺诈"，这一系列战略与2003年英美入侵伊拉克联系密切。

在其过往研究人员中，德国马歇尔基金会的跨大西洋研究员项目从学界、政界和商界招募了一系列知名人物，包括约翰·伊肯伯里（普林斯顿大学）、克里斯托弗·麦金斯（大西洋理事会）、李·弗恩斯坦（对外关系委员会）、艾伦·博克（新美国世纪）、巴里·波森（麻省理工学院）、辛迪·威廉姆斯（麻省理工学院）和约翰·哈里斯（《华盛顿邮报》）。[96]

德国马歇尔基金会以其自身的方式在积极做一些美国人声称美国政府没有做过的事情——这其实是美国基金会的一个悠久传统。德国马歇尔基金会的项目背景可通过其主席的著作得到很好的表述。在《国家利益》上发表的一篇重要文章中，德国马歇尔基金会主席克莱格·肯尼迪推销这样的观点，即通过美国政府与反美主义作斗争来更有效地实现意图，或者更好地促进国家利益。[97]同样是在2003年，肯尼迪位列29位著名美国人之一——其他人包括琳恩·切尼、威廉·巴内特、詹姆斯·威尔逊和沃尔特·拉塞尔·米德[98]——他们共同完成了一本右翼的书《恐怖分子、暴君和民主：我们的孩子需要知道些什么》。该书的中心论点是，2001年9月11日恐怖袭击的根据是仇恨美国的价值和自由，根本与美国外交政策没有关系。任何与之相反的观点，本书都极力争辩，认为是被误导的和不爱国的。[99]

在其发表于《国家利益》的文章中，肯尼迪认为反美主义正被美国行政当局不恰当地处理着；实际上，美国对于欧洲日益高涨的反美主义有一场"公共外交危机"，就像先前的盟友成批地转而反对美国。美国需要一场"严肃的运动来使欧洲思想转变到我们的立场上来",这是冷战期间《中央情报局和福特基金会》中如何与反美主义作斗争的历史性的描绘。尤其是肯尼迪聚焦于反共的、不公正地扮演了一个"中情局前线"的"文化自由大会"(CCF)。[100] 尽管其在根除欧洲反美主义的浪潮上完全失败了,它的主要成就却是培养了一些核心的思想家和活动家,它们对美国的思想持一种开放态度,愿意就当今的重大问题进行严肃的讨论。[101]

根据肯尼迪的观点,随着"9·11"和伊拉克战争,重大的问题是承认罗伯特·卡根有关美国军事力量强和欧洲弱的观点。[102] 双方虽然在观点和世界观上有诸多不同,但还是有合作和交叉的重要领域,尤其是关于恐怖主义和全球化——在这方面美国应当"通过建立一个支持与美积极接触的基础",竭力使美欧有差异的能力变得"更能合人心意"。肯尼迪建议布什政府采取四个步骤:第一,用公共外交来动员公共舆论;第二,通过行政官员更多去往欧洲的海外旅行来辩论政策和问题;第三,向公共外交情报官员投入更多财力资源;最后,确保此种公共外交进行方式是积极的、解释性的和战斗性的,而不仅仅是"重塑美国外交政策、重塑外交"的一个演习,就像科林·鲍威尔曾徒劳做过的那样。[103]

肯尼迪推荐了一个与德国马歇尔基金会项目类似和互补的战略,他鼓励行政当局"支持那种愿意采取越来越不流行的支持美国立场的欧洲政治家和知识分子"。我们需要确信那些出自美国政策的"好消息",也要"以一种全面和及时的方式挫败对于美国的诽谤"。作为这种"诽谤"的一个例子,肯尼迪指出"没有发现"指控所说的关塔那摩虐囚事件;事实上,"只是在押运嫌疑犯时将他们铐起来,蒙住眼睛……"[104] 然而,单独行政部门的外交机制在应对当前需要时却过于缓慢、不够灵活和不讲技巧。

这种挑战需要严肃的思想战士。这意味着一大批能够

第八章
后冷战时期的美国权力和主要基金会

接触编委会的作家、思想家和外交家要参加电视脱口秀巡演，参与网上聊天室，运营网站——更不要说与欧洲的学者、商界领袖和大学生等展开辩论。总之，这意味着要在大西洋两岸发展一个具有相似思想个体的更为广泛、非党派网络，致力于保持西方的思想，并不断扩展自由民主国家共同体的事业。[105]

普林斯顿国家安全项目（PPNS）

为了效仿乔治·凯南"遏制"概念的影响，普林斯顿大学学者约翰·伊肯伯里和安妮-玛丽·斯劳特接受了福特和卡内基基金会的资助，试图全面复兴布什政府发动对伊拉克战争之后的美国权力。它的政治重要性基于这样一个事实，即该项目与布什政府的民主党反对派接近，包括副总统约瑟夫·拜登。实际上，有几位前普林斯顿工程的参与者和领导人都曾在2009年进入奥巴马政府，包括国务院政策规划室主任安妮-玛丽·斯劳特；国务院的詹姆斯·斯泰因伯格、科特·坎贝尔和菲利普·戈登；国家安全委员会的迈克尔·麦克福尔。[106] 英国外交官罗伯特·库珀也是普林斯顿国家安全项目的参与者。

该项目由福特基金会资助24万美元成立，还有卡内基国际和平基金会和德国马歇尔基金会的资金，意在发展一种小布什总统国家安全战略的"替代物"基础，正如后者在2002年的国家安全战略中宣称的那样。尽管不是一种专门政策的蓝图，普林斯顿国家安全项目的最终报告却声称要提供基础的原则来指导未来美国政府的国家安全战略。考虑到其参与的个人和组织的学术声誉和政策相关经历，报告在发展"后布什"时代两党国家安全思考的贡献方面具有某种重要性。

普林斯顿国家安全项目是（被广泛认为的）学术服务于国家的

一个例子。其社会科学的严谨学术声明和对历史的彻底分析[107]由需要出品一份文献而打了折扣,这份文献希望能够指导"头脑清晰的"政策头面人物。相较于布什政府的过度和极端,它对该政府的批评态度说明了其自身相对的"中间路线"。它或多或少不加批判地公开或不公开地相信美国是"好的"、热爱和平、促进自由、"善意的"国家,但却被"误解"和"被嫉妒",这构成了普林斯顿国家安全项目的民族主义—爱国主义的思想依据。它基础性的自由主义被不加批判的声明所强调,即"美国价值"过去或现在都是普遍适用的,因此应当传播到全世界。对于美国的隐含叙事是作为外国军事和恐怖攻击的"牺牲品"——从1941年的珍珠港到"9·11"——作为美国渴望成为世界领导者的源泉,反映了最没有反思精神的美国外交政策制定者的自我形象。报告刻画了所有暴力反对派的特征,特别是伊斯兰世界,对于美国外交政策是作为"一个具有犯罪核心的全球暴动"的进一步证据,如同使学术研究靠边站,让步于理性的证据而不是这些反对派的虔诚。[108]

普林斯顿国家安全项目是一群有机知识分子参与的,与美国霸权的目标有密切的联系,旨在重塑后"9·11"的世界。该项目的工作方式如下:通过体现美国的价值、实践和利益来进入现存和新的国际和地区组织,将美国安全的概念扩展到外国港口和领地,渗透进未来可能构成威胁的其他社会,在建立新的世界联盟的背景下增加军事开支,并使预防性战争的规则机制化。简言之,普林斯顿项目鼓励美国领导创立一个自由的国际秩序,受联合国体制外运作的"民主国家协调"所保护,并且(表面上)仍支持后者的价值观。

《最终报告》体现了一个自由国际主义共同体产物的所有特点,读起来像是一个理性的、表面上非意识形态的分析和诸多建议的合集。它的项目工作小组花了两年时间得出结论。报告以十足的理性批评这样一种思想,即对于美国来说只有一个"单独的"威胁,可

第八章
后冷战时期的美国权力和主要基金会

以围绕它建立一个统一的国家安全框架。"反恐战争"理论依据无法用来应对诸如全球气候变化、自然灾害和传染病等。多样的威胁需要多重的战略和战术。报告承认其他国家和人民可能看待问题与美国不同,所以在开始美国领导的行动之前应当与其他国家商议。它认为需反对本能反应式的单边主义,在对预防性战争上应促进发展国际一致的规则。它支持以两国的方案来解决巴以问题,同叙利亚和伊朗谈判,支持将中国融入美国领导的全球秩序,赞成将软实力和硬实力结合来使美国的权力更加有效。实际上,这里需要指出的是,仅仅以上普林斯顿国家安全项目的提议就足以让人更加焦虑,因为它们很有可能获得广泛的政治接受:它们的非常"理性化"被认为比布什政府的福音派和意识形态的混合物表面上更加容易让人接受——尤其考虑到美国在伊拉克战争中普遍的危机感。

根据普林斯顿国家安全项目自身的解释,"我们"——美国或世界,并不是完全清晰的——存在一个"关键性的全球转型时刻"。项目的目标是"加强和升级美国国家安全战略的思想(理论)基础"[109]。根据安妮-玛丽·斯劳特的观点[110],普林斯顿项目是基于"杰出的美国学者和政策制定者的工作,并由全球的顶级思想家们提供咨询",于2004年5月正式启动。在参加者中除了其他的名人之外,还有前国家安全顾问及国务卿基辛格。

项目的组织者对于前景雄心勃勃,竭力想复制普林斯顿的乔治·凯南式成就。作为一名学者,凯南当时是国务院政策规划处的主任和反共"遏制"思想的著名设计师。普林斯顿国家安全项目的自我意识是试图写一篇集体的"X先生文章",复制凯南(当时是匿名)在1947年《外交》上的文章——它公开发起了遏制思想。当然,现在的世界比1947年更为复杂,这批人实际上也无法与凯南个人的智力相比肩。因此,该项目成了一种集体的努力,最终卷入了大约四百名学者、政策制定者、前政府官员、商人和其他有影响的人士。尽管如此，报告的目标不过是阐明指导**未来几十年连续数届政府**拓展专门国家安全战略的共同前提和基本原则。[111]

从 2004 年 5 月起，项目召集和出版了七份涉及国家安全挑战的工作小组成果。这七个小组是大战略、国家安全和跨国威胁、经济和国家安全、重建和发展、反美主义、相对威胁评估，以及对外政策基础设施和全球机制。"就重大的安全主题"委托撰写了 17 份工作文件，在美国和国外召集了 9 场系列会议——包括在对外关系委员会、牛津大学、布鲁金斯学会、德州大学和东京大学，以及杜鲁门国家安全项目——通过大量的工作文件和战略草案来征求意见。项目的高潮是出版和传播一份 90 页的国家安全"最终报告"——《铸造一个法制之下的自由世界》。项目承认有许多正在进行的努力来拓展美国的大战略，但它的目标是全方位联结所有的这些努力"来建立广泛的共识，厘清美国的未来之路"[112]。因此，普林斯顿项目将其自身视为战略上建立精英的共识，由此希望施加更为广泛的影响。

因为由前里根政府时期的国务卿乔治·舒尔茨——他也是另一位前国务卿康多莉扎·赖斯的密友——以及前克林顿政府时期国家安全顾问托尼·莱克两人牵头，普林斯顿项目宣称它是超越政党政治的。而其来自于戴维·鲁宾斯坦（卡莱尔集团的一位主要金融家）、福特基金会、美国的德国马歇尔基金会和卡内基国际和平基金会的资助，进一步凸显了其非党派的特色。它在由新美国基金会资助的国会山的一次活动上开始启动，当时主持活动的是共和党现实主义的参议员查尔斯（·恰克）·哈格尔和民主党国际主义的参议员乔·拜登。

对于普林斯顿项目的 16 位领导人——1 位执行总裁、2 位联合主席和 13 位指导委员会的成员——关系的详细分析显示了他们与常春藤盟校、对外关系委员会和美国的外交政策机构（主要是小布什

第八章
后冷战时期的美国权力和主要基金会

上台前的时期)之间的密切联系。[113] 虽然并不令人意外,但这种证据是重要的,因为它印证了葛兰西的观点,即普林斯顿项目代表了一群有机知识分子,他们倾向于从支撑他们的主导精英和机制的角度来看待国家和社会的问题。正如罗伯特·布莱姆所指出的,以上的机制是社会化的关键机构,培育了知识分子,发展了他们的思维模式,并且重要的是,提供了他们成功融入精英机制的基础。人们认为,知识分子并不是在机制上融入,而是更多可能地展示激进和关键的思想和行动。[114] 尽管把他们自己称为"局外人"——声音无法被白宫听到——却有证据显示普林斯顿项目的领导人完全沉浸在离美国精英权力中心非常近的政策组织中。正如下面要指出的,普林斯顿项目无法支持一个声明说是真正的反霸权力量的替代物,因为它的导向和前景离那些私人精英和国家力量如此之近,甚至与布什政府基础性的观点完全相同,即美国的价值是普适的,应当被输出到世界其他地区。

大约有 398 个人列入普林斯顿项目的最终报告中,作为 2004 年 5 月以来参与这个项目的见证。与之相伴的是每个名字都有一个附属机构——通常是一个但有时也有两个——那代表了个人参与的质量。在揭开分析的主要结果之前,有必要列出一小部分显赫的参与者:亨利·基辛格(尼克松总统的国家安全顾问及国务卿)、兹比格涅夫·布热津斯基(卡特总统的国家安全顾问)、斯蒂芬·克拉斯纳(时任国务院政策规划处主任)、理查德·哈斯(前布什政府国务院政策规划处主任、现对外关系委员会主席)、法里德·扎卡里亚(《新闻周刊》国际版编辑)。知名的学者包括约翰·米尔斯海默(芝加哥大学)、约翰·加迪斯(耶鲁大学)、格雷厄姆·艾利森(哈佛大学)、沃尔特·伯纳姆(德州大学)和斯蒂芬·沃尔特(哈佛大学)。威廉·克里斯托尔(《标准周刊》编辑)、查尔斯·克劳斯默尔(《华盛顿邮报》)、罗伯特·卡根(卡内基国际和平基金会）和巴里·鲁宾（以色列跨学科中心和《中东国际事务评论》）在项目的各种咨询和会议中代表了各自的新保守主义观点。来自"左派"学术-政治阵营的人士有布鲁斯·卡明斯（芝加哥大学）、埃米莉·罗森伯格（玛卡莱斯特学院）、托尼·居特（纽约大学）和伊安·罗克斯巴罗（纽约州立大学）。

实际上，项目的 398 名参与者部分加强了其领导层本质上的自由-国际主义特征，也给批评者们提供了一些空间：如那些极端的（保守的）现实主义者斯蒂芬·沃尔特、约翰·米尔斯海默和新保守的"威尔逊式现实主义者"如克里斯托尔、克劳斯默尔和卡根。普林斯顿项目是一个权势集团的项目，要以在两个主要党派内对领导层更具吸引力的东西来"替代"布什的议事日程。它总体上的保守主义由著名的新保守主义者威廉·克里斯托尔的话所强调：新保守主义的影响已大到这样一种程度，即不仅无法回到孤立主义，从推进民主或伊拉克偏离也是不可能的。[115] 即使普林斯顿项目是美国外交政策权势集团中间派力量活跃的一个证据，那也是右派从中间派立场转得更靠右了，这其实是里根时代就开始的保守派势力上升的影响之一。实际上，从普林斯顿项目的报告中可以看到，他们的主要声明是：尽管仍然保留着布什政府的基本价值和假设，但他们可以在保证美国安全、与犯罪恐怖主义作斗争、推进民主等方面比布什和新保守派干得好得多。

分析《铸造一个法制之下的自由世界：20 世纪美国的国家安全》

根据普林斯顿项目的《最终报告》，保证国土安全，反对敌对的攻击或致命传染病，建立一个健康的全球经济，和构建一个以安全合作为基础、自由民主国家不断扩展的"良性国际环境"，应当成为华盛顿的基本目标。该报告于 2006 年 7 月出版，正值布什第二任期（2004—2008）的中途，当时对于美国发动伊拉克战争的批评

第八章
后冷战时期的美国权力和主要基金会

在整个政界都已司空见惯。对于布什战略的觉醒反映在 2006 年 11 月中期选举民主党的显著胜利上——在那场选举中，他们获得了参众两院的控制权——许多人预测这是布什的单边主义、先发制人、预防性战争和穷兵黩武主义失败的标志。

以下小节将考虑报告对于历史的认识、它同"民主和平论"的相关性、它对联合国的态度，以及全球网络在美国权力中的角色。

报告对于"历史"的看法是有启发性的：珍珠港教育了美国人如何认识相互依存，而不受制约的外国侵略者将最终威胁美国："我们不是要从大国政治中退回孤立，而是决定在世界上扮演一个更加积极和领导性的角色"（PPNS，16）。也就是说，无辜的美国被一种无缘无故的军事攻击突然唤醒了，它实际上没有对那个国家做过什么，这就是当时美日关系所面临的状况，尽管可能并不完全准确。[116]

战后"苏联由盟友转变为对手"，以及经济衰落的威胁进一步加强了美国"全球性介入"的决心（PPNS，16）。考虑到在此问题上历史学术的分量，将"苏联威胁"这一不加鉴别的假定作为美国看似中立的"全球性介入"的一个关键原因，同样令人担忧。[117] 根据该报告，正是 NSC-68 号文件将一个持久的国家安全战略的各派聚集到一起，并强调了建立一个"健康的国际社会"的必要性，因为美国当时"需要一个美利坚的制度能够生存和繁荣的世界环境"，正如我们现在也需要一样（PPNS，16）。向美国公众揭示和推销 NSC-68 号文件的攻击性信息的动力来自于穷兵黩武的"当前危险委员会"，这实际上并没有得到《最终报告》的承认。[118]

与这样的认识相结合，以及根据遏制的一个回应，杜鲁门政府开创了国际机制的一个新时代，这种机制建立起来会产生一种"良性的"国际环境（PPNS，15）。国际货币基金组织、世界银行、联合国和北约，以及催生欧洲恢复和一体化的"马歇尔计划"，帮助创造和维持了这样一种事态，即"为多数其他国家的利益服务，同时也会更容易追求我们自己的利益"。在那段时期，美国领导但倾听，通过给予而获得，变得更为强大，因为它的全球角色被合法化地接受了（PPNS，16，22）。

这是以非竞争方式呈现的一种历史版本，认为美国的权力是良性的，很大程度上是反应式的和防御性的，并具有相对启发性，而不是狭隘解释性的和自我服务的。从过去所采纳吸取的最适用于当前的经验似乎使《最终报告》更为生动。杜鲁门时期是一个相对繁荣、安全和有序的"黄金时代"，在今天的条件下，我们重新创立，因为"世界似乎比以前更危险了"（PPNS，11）："它意味着在自由民主国家之间要保护我们的盟友和促进安全合作，像在国内一样确保美国在国外的安全，避免出现一个敌对的大国或平衡性的联盟来反对美国，**并鼓励世界范围内的自由民主国家和负责任的政府**"（PPNS，16；强调为笔者所加）。

普林斯顿项目由相信"民主和平论"的效果而建立，即民主国家不会彼此发动战争，因而世界的最大希望在于民主化（PPNS，25）。所以，要建立自由民主国家联盟。阻止其他大国或联盟威胁美国，促进民主。对于这种观点的批评被放在一边。[119]

这听起来有点像布什政府的"新保守主义"导向，当然，要在"杜鲁门"政府范围内思考。[120]根据斯蒂芬·沃尔特的观点，这可以理解为自由国际主义者、新保守主义者都相信美国权力本质上是"好"的，需要用它来改善全世界。[121]那就是为什么许多自由国际主义者——有些人卷入了普林斯顿项目——支持伊拉克战争的原因。[122]每一个团体也都想只让美国及其盟友来拥有和控制大规模杀伤性武器。[123]然而，在有关国际机制的作用上，它们有所区别：考虑到自由主义者强烈希望遵守国际法，新保守主义者却怀疑这会阻碍美国利益的实现。虽然很显然的是普林斯顿项目已认识到

第八章
后冷战时期的美国权力和主要基金会

联合国的局限性,并且呼吁首先要"动大手术"——废除安理会否决权——允许军事干预主权国家;其次,呼吁建立一个新的民主国家的组织,在联合国行动失败时,能够用军事手段强制实施联合国的"价值"。[124]

普林斯顿项目《最终报告》和布什2002年的国家安全战略(以及布什新保守主义盟友的核心信条)有多处重叠也很有趣。国家安全战略和新保守主义者认为要扩散民主,普林斯顿项目则要扩散"法制下的自由"。[125]国家安全战略想要"赞同人类自由的均势",普林斯顿项目则推动"维持均势来赞同自由民主国家"。两者都赞同保卫和促进自由/自由民主国家需要"继续维持美国防务开支的高水平"(PPNS, 30)。布什的国家安全战略强调预防性战争,而普林斯顿项目则认为在获得联合国或"某些具有广泛代表性的多边组织"授权后,要反对"极端国家"。[126]

对于普林斯顿项目来说,联合国机制是破裂的,需要改革。除非改革,否则美国应当建立一个新的"民主国家协调"来实施国际法并遏制和打击侵略者、野蛮国家、恐怖主义避难所等等。民主国家协调将是一个以美国为中心的联盟,以军事责任平摊为特色。实际上,民主国家协调像是一个由美国、英国、澳大利亚、加拿大、新西兰,可能还有印度的联盟。它像是一个以英语国家(英语圈)[127]为中心的联盟——一个19世纪末和20世纪初盎格鲁-撒克逊主义残留物的进化。[128]这像是20世纪30年代末和40年代初联邦社团主义的再现,特别是在英美之间,但包括其白人自治领国家和斯堪的纳维亚国家。[129]它的种族主义被其支持者的阴谋诡计所强调,操纵权力使人口众多的印度远离未来的联邦大会——包括借用美国南方常用的剥夺非洲裔美国人公民权的一些手段。这个设想的民主国家协调很好地代表了该传统的一个升级版。也就是说,它看起来是帝国工程的一部分。

以慈善的名义
美国崛起进程中的三大基金会

　　帝国在当今许多新保守主义者和其他人眼里已变得更容易让人接受。一个自由的帝国根本不是一个真正的帝国。一个推动和扩展民主的帝国实际上是老式殖民主义制度的对立面。而民主国家并不会与其他民主国家发生战争。这些思想被普林斯顿项目的《最终报告》所认可。在《最终报告》中，有一种对"美国"的膨胀感，它认为"美国边界（应当）被界定成几种目标来延伸其运输港而不是入境站……美国官员也要……加强外国政府控制其边境和实施其法律的质量和能力"，一个必要的推论是界定我们的边境要"超越陆地和海洋所建立的那些边界"（PPNS，57）。"普林斯顿项目寻求帮助美国抓住机遇来建立基础，用于在每个战线推动美国的利益，而不仅仅是消灭一个敌人（全球恐怖主义）……**一个长期的战略应当是竭力塑造我们想要的世界**"（PPNS，58；强调为笔者另加）。

　　实现美国利益的手段之一便是通过全球网络，"全国的、地区的和地方的政府官员及非政府的代表要创造大量的渠道，为（民主）国家和其他国家就共同的问题而工作和交流，及极力主张保护法律之下的自由价值和实践"（PPNS，7）。目标是创造"国际机制和国内政府……机制之间的互动，提供动力和压力来帮助克服机制失调的腐败水平和支持法律的准则"（PPNS，23）。

　　因此，尽管否认这是一个帝国工程，但是，全球领导力的水平、全球军事接触、对海外国家的渗透程度——通过边境、港口和其他安全合作及监督，通过公共外交和教育来干预，以及政治战，把国内的威胁消灭在萌芽状态，所有这些都意味着普林斯顿项目有效地支持以一种帝国的方法来保证美国的安全。很显然，凯南也会同意的。[130]

　　普林斯顿项目的《最终报告》受到了广泛的注意：它由共和党参议员查尔斯·哈格尔和时任参议员、（现任）副总统约瑟夫·拜登在国会山发布，在美国的各大会议上被提及，很自然被对外关系委

第八章
后冷战时期的美国权力和主要基金会

员会和伊肯伯里、斯劳特和参议院成员的私人会议所共同支持。国会议员们被游说在他们家乡的选区来组织普林斯顿项目活动、安排对联合国的访问来讨论报告,以及在中国和欧洲举行活动。[131]

普林斯顿项目就美国与世界打交道的新共识提供了另一种"选择",它正在重新创造后1989和后"9·11"的时代;这也是对全世界,更具体说是美国领导下的全球制度的一种重新排序,需要重新定义全球机制、联盟等的角色。这个进程,1989年之后触发,自20世纪90年代尤其是"9·11"之后一直延续至今,包括布什时期的发展,以及托尼·布莱尔对于"国际社会"的思考;即在言辞上它看起来是对布什理论的"替代物",但实际上它是可以相伴而行的;其核心是自由帝国式的。[132]

普林斯顿项目报告的建议曾经和现在都是自由帝国工程不可分割的一部分,而不是反对它。它必须采取这种方式,考虑到该工程的目标、它的领导力、参与者,以及学术活动渴望被政策制定者重视;所有这些都影响着项目的设计、领导、会员资格、资金和网络。如果它听起来是"现实主义的",作为国家的另一个"选项"或者是等待中的反对派,它就会被引向美国政府,因而不得不进入其思想框架和理论基础。[133]奥巴马总统的国家安全战略(2010年5月)看起来与普林斯顿项目的《最终报告》特别相像,就不仅仅是巧合了。[134]

监控伊斯兰主义

理解今日伊斯兰社会、运动和思想是基金会重要的关注点,特别是随着冷战结束区域研究衰落之后。[135]本节考察这种基金会努力的最近发展的某些证据,同时考察支持反恐战争和顺利完成全球化的道路。

以慈善的名义
美国崛起进程中的三大基金会

"在恐怖主义与贫穷和排外之间几乎没有直接的联系。但很显然,恐怖主义者从那些不公正的贫困者(**或者他们自认为是**)获得了他们的支持和正当性。"洛克菲勒基金会(RF)的主席在2002年这样写道。[136]除了这些项目,洛克菲勒基金会还启动了许多区域研究——按动因来说明现代伊斯兰作为一个先行者的特性,或者另外进一步干预对恐怖主义和反美主义的战争。

2004年5月,洛克菲勒基金会拨款70万美元用于一系列有关"穆斯林世界和全球未来"的会议,该主题显示了一种考察穆斯林"思想"及其对全球化进程的作用的兴趣。[137]由洛克菲勒基金会资助的关于"伊斯兰问题"方面的进一步倡议包括一系列会议、新研究和研究奖金项目。洛克菲勒基金会还资助5万美元给"美国苏菲穆斯林协会"面向"科多巴对话,一种修复穆斯林和美国之间关系的跨信仰的努力"。[138]位于泰国的"亚洲资源基金会"也得到25.2万美元拨款来开展"本地区青年穆斯林学者"研究奖金项目,标题是《东南亚变革中的伊斯兰:来自内部的一种观点》。[139]其他倡议探究如何从亚非视角来看待中东伊斯兰,或者"中亚伊斯兰激进组织"的特性,或者它们明显好斗的马来西亚伊斯兰团体中的姐妹,由其赞助在2003年举行会议,"穆斯林女性挑战原教旨主义:建立东南亚和西亚(即中东)之间的桥梁"[140]。

这些倡议的内在逻辑是这样一种思想,即恐怖主义和反美主义的主要原因是各团体之间知识和理解不够,或者是沟通失败。该倡议显示基金会(回应布什(和奥巴马)政府)相信,问题在于人的内心和精神,而不是想方设法保持民族文化或脱离美国的主导而自治。正如康威告诉"世界宗教与和平大会国际研讨会"代表们的:我们现在必须充当"能够催生恐怖主义的潜在分歧的桥梁。文明社会不应当成为操纵人性理解的牺牲品"。这里恐怖主义自身在传播人们之间误解上被赋予一种独立的偶然性角色,而不是以任何方式

第八章
后冷战时期的美国权力和主要基金会

被看作是重要的全球化进程的症状。[141]

卡内基公司（CC）很早就关注于伊斯兰和全球化"问题"，甚至早于"9·11"。例如 2000 年 6 月，卡内基公司拨款 23.7 万美元给加州大学圣克鲁斯分校用于"全球化和伊斯兰的研究"。[142] 这笔拨款应当在卡内基公司资助其他关于民族自决和"种族政治"的全球化影响研究的大背景下来看：2001 年年初给 UCLA 31.2 万美元；2001 年初给耶鲁 44.5 万美元；2002 年给加州大学圣迭戈分校 26 万美元，以及 2000 年给宾州大学 24.8 万美元。[143] 实际上，这帮助加强了美国伊斯兰主义者的现存网络。

实际上，后"9·11"时代，一个更为严格定义的投资战略已经在卡内基基金会形成。它的国际和平和安全项目更加明显地旨在"全球接触"，因为"美国和其他国家面对新的全球威胁和机遇"。尤其是，卡内基公司关注"那些有不稳定风险的国家"可能会被新的"建国"标准所攻击，根据卡内基公司的观点，这种政策在伊拉克和阿富汗问题上受到了拥护。"这几乎会很快发生的"，"其他候选人支持由美国和国际社会的其他成员进行外部干预"，给卡内基公司一个机会来支持"就风险国家所带来的挑战设立政策相关的奖学金；并推动新的多边角度来应对这些挑战"。[144]

卡内基公司资助了大量学者和研究机构来学习伊斯兰思想、政治伊斯兰和恐怖主义。例如，马里兰大学得到 2.5 万美元来资助一个关于"非国家行为体、恐怖主义和大规模杀伤性武器的扩散"的研讨会。罗伯特·佩普得到 10 万美元来研究"自杀性恐怖主义的战略逻辑"；而国家科学院也得到 22 万美元来研究"美俄在应对城市恐怖主义方面的挑战"。[145] 国内方面，对美国的阿拉伯裔和穆斯林有日益浓厚的兴趣：2003 年，卡内基公司捐助 10 万美元给路易斯·卡因卡用于"芝加哥阿拉伯社区伊斯兰化的社会学研究：对于民主融合的意义"[146]。

以慈善的名义
美国崛起进程中的三大基金会

此外，像福特一样，卡内基公司也考虑到反美主义的主要原因在于误解，并支持了几项倡议来扩展理解。例如，2002年3月，波士顿大学得到10万美元的捐助让它的广播电台来发现"有关伊斯兰和外交政策的节目"，并且在2003年，美利坚大学贝鲁特分校收到94 900美元"用于一个项目来推动美国和伊斯兰世界的理解"。与此相似，布斯金斯学会2004年也收到了11 000美元用于"创造美国和穆斯林世界的新对话"[147]。这些努力的最终目标可以用2003年给学者卡里耶·罗塞夫斯基·威克汉姆的一笔捐赠的标题来说明：研究的是《通向中庸之路：中东伊斯兰主义演进的教训》。[148]

2007—2009年间，卡内基公司捐赠了960万美元给许多大学和智库作为其"伊斯兰倡议"的一部分。为了建立中东专家骨干去接触公共话语和政策制定者，2009年卡内基公司给了乔治·华盛顿大学中东研究所47.5万美元。社会科学研究委员会（SSRC）在2009年也得到300万美元"动员穆斯林地区和社会的学术专家，特别是有一部分关于伊朗、巴基斯坦和阿富汗的政策相关工作"。阿斯平研究所供国会众议员了解"穆斯林国家和网络的现代动力"的项目，在2008年收到了卡内基公司总额达72万美元的支持。正好位于反恐战争中心的是卡内基公司拨款50万美元给芝加哥（大学）关于自杀性恐怖主义的项目，来评估恐怖主义的原因和反恐的措施，包括恐怖主义最快速的增长形式（自杀性攻击），以及激进化和战略的动力如"根除恐怖主义团体"。芝加哥拨款的条件是要延伸与"政府、学术界、媒体和公共论坛"的工作。最后，哈佛得到了卡内基20万美元来发展一个关于当代伊斯兰正在出现的学派和认同的在线数据库，讨论的主题包括从"个人行为到权利、法律、世俗主义和妇女的角色，来反映当代伊斯兰的最为准确的图景"[149]。

第八章
后冷战时期的美国权力和主要基金会

结　论

　　三大基金会构成了支持美国权力的强大力量。它们推进资本主义全球化（或者如洛克菲勒基金会现在声称的"精明的全球化"[150]），鼓励改进战略来帮助（某些）无法在全球市场中竞争的人，支持那些声称给权力大厅中无法听到的人发出声音的精英组织。或者，更近一步，它们支持各种论坛，认为通过论坛，全球化可能会被"改革"或变得人性化。这些项目是重要的，因为它们假定全球化是没有选择的，通过其"正常的"功能，即使它在国家内部或各国之间产生了巨大的社会和经济不平等并且已经导致了大规模的贫困。

　　"民主和平论"作为美国权力的后冷战概念，被解释为推进市场民主国家，使美国的全球优势科学地合法化了。确实，根据拉里·戴蒙德所称，"民主和平论"作为遏制主义的继承者，为美国精英提供了一个机会来"塑造整个世界未来数代的政治特征"。"9·11"十年之后听起来似有先见之明的言语中，戴蒙德有效表达了"民主和平论"在扩展美国权力上的政治功能。而更为重要的是，托尼·莱克使"民主和平论"机制化，应用于克林顿的民主扩展和接触项目。以弱化的形式，"民主和平论"充当了美国入侵和占领伊拉克的合法化工具。

　　大基金会对于重新启动"民主和平论"并在克林顿政府中阐述它的网络非常重要。它们在受人尊敬的、政治导向的期刊中的文章进一步凝练了观点，并加上了它的科学合法性。到20世纪90年代中期的时候，"民主和平论"已在政策制定者中获得了政治常识的地位。尽管"民主和平论"的支持者也抱怨他们的理论被布什政府操纵了，但它在美国外交政策武器库中仍然是一个关键的成分。现在，它（"民主和平论"）可以说是处于奥巴马"主义"的中心。

在后冷战和后"9·11"的美国权力世界，三大基金会在保持和发展外交政策知识网络的概念和基础结构上继续扮演着重要的角色，是美国全球角色实践的核心。它们处于智库、研究机构、大学和媒体组织的密集网络的中心，与主要政党的领导人和相关国家机构都走得很近。它们对于知识网络犹如中央银行对于财务制度，在维持特别人物和特别思想的流动上绝对是关键的。由于"软实力"和"巧实力"[151]变得与美国权力的实践越发相关，像三大基金会这样的非国家行为体在维持和扩展美国的全球边界方面可能会变得更加重要。这在2006年笼罩着布什政府的深度危机上得到了体现，当时两党支持的"民主和平论"的"普林斯顿国家安全项目"报告正好出版。

第九章

结 论

以慈善的名义
美国崛起进程中的三大基金会

本书回顾了从20世纪初到21世纪头十年的美国主要基金会。在此期间，美国从一个整体上内向的、地方性的社会，相对满足于自身边界——或者更确切地说，满足于扩展其领土到大陆范围——变成了这样一个国家，即考虑亲自管理真正的全球性秩序，并且不仅仅是出于国家利益而是上帝赋予的责任。美国已从一个全球的小字辈变成了世界上唯一的超级大国。许多因素促成了这种转变——经济的、政治的和军事的——但经常被忽略的一个因素是慈善基金会的作用。

洛克菲勒、卡内基和福特基金会以不同方式使美国政治中作为一股重要力量的"孤立主义"变得边缘化；是构建美国国家知识基础和世界其他地区社会关键因素的中心，建立或改革了二战期间美国对外事务的能力；驯服了冷战期间针对美国的各种权力；帮助发展了指导美国权力的主要政治和安全概念，度过了苏联集团崩溃以来的那段时期。在后"9·11"时代，主要基金会继续发现和创新，为新慈善基金会树立榜样，同时也与它们进行合作。本书梳理了大量按美国国家能力行事的这些基金会资助项目，而这些项目也促使学术界和精英公众更好地理解了美国精英以专属的方式所看待的世界。

除了一再重申精英主导美国外交政策的重要性之外，本书的中心论点是基金会的显著目标——即通过它们事业的更好知识来解决像贫穷和发展一样的基本问题——相较于它们为全球主义目的而致力于一个进步时代的国家建设

第九章
结　论

计划、创造国内和全球的知识分子网络的目标（官方宣称是次要的），实际居于从属地位。美国基金会与它们培育和建设的网络为了全球的秩序而执行类似国家的功能，该秩序由创立和领导三大基金会的公司首脑建立。

在审视所有基金会的项目之后，可以发现"网络"是个常量。知识网络是基金会的主要工具和成就。实际上，网络自身也是一种目的，一种可以充当"力量倍增器"的权力工具。确实，福特的彼得·克里夫斯和杰弗里·普约尔在关于智利的项目上就提到了这一点（第七章）。网络如果得到很好的资助会取得较佳的效果，也会吸引那些最聪明和最优秀的人。它们把学者和实践者联结成一个富有成效的同盟。它们授予威望给内部人士，并划定构成无价知识的边界。它们充当了思想和方法的看门人角色，可以证明某些人正确而另一些人非法。它们决定当前的正统是什么。这样做，它们最终变得相当"保守"，即使在方法上是创新的，保持着某种强有力的连续和兴趣，但作出的变化可能不会剧烈改变学术、政治或国家的权力与影响的范式。实际上，网络是精英霸权实际如何"工作"，"权力"在表面上（某种程度上是实际上）"开放"的民主社会如何"运作"的有形证据。

因此，网络产生的结果并不会公开显示，即在美国推动精英霸权在基金会出版物或网站上的陈述中根本找不到。然而，自由国际主义基金会资助网络的结果是清晰的：一个具有全球主义世界观的有效霸权在国家主要政党和上流阶层的领导方面超越了美国的精英舆论和大众舆论。[1]

网络的影响在冷战期间就可以感受到，正如第四章至第七章考察欧洲精英的基辛格研讨会和萨尔茨堡研讨会的活动，以及在亚洲、非洲和拉丁美洲研究中网络学术协会的建立，当然，有时也有灾难性的后果。在这方面，尼日利亚、印度尼西亚和智利的例子特别值得注意。在尼日利亚，福特资助的经济计划最终产生了一点经济"发展"，但加剧了种族政治紧张，最终导致了20世纪60年代中期的内战。在印度尼西亚，受福特基金支持的经济学家们致力于破坏"反美的"苏加诺政权，导致了（至少是间接）1965—1966年发生在苏哈托军事接管过程中的血腥大屠杀。印尼经济学家们——所谓的"美丽的伯克利男孩"——继续广泛制定了改变国家的新自由主义经济政策。在智利，"芝加哥男孩"最终与军方一起策划了1973年之前的皮诺切特政变，并主导将智利转变成一个新自由主义试验的实验室。实际上，在每一个案例中，基金会的专家都倾向于将他们工作的当代社会变成真实世界的实验室，用他们的技术官僚式计划来进行现代化，而通常他们并不具备对社会和人民本身的任何知识。事实上，在密歇根/MIT经济学家沃尔夫冈·斯托尔珀的案例中，缺乏知识即使不是一件值得自豪的事，也被当作是客观性的象征。在每个案例中，在涉及美国（以及其他国家）专家和"他们的"第三世界对手时，都有一种鲜明的殖民地心态。

这种殖民地心态并不令人感到意外。它们在美国精英对待美国公民中的普通人时也可以找到相似的情况。精英主义是创造基金会及其理事的那些人的核心态度，并且在其官员日常工作的潜台词中很明显。当然，到20世纪70年代的时候，基金会也在讨论"放权"给大众，并与"当地"人建立伙伴关系。并且在今天，让那些被全球化抛弃的人"发出声音"也是一个核心关注。尽管如此，正如"世界社会论坛"的情况，决定由谁构成"大众""当地人"或听不到的声音，最终似乎仍是基金会或其他富有捐助者们的权力，而他们倾向于选择为"受尊敬的"组织效力的那些人。这些组织通常由精英领导，他们以一种项目官员能够理解的普适性和技术官僚式语言来思考和说话。

作为一种缺省的立场，基金会精英趋向其他精英。看看福特基

第九章
结　论

金会项目所引发的20世纪60年代后期非洲民族主义者对美国的大规模抗议（第六章）就知道了。根据它自己的报告，福特基金会项目最终授权给"某些"非洲裔美国人，但几乎都是从那些精英（主要是白人）大学的项目中吸取，进一步加深和加宽了那些大学和历史悠久的黑人学院之间的鸿沟。更有甚者，福特的项目趋于保持向白人学生倾斜——根据资助的相对比例。甚至在黑人学生中，项目也最终创造了一种黑人奖学金网络，这是更广泛白人网络的一个小型版本。

毫无疑问，根据基金会项目的影响力，连续存在和最持久的东西是网络：它小心翼翼地建构和培育、成熟以及发展，被给予了最煞费苦心的关注。最终，网络成了目标，而不仅仅是通向目标的一个手段。它的生产、维护和"正常"的运作和活动构成了权力技术。正是在此网络内，概念或是被最初发展，或是被指派和阐述、提炼和包装，作好准备给实践者使用。这一点在第八章中得到最为清晰的显示，一个理论已经存在了好些时间，但只有联合强大的基金会网络和催化性的事件——如冷战的结束以及2001年"9·11"针对纽约和华盛顿的灾难性恐怖袭击的基础上，才能够突破进入主流学术界和政治。而正是这些催化性的事件，加上网络化的产品和思想的提炼，制造了强有力的政策转移，以及重新界定了美国对待国内社会和全世界的态度。另一个很清楚的案例是关于1941年12月"珍珠港事件"中日本的侵略；密集的自由国际主义者网络，由基金会、智库和其他培育了二十年甚至更久的组织构成，制造的概念、态度、理论，以及政策导向与"公开"的话语，在"珍珠港事件"之后占据了主导地位。但催化性的事件并不能保证任何特别的结果。强大网络的作用是在事件之后来解释世界，并且向美国公众推销他们对于原因和结果的设想，为未来政策吸取教训，以及推动具体计划的实施。

以慈善的名义
美国崛起进程中的三大基金会

网络概念包含、结合和综合了"公共"和"私人"领域、"社会"和"国家"。网络是一种合金——既不是完全公共的也不是私人的，而是一种复杂的混合体，一种杂交的形式，特别对于以"弱小"国家为特征的社会。本书展示了基金会和美国两者之间的联系和渗透如何密切。确实，基金会和其他进步时代的"私人"精英们运作于选举政治和国会之外，或者围绕它们运作，并且直接和联邦行政机构合作。因为基金会把国家看作是负责任的公民、公民爱国主义真正精神的体现，想使之现代化、使之强大、使之更为有效地治理一个越来越复杂的美国和使一个"危险的"世界变得有序。本书中提及的慈善基金会都是这种态度和趋势的全权代表，葛兰西式"国家精神"和网络化权势集团的一部分，容纳了几个相互关联和思想相似的成分，更不要说它们之间还有一个"旋转门"（第二章）。它们也被认为是围绕它们的劳动的一个分支，每一个都在建立美国霸权过程中"被指定"了一个特别角色。

基金会是"独立于"国家的这个看法必须要被审视。这里呈现的证据强烈地建议这一点。然而，我们必须认识到一些事实："独立"的神话在基金会的生活中有某些"现实"依据。它们选择做它们想做的；它们也可选择做其他的。在它们的日常生活中，基金会理事和官员并不接受国家的指令，它们也不会发布指令给其他任何人。实际上，它们所拥有或者将它们如此紧密地与国家联系在一起的是比任何官方指令更为有力和重要的东西：它们与国家以及权势集团的其余部分有一种有机的统一，骨子里有一种共同的世界观，构成了这样一种确信，即美国是一个具有优越思想、文化和经济制度的社会，命中注定领导世界，这也是其应尽的责任。

因此，基金会与国家的关系并不是一种阴谋——它可能相当神秘地在"幕后"运作，但它不是一个犯罪公司。然而，它是非常不民主的，因为它赋予"合适人选"以特权，通常那些人具有"合适

第九章
结　论

的"社会背景和态度。很显然在美国这样一个开放社会中会产生令人不快的影响，在那里等级和背景被认为不会构成利益表达的障碍。这同样也破坏了责任的规则，因为基金会精英并不通过选举或选出的代表来运作。

在推销自身是独立的方面，基金会同样声称它们游离于商界和市场之外。然而它们的理事几乎完全从企业界的高层招募——华尔街（早已）在福特、洛克菲勒和卡内基基金会中大量存在。尽管这并不令人感到意外，但却破坏了基金会的自身形象，因为它本应超脱于商界之外。实际上，它们根本不可能脱离商界：它们的领导是商人，它们由实业家创立，并且它们投资和接受资本全球化所带来的收入。然而，神话也有一些"现实"。基金会接受的收入可能被投资在很少或几乎没有可能成功的计划上。基金会作为非营利组织，能够承担商人在竞争性市场不可能或不太可能承担的风险。但这也许意味着就像某些人所认为的，基金会有点像风险资本家。

这引发了一个相关的问题。本书中如此不同和相互具有竞争性的三大基金会难道不是经过挑选的吗？这增加了施予它们身上承担更小风险和"获取"更多收益的压力——比它们的"同行"基金会产生更好的结果。毫无疑问以上大量证据表明这不是一个新问题。有一定程度的"慈善嫉妒"；对人类行善是严肃的事业，大多数被认为是创新和成功项目引路者的那些人会感到自豪。但本书关注得更为广泛——试图描绘出一幅"全景图"，呈现详细的案例来说明一个世纪以来美国慈善基金会的显著特色。然而，这并不是说基金会是完全相同的，而是指出模糊区分的界限只是这里所采用方法的一个附产品，契合了本书的目的——在一个长时段来考察三大基金会活动和影响的整体画面。

即使如此，有一个隐含的声明使三大基金会更为团结而不是分裂。受自由国际主义所迷惑，它们的联系通过定义它们的反对者为落后外貌的、狭隘思想的或地方色彩的被放大了——其实任何一个左派或右派的人都会反对美国的干涉主义和建立帝国的企图。这包括1940年的罗伯特·林德,1940年,他警告说通过集体领导的战争动员对于公民自由的危险;对于历史学家-社会活动家查尔斯·比尔德的边缘化,是因为他曾经批评美国在30年代后期日益增加的好战行径;还有非裔美国人在50年代支持非洲的独立;以及70年代智利的马克思主义左派。赖特·米尔斯计划中的研究《文化工具》在寻求福特的资助时也遭到了拒绝,因为它惧怕这会成为"另一个权力精英",对美国的权力结构和全球性后果进行激烈批评。[2]正如本书所详述的,这些案例应被视为阐明了对于智库及大学项目的非常巨大和扶持性的资助,广泛地推进了自由国际主义事业。

另一个值得关注的问题是基金会对于研究和研究者的影响的特点。这里所采取的方法有时会被认为暗示基金会"愚弄"或"教唆"研究者或者以其他方式干涉研究结果。没有证据表明福特、卡内基和洛克菲勒基金会曾经从事这类活动。本书也没有就此目的作出声明。实际上,本书完全支持哈罗德·拉斯基所采用的方法,当他说明基金会并没有控制研究时说:"影响范围之内有无处不在和改变一切的资助仅仅是个事实。"而且,拉斯基认为,"基金会并不具有控制性,原因很简单,用直接和简洁的话说就是,它们没有必要这么做。它们只要向整个大学界间接表明它们思想的方向,就会发现它一直微妙地吸引着思想罗盘的角度"。[3]关键之处在于,基金会是从结构上,以技术官僚的方式,自上而下地运作,而很少(如果有的话)从微观上来管理研究和研究者。

在实践中,借助于对授权的托词的较大依赖,美国基金会这种自上而下的技术官僚特色很少会产生不良影响。看看最近的两个例子便说明了这一点,并且表明甚至新成立的基金会都在沿着同一路线前进。第一,看看洛克菲勒基金会对于"精明的全球化"的关

第九章
结 论

注[4],暗示它以前某种程度上并不太美好,因此在追求主要发展目标上,它是失败的。什么是"精明的全球化"? 一般都认为全球化是一个革命性的进程,以激进变革为动力。这听起来似乎不是什么太高深的道理。"精明的全球化"认为全球化有好有坏,有赢家和输家,并且努力将收益最大化和成本最小化。基金会如何将对"精明的全球化"的深刻见解应用于它们的资助实践呢? 对于该问题的回答是关键。根据一份文件,"精明的全球化"的实际内涵在于"有远见和成熟的专家与实践者的近距离互动……(这样他们)将更加密切地协同工作来条理清晰地处理 21 世纪大量的、错综复杂的全球性挑战"。更加强大、更好网络化的专家和实践者将"驯服全球化的创新力量,确保(进步的)工具和技术能够让更多的人、更加全面地、在更多地方被接触到"。根据同一份文件,"精明的全球化"的思维方式已经在影响和指导洛克菲勒基金会进行中的工作"[5]。

这也导致我们要考虑自上而下技术官僚价值的第二个立场,它处于美国慈善组织的核心。盖茨基金会(GF,世界最大基金会,甚至在沃伦·巴菲特捐赠之前,基金会的收益相对于支出每年都会增加 15 亿美元)便引领了这种方式。然而,尽管其非常有价值的免疫与疫苗项目,以及合伙关系与授权的托词,它的总体指导路线仍是精英主义、自上而下和专家领导的。正如《时代》杂志 2006 年所指出的,盖茨夫妇在很聪明地做善事……重新布局了政治和重新建构了正义……使得仁慈更加美好、希望更具策略性。在同样一期杂志中,《时代》也提到盖茨夫妇"思想上被治疗穷人疾病的科学挑战所吸引",并且希望"只在科学家发明新工具时才投入资源和严谨于战斗……他们(比尔和梅琳达)运作基金会像公司……两者都使用商界的语言来描述人类的经验"。[6]盖茨基金会农业发展部副主任罗伊·施泰勒强调:"我们相信技术的力量。"[7]对一个以"科学"和技术武装起来的人,世界像一个实验室,其中的人是实验的对象，而每一个问题都需要雄心勃勃的高技术解决方案。

此外，最近对于非洲被遗漏在 20 世纪 60 年代"绿色革命"之外的"发现"促成盖茨和洛克菲勒基金会之间的合资，包含了赢利性的投资者如蒙桑托。自 2006 年开始，他们就希望当代非洲复制"成功"的故事。[8]他们的项目——非洲绿色革命联盟（AGRA）——受到了奥巴马总统的支持[9]，但他们几乎或完全不承认绿色革命在印度的几个重大失误，包括加剧了农村地区的贫困和不平等，可耕地减少变得严重，以及由此而带来的大量移民前往人口早已过剩的城市等问题。[10]像以往的绿色革命一样，非洲绿色革命联盟所提出的高技术解决方案可能反而会加剧它们声称要解决的问题。[11]

迄今为止，非洲绿色革命联盟的作用到底是什么呢？ 现在还是非洲绿色革命联盟的早期阶段，但盖茨基金会的一份内部备忘录指出，尽管表面上关注于"小农、小土地所有者"，该战略却"需要某种程度的土地流动性和较低水平的直接从事农业的雇佣人口"——也就是说，土地所有权的集中和大批移民进入城市，而那里机会其实非常少。[12]提倡补贴化肥也可能会恶化未来的食品生产。同样很清楚的是，结束非洲的饥荒不会出现在盖茨基金会优先考虑的名单前列。正如由盖茨基金会资助的"芝加哥全球事务委员会"的一份报告所指出的，美国必须"在传播新技术"方面"确定其领导地位"来增加贸易，最终来"强化美国的机制"[13]。

很显然的问题是：为什么盖茨基金会和洛克菲勒基金会会重复过去的错误？ 难道它们没有认识到以前所发生的事情？ 简单的回答是它们完全意识到了过去政策的后果和失败，并且相信它们已经吸取了教训。但它们致力于高技术专家领导的解决方案、自由市场和"比较优势"的经济学，以及对美国/西方大国和全球领导权的追求大幅超越了向世界上饥饿的人和穷人提供食物这个一再被提及的高尚兴趣。[14]正如詹姆斯·斯科特在提及现代国家时所指出的，

第九章
结　论

基金会有一种显而易见的"帝国或霸权的规划心态,排除了地方知识或人员的必要角色"[15]。

由于美国慈善基金会存在的这些问题,限制了其激进改革的可能性。主导美国的精英主义、科学主义、技术官僚和市场导向的思维方式实质上很难渗入社会、经济和政体的支配结构。美国商业文化滋生了科学化、工业化的基金会,在它们的直觉、方法和实践上留下了难以磨灭的印记。今天的慈善组织——或慈善资本主义——会反映其背景,但在一个弥漫着新自由主义的年代,也在同步和连续地建构和重建它,它的铁栅栏显示并没有放松的迹象。主要基金会运作的精神象征使得世界只是部分地清晰化了,但几乎完全存在操纵和重建的可能。[16]

今天的三大基金会在一个更加拥挤的领域运作。盖茨基金会使得它们相形见绌。还有无数的保守主义基金会——库尔斯、斯凯夫、布拉德利基金会——在资助右翼智库、媒体和游说组织。然而三大基金会仍保持着相当的重要性。它们是积极的、组织良好的、有活力的和有经验的。在它们之间,拥有三百年历史的国内改革和全球机制建设的出色纪录。它们的例子被新成立的基金会所模仿,这放大了三大基金会的影响。

可以确定的是,美国基金会有可能会考虑到以"新的"思想对全球霸权作出回应。它们可能会对像中国与印度这样正在崛起大国的推动授权、机制改革和政治和解,但不大可能发动一场全球秩序的激进重构。它们可能往回看来寻求美国慈善基金会的另一种模式——例如激进的"美国公共服务基金"——这是一种创新的试验,授权给那些竭力推动工人阶级福利、移民者权利以及公民自由的那些人,来进行激进的社会和经济变革。但在新自由慈善资本主义的时代,这也还是不太可能。基金会仍像最初似地附着于美国政府、一个带有安全网的广泛新自由秩序和一个基于全球性规则的制度,以此作为继续美国全球性霸权的基础。

注 释

第一章

1. *Time*（December 26, 2005/January 2, 2006）. 盖茨夫妇被列为《时代》杂志三大"年度风云人物"中的两位，另一位是U2摇滚乐队的波诺（Bono）。

2. 尽管还有许多其他重要的美国基金会，三大基金会的活动却是最为全球化的；因此，虽然第八章也考察了德国马歇尔基金会角色的一个方面，但三大基金会却几乎是最值得特别关注的。

3. Jacqueline Khor（洛克菲勒基金会副董事长），"Innovations in Philanthropy：The RF's Perspective," Knowledge＠SMU, http://www.knowledge.smu.edu.dg/index.cfm.

4. Simon Bromley, *American Power and the Prospects for International Order*（Cambridge：Polity Press, 2008）.

5. Edward H. Berman, *The Influence of the Carnegie, Ford, and Rockefeller Foundations on U.S. Foreign policy* （Albany, N. Y.：SUNY Press, 1983）.

6. 历史学家们也忽视了美国演化过程中的精英研究；Steve Fraser and Gary Gerstle, eds., *Ruling America* （Cambridge, Mass.：Harvard University Press, 2005）, 2。

7. Donald Fisher, "The Role of Philanthropic Foundations in the Reproduction and Production of Hegemony：Rockefeller Foundations and the Social Science," *Sociology* 17, no. 2（1983）：206-233；Martin Bulmer, "Philanthropic Foundations and the Development of the Social Science in the Early Twentieth Century：A Reply to

Donald Fisher," *Sociology* 18（1984）：572-579.

8. Robert O. Keohane and Joseph S. Nye Jr., eds., Transnational Relations and World Politics（Cambridge, Mass.：Harvard University Press, 1973）；Samuel P. Huntington, "Transnational Organizations in World Politicvs," *World Politics* 25, no. 3（1973）.

9. Huntington, "Transnational Organizations," 344. 甚至菲利普·切尔尼（Philip G. Cerny）对国家和私人行为体在全球化进程中角色的更为批判性的解释也是基于林德布罗姆（Lindblom）的新多元主义视角。Cerny, "Multinodal Politics," *Review of International Studies* 35［2009］：421-449.

10. Kenneth Prewitt, "The Importance of Foundations in an Open Society," in *The Future of Foundations in an Open Society*, ed. Bertelsmann Foundation（Guetersloh：Bertelsmann Foundation, 1999）, 17-29.

11. Ibid., 9.

12. Helmut Anheier and Diana Leat, *From Charity to Creativity*：*Philanthropic Foundations in the Twenty-First Century*（Stroud, U. K.：Comedia, 2002）；引自 H. Anheier and S. Daly, "Philanthropic Foundations：A New Global Force?" in *Global Civil Society* 2004-05, ed. Helmut Anheier, Marlies Glasisus, and Mary Kaldor（London：Sage, 2005）, 159。

13. Anheier and Daly, "Philanthropic Foundations," 160, 174.

14. Robert W. Cox, "Civil Society at the Turn of the Millennium," *Review of International Studies* 25（1999）：10.

15. Khor, "Innovations in Philanthropy."

16. Peter Haas, "Epistemic Communities and International Policy Coordination," *International Organization* 46, no. 1（Winter 1992）：3.

17. Inderjeet Parmar, "Catalysing Events, Think Tanks, and American Foreign Policy Shifts：A Comparative Analysis of the Impacts of Pearl Harbor and 11 September 2001," *Government and Opposition* 40, no. 1（Winter 2005）：1-26.

18. Eldon J. Eisenach, *The Lost Promise of Progressivism*（Lawrence：University Press of Kansas, 1994）.

19. 尽管承认它们的重要性，入江昭的主要关注对象却不是基金会，*Global Community*：*The Role of International Organizations in the Making of the Contemporary*

World (Berkeley: University of California Press, 2002)。私人组织在建构全球市民社会中的重要角色是正在改变世界政治的国家和政府间组织整体复杂角色的一个组成部分；参见 Cerny, "Multinodal Politics"。

20. Ronald Radosh, *Prophet on the Right* (New York: Simon and Schuster, 1975); Manfred Jonas, *Isolationism in America, 1935-1942* (Ithaca, N. Y.: Cornell University Press, 1966); Selig Adler, *The Isolationist Impulse* (New York: Collier, 1961).

21. Niles Gilman, *Mandarins of the Future: Modernization Theory in Cold War America* (Baltimore, Md: The Johns Hopkins University Press, 2003); George Rosen, *Western Ecumenicists and Eastern Societies* (Baltimore, Md.: The Johns Hopkins University Press, 1985).

22. Manuel Castells, *The Informational City* (Oxford: Blackwell, 1994), 169-170.

23. D. Swartz, *Culture and Power: The Sociology of Pierre Bourdieu* (Chicago: University of Chicago Press, 1997), 101.

24. Barry Karl and Stanley N. Katz, "Foundations and Ruling Class Elites," *Daedalus* 116, no. 1 (1987): 1-40; Barry Karl, "Philanthropy and Maintenance of Democratic Elites," *Minerva* 35 (1997): 207-220.

25. Swartz, *Culture and power*, 225.

26. Robert J. Brym, *Intellectuals and Politics* (London: George Allen and Unwin, 1980); M. Reza Nakhaie and Robert J. Brym, "The Political Attitudes of Canadian Professors," *Canadian Journal of Sociology* 24, no. 3 (1999): 329-353.

27. Brym, *Intellectuals and Politics*, 19.

28. Q. Hoare and G. Nowell-Smith, eds., *Selections from the Prison Notebooks of Antonio Gramsci* (London: Lawrence and Wishart, 1971).

29. Robert F. Arnove, ed., *Philanthropy and Cultural Imperialism: The Foundations at Home and Abroad* (Boston: G. K. Hall, 1980).

30. 哈罗德·拉斯基这一点讲得很清楚 (Harold Laski, "Foundations, Universities, and Research," in *the Dangers of Obedience and Other Essays* [New York: Harper and Brothers, 1930], 171)。

31. Berman, *The Influence of the Carnegie, Ford, and Rockefeller Foundations*, 84.

32. Leslie Sklair, *Sociology of the Global System* (New York: Harvester Wheatsheaf,

1991).

33. Landrum R. Bolling, *Private Foreign Aid: U. S Philanthropy for Relief and Development* (Boulder, Colo.: Westview Press, 1982), 1.

34. Landrum R. Bolling, *Private Foreign Aid: U. S Philanthropy for Relief and Development* (Boulder, Colo.: Westview Press, 1982), 61-62.

35. Sutton cited in ibid. 71.

36. Ibid., 68-69.

37. Robert F Arnove, "The Ford Foundation and 'Competence Building' Overseas: Assumptions, Approaches, and Outcomes," *Studies in Comparative International Development* 12 (September 1977): 105-106.

38. Robert F Arnove, "The Ford Foundation and 'Competence Building' Overseas: Assumptions, Approaches, and Outcomes," *Studies in Comparative International Development* 12 (September 1977), 113.

39. Kenneth W. Thompson et al., "Higher Education and National Development: One Model for Technical Assistance," in *Education and Development Reconsidered: The Bellagio Conference Papers, Ford Foundation, Rockefeller Foundation*, ed. F. Champion Ward (New York: Praeger, 1974), 203. 强调为引用时所加。

40. Michael P. Todaro, "Education for National Development: The University," in *Education and Development Reconsidered: The Bellagio Conference Papers, Ford Foundation, Rockefeller Foundation*, ed. F. Champion Ward (New York: Praeger, 1974), 204.

41. Kenneth W. Thompson and B. R. Fogel, *Higher Education and Social Change* (London: Praeger, 1976), 3.

42. Ibid., 51-52; 强调为笔者所加。

43. Ibid., 209-216.

44. Ibid., 13.

45. Robert F. Arnove, "Foundations and the Transfer of Knowledge," in *Philanthropy and Cultural Imperialism: The Foundations at Home and Abroad*, ed. Robert F. Arnove (Boston: G. K. Hall, 1980), 315.

46. Ibid., 320-322.

47. Helen Laville and Hugh Wilford, eds., *The U.S. Government, Citizen Groups, and*

the Cold War: The State-Private Network (London: Routledge, 2006).

48. Patrick Dunleavy and Brenda O'Leary, *Theories of the State* (Basingstroke: Macmillan, 1987); Peter B. Evans, Theda Skocpol, et al., eds., *Bringing the State Back in* (Cambridge: Cambridge University Press, 1985); Ralph Miliband, *The State in Capitalist Society* (London: Quartet Books, 1973); 关于这三种理论的直接检验，参见 Inderjeet Parmar, *Think Tanks and Power in Foreign Policy* (Basingstoke: Palgrave, 2004)。

49. Michael Mann, *States, War, and Capitalism* (Oxford: Blackwell, 1988).

50. 这应当被认为在国家和社会之间没有这样的"零和"关系；有人认为这样一种关系在理解美国民主中"权力是如何运作的"方面并不必然是更具决定性的。

51. Godfrey Hodgson, "The Establishment," Foreign Policy (1972-1973): 4-5.

52. Godfrey Hodgson, "The Establishment," *Foreign Policy* (1972-1973): 5.

53. Michael J. Hogan, "Corporatism: A Positive Appraisal," *Diplomatic History* 10, no. 4 (October 1986); 363-372; Ellis W. Hawley, "The Discovery and Study of a 'Corporate Liberalism,'" *Business History Review* 12 no. 3 (1978): 309-320.

54. Michael Wala, *The Council on Foreign Relations and American Foreign Policy During the Early Cold War* (Oxford: Berghahn, 1994).

55. Thomas Ferguson, "From Normalcy to New Deal: Industrial Structure, Party Competition, and American Public Policy in the Great Depression," *International Organization* 38 (Winter 1984): 46.

56. Arthur S. Link and R. L. McCormic, *Progressivism* (Arlington Heights, Ill.: Harlan Davidson, 1983); William E. Leuchtenberg, "Progressivism and Imperialism," *Mississippi Valley Historical Review* 39 (1952-53): 483-504.

57. Eisenach, *The Lost Promise of Progressivism*.

58. Diane Stone, *Capturing the Political Imagination* (London: Frank Cass, 1996), 86.

59. William Drake and Kalypso Nicolaidis, "Ideas, Interests, and Institutionalization: 'Trade in Services' and the Uruguary Round," cited in ibid., 97.

60. Joseph A. Schumpeter, *Capitalism, Socialism and Democracy* (London: Unwin,

1987), 262. 熊彼特认为"典型的公民一旦进入政界,他的思想就会降落到一个较低的水平。他争议和分析的是以一种在其真正的利益范围内会轻易地被当作幼稚的方式。他再次变成了原始人"。

61. Benjamin Ginsberg, *The Captive Public: How Mass Opinion Promotes State Power* (New York: Basic Books, 1986).

62. Chadwick Alger, "The External Bureaucracy in United States Foreign Affairs," *Administrative Science Quarterly* 7, no. 1. (1962): 50-78.

63. Karl Marx, 引自 Ralph Miliband, *The State in Capitalist Society* (London: Quartet Books, 1984), 162-163。马克思进一步指出:"阶级是社会中物质上占统治地位的力量,同时也是精神上占统治地位的力量。"

64. Inderjeet Parmar, "Engineering Consent: The Carnegie Endowment for International Peace and the Mobilization of American Public of Opinion, 1939-1945," *Review of International Studies* 26, no. 1 (2000). 被统治者的同意是"组织起来的……国家确实具有或要求同意,但它也"教育"这种同意,借助于政治和工团主义的协会;然而,葛兰西总结道,"仍有私人的组织,留下……私人的动机";引自 Parmar, *Think Tanks and Power in Foreign Policy: A Comparative Study of the Role and Influence of the Council on Foreign Relations and the Royal Institute of International Affairs, 1939-1945* (London: Palgrave, 2004), 18。

65. Hoare and Nowell-Smith, *Selections from the Prison Notebooks*, 146-147. 18世纪保守主义政治理论家埃德蒙·伯克认为国家稳定的关键源自合伙关系:"不仅在于活着的人之间,也在于活着的人、死去的人和将要出生的人之间。"参见他的 *Reflections on the Revolution in France* (1970; London: Penguin, 1986), 194-195。

66. Hoare and Nowell-Smith, *Selections from the Prison Notebooks*, 16.

67. M. A. C. Colwell, "The Foundation Connection," in *Philanthropy and Cultural Imperialism: The Foundations at Home and Abroad*, ed. Robert F. Arnove (Boston: O. k. Hall, 1980); Anheier and Daly, "Philanthropic Foundations," 171; Peter D. Bell, "The Ford Foundation as a Transnational Actor," in *Transnational Relations and World Politics*, ed. R. O. Keohane and J. S. Nye (Cambridge, Mass.: Harvard University Press, 1972), 121, 125.

68. Karl and Katz, "Foundations and Ruling Class Elites," 19-20.

注 释

69. Ibid.

70. Ibid.；W. Weaver, ed., *U.S. Philanthropic Foundations* (New York：Harper and Row, 1967)；J. Bresnan, *Managing Indonesia* (New York：Columbia University Press, 1993), 78-83, 282；J. Bresnan, *At Home Abroad：A Memoir of the Ford Foundation in Indonesia, 1953-1973* (Jakarta：Equinox, 2006).

71. Anheier and Daly, "Philanthropic Foundations"；M. Edwards, *Civil Society* (Cambridge：Polity, 2009).

72. Inderjeet Parmar, "Anti-Americanism and Major Foundations," in *The Rise of Anti-Americanism*, ed. B. O'Connor and M. Griffiths (London：Routledge, 2006), 169-194.

第二章

1. Joan Roelofs, *Foundations and Public Policy* (Albany, N. Y.：SUNY Press, 2003).

2. Jules Abels, *The Rockefeller Billions* (New York：Macmillan, 1965), 361.

3. Joseph A. Schumpeter, *Capitalism, Socialism and Democracy* (London：Unwin, 1987), 262；Jose Ortega y Gasset, *The Revolt of the Masses* (1930；London：Unwin, 1961).

4. Robert D. Dean, *Imperial Brotherhood：Gender and the Making of Cold War Foreign Policy* (Amherst：University of Massachusetts Press, 2001).

5. B, Ginsberg, *The Captive Public* (New York：Basic Books, 1986). Joseph F. Wall, *Andrew Carnegie* (New York：Oxford University Press, 1970), 641.

6. Joseph F. Wall, *Andrew Carnegie* (New York：Oxford University Press, 1970), 641.

7. Emily Rosenberg, *Spreading the American Dream* (New York：Hill and Wang, 1982).

8. Richard Hofstadter, *The American Political Tradition* (London：Cape, 1967).

9. Joseph Nye, *Soft Power* (New York：Public Affairs, 2004).

10. Robert Divine, *Second Chance* (New York：Athenaeum, 1967).

11. 这种情况，正如20世纪60年代的民权一样，基金会并没有笼罩在光环下。参见 Richard Magat, *The Ford Foundation at Work* (London：Plenum Press, 1979)。

12. Douglas Brinkley, "Dean Acheson and the 'Special Relationship': The West Point Speech of December 1962," *Historical Journal* 33（1990）：599-608.

13. Paul Kennedy, *The Rite and Fall of the Great Powers*（London：Fontana Press, 1989），313.

14. H. G. Aubrey, *The Dollar in World Affairs*（New York：Harper and Row, 1964），13.

15. R. Hofstadter, "The Psychic Crisis of the 1890s," in R. Hofstadter, *The Paranoid Style in American Politics and Other Essays*（New York：Alfred A. Knopf, 1952）.

16. Kennedy, *Rise and Fall of the Great Powers*, 317-318.

17. 罗斯福在国会的讲话，引自 Thomas G. Paterson, et al, *American Foreign Relations：A History Since* 1895（Lexington, Mass.：D. C. Heath and Company, 1995），44。有趣的是，罗斯福曾于1906年前后数次访问加勒比海国家，并开创了抗疟疾和其他的健康计划及建设港口规划；这些后来被洛克菲勒慈善组织追随并更新，并基于人类福祉的理由。西奥多·罗斯福做同样的事情是为了战略和经济原因，同时为了保护美国士兵。这凸显了一个不断重复的主题：美国慈善组织是如何追随政府的。

18. 这与涂尔干的创伤分析很接近，这种创伤源自于现代工业社会中机械团体向有机团体的转变，在此过程中通常伴有密集的阶级和其他冲突。参见 E-mile Durkheim, *The Division of Labour in Society*（New York：Free Press, 1969）。

19. Hofstadter, "The Psychic Crisis of the 1890s," cited by Thomas G. Paterson, *Major Problems in American Foreign Policy*, vol. 1：To 1914, 3rd ed.（Lexington, Mass.：D. C. Heath and Company, 1989），393.

20. Hofstadter, "The Psychic Crisis of the 1890s," 引自 Thomas G. Paterson, *Major Problems in American Foreign Policy*, vol. 1：To 1914, 3rd ed.（Lexington, Mass.：D. C. Heath and Company, 1989），393。

21. 实际上，这也是比尔·盖茨和乔治·索罗斯所谓新慈善组织的一个特点。资本全球化的真正驱动者也声称促进了最好的"治疗方案"。

22. Wall, *Andrew Carnegie*, 583.

23. Ibid., 717.

24. Matthew Josephson, *The Robber Barons*（London：Eyre and Spottiswoode,

注 释

1962), 361.
25. Wall, *Andrew Carnegie*, 541.
26. Ibid., 547.
27. Ceane O'Hanlon-Lincoln, *County Chronicles* (Mechling Bookbindery, 2004), 2: 79.
28. Abels, *The Rockefeller Billions*, 156.
29. Ron Chernow, *Titan* (New York: Vintage, 1999), 575.
30. Ibid., 585, 强调为笔者所加。也可参见, Kirk Hallahan, "Ivy Lee and the Rockefellers' Response to the 1913-1914 Colorado Coal Strike," *Journal of Public Relations Research* 14, no. 4 (2002): 265-315。
31. Barbara Howe, "The Emergence of Scientific Philanthropy, 1900-1920," in Robert F. Amove, ed., *Philanthropy and Cultural Imperialism* (Boston: G. K. Hall, 1980), 25-54.
32. Sheila Slaughter and Edward T. Silva, "Looking Backwards: How Foundations Formulated Ideology in the Progressive Period," in Robert F. Amove, ed., *Philanthropy and Cultural Imperialism* (Boston: G. K. Hall, 1980), 71.
33. Ibid, 73.
34. Howe, "The Emergence of Scientific Philanthropy, 1900-1920," 26.
35. Preface, *Index to Reports of Officers*, Vol. 1, 1921-1951 (New York: Carnegie Corporation, 1953).
36. Carnegie Corporation *Annual Report* (1945), 17-18.
37. Carnegie Corporation *Annual Report* (1952), 19-20.
38. Root cited in Parmar, "Engineering Consent: The Carnegie Endowment for International Peace and the Mobilization of American Public Opinion, 1939-1945," *Review of International Studies* (2000): 26, 35.
39. Howe, "The Emergence of Scientific Philanthropy, 1900-1920," 25-54.
40. Parmar, "American Foundations and the Development of International Knowledge Networks," *Global Networks* 2, no. 1 (2002): 13-30.
41. Peter Collier and David Horowitz, *The Rockefellers* (New York: Holt, Rinehart and Winston, 1976), 8.
42. Allan Nevins, *Study in Power: John D. Rockefeller, Industrialist and Philanthropist*

(New York and London: Charles Scribner's Sons, 1953), 1: 2.

43. Collier and Horowitz, *The Rockefellers*, 13.

44. Nevins, *Study in Power*, 2: 426.

45. Nevins, *Study in Power*, 2: 426.

46. Collier and Horowitz, *The Rockefellers*, 35. 强调为笔者所加。

47. Collier and Horowitz, *The Rockefellers*, 40, 56-57.

48. Ibid., 40-41.

49. 美国最高法院首席大法官怀特认为洛克菲勒"在商业发展和组织方面的特别才能，必然会把他人赶出竞争的领域，并排除他们交易的权利，由此来获得主导权，这是必然的结果"。http://nationalhumanitiescenter.org/pds/gildedpower/text2/standardoil.pdf.

50. Abels, *The Rockefeller Billions*, 360.

51. Collier and Horowitz, *The Rockefellers*, 88.

52. Hallahan, "Ivy Lee and the Rockefellers' Response to the 1913-1914 Colorado Coal Strike," 280.

53. Chernow, *Titan*, 624.

54. Collier and Horowitz, *The Rockefellers*, 82.

55. Abels, *The Rockefeller Billions*, 306.

56. Collier and Horowitz, *The Rockefellers*, 143.

57. Ibid., 635.

58. Ibid., 152.

59. Ibid., 152.

60. Ibid., 158.

61. Wall, *Andrew Carnegie*.

62. Wall, *Andrew Carnegie*, 789.

63. Ibid., 792.

64. Reynold M. Wik, *Henry Ford and Grassroots America* (Ann Arbor: University of Michigan Press, 1972); Anne Jardim, *The First Henry Ford* (Cambridge: MIT Press, 1970).

65. Jardim, *The First Henry Ford*, 153-154.

66. Henry Ford, *My Life and Work* (London: Heinemann, 1923), 206-207. 福特

（221）说："让每一个美国人变得坚强而不是娇惯……这是一剂药方。站立起来并变得优秀，让软弱的人去领慈善去吧。"

67. Ibid., 210.
68. 引自 Clarence Hooker, "Ford's Sociology Department and the Americanizing Campaign and the Manufacture of Popular Culture Among Assembly Line Workers c. 1910-1917," *Journal of American and Comparative Cultures* 20, no. 1（Spring 1997）: 49。
69. 福特的美国化项目在整个底特律被接受和实施； Hooker, "Ford's Sociology Department," 49。
70. Martin Walker, *Makers of the American Century*（London: Vintage, 2001）, 55.
71. 本节的传记数据选取自亚历山大·兰恩（Alexander Nunn）的优秀博士论文 *The Rockefeller Foundation: Philanthropy and Effect*（unpublished B. SocSci Politics dissertation, University of Manchester, 1998; in author's possession）。引用的相关数据已得到亚历山大·兰恩的亲切允许。
72. 几位理事在《世界名人录》中的条目并没有特别准确地指出他们的俱乐部会员情况，只是记录了数量并以"以及更多"结束。
73. I. Parmar, *Think Tanks and Power in Foreign Policy*（Basingstoke: Palgrave, 2004）; Mark L. Chadwin, *The Hawks of World War Ⅱ*（Chapel Hill: University of North Carolina Press, 1968）.
74. Larry L. Fabian, *Andrew Carnegie's Peace Endowment*（Washington, D. C.: CEIP, 1985）.
75. Alger Hiss, *Oral History Memoir*, 50; Carnegie Corporation Project, Oral History Research Office, Columbia University.
76. Lawrence Shoup and William Minter, *Imperial Brain Trust*（New York: Monthly Review Press, 1977）.
77. Divine, *Second Chance*.
78. Cleveland Amory, *The Proper Bostonians*（New York: E. P. Dutton and Co., 1947）.
79. Waldemar A. Nielsen, *The Big Foundations*（New York: Columbia University Press, 197a）, ix. 尼尔森也提出三大基金会是"权势集团、权力精英或美国统治阶级的……一个缩影"；316。

80. Ben Whitaker, *The Philanthropoids: Foundations and Society* (New York: William Morrow, 1974), 90.

81. 引自 Edward H. Berman, *The Influence of the Carnegie, Ford, and Rockefeller Foundations on U.S. Foreign Policy* (Albany, N. Y.: SUNY Press, 1983), 36。

82. Shoup and Minter, *Imperial Brain Trust*, 59.

83. 麦克洛伊被约翰·加尔布雷恩（John Kenneth Galbraith）宣称为"权势集团的主席"，而他也确实受之无愧: Kai Bird, *The Chairman: John J. McCloy and the Making of the American Establishment* (New York: Simon and Schuster)。

84. 关于这一概念更为全面的讨论，参见 Helen Laville and Hugh Wilford, eds., *The U.S. Government, Citizen Groups, and the Cold War: The State-Private Network* (London: Routledge, 2006)。

85. Thomas R. Dye, "Oligarchical Tendencies in National Policy-Making: The Role of Policy-Planning Organizations," *Journal of Politics* 40, no. 2 (May 1978): 309-331.

86. David Rockefeller, *Memoirs* (New York: Random House, 2002), 419.

87. Abels, *The Rockefeller Billions*, 177.

88. Wall, *Andrew Carnegie*, 365.

89. Ibid., 392.

90. W. H. Greenleaf, *The British Political Tradition* (London: Methuen, 1983), 239.

91. Harold Laski, "Foundations, Universities, and Research," in H. Laski, *The Dangers of Obedience and Other Essays* (London: Harper and Brothers, 1930), 150-177. 拉斯基哀叹社会和政治研究中实证主义的崛起，以及基金会资助的"研究小组"方法模仿了自然科学的方法。

92. William G. McLoughlin, *Revivals, Awakenings, and Reform* (Chicago: University of Chicago Press, 1978), 169-170.

93. M. Richter, "T. H. Green and His Audience," *Review of Politics* 18, no. 4 (1956): 444-572; M. Richter, *The Politics of Conscience* (London: Weidenfeld and Richardson, 1964).

94. McLoughlin, *Revivals, Awakenings, and Reform*, 152.

95. Ibid., 153.

96. Rockefeller, *Memoirs*, 21; Frederick T. Gates, *Chapters in My Life* (New York:

Free Press, 1977), 161.

97. Rockefeller, *Memoirs*, 11.

98. Gates, *Chapters in My Life*, 161-162.

99. Ibid., 163.

100. David Nasaw, *Andrew Carnegie* (New York: Penguin, 2006), 715-716.

101. Laski, "Foundations, Universities, and Research," 163.

102. Laski, "Foundations, Universities, and Research," 174.

103. Chernow, *Titan*, 483.

104. Ibid., 485.

105. Ibid., 486.

106. Louis R. Harlan, *Separate and Unequal* (New York: Athenaeum, 1968), 80.

107. 引自 William H. Baldwin Jr., president of the GEB; James D. Anderson, "Philanthropic Control Over Private Black Higher Education," in Robert F. Amove, ed., *Philanthropy and Cultural Imperialism* (Boston: G. K. Hall, 1980), 155。

108. Ibid., 151.

109. W. E. B. Du Bois, *Autobiography of W. E. B. Du Bois* (New York: International Publishers, 1968), 230.

110. John H. Stanfield, *Philanthropy and Jim Crow in American Social Science* (Westport, Conn.: Greenwood Press, 1985), 142.

111. Anderson, "Philanthropic Control Over Private Black Higher Education," 156.

112. Stuart Anderson, *Race and Rapprochement: Anglo-Saxonism and Anglo-American Relations, 1895-1904* (London: Associated University Presses, 1981), 18, 23.

113. Wall, *Andrew Carnegie*, 695.

114. Sondra Herman, *Eleven Against War: Studies in American Internationalist Thought, 1898-1921* (Stanford, Calif.: Hoover Institution Press, 1969).

第三章

1. 本章的导言来自洛克菲勒基金会社会科学部负责人约瑟夫·威利茨的一份内部备忘录（January 6, 1942）; box 270, folders 3219/3221。

2. 西蒙·布罗姆利（Simon Bromley）讲述其历史时追溯到1945年，而本研究却未显示这些有影响的美国持有的这种观点要早于 20 世纪; Bromley, *American Power and the Prospects for International Order* (Cambridge: Polity Press, 2008)。

3. Nicholas Murray Butler, *Across the Busy Years*, vol. 1 (New York: Charles Scribners' Sons, 1939). 在好几个方面, 巴罗 (Barrow) 对于美国大学制度中团体典型的机制分析以及卡内基和洛克菲勒基金会的战略角色, 都与当前的工作高度契合; 参见 Clyde W. Barrow, *Universities and the Capitalist State* (Madison: University of Wisconsin Press, 1990)。

4. Robert F. Amove, ed., *Philanthropy and Cultural Imperialism* (Boston: G. K. Hall, 1980); Ellen Condlifie Lagemann, *The Politics of Knowledge* (Middletown, Conn.: Wesleyan University Press, 1989)。

5. William Leuchtenberg, "Progressivism and Imperialism," *Mississippi Valley Historical Review* 39 (1953): 483-504.

6. Ronald Radosh, *Prophets on the Right* (New York: Simon and Schuster, 1975); 自由国际主义者"像一个(新)共识或主流……之外的现存秩序的颠覆者一样", 有效地使美国干预主义反对者的名字失效了 (14)。

7. E. S. Rosenberg, *Spreading the American Dream* (New York: Hill and Wang, 1982).

8. N. M. Butler, *Across the Busy Years*, vol. 2 (New York: Charles Scribners' Sons, 1940).

9. David C. Engerman, "New Society, New Scholarship: Soviet Studies Programmes in Interwar America," *Minerva* 37 (1999): 25-43.

10. William C. Olson and A. J. R. Groom, *International Relations Then and Now* (London: Routledge, 1991), 75-76.

11. Rockefeller Foundation Archives (hereafter RFA), Tarrytown, NY, RG1. 1 series 200 200S Yale University-International Relations, box 416, folder 4941; funding notes, 17 May 1935 and 16 May 1941.

12. *Yale Institute Annual Report* (1942), in RFA, RG1. 1 Series 200 200S Yale University-International Relations, Box 417, Folder 4957.

13. RFA; inter-office memo by J. H. Willits, 29. 2. 40; letter, Frederick S. Dunn (Director of YIIS) to Willits, 2. 6. 41; letter, Dunn to Willits, 11. 8. 44; and YIIS annual report, 1938-39, 3; all in boxes 416 and 417, folders 4944, 4947,

注 释

4955. 也可参见 William T. R. Fox, *The American Study of International Relations*（Columbia: University of South Carolina Press, 1966）中 YIIS 的政策导向的特点，福克斯（Fox）也是其中一员。

14. Olson and Groom, *International Relations Then and Now*, 99.

15. RFA, box 416, folder 4944, Memorandum, "Yale University—Research in International Relations," 6 March 1940.

16. 数据来自洛克菲勒每年的报告及内部资料。

17. RFA, box 416, folder 4944, Memo, 29 February 1940. 根据福克斯的说法，邓恩的动机是要推动实用知识来增强美国的国家安全，是基金会要确保支持的。洛克菲勒基金会社会科学部负责人约瑟夫·威利茨写道：斯皮克曼的思想显示了智慧、成熟、"头脑冷静"、现实主义和学术化的标准；引自 Olson and Groom, *International Relations Then and Now*, 50-51。

18. YIIS *Annual Report*（1942），3-4.

19. Ibid., 1-4（强调为笔者所加）.

20. RFA, memorandum, "A Security Policy for Postwar America," 8 March 1945, box 417, folder 4948.

21. 参见 "The Gyroscope of Pan-Americanism," November 1943, in box 416, folder 4946。由历史学家塞缪尔·比米斯所著的《美国的拉美政策》，出版于1943年。比米斯声称美国对拉美的政策是有益的"保护性的帝国主义"，他继续说，"是一种反帝国主义的帝国主义"。

22. 这是对外关系委员会为国务院所做保密工作的一个隐秘参考。参见 RFA, box 417, folder 4947; Dunn's covering letter to Willits, 23 December 1943。

23. Ibid.

24. RFA, 参见 *Annual Report*（1941-1942），18-19, 25。

25. RFA, 参见 YIIS *Annual Report*（1945-1946）。

26. RFA, *Annual Report*（1943），14-15.

27. Louis Morton, "National Security and Area Studies," *Journal of Higher Education*, 34, no. 2（1963）：142-147.

28. 参见 David Reynolds, *Britannia Overruled*（London: Longman, 1991），173；也可参见 Olson and Groom, *International Relations Then and Now*, 100。

29. John A. Thompson, "Another Look at the Downfall of 'Fortress America,'"

Journal of American Studies, 26, no. 3（1992）: 401.

30. 参见 Paulo Ramos, The Role of the YIIS in the Construction of the United States National Security Ideology, 1935-1951（unpublished Ph. D. dissertation, University of Manchester, 2003）, 267。

31. RFA, box 416, folder 4945; Lambert Davis（Harcourt, Brace）to George W. Gray（RF）. 该书还出了盲文版可见其影响之大。

32. Ibid.

33. Olson and Groom, *International Relations Then and Now*, 99.

34. Ramos, *The Role of the YIIS*, 240.

35. Spykman, cited in ibid., 242.

36. Ibid., 243.

37. Ibid., appendix C, 372.

38. Ibid., 243.

39. RFA, box 417, folder 4948;"Radio Program Notice," 6 April 1945.

40. Olson and Groom, *International Relations Then and Now*, 106-111.

41. 奥尔森和格罗姆声称这份期刊的出版是"（国际关系）历史领域的重要历史事件之一"。Ibid., 118.

42. 厄尔是哥伦比亚大学与普林斯顿大学高级研究院的一名学者。二战期间，他在战略服务处和其他一些部门工作，1951年，他曾担任德怀特·艾森豪威尔的政治顾问。他于1954年去世。

43. "Notes on the American Committee for International Studies," April 5, 1941, 1; in Carnegie Corporation（hereafter CC）Papers, box 18. ACIS 在 1936—1941 年期间存在，由 CFR、FPA、IPR 和国际思想合作美国全国委员会（U.S. National Committee on International Intellectual Cooperation）4 名机构成员，以及社会科学研究理事会（SSRC）任命的 9 名学者组成。后来，SSRC 指定 ACIS 作为其国际关系的委员会。

44. Edward Mead Earle, "National Security and Foreign Policy," *Yale Review* 29（March 1940）; Edward Mead Earle, "The Threat to American Security," *Yale Review* 30（March 1941）.

45. Earle, "The Threat to American Security."

46. Alfred Vagts, "War and the Colleges," *American Military Institute*, document no. 4

注 释

（1940）; Vagts, "Ivory Towers Into Watch Towers," *The Virginia Quarterly* 17, no. 1（Spring 1941）.

47. "Notes on the American Committee for International Studies," 5 April 1941, 1-2; CC Grant Files, box 18.

48. Edward Mead Earle, "The Future of American Foreign Policy," *New Republic*（November 8, 1939）; Edward Mead Earle, "American Military Policy and National Security," *Political Science Quarterly* 53（March 1938）; Edward Mead Earle, "Political and Military Strategy of the United States," *Proceedings of the Academy of Political Science*（1940）.

49. Record of Interview（by telephone）, Frederick P. Keppel（president, CC）and Earle, 20 December 1937, in CC Grant Files, Institute for Advanced Study. "Study of the Military and Foreign Policies of the US through 1943"; letter, Earle to Keppel, 29 November 1938; all in box 178.

50. Letter, Earle to Keppel, 29 November 1938, 3. In all, up to 1942 only Earle's work received over $56 000 from the CC. See the minutes of its Executive Committee for November 7, 1940; March 5, 1941; and October 3, 1941 for details. Peffer 认为厄尔只接收了 35 000 美元，这个数字其实差得很远。

51. Letter, Page to Charles Dollard, 23 October 1941, CC Grant Files, box 178. 佩奇在 20 世纪 30 和 40 年代是 AT&T 的一个公共关系前辈，他的父亲 Walter Hines Page 曾任过一届美国驻英大使。

52. Earle's report, "Memorandum Regarding Problems of Morale, Recreation, and Health in Connection with American Naval and Air Bases in the Caribbean Area," May 1941; CC Grant Files, box 135.

53. Record of Interviews, Keppel and Earle, 17 October 1941; and Dollard and Earle, 17 December 1941; CC Grant Files, box 135.

54. Letter, Frank Aydelotte（IAS）to Robert M. Lester（secretary, CC）, 16 December 1940; CC Grant Files, box 178.

55. Letter, Frank Aydelotte to Walter A. Jessup（president, CC）, 26 January 1942. The syllabus, entitled "War and National Policy: A Syllabus," was published by Farrar and Rinehart; CC Grant Files, box 178.

56. "Report on Grant," by Frank Aydelotte to Robert M. Lester, 8 August 1942;

CC Grant Files, box 178.

57. Ibid.

58. William T. R. Fox, "Interwar International Relations Research: The American Experience," *World Politics* 2 (October 1949): 78; Olson and Groom, *International Relations Then and Now*, 99; Ken Booth and Eric Herring, *Keyguide to Information Sources in Strategic Studies* (London: Mansell, 1994), 16.

59. Letter, Earle to Sir Charles Oman (All Souls' College, Oxford), 4 January 1944; Earle Papers, box 36, at Seeley G. Mudd Manuscript Library, Princeton University.

60. 《海权（第3版）》出版于1968年，《入门指南（第5版）》出版于1965年。参见 Earle's report on the seminar 1942-1943 in CC Grant Files, box 178; Brodie's entry in *Who Was Who*, vol. 7。

61. N. Peffer, "Memorandum on Carnegie Grants in the Field of International Relations," 17 April 1942, 3-4, in CC Grant Files, box 187.

62. William T. R. Fox, *The American Study of International Relations* (Columbia: University of South Carolina Press, 1966), 27.

63. Inderjeet Parmar, *Think Tanks and Power in Foreign Policy* (Basingstoke: Pal-grave, 2004); Lawrence Shoup and William Minter, *Imperial Brain Trust* (New York: Monthly Review Press, 1977); Max Holland, "Citizen McCloy," *Wilson Quarterly* 15, no. 3 (1991): 22-42.

64. CC, New York, Grant Files, box 187: International Relations; Rare Book and Manuscript Collection, Butler Library, Columbia University; N. Peffer, "Memorandum on Carnegie Grants in the Field of International Relations"（April 17, 1942）。《外交》期刊在1939年时有1500名订户。

65. Shoup and Minter, *Imperial Brain Trust*, Parmar, *Think Tanks and Power in Foreign Policy*, R. D. Schulzinger, *The Wise Men of Foreign Affairs* (New York: Columbia University Press, 1984), 61.

66. RFA, RGi Projects series 100 International; box 97, folder 100S, CFR 1936-37; WH Mallory（CFR）to EE Day（RF），11 January 1936. 1945年时，有几个小组接近完成它们的审议，包括"重建的法律问题小组"和"卡特尔小组"，其他的小组包括"中苏关系""技术出口和强制军事训练"。参见

注 释

RG1 100 International, box 97 folder 100S, CFR1945, Application for funds, W. H. Mallory（CFR）to J. H. Willits（RF）, 15 January 1945。

67. 该小组成员包括经济学家艾尔文·汉森（Alvin Hansen）和雅各布·维纳（Jacob Viner）、历史学家威廉·兰格（W. L Langer）和詹姆斯·肖特维尔（James Shotwell），以及律师与商人约翰·杜勒斯（John Foster Dulles）和诺曼·戴维斯（Norman Davis）。

68. Shoup and Minter, *Imperial Brain Trust*, 120-122.

69. W. G. Bundy, *The Council on Foreign Relations and Foreign Affairs*（New York：CFR, 1994）, 22.

70. Shoup and Minter, *Imperial Brain Trust*; G. William Domhoff, *The Power Elite and the State*（New York; Aldine de Gruyter, 1990）; Inderjeet Parmar, "The Issue of State Power: A Case Study of the Council on Foreign Relations," *Journal of American Studies* 29, no. 1（1995）：73-95. 1943年10月《莫斯科协定》是二战期间美、英、苏三大国召开的第一次会议。它设立的顾问委员会制定了处理德国问题的基本原则：摧毁德国军事力量和纳粹党、惩治战犯、控制占领区和安排赔偿支付方案。

71. RFA, RGi Project 100 International; box 99, folder 897; letter, Bowman to Willits, 23 November 1943. CFR备忘录处理了赔偿问题（而国务院根本未提及这一点），形成了对俄罗斯的战后援助，以及对俄罗斯的联盟。

72. Kirk是耶鲁国际问题研究所成员，战争－和平研究项目的研究秘书，以及国务院的独立顾问。RFA, memorandum of conversation, Kirk and Willits, 22 November 1943, in same file as Bowman's letter, 23 November 1943.

73. RFA, Interview, Pasvolsky and Willits; 3 December 1943, in same file as Bowman's letter, 23 November 1943.

74. Shoup and Minter, *Imperial Brain Trust*; RFA, letter, Edward Stettinius（undersecretary of state）to J. H. Willits（RF）, 24 November 1943, in same file as Bowman's letter.

75. RFA, Fosdick to Mallory, 8 October 1946, as for Bowman, but folder 898.

76. Bundy, *The Council on Foreign Relations and Foreign Affairs*, 22.

77. RFA, Tracy B. Kittredge to Joseph H. Willitts, 12 November 1940. RFA, RGi Project series 100 International, box 99, folder 100S, CFR-War Problems, 1939-

1940, letter, Tracy B. Kittredge to Joseph H. Willitts, 12 November 1940.

78. RFA *Annual Report*（1940），61. 洛克菲勒还资助了哈罗德·拉斯维尔在国会图书馆的满意分析研究、道格拉斯·瓦普利斯在芝加哥的出版分析、保罗·拉扎菲尔德在哥伦比比亚的广播研究，以及其他的大众传播项目；参见 Christopher Simpson, *Science of Coercion*（Oxford：Oxford University Press, 1994），22。

79. RFA, RG1. 1 series 200 200R Princeton University-Public Opinion, box 270, folder 3216; Memorandum, 5 December 1939.

80. RFA, box 270, folder 3216; funding note, 12 July 1940.

81. RFA, box 270, folder 3216; "A Proposed Study of the Effect of the War on Public Opinion in the United States," attached to a letter from Cantril to John Marshall（Rockefeller Foundation），13 November 1939.

82. RFA, box 270, folder 3218, "Application for Renewal of Public Opinion Study," attached to a letter to John Marshall. RFA, box 270, folder 3216; letter, Cantril to Marshall, 28 November 1939.

83. RFA, box 270, folder 3218; letter, Cantril to Marshall, 9 September 1940.

84. RFA, box 271, folder 3228, "Comparison of Opinions of Those Who Do and Do Not Listen to the Presidents Radio Talks: Confidential Report" by Hadley Cantril, 17 September 1941.

85. RFA, box 271, folder 3228, "The People Who Would Join a 'Keep-Out-of-War' Party: Confidential Report," by Hadley Cantril, 21 November 1941.

86. RFA, RG1. 1 series 200S subseries 200; RF report on Cantrils work, "The Changing Attitude Toward War," 16, January 1941.

87. RFA, box 271, folder 3229, "Confidential Report to Rockefeller Foundation on Work of the Office of Public Opinion Research of Princeton University from 1940 Through 1943," 14 December 1943, by Hadley Cantril.

88. RFA, box 270, folder 3220, Interview, Cantril, Gallup, and Marshall, 28 May 1941.

89. RFA, box 270, folder 3221, letter, Cantril to Marshall, 30 April 1942.

90. RFA, box 270, folder 3224, Interview, Cantril and Marshall, 29 January 1943.

91. RFA, box 270, folder 3225, letter, Cantril to Marshall, 4 October 1943.

注 释

92. RFA, box 270, folder 3225, Interview, Cantril and Marshall 16 December 1943. 例如，参见 Franklin D Roosevelt Presidential Library（New York）, PPF 8229-Hadley Cantril; letter from FDR to Cantril, 12 November 1942. For Cantrils political loyalty to FDR, see letter by David K. Niles to Grace Tully, 11 November 1942, in the same file。

93. RFA, box 270, folders 3219, 3221; letter, Marshall to Cantril, 21 March 1941; and Internal Memo by J. Willits, 6 January 1942.

94. RFA, box 270, folder 3218; letter, Evarts Scudder of CDAAA to Marshall, 27 November 1940, 谢谢他的这份报告。坎特里尔（Cantril）还为其它几个特别利益小组提供了报告，如制造业者、工会和农业组织全国联合会。参见 RFA, box 270, folder 3224, Memorandum, "Proposed Work of Office…" 10 February 1943. CDAAA 本身是对外关系委员会的特别小组，由 Wiuiam Allen White 领导（*Kansat Emporia Gazette* 编辑）。参见 Michael Wala, *The Council on Foreign Relations and American Foreign Policy in the Early Cold War* （Providence Berghahn Books, 1994）。

95. Simpson, *Science of Coercion*, 23.

96. Mark L Chadwin, *The Hawks of World War II* （Chapel Hill: University of North Carolina Press, 1968）.

97. Inderjeet Parmar, " Another important group that needs more cultivation… The CFR and the Mobilisation of Black Americans for Interventionism, 1939-1941", *Ethnic and Racial Studies* 27, no. 5（2004）: 710-731.

98. A. S. Layton, *International Politics and Civil Rights Policies in the United States, 1941-1960* （Cambridge: Cambridge University Press, 2000）, 39.

99. H. Agar, A Time *for Greatness* （New York: Little, Brown, 1942）, 42.

100. 苏兹贝格是《纽约时报》的出版商、洛克菲勒基金会的理事和执委会成员。马科尔后来成为一名公共舆论专家，并就这该主题出版了一本书：*Public Opinion and Foreign Policy*（New York: Harper, 1949）。

101. 参见 Walter Lippmann, *Public Opinion*（New York: Macmillan, 1941）; and Edward Bernays, "The Engineering of Consent," *Annals of the American Academy of Political and Social Science* 250（March 1947）。

102. Peffer, "Memorandum on Carnegie Grants in the Field of International Rela-

tions," 12.

103. "Memorandum for Counsel: Foreign Policy Association," June 27, 1952; in CC Grant Files, box 147, 2.

104. Peffer, "Memorandum on Carnegie Grants in the Field of International Relations," 12. 1945年时，会员人数增加到了近2.8万人；参见"Report on Work of the Foreign Policy Association," July 1944-1945, CC Grant Files, box 147。

105. "Memorandum for Counsel: Foreign Policy Association," 3.

106. Peffer, "Memorandum on Carnegie Grants in the Field of International Relations," 12. 最终的《外交政策报告》被送至对外关系委员会和其他地区委员会。外交政策协会的《关于日本作为一个经济大国的报告》被国务院用于远东事务相关外事人员的课程；参见 letter, Carnegie Corporation to McCoy, 18 January 1943, CC Grant Files, box 147。

107. Letter, CC to McCoy, 18 January 1943, CC Grant Files, box 147.

108. Peffer, "Memorandum on Carnegie Grants in the Field of International Relations," 14. The International Ladies Garments Workers' Union also distributed one hundred copies of each Headline book to its educational committee; see FPA Report to the CC, October 1, 1940-April 30, 1941, 2.

109. "FPA Education Program" report, 21 May 1943, box 147.

110. Ibid.

111. FPA Report, October 1, 1940-April 30, 1941, 2.

112. 参见 reports of FPA work for 1940-1941; 1941-1942 in CC files。

113. 参见 FPA report to CC, September 1, 1943-July 1, 1944, 4。

114. "Memorandum on the Work of the Foreign Policy Association," attached to 1941-1942 FPA report to CC, 3-4.

115. FPA report on work, September 1, 1941-July 1, 1942; and "memorandum on the Work of the Foreign Policy Association," attached to that report.

116. "Memorandum for Counsel," 12-13.

117. Ibid., 11.

118. "Memorandum on the Work of the Foreign Policy Association," 1, for a favorable opinion from Undersecretary of State Summer Welles; and letter, quo-

ting former Secretary of State Edward Stettinius Jr., 28 October 1946, from the FPA to the CC, box 147.

119. Lawrence T. Woods, *Asia-Pacific Diplomacy*: *Nongovernmental Organizations and International Relations* (Vancouver, B. C.; UBC Press, 1993), 7.

120. John N. Thomas, *The Institute of Pacific Relations, Asian Scholars, and American Politics* (Seattle; University of Washington Press, 1974), 4.

121. Woods, *Asia-Pacific Diplomacy*, 8.

122. Thomas, *The Institute of Pacific Relations, Asian Scholars, and American Politics*, 4.

123. Thomas, *The Institute of Pacific Relations, Asian Scholars, and American Politics*, 30, 5;也可参见 Woods, *Asia-Pacific Diplomacy*, 33, 35。

124. Owen Lattimore, *China Memoirs. Chiang Kai-shek and the War Against Japan* (Tokyo: University of Tokyo Press, 1990), 35.

125. 拉铁摩尔被罗斯福总统任命为蒋介石的政治顾问,并且也加入了战争情报办事处任亚太局负责人。"有一个很了解中国的人担任面向太平洋地区的反日宣传工作,"拉铁摩尔写道,"这并不是一件坏事。"*China Memoirs*, 167-168. AIPR 也接受来自洛克菲勒基金会的资助。

126. Edward H. Berman, *The Ideology of Philanthropy*: *The Influence of the Carnegie, Rockefeller, and Ford Foundations on American Foreign Policy* (Albany, N. Y.; SUNY Press, 1983), 46.

127. 在二战爆发后 AIPR 甚至在华盛顿开设了一个办事处,进一步加强了与政府的联系,"便利战时的合作"。参见 Thomas, *The Institute of Pacific Relations, Asian Scholars, and American Politics*, 34, According to Woods, *Asia-Pacific Diplomacy*, 35, APIR 是政府官方意见的"一个有用传声筒"。

128. 数据由卡内基基金会整个时期的年度报告计算得来。

129. 汇编自洛克菲勒基金会年度报告。

130. W. Harold Dalgliesh, *Community Education in Foreign Affairs*: *A Report on Nineteen American Cities* (New York: CFR, 1946), 4. AIPR 同时运作了一个在俄亥俄州克利夫兰的研究小组,以及底特律的一个小项目。

131. Ibid., 16.

132. Ibid.

133. Peffer, "Memorandum on Carnegie Grants in the Field of International Relations," 16. AIPR 是 ACIS 的一个机构成员，它在普林斯顿高级研究所的工作导致了北大西洋关系会议，试图创立一个大西洋版的 IPR。也可参见 Paul F. Hooper, "The Institute of Pacific Relations and the Origins of Asian and Pacific Studies," *Pacific Affairs* 61（Spring 1988）：98-121。

134. 参见 FPA reports in CC Grant Files, for 1940-1941, 1942-1942, and 1943-1944。

135. CEIP, Division of Intercourse and Education Annual Reports, 1937 and 1939.

136. CEIP *Annual Reports*, 1943, 1944, 1945.

137. Peffer, "Memorandum on Carnegie Grants in the Field of International Relations," 16.

138. Produced jointly with the FPA, 1941-1942.

139. Peffer, "Memorandum on Carnegie Grants in the Field of International Relations," 17.

140. Record of interview, Dollard to Wm. W. Lockwood and W. L. Holland, 6 March 1942; CC Grant Files, box 182（AIPR）.

141. Letter, Henry James to W. A. Jessup（both CC）, 7 April 1942; and letter, Lockwood to Robert M. Lester（CC）, 21 January 1943; CC Grant Files, box 182.

142. 参见 CC annual reports。佩弗严重低估了资助金额，认为只有309 000美元（截至 1942 年）。

143. Office of the President, Record of Interview, September 3, 1937; letter, Page to Keppel, October 15, 1937; box 126, Carnegie Corporation Grant Files：Council on Foreign Relations：Committees on Foreign Relations 1937-1940. 卡内基公司的倡议正式名称是"合作式成人教育计划"，在其年度报告中，尽管卡内基公司将此计划只作为"在成人教育方面的一个示范性项目"，但到 1942 年时，卡内基公司对此项目已捐赠了 10 万美元；到 1945 年时，又进一步拨款 7 万美元。

144. Memorandum by Walter H. Mallory, executive director of the CFR："Project for Popular Education in International Affairs Proposed by the Carnegie Corporation," November 1, 1937. 2.

145. Memorandum by Phillips Bradley (associate professor of political science, Amherst College) to F. W. Keppel, 21 September 1937, 8.
146. *The Council on Foreign Relations: A Record of Twenty-Five Years, 1921-1946* (New York: CFR, 1947), 48. 最初的 7 个委员会分别是克利夫兰、丹佛、得梅因、底特律、休斯顿、路易斯维尔和波特兰（俄勒冈州）。
147. Percy Bidwell (director of studies), "A Seven-Year Survey of An Educational Project in International Relations, 1938-1945," CFR, in CC Grant Files, box 127.
148. Percy Bidwell's introduction to W. Harold Dagliesh, *Community Education in Foreign Affairs* (New York: CFR, 1946), iii-viii.
149. Bidwell, "A Seven-Year Survey," 3; "Report to the Carnegie Corporation on the Work of the Foreign Relations Committees of the CFR During the 1942-43 Season," box 127.
150. Percy Bidwell, "Report on the Work of the Foreign Relations Committees, Season 1941-42," box 127.
151. Bidwell, "A Seven-Year Survey," 5.
152. CFR Annual Report, Report of the Executive Director (1944-1945), 14.
153. Bidwell, "A Seven-Year Survey," 6-7.
154. 引自"Memorandum for Counsel of Carnegie Corporation," 1-15, June 30, 1952。CC Grant Files, 1946-55; Dulles, letter to Miller, n. d. CC Grant Files, box 127; Bidwell, 1941-42, 8; Herbert Heaton, *A Scholar in Action: Edwin F. Gay* (New York: Greenwood Press, 1968), 237-241.
155. Letter, Wilson to Assistant Secretary of State Breckinridge Long, July 13, 1940; memorandum by Charles W. Yost, division of special research, to Leo Pasvolsky, 14 April 1942, 1.
156. Miller, *Man from the Valley* (Chapel Hill: University of North Carolina Press, 1971), 87.
157. "Notes on the American Committee for International Studies," 5 April 1941, 2; in CC Grant Files, box 18.
158. Proposal received and filed in CC Papers, September 3, 1940, box 18.
159. Report on Lynd Proposal (Summary), 22 October 1940, in CC Papers, box

18. 反对该项提议的 5 个人中有芝加哥大学的查尔斯·梅里姆（Charles E. Merriam）和昆西·怀特（Quincy Wright）、布朗大学校长和卡内基理事亨利·里斯顿（Henry M. Wriston）。

160. Report by Savage, 13 November 1940, CC Papers, box 18.

161. Lewis A. Coser, *Men of Ideas*（New York：The Free Press, 1965），339.

162. E. C. Luck, *Mixed Messages*（Washington, D. C.：Brookings Institution Press, 1999），尤其是 chapter 2，题为 "A Special Nation, Peerless and Indispensable"。

163. I. Parmar, "Resurgent Academic Interest in the Council on Foreign Relations," *Politics* 21（2001）：31-39；Buder, *Across the Busy Years*, vol. 2. Butler held the view that the United States was "the keeper of the conscience of democracy"； cited by Luck, *Mixed Messages*, 21. 巴特尔持有的观点认为美国是 "民主良心的维护者"，引自 Luck。

164. National Security Council-68, "United States Objectives and Programs for National Security," 1950 年 4 月影响深远的冷战篮图，其主要的作者是保罗·尼采。

165. Nicholas J. Spykman, *America's Strategy in World Politics：The United States and the Balance of Power*（New York：Harcourt Brace, 1942）.

166. J. Ruggie, "Third Try at World Order?" *Political Science Quarterly* 109, no. 4（1994）：553-571.

167. C. N. Murphy, *International Organization and Industrial Change*（Cambridge：Polity Press, 1994）；R. W. Cox, "Labor and Hegemony," *International Organization* 31, no. 3（1977）：385-424.

168. J. T. Shotwell, "The ILO as an Alternative to Violent Revolution," *Annals of the American Academy of Political and Social Science* 166（March 1933）：18.

169. D. Fisher, "Rockefeller Philanthropy and the British Empire," *History of Education* 7（1978）：129-143.

170. Akira Iriye, *Global Community：The Role of International Organizations in the Making of the Contemporary World*（Berkeley：University of California Press, 2002）.

171. G. J. Ikenberry, *Liberal Order and Imperial Ambition*（Cambridge：Polity Press, 2006），53.

172. Ibid., 56, 57.

173. Akira Iriye, *Global Community: The Role of International Organizations in the Making of the Contemporary World* (Berkeley: University of California Press, 2002), 28.

174. A. Bosco and C. Navari, eds., *Chatham House and British Foreign Policy* (London: Lothian Foundation Press, 1994).

175. 安德鲁·威廉姆斯（Andrew Williams）认为对外关系委员会、查塔姆大厦和卡内基慈善基金会是"跨大西洋舆论形成共同体……的一部分"。"Before the Special Relationship: The CFR, The Carnegie Foundation, and the Rumour of an Anglo-American War," *Journal of Transatlantic Studies* 1, no. 2 (2003): 233-251.

176. Parmar, *Think Tanks and Power in Foreign Policy*; Shoup and Minter, *Imperial Brain Trust*.

177. Bowman, 引自 Parmar, *Think Tanks and Power in Foreign Policy*, 123。

178. *Carnegie Endowment for International Peace*, Institutes of International Affairs (New York: CEIP, 1953).

179. Parmar, *Think Tanks and Power in Foreign Policy*. 也可参见 K. Rietzler, "Philanthropy, Peace Research, and Revisionist Politics: Rockefeller and Carnegie Support for the Study of International Relations in Weimar Germany," *GHI Bulletin Supplement* 5 (2008): 61-79. 当洛克菲勒感到 GAP 的研究"由其成员，根据他们的几种兴趣和倾向，采取了一种无系统的、个人式的研究"的时候，它支持 GAP 的热情便消退了（73）。

180. P. C. Dobell and R. Willmott, "John Holmes," *International Journal* 33, no. 1 (1977-1978), 109-110.

181. T. Carothers, "A League of Their Own," *Foreign Policy* (July-August 2008); 也可参见 G. John Ikenberry and Anne-Marie Slaughter, *Forging a World of Liberty Under Law* (Princeton, N. J.: The Woodrow Wilson School of Public and International Affairs, Princeton University, 2006)。

182. J. Lloyd, "The Anglosphere Project," *New Statesman* (March 13, 2000). 有趣的是，这一概念受到了历史学家罗伯特·康奎斯特（Robert Conquest）、前美国权力的批评者克里斯托弗·希金斯（Christopher Hitchens）和前英国首相戈登·布朗的支持。"英语圈"和"盎格鲁-萨克逊主义"的连续性还是很清楚的。安德鲁·罗伯茨（Andrew Roberts）抓住了这些思想的对立，*A History of the English-Speaking Peoples Since* 1900（London：Phoenix，2007）。

183. M. W. Doyle，"Liberalism and World Politics，" *American Political Science Review* 80（1986）：1151-1169。普林斯顿国家安全项目（The Princeton Project on National Security）由伊肯伯里和斯劳特（Slaughter）主持，是"民主和平论"的一个胜利（见第8章）。伊肯伯里和多伊尔都承认"联邦同盟"是"民主和平论"的前提假设的一种早期表达。

184. Minutes, "World Order Preparatory Group," first meeting, 17 July 1939; Lionel Curtis Papers, box 110-111; Bodleian Library, Oxford.

185. Letter, Streit to Curtis, 13 May 1939; Curtis Papers, Correspondence, box 16; letter, Curtis to Captain Nugent Head, 6 December 1945, Curtis Papers, Correspondence, box 34.

186. Parmar, *Think Tanks and Power in Foreign Policy*.

187. Ibid.

188. 特别是哥伦比亚大学历史学家和CEIP领导人詹姆斯·斯托维尔（James T. Shotwell）在1919年ILO形成和美国劳工运动中表现积极；Inderjeet Parmar, "Engineering Consent: The Carnegie Endowment for International Peace and the Mobilisation of American Public Opinion, 1939-194s," *Review of International Studies* 26, no. 1（2000）: 43。

189. K. RietzJer, "Unbroken Bridges: Why the Rockefeller Foundation and the Carnegie Endowment Supported the International Studies Conference in the 1930s" paper presented at the Transatlantic Studies Association conference（July 2008），5. 美国基金会由ISC的执委会所代表，并成功地将ISC转变成另一个版本的IPR，将其全国委员会引向政策相关问题。

190. G. Murray, "Intellectual Co-operation," *Annals of the American Academy of Political and Social Sciences* 235（September 1944）: 7. 根据Murray的统计，卡内基和洛克菲勒的资助仅次于法国政府。

191. 例如，参见E. Richard Brown, *Rockefeller Medicine Men*（Berkeley: University of California Press, 1979）。

192. E. J. Murphy, *Creative Philanthropy*（New York: Teachers' College Press, 1976）.

注 释

第四章

1. 导言中韦尔奇的言论出自 Richard Barnett, *Roots of War* (Baltimore, Md: Penguin, 1973), 19。导言中凯南的言论出自 S. Lucas, "Introduction: Negotiating Freedom," in Helen Laville and Hugh Wilford, eds., *The U.S. Government, Citizen Groups, and the Cold War: The State-Private Network* (London: Frank Cass, 2005), 9。

2. Paul Kennedy, *Rise and Fall of the Great Powers* (London: Fontana Press, 1989), 461.

3. 对于福特基金会的理事们来说,"不发达国家只有成功应对他们所面对的挑战",击败共产主义所激发的"革命骚乱",那么才能形成一个"健康的国际环境"; Volker R. Berghahn, *America and the Intellectual Cold Wars in Europe: Shepard Stone Between Philanthropy, Academy, and Diplomacy* (Princeton, N. J.: Princeton University Press, 2001), 159。

4. T. McDowell, *American Studies* (Minneapolis: Minnesota University Press, 1948), 26.

5. David Campbell, *Writing Security* (Manchester: Manchester University Press, 1992); Alan Wolfe, *The Rise and Fall of the Soviet Threat* (Boston: South End Press, 1984).

6. 当然,洛克菲勒、卡内基和福特基金会在20世纪50年代也受到了来自各种麦卡锡主义国会委员会的"非美国主义"的指控,福特基金会通常被认为在冷战期间从事了与反美主义和共产主义的斗争; Oliver Schmidt, "Small Atlantic World: U.S. Philanthropy and the Expanding International Exchange of Scholars After 1945," in C. E. Geinow-Hecht and F. Schumacher, eds., *Culture and International History* (Oxford: Berghahn Books, 2003), 121。

7. 基金会历年报告。

8. Ben Whitaker, *The Foundations: An Anatomy of Philanthropy and Society* (London: Eyre Methuen, 1974); Giles Scott-Smith, *The Politics of Apolitical Culture: The Congress for Cultural Freedom, the CIA, and Postwar American Hegemony* (London: Routledge, 2002); Frances Stonor Saunders, *Who Paid the Piper? The CIA and the Cultural Cold War* (London: Granta, 1999).

9. Robert E. Spiller, "The Fulbright Program in American Studies Abroad: Retrospect and Prospect," in Robert H. Walker, ed., *American Studies Abroad* (Westport, Conn.: Greenwood Press, 1975), 8.

10. Robert E. Spiller, "The Fulbright Program in American Studies Abroad: Retrospect and Prospect," in Robert H. Walker, ed., *American Studies Abroad* (Westport, Conn.: Greenwood Press, 1975), 5.

11. Berghahn, *America and the Intellectual Cold Wars in Europe*, 170.

12. Melvin P. Leffler, *A Preponderance of Power* (Stanford, Calif.: Stanford University Press, 1992); Kathleen D. McCarthy, "From Cold War to Cultural Development: The International Cultural Activities of the Ford Foundation, 1950-1980," *Daedalus* (Winter 1987): 93-117.

13. Victoria de Grazia, *Irresistible Empire: America's Advance Through Twentieth-Century Europe* (London: The Belknap Press of Harvard University Press, 2005).

14. Marcus Cunliffe, "The Anatomy of Anti-Americanism," in R. Kroes and M. Van Rossem, eds., *Anti-Americanism in Europe* (Amsterdam: Free University Press, 1986); B. Appleyard, "Why Do They Hate America?" *Sunday Times* (September 23, 2001); R. Weikunat, "The Philosophical Origins of European Anti-Americanism," *Contemporary Review* (July 2002).

15. *Humanities Discussion Papers*; Trustee Subcommittee on Humanities and the Arts; Reports 016196, 5 March 1970; FFA.

16. 尽管美国的美国研究项目自20世纪20年代以来就存在，但直到冷战期间才算完全建立起来——例如包括一个专业协会、年度会议和一份知名的期刊等；Spiller, "The Fulbright Program in American Studies Abroad," 5。

17. Tremaine McDowell 认为美国研究将通过更多的自我认知、减少孤立主义情绪和促进国际主义来团结美国；McDowell, *American Studies* (Minneapolis: University of Minnesota Press, 1948), 31。

18. John W. Gardner, "Education in Values for Americans," part 1, in Carnegie Corporation (CC) Grant Files, "American Values 1948-50," April 24, 1950, in box 40, folder 14, 1.

19. John W. Gardner, "Education in Values for Americans," part 2, 1.

20. Ibid., part 2, 3-4.

21. Ibid., part 2, 9. 强调为原作所加。

22. Letter, Gordon W. Allport to John Gardner, September 28, 1948; box 40, folder 14.

23. Letter, Gardner to Allport, October 19, 1948; box 40, folder 14.

24. Gardner, "Education in Values for Americans," part 2, 14.

25. CC memorandum, "Grants for American Studies," September 1958; box 411, folder 11.

26. CC, "A Program of Research Grants for Historical Studies in the Field of American Civilization," January 5, 1949.

27. John W. Gardner, "Preliminary Notes for a Survey of Programs in American Studies," ca. 1948; CC Grant Files, box 40, folder 8; 强调为笔者所加。

28. CC memorandum, "Grants for American Studies," September 1958; box 411, folder 11.

29. Athan G. Theoharis, *Seeds of Repression* (Chicago: Quadrangle Books, 1971).

30. Statement by Dean Rusk on Behalf of the Rockefeller Foundation and the General Education Board to the Special Committee on Foundations, 39; Rusk Collection, box 4, folder 53; Rockefeller Archive Center, Tarrytown, New York.

31. Ibid., 43-44.

32. Scott Lucas, "A Document from the Harvard International Summer School," in J. C. E. Gienow-Hecht and F. Schumacher, eds., *Culture and International History* (New York: Berghahn Books, 2003), 258.

33. Inderjeet Parmar, "Conceptualising the State-Private Network in American Foreign Policy," in Helen Laville and Hugh Wilford, eds., *The U. S. Government, Citizen Groups, and the Cold War: The State-Private Network* (London: Frank Cass, 2005); 也可参见 Liam Kennedy and Scott Lucas, "Enduring Freedom: Public Diplomacy and U. S. Foreign Policy," *American Quarterly* 57, no. 2 (2005): 309-333。

34. 当乔治·凯南将其转发给福特基金会寻求支持时, 他保证该研讨会计划有 "一个值得的、高贵的和有用的目标"; Memorandum, John B. Howard to Joseph M. McDaniel Jr., "Harvard Summer School Foreign Students Project," May 24, 1951; PA55-9, reel 0942; Ford Foundation Archives (FFA), New York。

35. Lucas, "A Document from the Harvard International Summer School, 259. 基辛格 1951—1971 年间担任了研讨会负责人。

36. 基辛格也参与了差不多同时的相似活动，即代表德国马歇尔基金会的跨大西洋理解项目；*Annual Report*（2003），1-6。

37. Henry Kissinger, "Report of the Sub-committee on Academic Program"（undated, October/November, 1950）, in Lucas, "A Document from the Harvard International Summer School," 261-262. 强调为笔者所加。

38. Lucas, "A Document from the Harvard International Summer School," 263. Emphasis added.

39. 在一封给福特的有关拨款应用的信中，基辛格受到了来自艾伦·杜勒斯（中央情报局局长）和 C. D. 杰克逊（文化自由倡议大会负责人）提供的支持推荐；Kissinger to Don K. Price（FF associate director）, December 10, 1953；PA53-159, reel 1118（FFA）；也可参见 Berghahn, *America and the Intellectual Cold Wars in Europe*。

40. Ford Foundation annual reports；也可参见, Ford Foundation, *American Studies Abroad*；report 004642, April 1969. 总体上，福特基金会给予基辛格的拨款超过 39 万美元；FFA。

41. "Docket Excerpt. Executive Committee meeting September 27, 1956：International Programs：International Affairs：Harvard University International Seminar"；PA55-9；reel 0492（FFA）.

42. Ibid.

43. Ibid.

44. "Excerpt from Docket：International Affairs：Harvard International Seminar," October 29-30 1954；Grant file PA55-9；reel 0492；Ford Foundation Archives（FFA）.

45. "Docket excerpt, Executive Committee Mtg. September 27, 1956：International Programs：International Affairs. Harvard University International Seminar"；Grant file PA55-9；reel 0492；FFA.

46. Ibid.

47. Inter-Office Memorandum, Bernard L. Gladieux to Joseph M. McDaniel, "Harvard International Seminar（-A351 Revised），" August 13, 1952；PA55-9, reel

0492（FFA）.

48. "Docket Excerpt… September 27, 1956"; Grant File PA55-9; reel 0492（FFA）

49. "Docket excerpt, Executive Committee Mtg.," September 27, 1956（FFA）. 强调为笔者所加。

50. 将欧洲的异议称为"骚乱"是一个有意思的语言应用，也许意味着反美很大程度上在于针对个人的内部心理和情绪因素。

51. Henry Kissinger, report 1955 program; PA55-9; reel 0492（FFA）.

52. "Extracts of Letters from Past Participants," attached to a letter, Kissinger to Harold Swearer（FF）, 4 November 1968; PA69-134, reel 2248（FFA）.

53. Letter, Kissinger to Harold Swearer（FF）, 4 November 1968; PA69-134, reel 2248（FFA）.

54. Walter Isaacson, Kissinger（London: Simon and Schuster, 1992）, 71.

55. J. Gedmin and C. Kennedy, "Selling America, Short," National Interest（Winter 2003）.

56. Inter-Office Memorandum, "Harvard International Seminar", Bernard L. Gladieux to Joseph McDaniel, August 13 1952; PA55-9, reel 0942（FFA）.

57. "文化帝国主义的微光"这句话来自办公室之间的备忘录，Richard C. Sheldon to W. McNeill Lowry, "American Studies," March 5, 1968, 2; PA69-134, reel 2248（FFA）。

58. 实际上，基辛格和埃利奥特就是如此将他们的努力置于其中的；letter, Elliott to Don K. Price（Ford Foundation）, 13 February 1954; PA55-9, reel 0942（FFA）.

59. "Clemens Heller: Founder of the 'Marshall Plan of the Mind,'" http://www.salzburgglobal.org/2009/hist0ry.cfm?goto=heller.

60. David E. Bell and McNeill Lowry, *Grant Allocation to Salzburg Seminar in American Studies*, Inc., January 20, 1970; 3; PA55-216; reel 2081（FFA）.

61. Dexter Perkins, "A Proposal to Strengthen the Salzburg Seminar in American Studies," March 1960; PA55-216, reel 2081（FFA）. 研究员由欧洲"负责的"人和美国情报处的官员挑选；许多校友因而获得了美国的共同体资助研究奖学金，从而加入了组织严密的美国东岸权势集团网络。

62. Letter, *Grayson Kirk to Dexter Perkins* (President, Salzburg Seminar), March 8, 1960; PA55-216, reel 2081 (FFA).
63. 全部引自 Paul M. Herzog (president, Salzburg Seminar), "Application to the Ford Foundation for a Grant for the Period 1970-1975," October 1969; PA55-216, reel 2081 (FFA)。
64. Perkins, "A Proposal to Strengthen the Salzburg Seminar in American Studies," March 1960; PA55-216, reel 2081 (FFA).
65. 引自 Herzog, "Application to the Ford Foundation…"; PA55-216, reel 2081 (FFA)。
66. Bell and Lowry, *Grant Allocation to Salzburg Seminar*, January 20 1970; PA55-216, reel 2081 (FFA).
67. Perkins, "A Proposal to Strengthen the Salzburg Seminar in American Studies."
68. Ibid., exhibit IV.
69. Perkins, "A Proposal to Strengthen the Salzburg Seminar in American Studies", exhibit IV.
70. Bell and Lowry, *Grant Allocation to Salzburg Seminar*, January 20 1970; PA55-216, reel 20:81 (FFA).
71. Perkins, "A Proposal to Strengthen the Salzburg Seminar in American Studies," exhibit XIV.
72. Ibid.
73. Letter, Daniel Bell to Dexter Perkins, March 1 1960; PA55-216, reel 2081 (FFA).
74. Perkins, "A Proposal to Strengthen the Salzburg Seminar in American Studies."
75. 本节中埃斯皮诺萨的引言来自 Giles Scott-Smith, Ali Fisher, and Inderjeet Parmar, "American Foundations, Public Diplomacy, and the Cold War: The Case of American Studies in the U.S., Britain, and the Netherlands," unpublished paper (2005), 1。
76. 细节可参见 D. Reynolds, "Whitehall, Washington, and the Promotion of American Studies in Britain During World War Two," *Journal of American Studies* 16, no. 2: 165-188。
77. R. Pells, *Not Like Us* (New York: Basic Books, 1997).

78. Letter, Richard P. Jackson to E. F. D'Arms (associate director, division of humanities, Rockefeller Foundation), July 13 1955; Rockefeller Foundation Archives, RG 1.2 series 401R, box 52, folder 454; Tarrytown, New York. 杰克逊正向基金会汇报最近的一次在牛津大学大学学院举行的勾画 BAAS 章的会议（July 12, 1955）。

79. Letter, Frank Thistlethwaite to E. F. D'Arms (RF), 10 August 1955; RFA, RG 1.2 series 401 R, box 52, folder 454. 没有人就学者们在接受或索求基金会资助时的动机作出建议。没有人指控学者们只是在生产基金会想要的研究结果或者他们机械地生产预先设定的亲美结论。正如迈克尔·希尔所指出的，大家总体上认为学者和基金会所想一致是一种巧合。然而，基金会确实缩小了给其他工作、思想和学者的范围，并因而引发了偏见；Heale, "American History in Britain," paper presented at BAAS conference, Cambridge, April 2005. 实际上，这也再次验证了拉斯基的观点。

80. 在牛津和剑桥举行的会议增添了学术威望：1952, St. John's College, Cambridge; 1953, University and Magdalen Colleges, Oxford; 1954, Peterhouse, Cambridge; and 1955, University College, Cambridge: *Final Report: The American Studies Conferences in the United Kingdom* 1952-1955; RFA. RG 1.2 series 401R, box 76, folder 646.

81. Mark L. Chadwin, *The Hawks of World War II* (Chapel Hill: University of North Carolina Press, 1968). 1957 年，另一位鹰派和为自由而战的领导人赫伯特·阿格尔加入了 BAAS 的顾问委员会；BAAS, Bulletin No. 4, April 1957; RFA, RG 1.2 series 401R, box 74, folder 644.

82. Fulbright Commission, *Final Report The American Studies Conferences in the United Kingdom* 1952-1955, 7; RFA, RG 1.2 series 401R, box 74. folder 646.

83. 在 1945 年后德国的极端例子中，美国研究由美国军政府和特派团的文化官员来推动。约翰·海伍德（John A. Hawgood）教授报告说："1945—1948 的困难年代，德国对美国的兴趣大部分集中于美元……德国的各类人对于美国的历史和文化找到了迄今为止前所未有的兴趣"；BAAS Bulletin No. 6, February 1958, 14; RFA, RG 1.2 series 401R, box 74, folder 645。这正是拉斯基（Laski）的观点。

84. Fulbright Commission, *Final Report: The American Studies Conferences in the UK*

1952-1955, 10; RFA, RG 1.2 series 401R, box 74, folder 646.

85. Fulbright Commission, *Final Report*: The American Studies Conferences in the UK 1952-1955, 10; RFA, RG 1.2 series 401R, box 74, folder 646.

86. 派尔斯（Pells）认为这些人被吸引到美国研究领域，在他们非权势集团社会出身的基础上以一种平等主义的视野来认同美国——他们是威尔士或苏格兰的工人或中下层阶级，或者是犹太人；*Not Like Us*, 117.

87. Letter, Thistlethwaite to D'Arms, 10 August 1955.

88. Memorandum to the ad hoc committee on American Studies, Richard P. Taylor, Executive Secretary, "Proposed Formation of a Council or Association of American Studies," April 18, 1955; RFA, RG 1.2 series 401R, box 52, folder 454.

89. W. 盖恩斯博士于1956年接替泰勒担任了执行秘书，他以前曾在美国驻伦敦大使馆情报处工作；Excerpt, E. F. D'Armss "Diary of Trip to Europe," May 7, 1956; RFA, RG 1.2 series 401R, box 52, folder 454。盖恩斯感到BAAS "处于一个良好的基础之上，应当在推动美国研究方面证明其是一种极具价值的手段"。

90. Fulbright Commission, *Final Report*, 14.

91. Letter, D'Arms (RF) to Frank Thistlethwaite, August 23 1955; RFA, RG 1.2 series 401R, box 52, folder 454.

92. Letter, Taylor to D'Arms, October 311955, RFA, RG 1.2 series 401R, box 52, folder 454. 泰勒是英国的美国教育委员会（富布赖特委员会）的执行秘书，也是洛克菲勒基金会对牛津大学学院援助基金的司库。

93. Letter, Thistlethwaite to D'Arms, 9 August 1956; RFA, RG 1.2 series 401R, box 52, folder 454.

94. Letter, *Thistlethwaite* to D'Arms, 9 August 1956; RFA, RG 1.2 series 401R, box 52, folder 454. 通过这次（实践），BASS受到了曼彻斯特大学美国研究系的有效管理。

95. Interview, E. R D'Arms and Thistlethwaite, October 2, 1956; RFA, RG 1.2 series 401R, box 52, folder 454.

96. BAAS memorandum (by Thistlethwaite), "Memorandum for the Rockefeller Foundation on the Needs of the British Association for American Studies," n. d. but circa 1956; RFA, RG 1.2 series 401R, box 52, folder 454.

注 释

97. E. F. D'Arms diary note, February 27, 1957; RFA, RG 1.2 series 4021R, box 52, folder 454.
98. Letter, Marcus Cunliffe to John H. Greenfield, Asst. Comptroller, Rockefeller Foundation, February 1, 1965; RFA, RG 1.2 series 401R, box 52, folder 457.
99. 对于 BAAS 成立的争议性特点，参见 Ali Fisher and Scott Lucas, "Master and Servant? The U.S. Government and the Founding of the BAAS," *European Journal of American Culture* 21, no. 1（2002）: 16-25。费希尔在别处也认为，"尽管英国的美国研究专家、国务院和洛克菲勒基金会之间存在着旷日持久的谈判，它们各自的目标却与（美国）政府的目标一致"；Ali Fisher, "Sought by the U.S. Government, Facilitated by Philanthropy," paper presented at BAAS conference, Cambridge, April 2005, 3。
100. American Studies Abroad, with Particular Reference to the ACLS Program; Report 004642, FFA; 6.
101. Ibid., 57.
102. *Humanities Discussion Papers*, Trustee sub-committee on Humanities and the Arts, 5 March 1970; Report 016196; FFA.
103. American Studies Abroad, 56-58.
104. Ibid., 22-23.
105. Memo, Richard C. Sheldon to W. McNeill Lowry, 5 March 1968, reel 2248, PA69-134, FFA.
106. "American Studies," Howard R. Swearer to Messrs. Bell, Sutton, Kohl and Gordon, 19 February 1968, reel 2248, PA69-134, FFA.
107. "Grant-in-Aid to the EAAS Towards Its General Support and Conferences"; RFA, RG 1.2 series 700, box 17, folder 148. 1956 年 8 月拨款了 6000 美元。
108. Paper attached to "Grant-in-Aid to the EAAS…"; RFA, RG 1.2 series 700, box 17, folder 148.
109. Letter, Robert Spiller to John Marshall（RF）, 6 February 1959; RFA, RG 1.2 series 700, box 17, folder 148.
110. *American Studies Abroad*, 161. 不过吉尔斯·斯科特-史密斯指出，两名受福特基金会和美国政府联合资助的荷兰教授"由于左翼的激进主义立场，被迫离开了他们的职位"; Scott-Smith, "The Ties That Bind: Dutch-American

Relations, U. S. Public Diplomacy, and the Promotion of American Studies Since the Second World War," *Hague Journal of Diplomacy* 2 (2007): 299。

111. Cited by Marcus Cunliffe, "American Studies in Europe," in Robert H. Walker, ed., *American Studies Abroad* (Westport, Conn.: Greenwood Press, 1975), 50-51. 坎利夫引用了他自己一本书的一篇（在他看来是公正的、批评性的）文章来评论。

112. Giles Scott-Smith, "The Congress for Cultural Freedom in Retrospect," *Storiografia* 6 (2002); Saunders, *Who Paid the Piper*? 尽管斯科特－史密斯认为基金会在对文化自由大会（CCF）的资助方面是"微不足道的参与者"，以上的目标却显示福特确实提供了某些资助，而且，更重要的是，在冷战时期与美国的敌人作斗争方面，福特、文化自由代表大会和中情局拥有相似的观点和人员。

113. Scott-Smith, "The Congress for Cultural Freedom in Retrospect," 183. 文化自由代表大会于1950年成立于柏林；主要的创始人包括迈克尔·杰斯尔森、詹姆斯·布恩汉姆、悉尼·胡克、亚瑟·科斯特尔和梅尔文·拉斯基。

114. Saunders, *Who Paid the Piper*? 142.

115. Berghahn, *America and the Intellectual Cold Wars in Europe*, 220-221.

116. Giles Scott-Smith, "The Congress for Cultural Freedom, the End of Ideology, and the 1955 Milan Conference: 'Defining the Parameters of Discourse'," *Journal of Contemporary History* 37, no. 3 (2002): 437-455.

117. Giles Scott-Smith, "The Congress for Cultural Freedom, the End of Ideology, and the 1955 Milan Conference: 'Defining the Parameters of Discourse'," *Journal of Contemporary History* 37, no. 3 (2002), 442.

118. 关于这个主题的界定性研究参见 Hugh Wilford, *The CIA, the British Left, and the Cold War* (London: Frank Cass, 2003)。

119. Scott-Smith, "The Congress for Cultural Freedom," 449. 施密特认为"比尔德堡会议（Bilderberg conferences）很大程度上是受卡内基基金会资助的"；Schmidt, "Small Atlantic World," 122。

120. Berghahn, *America and the Intellectual Cold Wars in Europe*.

121. Militant Tendency, *CIA Infiltration of the Labour Movement* (London: Militant Tendency, 1982), 30.

122. Francis X. Sutton, Inter-Office Memorandum to Messrs. McGeorge Bundy and David Bell, "Congress for Cultural Freedom," September 21, 1967; Report 002784（FFA）.

123. Sutton, "Confidential: Information Paper, Congress for Cultural Freedom," September 1967; Report 002784（FFA）.

124. Berghahn, *America and the Intellectual Cold War in Europe*, 241.

125. William Appleman Williams, *Some Presidents, from Wilson to Nixon*（New York: New York Review, 1972）, 22.

126. Ford Foundation, *American Studies Abroad*, April 1969; Report 004642; FFA.

127. Letter, Elliott to Price, 13 February 1954; PA55-9, reel 0942（FFA）.

128. Inderjeet Parmar, "Institutes of International Affairs: Their Roles in Foreign Policy-Making, Opinion Mobilization, and Unofficial Diplomacy," in Diane Stone and Andrew Denham, eds., *Think Tank Traditions*（Manchester: Manchester University Press, 2004）, 19-34; Parmar, "American Foundations and the Development of International Knowledge Networks," *Global Networks* 2, no. 1（2002）: 13-30. 也可参见 Lewis Coser, *Men of Ideas*（New York: The Free Press, 1965）。

第五章

1. J. K. King, *Southeast Asia in Perspective*（New York: Macmillan, 1956）; W. Henderson, ed., *Southeast Asia: Problems of United States Policy*（Cambridge, Mass.: MIT Press, 1963）.

2. 国务卿科迪尔·赫尔曾指出："从军事上来说，美国的成功防御依赖于关键物资的供应，而这些物资我们需要从世界这一地区大量进口"，引自 Lawrence Shoup and William Minter, *Imperial Brain Trust*（New York: Monthly Review Press, 1977）. 147。

3. Memorandum E-B34, 7 March 1941, CFR, *War-Peace Studies*.

4. King, *Southeast Asia in Perspective*, 7. 在卡内基基金会的资助下，金（King）和对外关系委员会（CFR）共同完成了此书，书中提到东南亚是"一个战略要冲"，"失去"它将会割断太平洋和印度洋的海空航线。

5. 苏加诺总统是"不结盟运动"的发起人，并主持了1955年的万隆会议。

6. Memorandum by Dyke Brown to Rowan Gaither, "Asian Studies Proposal of Stanford University," 3 April 1951; reel 0402, grant 05100035; FFA.

7. *Survey of Asian Studies*, prepared by the Ford Foundation, 1951; reel 0402, grant 05100035; FFA.

8. 1950年6月爆发的朝鲜战争是杜鲁门总统发布NSC-68号文件的诱因,该文件由保罗·尼采和其他人主笔,早前几个月即完成。NSC-68号文件号召对美国进行大规模的重新武装,支持对苏联采取军事化的遏制和"推回"政策。国务卿迪安·艾奇逊指出,NSC-68号文件旨在"棒击"政府高层"的群众心理来支持重新武装和干预";引自 Noam Chomsky, *Deterring Democracy* (New York: Hill and Wang, 1992), 90。也可参见 Jerry W. Sanders, *Peddlers of Crisis* (Boston: South End Press, 1983)。

9. 马来西来和印度尼西亚两国提供了世界上90%的橡胶、55%的锡,这些资源在军事上的价值不是钱所能衡量的; King, *Southeast Asia in Perspective*, 9。

10. 印尼共产党(PKI)有大约300万党员和1200万支持者,分布范围从青年、学生、劳工到农民组织。

11. David Ransom, "Ford Country: Building an Elite for Indonesia," in S. Weissman, ed., *The Trojan Horse* (San Francisco: Ramparts Press, 1974), 93-116.

12. Ian Chalmers and V. R. Hadiz, eds., *The Politics of Economic Development in Indonesia* (London: Routledge, 1997), 18-19.

13. J. Bresnan, *Managing Indonesia* (New York: Columbia University Press, 1993), ix, 301. 布莱斯南曾任福特基金会驻印度尼西亚助理代表(1961—1965)、代表(1969—1973)和亚太办事处主任(1973—1981)。因此,他对变革印度尼西亚的经济学家们(以及他们与福特的关系)非常熟悉。最终,洛克菲勒兄弟基金和亨利·鲁斯基金会资助了布莱斯南的研究。

14. *Memorandum* by John Bresnan (FF), "The Ford Foundation and Education in Indonesia," (for internal circulation), August 6, 1970; 005509. 就在最近,布莱斯南已证实了福特基金会在印度尼西亚的角色; Bresnan, *At Home Abroad: A Memoir of the Ford Foundation in Indonesia*, 1953-1973 (Jakarta: Equinox, 2006)。

15. George McTurnan Kahin, *Southeast Asia: A Testament* (London: RoutledgeCurzon, 2003), 1. 无论是卡欣还是布莱斯南都不应被视为见利忘义的自私者

或是反动分子,而只是在一个特殊结构背景下工作的真实的自由主义者,该背景部分源于福特基金会自身的"政治化"项目。

16. Edward H. Berman, *The Influence of the Carnegie, Ford, and Rockefeller Foundations on U.S. Foreign Policy* (Albany, N. Y.: SUNY Press, 1983); Robert F. Arnove, ed., *Philanthropy and Cultural Imperialism: The Foundations at Home and Abroad* (Boston: G. K. Hall, 1980); Inderjeet Parmar, "Engineering Consent: The Carnegie Endowment for International Peace and the Mobilisation of American Public Opinion, 1939-1945," *Review of International Studies* 26, no. 1 (2000).

17. Martin Bulmer, "Philanthropic Foundations and the Development of the Social Sciences in the Early Twentieth Century: A Reply to Donald Fisher," *Sociology* 18 (1984): 571-579. Barry Karl and Stanley N. Katz, "Foundations and Ruling Class Elites," *Daedalus* 116, no. 1 (1987): 1-40; Barry Karl, "Philanthropy and the Maintenance of Democratic Elites," *Minerva* 35 (1997): 207-220; and H. Anheier and S. Daly, "Philanthropic Foundations: A New Global Force?" in *Global Civil Society* 2004-05, ed. Helmut Anheier, Marlies Glasius, and Mary Kaldor (London: Sage, 2005).

18. Peter D. Bell, "The Ford Foundation as a Transnational Actor," *International Organization* 25, no. 3 (1971): 117. 这些分析虽然有所或者毫无保留,但都绝对地接受"现代化"的观点,从根本上接受范式的假设,即在第三世界建立现代化经济、消除贫困和"不发达"的道路是转向西方的资本,以及思想、组织和技术的模式,凭借"现代化精英"之手来变革社会; Richard Magat, *The Ford Foundation at Work* (New York: Plenum Press, 1979); Nils Gilman, *Mandarins of the Future* (Baltimore, Md.: Johns Hopkins Press, 2003); 布莱斯南在一份备忘录中提到,他在1961年刚到雅加达的福特基金会办事处时,"思想上致力于通过经济发展来实现社会现代化"; Bresnan, *At Home Abroad*, 2007。

19. 作为杜鲁门的远东事务助理国务卿,在1952年就任洛克菲勒基金会主席前夕,腊斯克鼓励美国研究机构"开放……(他们的)培训设施,增加我们来自整个太平洋的朋友数量";引自 Parmar, "American foundations and the development of international knowledge networks," *Global Networks* 2, no. 1

（January 2002）: 18。

20. William Greenleaf, *The Ford Foundation: The Formative Years* (unpublished internal report, 1958), chapter 2, 43; report 013606; FF archives.

21. "第四点计划"是一个美国对外援助项目，旨在为全世界范围内的穷国提供技术、知识和设备。该项目名称来自1949年杜鲁门总统就职演说时阐述的一个计划的第四点。1950—1953年间，第四点援助由国务院内的一个单独机构"技术合作署"（TCA）来管辖。艾森豪威尔总统时期，它被并入总体的对外援助计划。

22. 记录清晰地显示，福特想使调查的需要看起来像是来自斯坦福自己的学者而不是来自福特自己；参见 Memorandum, Dyke Brown (FF) to Rowan Gaither (FF), "Conference with Carl Spaeth' (Stanford), 21 February 1951; reel No. 0402, grant 05100035, Leland Stanford Junior University, "Survey of Asian Studies" FF archives。

23. Letter, H. Rowan Gaither Jr., Associate Director (Ford Foundation), to J. E Sterling (President, Stanford University), 27 April 1951; reel 0402, grant. 05100035, Leland Stanford Junior University, "Survey of Asian Studies"; FF archives。

24. 福特认为，"如果要想突破美国的人员瓶颈，就必须提供激励来吸引最有前途的学者进入这个领域"，这是拉斯基对于基金会影响的结构性解释的最好说明；A Survey of Asian Studies, 16。设想中的亚洲研究网络将由"经过挑选的不发达国家研究中心与美国相应的'姊妹'权势集团共同构成"；A Survey of Asian Studies, 25。

25. Memorandum, Dyke Brown to Rowan Gaither, "Asian Studies Proposal of Stanford University", 3 April 1951; reel 0402, grant 05100035。

26. Letter, Spaeth to Gaither, 30 March 1951; reel 0402, grant 05100035; FF archives。

27. Memorandum, Dyke Brown to Rowan Gaither, "Asian Studies Proposal of Stanford University" 3 April 1951。

28. Ford Foundation Directives for the 1960s. Supporting Materials Volumes I and II. Program Evaluations, 1951-1961; December 1961; report 011193; FF archives。

29. Ford Foundation, "ITR Program Grants. Summary Sheet, Calendar Years 1951

注 释

Through 1966" in Section 3, ITR Finding Aid/Notebook; FF archives.

30. William Greenleaf, *The Ford Foundation*, chapter 6, 28-29.
31. Appendix, "South and Southeast Asia," to Report of the Trustees Ad Hoc Committee on the Overseas Development Program, March 28/291963; ITR box 035769; FF archives.
32. Minutes, Trustee and Executive Committee meetings, December 12-14, 1957; ITR box 035805; FF archives.
33. International Training and Research, Reports 1956; ITR box 035805; FF archives.
34. International Training and Research, Foreign Area Studies, Docket Excerpt, March 14-15, 1966; PA61-47, reel 1887.
35. A Survey of Asian Studies, 26-29.
36. "苏联在印尼的教化和控制技术"项目包括了一项广泛、全球化的冷战战略,涵盖的国家有日本、意大利、伊朗和印度。
37. 卡欣是广受好评的 *Nationalism and Revolution in Indonesia*(Ithaca, N. Y.：Cornell University Press, 1952)一书的作者,也是一位新政自由派。对于福特来说,如果使用像卡欣一样的人民专家来赢得印度尼西亚人"信任"的话,他们的计划将会更加成功,并且产生印度尼西亚应用福特基金会拨款的基础; Meeting Notes by Dyke Brown (FF) for John Howard (FF), June 4, 1952; FF International Training and Research, box 036139: Indonesia—General Correspondence, 1952。美国驻雅加达大使科克伦(Cochran)怀疑卡欣与(亲西方并且总体上反苏加诺的)印度尼西亚社会党(过于)接近; letter, Samuel P. Hayes Jr., Head of ECA Mission, Jakarta, to Carl Spaeth (FF), May 21, 1952; ITR box 036139: Indonesia—General Correspondence, 1952。科克伦认为卡欣的思想是国务院临时扣发他护照的主要原因; letter, PF Langer to Cleon Swayzee, April 15, 1953; reel 0408; PA54-6。在同一封信中,兰格确认卡欣尽管政治上是"中左派的……但肯定既不是共产主义者也不是亲共分子"。
38. "Copy and Excerpt: Journal of Cleon O. Swayzee: Response to Howard's cable of March 9 195-[final digit missing from copy, but most likely 1952]; reel 0408; PA54-6.

39. 克米特·罗斯福（Kermit Roosevelt）是中情局中东处的一名高级官员，"表示强烈支持"印度尼西亚项目。这是1953年5月的事。到1953年夏天的时候，罗斯福正指导中情局的成功政变，推翻了民选的穆罕默德·摩萨台博士。在他自己对这件事的叙述中，罗斯福声称政变是为了阻止共产主义分子的接管；Kermit Roosevelt, *Countercoup* (New York: McGraw-Hill, 1979)；节选自1953年5月25日Cleon Swayzee给Carl B. Spaeth的备忘录，"Conversation with Mr. Kermit Roosevelt on the Langer Proposals"；reel 0408；grant PA54-6。

40. FF Inter-Office Memorandum, Clarence E. Thurber to Central Files, "Telephone Conversation with George Kahin, Concerning Country Study on Indonesia," August 31, 1954；reel 0408；PA54-6. Emphasis added.

41. Memorandum by Kahin to C. O. Swayzee, BOTR, Ford Foundation: "Contemporary Indonesia Project: A Study of Indonesian Government and Politics," attached to a letter, Kahin to Swayzee, June 6, 1953；reel 0408；PA54-6.

42. Kahin, *Southeast Asia*, 141. 这表明卡欣最初的反对是战术性的而不是原则性的；实际上，他建议的一项研究要让印度尼西亚处于比最初的提议更深和更广的美国监控之下。

43. Board on Training and Research Docket, "Co-ordinated Country Studies on Soviet Techniques of Indoctrination and Control," 5 May 1953；reel 0404, grant 54-6.

44. Kahin Memorandum, 1-2.

45. Ibid., 2.

46. Ibid., 5.

47. Ibid., 6.

48. George McT. Kahin, "Cornell Modern Indonesia Project: Report for the Period July 1, 1954—September 30, 1955," 4；submitted October 30, 1955：reel 04o8；PA54-6（hereafter MIP Report）.

49. Ibid., 6-7.

50. 在国家层面上，康希尔大学的"现代印度尼西亚计划"（CMIP）已获得了苏加诺总统及其主要政府部长的支持；ibid., 2。

51. Ibid., 13.

注 释

52. Ibid., 16.
53. Ibid., 17.
54. Internal Ford Memorandum by A. Doak Barnett to Thurber, Howard, and Everton, "Barnett-Everton Trip to Cornell, March 8-9," March 10, 1960; reel 0408; PA54-6.
55. Letter, Kahin to Clarence Thurber (Ford Foundation), December 31, 1957; reel 0408; PA54-6.
56. Letter, Kahin to Clancy Thurber, February 9, 1962; reel 0408; PA54-6.
57. Letter, Kahin to John Everton, March 14, 1961; reel 0408; PA54-6.
58. Letter, Elmer Starch (FF) to Kahin, 10 September 1954; reel 0408; PA54-6.
59. Letter, Paul F. Langer to Cleon O. Swayzee, July 13,1953.
60. Memorandum, "Excerpt from Draft Minutes of Meeting of May 5, 1953"；其中在印度尼西亚研究共产主义的"敏感性"和"危险"被提到了好几次，也提到了永远不要公开使用该项目的实际标题，"Soviet Techniques of Indoctrination and Control"; reel 0408; PA54-6，关于中情局和国务院就美国重大利益的咨询和引证，参见 Memorandum by Paul F. Langer to Philip E. Mosley, Carl Spaeth, and Cleon O. Swayzee, "Implementation of the Proposed Coordinated Country Studies"; reel 0408; PA54-6。
61. Letter, Langer to Swayzee, 13 July 1953; in reel 0408; PA54-6.
62. Ibid.
63. 弗兰克·金德尔（Frank L. Kidner）是"一项关于福特基金会资助应涵盖加州大学和印度尼西亚大学之间社会科学中经济学和相关领域教学和研究的提议"项目的执行官员，March 25, 1958; reel 0679; PA58-309。
64. Docket Excerpt, Board of Trustees Meeting, "University of California, Development of Training and Research in Indonesia," March 21-22 1958; reel 0679; PA58-309.
65. Docket Excerpt, Board of Trustees Meeting, March 21-22, 1958.
66. David Ransom, "The Berkeley Mafia and the Indonesia Massacre," *Ramparts* (October 1970): 37-42.
67. Press Release, University of California, Office of Public Information, July 10, 1956.

68. "Application to the Ford Foundation for a grant for financing research and training services and assistance by the University of California to the University of Indonesia in economics and related fields," 30 April 1956; reel 0695; PA56-190.

69. Program Letter no. 3; Country: Indonesia; by John Howard, 22 December 1954; Report 006574.

70. "Application to the Ford Foundation…" 2-3; reel 0695; PA56-190.

71. Letter, Clark Kerr (Berkeley Chancellor) to John Howard (FF), May 18, 1956; reel 0695; PA56-190.

72. *Annual Report*, 1959-1960, University of California—University of Indonesia Economics Project, 4-5; reel 0679; PA58-309.

73. Ralph Anspach, "Monetary Aspects of Indonesia's Economic Reorganization in 1959," *Ekonomi Dan Keuangan Indonesia* (February i960); Bruce Glassbumer, "Problems of Economic Policy in Indonesia, 1950-57", available in multilith; *Annual Report*, 1959-1960; reel 0679; PA58-309.

74. Ford Foundation, *Annual Report*, 1959-1960 (New York; Ford Foundation), 5-6.

75. Ford Foundation, "Indonesia: Program Report," 1958; 7; 003236.

76. Ford Foundation, *Annual Report*, 1959-1960, 6-7.

77. Sumitro Djojohadikusumo, "Recollections of My Career," *Bulletin of Indonesian Economic Studies* 22, no. 3 (December 1986): 29.

78. Richard W. Dye (Ford Foundation), *The Jakarta Faculty of Economics*, January 1965, 5; 000374.

79. "Ford Foundation Supported Activities in Indonesia: Status Report," December 1961, part 1; i-ii; 011174.

80. "Ford Foundation Supported Activities… December 1961, part 1; ii, 2; 011174.

81. "Ford Foundation Supported Activities… December 1961, part 1; ii, 5; part 2, p. 3.

82. Bresnan, *At Home Abroad*, 107.

83. "Ford Foundation Supported Activities…" December 1961, part 2; 2.

84. Thee Kian Wie, "In Memoriam: Professor Sumitro Djojohadikusumo, 1917-

注 释

2001," *Bulletin of Indonesian Economic Studies* 37, no. 2（2001）: 176. 有一个"飞行讲座"项目已遍及整个印度尼西亚的大学。

85. "Ford Foundation Supported Activities…" December 1961, part 2; 1-2.
86. Ibid., 3.
87. The Ford Foundation in Indonesia: Ford Foundation Staff Comments on Ramparts Article, October 1970; 2; 012243.
88. Excerpts from Ramparts/Comments on Ramparts Excerpts（By F. Miller）; attached to 012243.
89. Attachment 1, Excerpts from Ramparts…, 4; 012243.
90. R. Robison, Indonesia（Sydney: Allen and Unwin, 1986）, 110-111; emphasis added.
91. Excerpts from Ramparts…; 012243.
92. C. B. Mahon, "Comments on Indonesia," 1952, 8; 006326.
93. Edwin G. Arnold and Dyke Brown, "Burma and Indonesia," September 21, 1952, p. 1, 43; 003367.
94. Robison, *Indonesia*, 110.
95. Ransom, "The Berkeley Mafia," 42.
96. The article was published in *California Management Review* 1（Fall 1958）: 20-29; 它试图将"西方制度与俄罗斯及中国制度相反的情况作一个合理的案例"（21）。
97. G. McT. Kahin and Audrey Kahin, *Subversion as Foreign Policy*（Seattle: University of Washington Press, 1995）.
98. Ransom, "The Berkeley Mafia," 41.
99. Richard W. Dye, *The Jakarta Faculty of Economics*, January 1965; 4; 000374.
100. 实际上,福特确实接触了几名其他学者和福特的官员; *The Ford Foundation in Indonesia: Ford Foundation Staff Comments on Ramparts Article*, October 1970; 012243。
101. Letter, Michael Harris（Ford rep. in Jakarta）to F. F. Hill（FF, New York）, 23 January 1958; reel 0679; PA58-309. 正如福特的约翰·霍华德于1957年提到的,"国务院已鼓励我们和组织像你自己一样来处理我们与印度尼西亚相关机构的合作的活动"; letter to Paul S. Taylor（chairman, Institute of

International Studies, UC-Berke ley), December 18, 1957; reel 0697; PA58-309。

102. The Ford Foundation in Indonesia: Ford Foundation Staff Comments on Ramparts Article, October 1970; 012243.

103. 约翰·布莱斯南（*Managing Indonesia*, 281) 自己认为如果没有西方导向福特资助的经济学家，印度尼西亚可能变得很大程度上与"马列主义"政权结盟了。

104. Bresnan, *At Home Abroad*, 121.

105. F. Miller（FF representative, Jakarta），"The Ford Foundation and Indonesia: 1953-1969. Retrospect and Prospect"，4；6；11；006567. 强调为笔者所加。

106. Bresnan, *Managing Indonesia*, 83. Emphasis added.

107. Memorandum by John Bresnan（FF），"The Ford Foundation and Education in Indonesia,"（for internal circulation），August 6, 1970; 005509.

108. Peter Dale Scott, "The United States and the Overthrow of Sukarno, 1965-1967, *Pacific Affairs* 58, no. 2（Summer 1985）: 239-264.

109. Ibid., 246.

110. Ibid., 247.

111. 波克尔的"与印度尼西亚经济精英的个人联系"——所谓的"伯克利黑手党"在其 2002 年 9 月的葬礼上被确认；Michael D. Rich, "Guy Pauker: A Eulogy," September 21, 2002. http://www.rand.0rg/pubs/papers/2006/P8o73.pdf.

112. Guy J. Pauker, "Toward a New Order in Indonesia," *Foreign Affairs*（April 1967）: 503, 505. 在上一篇文章中，对于明显是苏联接管了印度尼西亚，波克尔发出了警告；Pauker, "The Soviet Challenge in Indonesia," *Foreign Affairs*（July 1962）: 612-626。

113. Ransom, "Ford Country," 101-102.

114. Scott, "The United States and the Overthrow of Sukarno, 1965-1967," 249. 印尼社会党和玛斯友美党学生团体与军方合作，已经卷入了 1963 年的反华骚乱，"in the very shadow of SESKOAD"（249）。

115. Memorandum by John Bresnan（FF），"The Ford Foundation and Education in Indonesia,"（for internal circulation），August 6, 1970; 005509. 为了挑战共

注 释

产主义政变的一个概念，参见 George McT. Kahin and Audrey Kahin, *Subversion as Foreign Policy*（1995）；R. Cribb and C. Brown, *Modern Indonesia: A History Since* 1945（New York: Longman, 1995）。

116. F. Miller（FF representative, Jakarta）, "The Ford Foundation and Indonesia: 1953-1969. Retrospect and Prospect", 5, 15, 16, 17, 20, 22; 006567.

117. F. Miller（FF representative, Jakarta）, "The Ford Foundation and Indonesia: 1953-1969. Retrospect and Prospect", 7; 006567.

118. F. Miller, "Development Experience During Periods of Social and Political Change: Indonesia," March 1970, 1; 006568.

119. Letter, Miller to George Gant, April 10, 1966; in 01224.

120. 在 1990 年的一篇文章中，记者卡西·卡登表示，在印度尼西亚的中情局和国务院官员为印度尼西亚的军方提供了多达 500 名共产党领导人的名单，"从高层到乡村干部"，确保对印尼共产党的灭绝；Kathy Kadane, "Ex-Agents Say CIA Compiled Death Lists for Indonesians," *Washington Post*（May 21, 1990）。中情局远东处负责人 William Colby 认为，在印度尼西亚的这个项目相当于他在越南发起的消灭共产党组织的"凤凰项目"。

121. Letter, Miller to Gant, April 10, 1966; 01224.

122. Kahin, *Subversion as Foreign Policy*, 230. 卡欣表示美国提供了武器"来武装中爪哇岛的穆斯林和民族主义年青人用于反对印尼共产党"，作为印度尼西亚军方"消灭印尼共产党"政策的一部分（230）。

123. Bresnan, *At Home Abroad*, 116.

124. F. Miller to Eugene Black. "April Visit to Indonesia," May 19, 1966; copied to Mc-George Bundy and F. Champion Ward; 012244.

125. Cribb and Brown, *Modem Indonesia*, 115n1.

126. Bruce R. Glassburner, ed. *The Economy of Indonesia*. （Ithaca, N. Y.: Cornell University Press, 1971）

127. "Background and Justification," Ford Foundation, Request number ID-1284; PA68-737; reel 4996.

128. Memorandum, David E. Bell （FF International Division） to McGeorge Bundy, June 18, 1968; 3; PA68-737; reel 4996.

129. Walter P. Falcon, "Conversation with Professor Widjojo, Saturday, December

1, 1973（Gillis and Falcon），" December 5, 1973; PA68; reel 4996.

130. Memorandum, Theodore M. Smith, "Economics: Discussions with Adriennus Mooy," September 6, 1978; PA68-737; reel 4996.

131. Gustav F. Papanek（Harvard Development Advisory Service），"Indonesia," October 22, 1968; PA 68-737; reel 4996. 帕帕莱克（Papanek）提到经济的失败导致"对政府尤其是主导政策的经济学家越来越多的批评"（1）。

132. Chalmers and Hadiz, *The Politics of Economic Development in Indonesia*, 18.

133. Bell, "The Ford Foundation as a Transnational Actor," 116. 正如贝尔所说的，福特基金会经常作为"美国国际发展署的一个公开楔子"来运作。

第六章

1. 本章的第一段引言出自于 Arnold Rivkin, "Nigeria's National Development Plan," Current History 43 (December 1962), 323-324. Rivkin 是这个行动中的国家—私人网络的缩影，他很轻易地从"国际合作署"（负责欧洲的马歇尔援助）转到了 MIT 受福特和卡内基资助的国际问题研究中心（CENIS，作为其非洲经济和政治发展项目的创始负责人），同时成为肯尼迪政府的尼日利亚援助和发展项目的顾问和联络人，以及世界银行的主要非洲专家；参见 L Grubbs, "Bringing 'The Gospel of Modernization' to Nigeria; American Nation Builders and Development Planning in the 1960s," Peace and Change 31, no. 3 (July 2006); 279-308. 里夫金还曾经任职于艾森豪威尔总统的研究军事援助项目委员会（作为"德雷帕委员会"更为人所知）的非洲地区小组。本章第二段引言出自于 L. 格雷·考恩，"A Summary History of the African Studies Association 1957-1969," in PA61-47; reel 1887; Ford Foundation archives. 考恩是哥伦比亚大学的非洲问题研究专家、奠基人、研究员以及 ASA 执行秘书和主席。

2. 1961 年美国国际开发署官员（USAID）致国务院和肯尼迪总统的备忘录，引自 Grubbs, "Bringing 'The Gospel of Modernization' to Nigeria," 306n24.

3. 罗斯托（W. W. Rostow）的《经济增长的阶段：一个非共产主义者的宣言》（Cambridge: Cambridge University Press, 1960）写于他在剑桥大学的那一年，并且受到卡内基公司的资助。罗斯托的书后来成了美国发展和现代化思想的圣经；详见 David Milne, *America's Rasputin* (New York: Hill and Wang, 2008).

注 释

4. Grubbs, "Bringing 'The Gospel of Modernization to Nigeria,'" 297.
5. Rupert Emerson, "The Character of American Interests in Africa," in Walter Goldschmidt, ed., *The United States and Africa* (1958; New York: Praeger, 1963), 5.
6. Ibid., 29.
7. Ibid., 12-13; Bowles cited in ibid., 13.
8. Rupert Emerson, "The Character of American Interests in Africa," in Walter Goldschmidt, ed., *The United States and Africa* (1958; New York: Praeger, 1963), 6, 13.
9. Ibid., 19. 詹姆斯·科尔曼提到英国传教者在尼日利亚教育中的完全垄断地位，这些内容有效地使尼日利亚人远离了本国的历史、语言和文化实践；James Coleman, *Nigeria: Background to Nationalism* (Los Angeles: University of California Press, 1958), 114-115。
10. Emerson, "The Character of American Interests in Africa," 31.
11. Ali A. Mazrui, "The African University as a Multinational Corporation: Problems of Penetration and Dependency," *Harvard Educational Review* 45, no. 2 (May 1975): 191-210.
12. Cited in Emerson, "The Character of American Interests in Africa," 32.
13. Mary L. Dudziak, *Cold War Civil Rights* (Princeton, N. J.: Princeton University Press, 2000).
14. 1963年，黑人解放100年之后，美国距国会立法废除以下法律实践还差两年：例如否认南方黑人投票权的识字率测试、需要投票税以及祖父条款等。
15. Donald Fisher, "Rockefeller Philanthropy and the British Empire," *History of Education* 7 (1978): 129-143; E. Richard Brown, "Public Health in Imperialism: Early Rockefeller Programs at Home and Abroad," *American Journal of Public Health* 66, no. 9 (September 1976): 897-903.
16. *A Survey of Sources at the Rockefeller Archive Center for the Study of Twentieth-Century Africa* (Sleepy Hollow, N. Y.: RAC, 2003), 1-10.
17. 这些网络也正创造了西方导向的消费者社区，加强了那些网络；Mazrui, "The African University as a Multinational Corporation," 199。
18. Alan Pifer, Speech to Trustees, "The African Setting," 19 March 1959, 2; CCNY Policy and Program—Commonwealth Program (Africa) 1956-1975. folder

2; CC Archives, Columbia University, New York.

19. Arnold Rivkin, *The African Presence in World Affairs* (New York: Free Press, 1963), x.

20. Ibid, ix.

21. Ibid, ix-x.

22. Memorandum, Pifer to Gardner, "Possible African Program," 14 June 1957; attached to CCNY Policy and Program—Commonwealth Program (Africa) 1956-1975, folder 2.

23. Memorandum to CC by Alan Pifer, "State Department Conference on Africa South of the Sahara, At Washington, DC—Attended by AP," 28 October 1955; CC Grant Files Series 1, U.S. Department of State, 1939-1955.

24. Pifer, "Some Notes on Carnegie Grants in Africa," 5.

25. E. J. Murphy, *Creative Philanthropy: The Carnegie Corporation and Africa*, 1953-1973 (New York: Teachers' College Press, 1976), 34.

26. Ibid.

27. Ibid.

28. Jane I. Guyer, *African Studies in the United States: A Perspective* (Atlanta, Ga.: African Studies Association Press, 1996), 63.

29. Edward H. Berman, "The Foundations' Role in American Foreign Policy: The Case of Africa, Post-1945," in Robert F. Amove, ed., *Philanthropy and Cultural Imperialism* (Boston: G. K. Hall, 1980), 213; D. Court, "The Idea of Social Science in East Africa," *Minerva* 17 (1979): 250.

30. 威尔伯特·勒梅尔（Wilbert J. LeMelle，福特基金会驻东非和南非的副代表），"The Development of African Studies: A Survey Report," 13; 10 September 1970; report number 003622。

31. Carol A. Dressel, "The Development of African Studies in the United States," *African Studies Bulletin* 9, no. 3 (December 1966): 69-70.

32. Guyer, *African Studies in the United States*, 52. 波士顿大学、哥伦比亚大学、印地安纳大学、密歇根州立大学、斯坦福大学、加州大学洛杉矶分校、宾州大学、威斯康星大学和耶鲁大学也被列入了资源中心。

33. L. Gray Cowan, Carl Rosberg, Lloyd Fallers, and Cornells W. de Kiewiet,

注 释

"Con-fidential Supplement to Report on the State of African Studies," prepared for the Ford Foundation, 8 August 1958, acc. 000625; FF archives. 例如，一笔给霍华德大学 5 年 5 万美元的拨款是这样说的："对于美国黑人和土著非洲学生提供一种关于非洲问题的广泛而客观的观点是一个特别好的立场，他们有时会以一种强烈的情感或政治偏见来进入这个领域"; Executive Committee Meeting Excerpt, "Howard University Program in African Studies," ITR, 21 March 1957, PA54-49, reel 0420; FF archives。

34. LeMelle, "The Development of African Studies," 14.
35. Ibid., 2, 7, 9, 10.
36. Ibid., 3. 7.
37. Ibid., 15.
38. Ibid., 13.
39. Gwendolen M. Carter, "The Founding of the African Studies Association," *African Studies Review* 26, nos. 3/4（September-December 1983）: 5.
40. JP 和迪安·腊斯克（RF）、肯尼斯·汤普森（RF）、丹·普赖斯（福特）和霍华德·杰克逊之间的会谈纪录，22 October 1953; CC Grant Files series 1, U.S. Department of State, 1939-1955。
41. R. A. Hill, The FBI's RACON: Racial Conditions in America During World War II（Boston: Northeastern University Press, 1995）。
42. Carter, "The Founding of the African Studies Association," 6.
43. Jerry Gershenhorn, "'Not an Academic Affair': African American Scholars and the Development of African Studies Programs in the United States, 1942-1960," *Journal of African American History* 94, no. 1（Winter 2009）: 44-68.
44. Ibid., 51-52.
45. 珀尔·罗宾森（Pearl T. Robinson）致大卫·斯莫克（David R. Smock）备忘录，"Evaluation of General Support Grant to the African Studies Association," 18 September 1974, p. 1; PA61-47, reel 1887, Ford Foundation Archives. 福特后来进一步投资超过 35 万美元于口述数据档案、研究资料发展和研究联络委员会的工作（1）。
46. Summary Report of the Conference on the Position of Problems of the American Scholar in Africa, 18-19 November 1966; CC file, African Studies Association,

1957-1976.

47. Pearl T. Robinson memorandum, 2-3; PA61-47, reel 1887.

48. 美国陆军人力因素与行动研究部首席心理学家林恩·贝克致威廉·苏利文上校（Colonel William G. Sullivan）备忘录，"22 December 1964 Meeting with Members of the NAS Advisory Committee on Africa," 23 December 1964; CC, African Studies Association file, 1957-1976。出席的顾问委员会成员包括 C. 基维特（C. W. de Kiewiet，主席，康奈尔大学前校长）和威尔顿·迪伦（Wilton Dillon，国家研究委员会国际部）。此外，洛克菲勒基金会由约翰·麦凯维（John McKelvey）、哥伦比亚大学由格雷·科文（Gray Cowan）代表出席。

49. 《备忘录》，由查尔斯·尼克松（Charles R. Nixon）分发给加州大学洛杉机分校所有的非洲研究教员，讨论一项有关非洲研究的陆军资助的大学联合协作提议，n. d: "General Statement of the Problems to Be Dealt with and the Recommended Action to be Taken for the Further Development of Support for Research on Africa," 4-5 February 1965; CC, African Studies Association file, 1957-1976。

50. Letter, James Coleman to Lynn E. Baker, 25 January 1965; CC, African Studies Association file, 1957-1976.

51. George E. Lowe, "The Camelot Affair," *Bulletin of the Atomic Scientists*（May 1966），http://books. google. com/books? id = UggAAAAAMBAJ&pg = PA44&vq = lowe&dq = Soviet + intelligence + sponsored + social + movements + Vietnam&dr =&as_brr = 3&hl = pl&source = gbs_search_s&cad = 0#v = onepage&q = lowe&false.

52. 备忘录，Wilton S. Dillon to Charles Wagley（拉美研究所），Melvin J. Fox（福特基金会），John J. McKelvey（洛克菲勒基金会）and Gray Cowan（哥伦比亚大学），16 December 1964; Lynn E. Baker 备忘录，附于 Dillon 的备忘录，在福特档案中只有 3 页——用取自的部分冠名为"Social Psychology, Sociology, and Ethnological and Humanistic Science: Special Program Plan B", 32-34; 2 份都附于办公室内部备望录，Melvin Fox to John B. Howard and Cleon O. Swayzee, 2 March 1965; in PA61-47, reel 1887。

53. 美国学者在非洲的立场和问题的会议总结报告，18-19 November 1966; 16-

17；CC, African Studies Association file, 1957-1976。
54. Ibid., 19.
55. 弗雷德里克·莫舍（CC）代表阿兰·派弗写给格伦多温·卡特的信, 11 August 1965; letter, Carter to Pifer, 25 June 1965; in CC Grant Files series 2, African Studies Association—Conference on African Nationalist Movements, 1964-1966。莫舍判定卡特的信在"卡米洛特项目"（Project Camelot）失败之前就就已写好,于是回复,"我认为把可能的军方援助通过卡内基公司转到项目真是一个坏主意",并且担心非洲口述史项目在未来的实施。
56. 皮埃尔·贝格（Pierre L. van den Berghe, 西雅图华盛顿大学）写给科文的信, 30 September 1966; PA61-47, reel 1887; FF archives。
57. 珀尔·罗宾森致大卫·斯莫克（福特基金会）的内部备忘录, "Evaluation of General Support Grant to the African Studies Association," 18 September 1974; PA61-47, reel 1887.
58. Ibid., a.
59. Ibid., 3.
60. Ibid.
61. 珀尔·罗宾森致大卫·斯莫克（福特基金会）的内部备忘录, "Evaluation of General Support Grant to the African Studies Association," 18 September 1974; PA61-47, reel 1887, 4.
62. 哈佛大学政府系的鲁珀特·埃默生（Rupert Emerson）、约瑟夫·奈、罗伯特·罗特伯格（Robert Rotberg）和马丁·基尔森（Martin Kilson）联合在一封信中署名,抗议"黑人连线"（Black Caucus）成员的行为,并否认ASA领导人任何时候的任何种族主义行为；埃默生等写给科文的信, 20 October 1969; CC, African Studies Association, box 386, folder 1。
63. Cowan, "A Summary History of the African Studies Association 1957-1969," PA61-47, reel 1887, 23.
64. Ibid., 20；也可参见 Melvin Fox, "Evaluation of Grants to African Studies Association Research Liaison Committee 1966-1975," December 1979; PA61-47, reel 1887。
65. Inter-Office Memorandum, Robinson, 8. 尽管福特确实至少临时改变了自己的方法,但还是有人更倾向于将所有的污名置于ASA的头上,例如罗伯特·爱德华兹建议问题既是社会的——"很大程度上是过去社会中疏忽和不公正的积累"——也是具体的——对 ASA 领导人部分的短视和迟视,暗示福特应作为一个旁观者的角色; Robert Edwards to David R. Smock, "Re-Evaluation of Grants to the African Studies Association," 24 September 1974; PA61-47, reel 1887。爱德华兹之前曾任职于国务院联合国政治事务办公室。

66. Memorandum, Stackpole to Pifer, 21 October 1969; CC, African Studies Association, box 386, folder 1.

67. Bundy cited in a report, n. d. but ca. 1969, on Ford grants to Yale and Howard to establish Afro-American studies programs; PA69-518, reel 2004, 20; FF archives.

68. Letter, Norman W. MacLeod (assistant to Ford's treasurer) to Franklin H. Williams, 29 April 1970; in PA70-001, reel 4020.

69. Inter-Office Memorandum, Craig Howard to William D. Carmichael, "Middle East and Africa Fellowship Program for Black Americans," 7 September 1979, 2; PA669-0617, Reports, reel 3735.

70. Minutes of the African Heritage Association Executive Committee, n. d. but 1970; and AHSA—Report of the Program Committee, May 1970; both in PA70-001, reel 4020; FF archives.

71. Report on Ford grants to Yale and Howard to establish Afro-American studies programs; PA69-518, reel 2004.

72. Craig Howard 致 William D. Carmichael 内部备忘录,"Middle East and Africa Fellowship Program for Black Americans," 7 September 1979; PA669-0617, Reports, reel 3735。该项目在十多年里支付了 987 648 美元。

73. Attachment to Request No. ID-1242, n. d. but ca. 1975; in PA69-617, reel 3735; FF archives.

74. Inter-Office Memorandum, Craig Howard, 4.

75. Ibid., 4.

76. Ibid., 7-8.

77. Ibid., 12.

78. Ibid., 10.

79. Immanuel Wallerstein, "The Evolving Role of the Africa Scholar in African Stud-

ies," *African Studies Review* 26, no. 3/4（September-December 1983）: 157. 关于 CIA 在非洲项目的一份优秀分析（特别是第 9 章），参见 Hugh Wilford, *The Mighty Wurlitzer: How the CIA Played America*（Cambridge, Mass.: Harvard University Press, 2008）。

80. A. Olukoshi, "African Scholars and African Studies," Development in Practice 16, no. 6（November 2006）: 534-535.
81. Ibid, 541.
82. Wallerstein, "The Evolving Role of the Africa Scholar in African Studies," 159.
83. Murphy, *Creative Philanthropy*, 68.
84. 直到 1962 年，伊巴丹都是伦敦大学的一个卫星学院，在课程发展、招生入学和评估标准上都受其控制；Mazrui, "The African University as a Multinational Corporation," 195。
85. Eric Ashby, 引自 Murphy, Creative Philanthropy, 78。
86. Murphy, Creative Philanthropy, 80-81. 卡内基还以一笔 102 000 美元的奖金资助成立了尼日利亚副总理（Vice-Chancellors）委员会（80）。
87. 科尔曼确认了受过牛津剑桥教育的尼日利亚人的保守民族主义；*Nigeria: Background to Nationalism*, 247。
88. Aboyade, *Development Burden and Benefits*, 302.
89. Ibid., 305.
90. R. A. Adeleye, "The Independent University, 1962-68," in J. F. Ade Ajayi and Te-kena N. Tamuno, eds., *The University of Ibadan*, 1948-73（Ibadan: Ibadan University Press, 1973）, 73.
91. Ibid., 77.
92. J. F. Ade Ajayi, "Postgraduate Studies and Staff Development," in J. F. Ade Ajayi and Tekena N. Tamuno, eds., *The University of Ibadan*, 1948-73（Ibadan: Ibadan University Press, 1973）, 161.
93. Olatunji Oloruntimehin, "The University in the Era of the Civil War and Reconstruction," in J. F. Ade Ajayi and Tekena N. Tamuno, eds., *The University of Ibadan*, 1948-73（Ibadan: Ibadan University Press, 1973）, 100.
94. Cranford Pratt, John E. Swanson, and Rose E. Bigelow, An Evaluation of the General Development Grant and the Staff Development Grants of the Ford Foun-

dation to the University of Ibadan, 1958-1972; September 1973; 2; Reports, 002325; FFA.

95. Cranford Pratt, John E. Swanson, and Rose E. Bigelow, An Evaluation of the General Development Grant and the Staff Development Grants of the Ford Foundation to the University of Ibadan, 1958-1972; September 1973; 2; Reports, 002325; FFA. 14, 30.

96. Request for Grant Action（OD-1985），"Development of a Program in Behavioural Sciences"; 13 July 1967; reel 1391, PA67-481; FFA.

97. C. G. M. Bakare, Behavioural Sciences Research Programme, University of Ibadan: Ford Foundation Grant（670-0481），Terminal Report, May 1972; 9; reel 1391, PA67-481; FFA；该项目接受了 22.1 万美元的捐赠。

98. Letter, Alexander Leighton（Harvard） to Mr. Heaps（Ford），16 January 1966; reel 1391, PA67-481; FFA.

99. T. Adeyo Lambo, "Proposal Presented to the Ford Foundation for a Behavioural Science Research Programme Within the Department of Psychiatry, University of Ibadan," August 1966; reel 1391, PA67-481. 强调为原作者所加。

100. Arnold Rivlcin, "Nigeria: A Unique Nation," *Current History* 45, no. 268（December 1963）：329-334. 里夫金负责的 MIT 非洲中心由卡内基资助，很显然结合了发展市场经济和消除救济和交换经济，这被视为一种"对经济增长率的拉动"。参见 "Proposal for a Project on Economic Development and Political Change in Africa South of the Sahara," 6, CENIS at MIT, July 1958; in box 672, folder 6, MIT Sub-Sahara Africa, Research on Center for International Studies（1958-1967）; CC archives。

101. Rivkin, "Nigeria: A Unique Nation," 329.

102. Arnold Rivkin, "Nigeria's National Development Plan," *Current History* 43, no. 256（December 1962）：321.

103. Hakeem I. Tijani, *Britain, Leftist Nationalists, and the Transfer of Power in Nigeria*, 1945-1965（New York：Routledge, 2006），7, esp. 51-66. 也可参见 O. Awolowo, "Nigerian Nations and Federal Union," in R. Emerson and M. Kilson, eds., *The Political Awakening of Africa*（Englewood Cliffs, N. J.：PrentiCe-Hall, 1965），61-65。Awolowo 认为，考虑尼日利亚基本的种族和地区差

异，有些地方，尤其是北部地区，已经受到英国政策的有意培植，所以它必须采用联邦制（64）。在同一本书中，考虑到首领 S. 阿金托拉（S. L. Akintola）和塔法瓦·巴莱瓦（Tafawa Balewa）的亲英态度，而后者更是在 1960 年成为了独立的尼日利亚的总理。阿金托拉感谢英国为缔造尼日利亚及其议会民主、自由式教育、严格的法律和秩序而实行的"善意的帝国主义"；Akintola and Balewa, "Nigeria Debates Self-Government," in R. Emerson and M. Kilson, eds., *The Political Awakening of Africa*（Englewood Cliffs, N. J.: Prentice-Hall, 1965), 67。结果是，阿金托拉认为尼日利亚将永远不会割断与英国的关系，而是在"相互信任、互惠善意和相互理解"（68）的基础上进行合作。更为激进的杜波伊斯（W. E. B. Du Bois）指出，这些尼日利亚人"完全被行贿和受骗了……所以被英帝国操纵，以便让英国成为主要受益者"；W. E. B. Du Bois, *The World and Africa*（New York: International Publishers, 1969), 327。

104. H. H. Smythe and M. M. Smythe, *The New Nigerian Elite*（Stanford, Calif.: Stanford University Press, 1960).

105. Tijani, *Britain, Leftist Nationalists, and the Transfer of Power in Nigeria*.

106. Rivkin, "Nigeria's National Development Plan," 326.

107. Wolfgang R Stolper, *Planning Without Facts: Lessons in Resource Allocation from Nigeria's Development*（Cambridge, Mass.: Harvard University Press, 1966), xx.

108. Wolfgang R Stolper, *Planning Without Facts: Lessons in Resource Allocation from Nigeria's Development*（Cambridge, Mass.: Harvard University Press, 1966), 3.

109. To Stolper, Nigeria is "primitive"（ibid., 18), unsophisticated（6), and lacking in aesthetic or artistic values"（108).

110. Ojetunji Aboyade, *Development Burdens and Benefits: Reflections on the Development Process in Nigeria*（Ibadan: Development Policy Centre, 2003), 15.

111. Ojetunji Aboyade, *Foundations of an African Economy*（New York: Praeger, 1966), 154. 阿博亚德（Aboyade）是伊巴丹大学经济系的成员，后接任斯托尔珀担任联邦经济计划小组（1962—1963）负责人，1963—1964 年他在密歇根大学经济发展研究中心做研究员，而该中心受洛克菲勒基金会一笔旅行拨款的资助，主任正是斯托尔珀。阿博亚德是一位具有同情心的批评者。

112. Ibid., 155-156, 154.

113. Stolper, Planning Without Facts, 5.

114. Clive S. Gray, ed., *Inside Independent Nigeria: Diaries of Wolfgang Stolper, 1960-1962* (Aldershot: Ashgate, 2003), 19, 70.

115. Ibid, 72.

116. Coleman, *Nigeria: Background to Nationalism.*

117. Aboyade, *Foundations of an African Economy*, 75.

118. Ibid., 157.

119. Aboyade, *Foundations of an African Economy*, 160. 更加激进的批评，参见 Chinweizu, *The West and the Rest of Us* (Lagos: Pero Press, 1987), esp. 136-144。

120. Du Bois, *The World and Africa*, 331.

121. Gray, *Inside Independent Nigeria*, 225.

122. E. Wayne Nafziger, "The Political Economy of Disintegration in Nigeria," *Journal of Modern African Studies* 11, no. 4 (1973): 505-536.

123. Tijani, *Britain, Leftist Nationalists, and the Transfer of Power in Nigeria*, 75, 引用了美国的报告 "The Political, Economic and Social Survey of Nigeria" (1951)。在"第四点计划"下，尼日利亚外交人员受到了美国国务院和英国驻华盛顿大使馆在"外交、伦理和西方价值精华"方面的培训；他们还在约翰斯·霍普金斯大学国际问题高级研究院听取了有关"国际关系问题"的讲座（77, 90）。

124. "Testimony of Arnold Rivkin Before the Committee on Foreign Affairs House of Representatives Eighty-Seventh Congress Firs Session on H. R. 7372 The International Development and Security Act, June 261961"; box 672, folder 5, MIT Sub-Sahara, Research on (CENIS1958-1967); CC archives.

125. Stolper, *Planning Without Facts*, 269.

126. Nafziger, "The Political Economy of Disintegration in Nigeria," 516-518.

127. Richard Sklar, "Contradictions in the Nigerian Political System," *Journal of Modern African Studies* 3, no. 2 (August 1965): 204.

128. Reginald H. Green, "Four African Development Plans: Ghana, Kenya, Nigeria, and Tanzania," *Journal of Modern African Studies* 3, no. 2 (August 1965): 260.

129. Reginald H. Green, "Four African Development Plans: Ghana, Kenya, Nigeria, and Tanzania," *Journal of Modern African Studies* 3, no. 2（August 1965）, 259. 强调为原文所加。

130. Ibid., 275-276.

131. 没有对"斯托尔珀计划"影响的正式评估。福特从1968年开始资助培训尼日利亚经济计划制定者来起草第二份发展计划。他们没有能够成功讨论招募尼日利亚公务员到美国担任经济学研究员职位——主要是哈佛和威廉姆斯学院——的程序，并受到了来自当局的批评；Curt C. F. Wolters, Project Specialist in Social Sciences, "Evaluation: Fellowship Program to Train Nigerian Economic Planners," 9; 4 April 1973; reel 1398; PA68-0799。该项目投入120 000美元用于培训12名经济学家。

132. 科尔曼引用了一份始于1925年的英国殖民教育政策文件，认为在尼日利亚教育的角色是"加强对部落的责任感"；Coleman, *Nigeria: Background to Nationalism*, 117。

第七章

1. 本章第一段导言出自Naomi Klein, *The Shock Doctrine*（London: Penguin Books, 2008）, 70. 美国中情局给皮诺切特的政变起名为"雅加达行动"；参见Greg Grandin, "Plumping for Pinochet," *The Nation*（January 21, 2002）, http://www.thenation.com/d0c/2002012/grandin/print. 本章第二段导言出自拉美和加勒比办公室（OLAC）社会科学会议，"The Interplay Between the Foundation and the Grantee," December 7, 1973, 6; Report 010152; FF archives。

2. OECD, "ChileShouldCreate More and Better Jobs to Cut Poverty and Inequality," June 2009, http://www.oecd.org/document/49/o,3343,en_33873108_39418658_425148o1_1_1_1_1.oo.html. 智利是拉美最不平等的社会之一：1980—1989年间，全国最富的10%人口所占财富比例由36.5%增长到了46.8%。

3. Patricio Silva, "Technocrats and Politics in Chile: From the Chicago Boys to the CIEPLAN Monks," *Journal of Latin American Studies* 23, no. 2（May 1991）: 385.

4. Patricio Silva, "Technocrats and Politics in Chile: From the Chicago Boys to the CIEPLAN Monks," *Journal of Latin American Studies* 23, no. 2（May 1991）: 385.

5. William J. Barber, "Chile con Chicago: A Review Essay," *Journal of Economic Literature* 33, no. 4 (December 1995): 1942.

6. 正如拉莫斯（J. Ramos）所主张的："我们不应再讨论中央计划市场经济孰优孰劣，而是要讨论如何以最佳的方式结合这两者形成一种混合式经济。"引自 Veronica Montecinos, "Economic Policy Elites and Democratization," *Studies in Comparative International Development* 28, no. 1 (Spring 1993): 46n86。

7. Eduardo Silva, "The Political Economy of Chile's Regime Transition: From Radical to 'Pragmatic' Neo-Liberal Policies," in Paul W. Drake and Ivan Jaksic, eds., *The Struggle for Democracy in Chile*, 2nd ed. (Lincoln: University of Nebraska Press, 1995), 98-127.

8. Fred Rosen, ed., *Empire and Dissent: The United States and Latin America* (London: Duke University Press, 2008), 38.

9. Fredrick B. Pike, *Chile and the United States*, *1880-1962* (Notre Dame, Ind.: University of Notre Dame Press, 1963).

10. 根据一项调查，美国军事力量自美洲宣布独立以来已对该地区至少干涉了 90 次; NACLA, *Subliminal Warfare: The Role of Latin American Studies* (New York: NACLA, 1970), 1。

11. Earl T. Glauert and Lester D. Langley, eds., *The United States and Latin America* (London: Addison-Wesley Publishing Company, 1971).

12. Ball, in ibid., 153.

13. Pike, *Chile and the United States*, *1880-1962*, 303.

14. Ibid., 296.

15. Marvin O. Bernstein, *Foreign Investment in Latin America* (New York: Alfred A. Knopf, 1966), 7.

16. "US, Private Investment in Latin America 1880-1961," in *Yanqui Dollar: The Contribution of U.S. Private Investment to Underdevelopment in Latin America* (New York: NACLA [North American Congress on Latin America], 1971), 8.

17. Ibid., , 12.

18. U.S. Department of the Interior (Bureau of Mines), *Minerals Yearbook 1969* (Washington, D.C., 1971).

19. U.S. Department of Commerce, Survey of Current Business, October 1970

注 释

（Washington, D. C.）.

20. J. Petras and M. Morley, *The United States and Chile*（London：Monthly Review Press, 1975）, 8-10.

21. Peter Kornbluh, *Chile and the United States：Declassified Documents Relating to the Military Coup, Septembern*, 1973, http：//www. gwu. edu/~nsarchiv/NSAEBB/NSAEBB8/nsaebb8i. htm. 引注选自中情局局长理查德·赫尔姆斯（Richard Helms）和尼克松总统一次会谈的手写注释。

22. Petras and Morley, *The United States and Chile*, 11.

23. Helen Delpar, *Looking South：The Evolution of Latin Americanist Scholarship in the United States, 1850-1975*（Tuscaloosa：University of Alabama Press, 2008）, 26.

24. Mark T. Berger, *Under Northern Eyes：Latin American Studies and U.S. Hegemony in the Americas, 1898-1990*（Bloomington：Indiana University Press, 1995）, 2.

25. Delpar, *Looking South*, ix.

26. Berger, *Under Northern Eyes*, 173.

27. Delpar, *Looking South*, ix.

28. Ibid., xi. 1945至1959年间，联邦和基金会在拉美的利益有一个明确的平静期；古巴革命使那种利益重新复活了。

29. Delpar, *Looking South*, 156.

30. Ibid., 160-161.

31. Ibid., 162.

32. Reynold E. Carlson, "The Development of the Social Sciences in Latin America," The Ford Foundation, New York, November 1965；Report 000100；FF archives.

33. Ibid., 3-4.

34. Reynold E. Carlson, "The Development of the Social Sciences in Latin America," The Ford Foundation, New York, November 1965；Report 000100；FF archives, 12.

35. Carlson, 13.

36. Ibid., 19.

37. Delpar, *Looking South*, 166-168；C. Wright Mills, *Listen, Yankee*（Tuscaloosa：University of Alabama Press, i960）；W. A. Williams, *The United States, Cuba,*

and Castro（New York：Monthly Review Press，1962）.

38. 根据福特的年度报告，NACLA 和 URLA 在 1966—1976 年间都没有收到任何资助，相反，LASA 在此时期收到了 392 000 美元。

39. Juan Gabriel Valdes, *Pinochet's Economists：The Chicago School in Chile*（Cambridge：Cambridge University Press，1995）。瓦尔德斯承认洛克菲勒在意大利博洛尼亚别墅招待的慷慨大度，在写完他的书后，杰弗里·普约尔（Jeffrey Puryear）也提到，拉美的跨国研究，即瓦尔德斯在皮诺切特时期被流放时工作的地方，部分受到了福特基金会的资助。Jeffrey Puryear, *Thinking Politics：Intellectuals and Democracy in Chile*，1973-1988（Baltimore，Md.：Johns Hopkins University Press，1994），45n25.

40. 很显然，依附理论内涵广泛，包括许多马克思主义和非马克思主义的变体。在本章中提到的依附理论是指由上面文字概述的 ECLA 版本；想对此有更好的了解，参见 Heraldo Munoz, ed., *From Dependency to Development*（Boulder，Colo.；Westview Press，1981）。

41. John Strasma, "A Note on Chilean Economics in 1960," in PA61-372A, reel 3126；FFA.

42. Peter bell 致 Harry E. Wilhelm 内部备忘录，"Santiago Office Report on Fiscal Year 1970," to，4 November 1970；5；Report 012288；FF archives。

43. Ibid.，4-5.

44. "Chile 1964：CIA Covert Support in Frei Election Detailed；Operational and Policy Records Released for First Time," National Security Archive news release, September 27, 2004, http://www.gwu.~nsarchiv/news/20040925/index.htm. 需要指出的是，当时的美国国家安全助理麦乔治·邦迪已经有意识并且支持 CIA 资助（总额达 260 万美元）弗雷来竞选总统，同时还有另外一笔 300 万美元来反对萨尔瓦多·阿连德当选。见邦迪评价 CIA 在弗雷竞选期间的工作。

45. Bell, Inter-Office Memorandum, 20.

46. Ibid., 6.

47. University of Chile-University of California Cooperative Program Comprehensive Report 1965-1978, July 1979；PA76-115, reel 3086；FFA.

48. Bell, Inter-Office Memorandum, 6.

注 释

49. Carl B. Spaeth and John Howard, Spaeth/Howard Report on Latin American Studies, June 1964; report 001556; 7; FFA.

50. Bell, Inter-Office Memorandum, 4.

51. Rorden Wilkinson, the WTO（London：Routledge, 2006）；Douglas A. Irwin, "GATT Turns 60," April 9, 2007, http://www. freetrade. org/node/608.

52. Bell, Inter-Office Memorandum, 7.

53. OLAC［Office of Latin American and the Caribbean］Social Science Conference, "The Utilization of Social Science," 6 December 1973, 23; Report 010152; FF archives.

54. Milton Friedman, *Capitalism and Freedom* （Chicago：Chicago University Press1982）, vi.

55. 智利大学的经济学家对只与一所美国大学的排他性安排不感兴趣，尤其是该大学具有一种强烈的自由市场传统；Valdes, *Pinochet's Economists*, esp. chap. 4。

56. 天主教大学的教员也反对该计划，因为芝加哥大学的经济学被很多人认为忽视社会正义，而这正是一所基督教大学的中心使命；ibid., 125。

57. Ibid., 138.

58. Ibid., 165.

59. Valdes, *Pinochet's Econoncists* 144n48。

60. Ibid., chap. 1.

61. Valdes, *Pinochet's Econoncists*, 161.

62. Valdes, *Pinochet's Econoncists*, 186.

63. Murray Yudelman（RF）, Diary Excerpt of meeting with Albion W. Patterson, 2 October 1956; RFA 1. 2; 309s, box 32, folder 268; Catholic University Economic Research Center.

64. Interview, NSB（RF）with Theodore W. Schultz-Chairman, Department of Economics, University of Chicago, 27 July 1956; RFA 1. 2; 309S, box 32, folder 1.

65. Diary Note, by Montague Yudelman, of a meeting with Professor T. W. Schultz, 29 November 1956; RFA 1. 2; 309, box 34, folder 283.

66. 《智利项目：智利天主教大学与国际合作署的第一份报告》；20 July 1956；by the Department of Economics, University of Chicago; RFA 1. 2, 309S, box

32, folder 268。

67. The Chile Project: First Report to the Catholic University of Chile and the *International Cooperation Administration*; 20 July 1956; by the Department of Economics, University of Chicago; RFA 1.2, 309S, box 32, folder 268, 11-12。

68. 例如，塞尔西奥·莫利纳（Sergio Molina）在 1964—1968 年间担任了财政部部长。

69. 细节参见 Valdes, *Pinochets Economists*, chap. 10。

70. Interview, CMH (RF) with Grunwald, 8-10-12-15 May 1961; RFA 1.2, 309S, box 35, folder 291.

71. Ibid.

72. Veronica Montecinos, *Economists, Politics, and the State: Chile 1958-1994* (Amsterdam: CEDLA, 1998), 137-138.

73. Grant Allocation, RF to University of Chile—Institute of Economic Research, 3 April 1957; RFA 1.2, series 309, box 34, folder 283.

74. Grant Allocation, RF to University of Chile—Graduate School of Economics, 22 October 1959; RFA 1.2, series 309, box 43, folder 283.

75. Letter, Grunwald to Yudelman, 22 February 1957; RFA 1.2, series 309S&, box 34, folder 283.

76. Interview, CMH (RF) with Grunwald, 8-11-12-15 May 1961; RFA 1.2, 309s, box 35.

77. Interview, Montague Yudelman and Grunwald, 11 January 1957; RFA 1.2, series 309S, box 35, folder 291.

78. William D. Carmichael, "Education in the Field of Economic Development and Administration in Argentina and Chile," November 1965; Report 000117; 79; FFA.

79. John Strasma, "A Note on Chilean Economics in 1960," in PA61-372A, reel 3126; FFA.

80. Ibid.

81. John Strasma, "Background," memo on economics at the University of Chile, November 1965; PA61-372, reel 3126.

82. Ibid, 4-6.

83. John Strasma, "Background," memo on economics at the University of Chile, November 1965; PA61-372, reel 3126, 14-17.
84. Request for Grant Action, Graduate Program in Economics, University of Chile; 2, PA61-372, reel 3126; FFA.
85. Carlos Massad Research Program 1964-1965, ESCOLATINA, University of Chile, 7; 19; 24; PA61-372, reel 3126; FFA.
86. Ibid, 19-27.
87. "A Report to the Ford Foundation," by Roberto Maldonado, director of the Institute of Economic Research and Planning, and Edgardo Boeninger, dean of the Faculty of Economics; PA61-372, reel 3126; 参见 appendices; FFA。
88. "A Report to the Ford Foundation," by Roberto Maldonado, director of the Institute of Economic Research and Planning, and Edgardo Boeninger, dean of the Faculty of Economics; PA61-372, reel 3126; 参见 appendices; FFA。
89. John Strasma, "Survey of Student Leader Opinion of the School of Economics of the University of Chile, 1967," in PA61-372A, reel 3126; FFA.
90. John Strasma, Inter-Office Memorandum, "A footnote on ESCOLATINA," to Peter D. Bell, 11 January, 1971; PA61-372A, reel 3126; FFA.
91. John Strasma, Inter-Office Memorandum, "ESCOLATINA Situation and Outlook for 1972," to Peter D. Bell, 17 December 1971; PA61-372A, reel 3126; FFA.
92. John Strasma, "Some Program Notes Towards a History of the Graduate Program (ESCOLATINA), 1957-1972," written 24 January 1972; PA61-372A, reel 3126; FFA.
93. Inter-Office Memorandum, William D. Carmichael to John S. Nagel and Donald Finberg, "University of Chile, Faculty of Economics (Institute of Economics and INSORA), 24 August 1965, 1-2; 7; PA61-372A, reel 3126.
94. John Strasma, Inter-Office Memorandum, "Comments on Interim Narrative Report by the Institute of Economics and Planning, University of Chile (PA 61-372A)," to Peter D. Bell, 25 January 1972; 1; PA61-372A, reel 3126; FFA.
95. John Strasma, Inter-Office Memorandum, "Comments on Interim Narrative Report by the Institute of Economics and Planning, University of Chile (PA 61-

372A）," to Peter D. Bell, 25 January 1972; 14; PA61-372A, reel 3126; FFA.

96. 彼得·贝尔致威廉·卡迈克尔的内部备忘录,"Recommendation for Grant Modification, University of Chile, Graduate Program of Latin American Economic Studies（ESCOLATINA（PA61-372A）," 3 February 1972; PA61-372A, reel 3126; FFA. 考虑到变化的政治条件,卡尔曼·希尔沃特还问询了ES-COLINA任何可能的继续支持;参见Silvert, Inter-Office Memorandum, "Modification ESCOLATINA（PA 61-372-A）," to William D. Carmichael, 13 March 1972; PA61-372A, reel 3126; FFA。

97. Memo, Peter S. Cleaves, "ESCOLATINA," to Peter T. Knight, 29 March 1973; PA-372A, reel 3126; FFA.

98. Inter-Office Memorandum, Lovell S. Jarvis, "Final Reporting and Evaluation, University of Chile, Graduate Program in Economics（ESCOLATINA）,（PA61-372A）" to Peter D. Bell, 2 January 1974; 3; FFA.

99. Memo, Peter Hakim, "Recommendation for Closing of Grant, University of Chile, Graduate Program in Economics（ESCOLATINA）," to William D. Carmichael, 2 January 1974; PA61-372A, reel 3126; FFA.

100. Montecinos, *Economists, Politics, and the State*, 32-33.

101. Lovell S. Jarvis, Inter-Office Memorandum, "First Annual Report of Institute of Economics, Catholic University," to Peter Hakim, 19 June 1973; PA72-107, reel 3954; FFA.

102. Jeffrey Puryear, Inter-Office Memorandum, "Second Annual Reporting, Catholic University, Institute of Economics（PA72-107）," to Peter Hakim, 21 June 1974; PA72-107, reel 2857; FFA.

103. Letter, Willard J. Hertz（Ford, acting secretary）, to Vice Admiral Jorge Swett Madge（Rector）, Pontifical Catholic University of Chile, 29 August 1975; PA72-107, reel 3888; FFA.

104. Jeffrey Puryear, Inter-Office Memorandum, "Recommendation for Closing—Institute of Economics—Catholic University of Chile（PA72-107 and A）," 10 May 1978; PA72-107, reel 2857; FFA. 普约尔在这份备忘录中提到了福特的"天真之罪",尽管它是某种神秘感的一个源头。

105. Norman R. Collins, Inter-Office Memorandum, "Pontifical Catholic University

of Chile, Postgraduate Program in Agricultural Economics (70-629)" to Peter D. Bell, 2 November 1973; PA70-0629, reel 4276; FFA. 卡洛斯·乌内乌斯详细探讨了皮诺切特政权时期芝加哥男孩的角色, Technocrats and Politicians in an Authoritarian Regime: The "ODEPLAN Boys and the 'Gremialists' in Pinochets Chile," *Journal of Latin American Studies* 32 (2000): 461-501。

106. Alain de Janvry, Inter-Office Memorandum, "Programo Postgrado de Economia Agraria, Catholic University of Chile," 21 September 1973, to Peter Bell; PA70-0629, reel 4276.

107. Norman R. Collins, Inter-Office Memorandum, "Pontifical Catholic University of Chile, Postgraduate Program in Agricultural Economics (70-629)," to Peter D. Bell, 2 November 1973; PA70-0629, reel 4276; FFA.

108. Alain de Janvry, Inter-Office Memorandum, "Graduate Program in Agricultural Economics (PPEA) at the Catholic University," to Peter D. Bell, 19 November 1973; PA70-0629, reel 4276; FFA. 根据乌内乌斯（Huneeus），由芝加哥男孩主导的 ODEPLAN 在 1973—1989 年间与天主教大学签订了 14 份制度性协议，转交了 1260 万美元至该大学（465）。

109. Letter, Peter D. Bell to Fernando Martinez, 3 January 1974; PA70-0629, reel 4276; FFA.

110. Alain de Janvry, Inter-Office Memorandum, "Graduate Program in Agricultural Economics at the Catholic University of Chile," to Peter D. Bell, 18 March 1974; PA70-0629, reel 4276; Peter Hakim, Inter-Office Memorandum, "Annual Reporting, Catholic University of Chile, Agricultural Economics (PA70-629A)," to William D. Carmichael, 23 April 1974; PA70-0629, reel 4276; Reed Hartford, Inter-Office Memorandum, "Final Evaluation, Pontifical Catholic University of Chile, Agricultural Economics," to Norman R. Collins, Peter Hakim, and Lowell S. Hardin, 15 June 1977; PA70-0629, reel 3865; FFA; and, finally, James Trowbridge, Inter-Office Memorandum, "Final Evaluation; Pontifical Catholic University of Chile, Development of a Graduate Teaching and Research Program in Agricultural Economics—(PA700-0629A)," to William D. Carmichael, 8 April 1985; PA70-0629, reel 4932; FFA.

111. Jeffrey M. Puryear, Inter-Office Memorandum, "Recommendation for Clos-

ing—Institute of Economics—Catholic University of Chile," to Richard W. Dye, 10 May 1978; PA72-107, reel 2857; FFA.

112. Lovell Jarvis, Inter-Office Memorandum, "CEPLAN Seminar on Income Distribution and Economic Growth," to Peter D. Bell, 10 April 1973; 6; PA71-0369, reel 3905; FFA.

113. Ibid.

114. Peter D. Bell, Memorandum, "Pontifical Catholic University of Chile, Center for National Planning Studies," to Carlson, Dye, Funari, Himes, and Nicholson, 29 September 1972; PA71-0369, reel 3905; FFA.

115. John Strasma, Inter-Office Memorandum, "CEPLAN," to Peter D. Bell, 13 April 1971; PA71-0369, reel 3905; FFA.

116. 福特的理查德·戴伊（Richard Dye）认为 CEPLAN 小组的人员都是"杰出的青年经济学家"，而福特早在 1968 年就开始支持他们；戴伊写给弗兰克·博尼拉（Frank Bonilla）的信，2 June 1972; PA71-0369, reel 3905; FFA.

117. Lovell S. Jarvis, Inter-Office Memorandum, "Authorization of Quarterly Payment to the Center for National Planning Studies（CEPLAN）, Pontifical Catholic University," to Peter D. Bell, 27 December 1973; 2; PA71-0369, reel 2677; FFA.

118. Ibid.

119. Jeffrey M. Puryear, Inter-Office Memorandum, "Final Evaluation of CEPLAN（PA71-369）," to Peter D. Bell, 17 May 1974; PA71-369, reel 2677; FFA.

120. Jeffrey M. Puryear, Inter-Office Memorandum, "Recommendation for Closing（CEPLAN）（PA71-389A），" to Richard W. Dye, 31 January 1977; PA71-0369, reel 2677; FFA.

121. Peter D. Bell, Inter-Office Memorandum, "The Aftermath of the Military Coup in Chile," to William D. Carmichael, 22 November 1973; 6; Report 010668; FFA. 在 1974 年 4 月的一份报告中，贝尔估计大学中有多达一半的马克思主义教授被解职；Bell, Inter-Office Memorandum to William Carmichael, "Review of the Foundation's Program in Chile and Staff Deployment for the Southern Cone," 1 April 1974; 2; Report 008957; FFA。

122. "OLAC and the Social Sciences," December 5 1973; no report number; FFA.

注 释

123. Peter D. Bell, Inter-Office Memorandum, "The Aftermath of the Military Coup in Chile," to William D. Carmichael, 22 November 1973; 4; Report 010668; FFA.

124. Jeffrey M. Puryear, "Higher Education, Development Assistance, and Repressive Regimes," *Ford Foundation Reprint*（New York: Ford Foundation, 1983）, 2.

125. Susan Cantor, Inter-Office Memorandum, "The Ford Foundations Experience in Assisting Refugees," to Bruce Bushey, 27 February 1979; 1; Report 004654; FFA.

126. U.S. Department of State Fact Sheet, November 15 1973, by Jack J. Kubisch, http://www.gwu.edu/~nsarchiv/NSAEBB/NSAEBB8/ch10-05.htm

127. Susan Cantor, Inter-Office Memorandum, "The Ford Foundation's Experience in Assisting Refugees," to Bruce Bushey, 27 February 1979; 1; Report 004654; FFA.

128. Puryear, "Higher Education, Development Assistance, and Repressive Regimes," 16.

129. Ibid., 7.

130. 受到大力资助的三大组织是拉美研究协会、拉美社会科学研究理事会和世界大学服务处；Cantor, Inter-Office Memorandum, "The Ford Foundations Experience in Assisting Refugees," 2。

131. Ibid., 7.

132. Richard W. Dye, Inter-Office Memorandum, "Report on My Visit to Chile—March 20-23," to William D. Carmichael, 26 March 1974; Report 008958; FFA.

133. Richard W. Dye, Inter-Office Memorandum, "Report on My Visit to Chile—March 20-23," to William D. Carmichael, 26 March 1974; Report 008958; FFA.

134. Kalman Silvert, Inter-Office Memorandum, "Chile," to William D. Carmichael, 26 March 1974; 2-5; report 008959; FFA（强调为笔者所加）.

135. Dye, Inter-Office Memorandum, "Report on My Visit to Chile."

136. Puryear, "Higher Education, Development Assistance, and Repressive Regimes," 12. 强调为笔者所加。

137. 数十年后，威廉·卡迈克尔指出：福特的高层领导在 70 年代的时候即持这样的观点，即"我们应当关注我们打交道较多国家政府的特性"，这进一步解释了福特为何留在智利；"Interview with Bill Carmichael," *Alliance* 14, no. 2（June 2009）: 30。

138. Nita Manitzas, "The Ford Foundation's Social Science Program in Latin America," December 1973; no report number cited; FFA.

139. Kalman Silvert, "Looking Backward to Santa Maria," 3 June 1974; no report number cited; FFA.

140. "OLAC Social Science Conference: The Social Sciences in Latin America," 5 December 1973; 3-5; no report number cited; FFA.

141. "OLAC Social Science Conference: The Social Sciences in Latin America," 5 December 1973; Sunkel quote, 9; Bell quote, 15; no report number cited; FFA.

142. "OLAC Social Science Conference: The Interplay Between the Foundation and the Grantee," 7 December 1973; no report number cited; Carmichael, 16; FFA.

143. "OLAC Social Science Conference: Concluding Discussion," 7 December 1973; no report number cited; Lagos, 8; FFA.

144. "OLAC Social Science Conference: Concluding Discussion," 7 December 1973; no report number cited; Peter Cleaves, 9; FFA. Emphasis added.

145. Nita Rous Manitzas, "Evaluation of the Southern Cone DAP," February 1980; Report 011879; FFA. DAP 是"指定权威项目"（delegated-authority project）的首字母缩写。

146. Nita Rous Manitzas, "Evaluation of the Southern Cone DAP," February 1980; Report 011879; FFA. 6.

147. Ibid., 10.

148. Ibid., 12.

149. Elizabeth Fox（with the "cooperation of Nita Manitzas"）, *Support for Social Sciences Research in the Southern Cone*（no publication information provided）, 13; http://idl-bnc.idrc.ca/dspace/bitstream/123456789/36041/1/75106_v1.pdf.

150. P. Cerny, "Embedding Neoliberalism," *Journal of International Trade and Develop-*

注 释

ment 2, no. 1（2008）：1-46.

151. Fox, Support for Social Sciences Research in the Southern Cone, 10.

152. Silva, Technocrats and Politics in Chile," 386.

153. Fox, Support for Social Sciences Research in the Southern Cone, 47.

154. Fox, Support for Social Sciences Research in the Southern Cone, 48. 福特在1978—1980年间每年资助CIEPLAN的金额达到12.5万美元，而UNDP每年资助它将近8.5万美元。

155. Patricio Meller and Ignacio Walker, "CIEPLAN: Thirty Years in Pursuit of Democracy and Development in Latin America," paper for "Ownership in Practice" workshop, OECD Development Forum, Paris, September 27-29, 2007, http://www.0ecd.0rg/data0ecd/3/59/39370440.pdf. 事实上，平均增长对于基督教民主党人很少是一种新的新范式——正是这种福克斯利在70年代比较赞同的一种新方式；参见 Lovell Jarvis, Inter-Office Memorandum, "CEPLAN Seminar on Income Distribution and Economic Growth," to Peter D. Bell, 10 April 1973; PA71-0369, reel 3905。在备忘录中，杰维斯总结了一篇由福克斯利与穆诺慈所写的一篇论文，在这篇论文中，作者大致排除了在低生产率和经济增长条件下，收入如何再分配（6）。

156. Meller and Walker, "CIEPLAN: Thirty Years in Pursuit of Democracy and Development in Latin America," 4.

157. Ibid., 10.

158. 与PBS《制高点》节目的访谈，http://www.pbs.org/wgbh/commandingheights/shared/pdf/int_ricardolagos.pdf。拉各斯认为，分配问题必须紧随经济增长之后，而不是在此之前。他还提到左派和右派其实没什么差别："只是目前很正确的经济政策。"拉各斯将米格尔·桑蒂诺和帕特里西奥·希尔瓦所描述的技术官僚的模板对号入座："在国际讨论中很能说，并隐含着（经济是公开的）对民族主义言论不太感冒……强调经济增长及随之而来的受国际市场控制的潜在的不可避免性……反对冲突因为那是徒劳的，忽视阶级或集团之间内在的对立。" Miguel Centeno and Patricio Silva, eds., The Politics of Expertise in Latin America (Basingstoke: Macmillan Press, 1998), 3-4.

159. Fox, Support for Social Sciences Research in the Southern Cone, 52.

160. Ibid., 71.

161. Jeffrey M. Puryear, *Thinking Politics*: *Intellectuals and Politics in Chile, 1973-19S8*（Baltimore, Md.: Johns Hopkins University Press, 1994），这里引用了一位智利社会学家 Jose Joaquin Brunner 的说法。

162. Ibid., 51. 普约尔认为如果没有外国资金资助，"（研究）中心早就不复存在了"；51。

163. Ibid., 52.

164. Ibid., 37.

165. Osvaldo Sunkel, "Consolidation of Chile's Democracy and Development", *Discussion Paper* 317（Institute of Development Studies, 1993），2.

166. 基督教民主派如福克斯利、帕特里西奥·艾尔温（Patricio Aylwyn）、罗伯特·扎勒（Robert Zahler）及其他一些人，建立了智利人文研究所，作为保持他们政治活动生机的一种手段；Puryear, *Thinking Politics*, 40。

167. 确实，导致平民规则的谈判解决方案，也使军权机制化了，而且它还保证了在参议院中的代表的抱团。实际上，伴随着在一个市场民主国家中商界有保证的位置，这意味着该解决方案创造了一种中立派政策，要求相信国际投资者，但对穷人只有相对较少的社会保护；这种新自由主义的项目规划思想已成为智利的一种永久性设置。Emanuel de Kadt, "Poverty-Focused Policies: The Experience of Chile," *Discussion Paper* 319（Institute of Development Studies, 1993），19.

168. 需要注意，同样重要的是流放的经验在重新定义智利政治战略的过程中也扮演了一个重要角色。参见 Alan Angell and Susan Carstairs, "The Exile Question in Chilean Politics," *Third World Quarterly* 9, no. 1（January 1987）: 148-167。

169. Puryear, *Thinking Politics*, 57.

170. Ibid., 58.

171. Ibid., 60.

172. Patricio Silva, "Technocrats and Politics in Chile," 399, 认为左派接受了降低国家在经济政策中的角色，并追求外国投资。奥斯瓦尔多·森克尔也开始接受全球化的不可避免和不可逆转性；他认为大多数人应做的是通过经济和社会发展将不利最小化、获利最大化；Sunkel, "Consolidation of Chile's

Democracy and Development," 5。森克尔告诉 PBS：" 我想我们已开始接受市场在生活中发挥作用的现实……我们必须要在世界市场上保持竞争力"；Sunkel, PBS interview, http://www.pbs.org/wgbh/commanding-heights/shared/pdf/int_osvaldosunkel.pdf. 关于此问题的更为激进不同的观点，参见 James Petras, "The Metamorphosis of Latin America's Intellectuals," *Latin American Perspectives* 17, no. 2（Spring 1990）: 102-112。

173. Huneeus, "Technocrats and Politicians in an Authoritarian Regime," 472.
174. Ibid., 469. 也可参见 Paul W. Drake, "International Factors in Democratization," Estudio/Working Paper 1994/November 1994 * presented at the Center for Advanced Study in the Social Sciences, Juan March Institute, Madrid, November 4, 1993。
175. Puryear, *Thinking Politics*, 170-171. 强调为笔者所加。

第八章

1. Carl Boggs, *Imperial Delusions: American Militarism and Endless War*（Lanham, Md.: Rowman and Littlefield, 2005）, 32, 86.
2. P. G. Cerny, "Embedding Neoliberalism," *Journal of International Trade and Development* 2, no. 1（2008）: 1-46.
3. Christopher Hitchens, "Defending Islamofascism," *Slate*（October 22, 2007）, http://www.slate.com/id/2176389. 希钦斯（Hitchens）把伊斯兰原教旨主义和 20 世纪 30 及 40 年代意大利和德国的法西斯主义相提并论。
4. Thomas Friedman, *Longitudes and Attitudes*（London: Penguin, 2003）, 5.
5. 在沃伦·巴菲特的捐赠加入盖茨基金会后，后者的年度拨款已达到近 30 亿美元；Maureen Baehr, "New Philanthropy Has Arrived—So What?" in S. U. Raymond and M. B. Martin, eds., *Mapping the New World of American Philanthropy*（Hoboken, N. J.: John Wiley and Sons, 2007）, 82。
6. "很显然恐怖分子从那些受到（或自认为受到）不公正贫困的人身上获得了很多对他们的支持和辩解。"洛克菲勒基金会主席 2002 年这样写道，当前的全球经济危机也使基金会的收入大幅缩水。
7. James M. Scott and Kelly J. Walters, "Supporting the Wave: Western Political Foundations and the Promotion of a Global Democratic Society, *Global Society* 14,

no. 2（2000）：256.

8. R. F. Arnove and N. Pinede, "Revisiting the 'Big Three' Foundations（unpublished paper in possession of author）.

9. H. K. Anheier and S. Daly, "Philanthropic Foundations: A New Global Force?" in *Global Civil Society* 2004/5（London：Sage, 2005）, 169, 文章认为基金会"在全球资本市场持有的大量投资要考虑对众多社会和经济不平衡负责, 而这正是全球市民社会努力寻求解决的问题"。

10. "Break-out Session Globalization, INSP Plenary Meeting," March 22, 2002.

11. James D. Wolfensohn, *Development and Poverty Reduction*（Washington, D. C.：International Bank for Reconstruction and Development/World Bank, 2004）.

12. Joseph Stiglitz, *Globalization and Its Discontents*（London：Penguin. 2002）.

13. Ibid.；Stephen Gill, *Power and Resistance in the New World Order*（Basingstoke：Palgrave, 2003）.

14. David Hamburg, CC president（1983-1997）, cited by Arnove and Pinede, "Revisiting the 'Big Three' Foundations," 10；强调为笔者所加。

15. Arnove and Pinede, "Revisiting the 'Big Three' Foundations," 13.

16. Richard Peet, *Unholy Trinity：The IMF, World Bank, and WTO*（London：Zed, 2003）, 14.

17. Arnove and Pinede, "Revisiting the 'Big Three' Foundations," 19. 也有另外的选择——基于公平贸易, 与自由贸易等相反。参见 Peet, *Unholy Trinity*。

18. Arnove and Pinede, "Revisiting the 'Big Three' Foundations," 29.

19. Rockefeller Global Inclusion Program, October 2003；www. Rockfound. org.

20. 福特基金会网站, www. Fordfound. org；资助的拨款时间是2003年。

21. S. Sharma, "Microcredit: Globalisation Unlimited," *Hindu Business Line*, March 5, 2002, http://www. thehindubusinessline. com/2002/01/05/stories/2002010500111200. htm. 乡村银行的利率远高于商业银行利率, 大约超过20%, 这是它另一个遭到批评的地方。

22. Arnove and Pinede, "Revisiting the 'Big Three' Foundations," 22.

23. "威尔士王子国际商界领导人论坛"收到了10万美元用于"建立、研究和促进世界范围内大公司与小型或微型企业之间互利的商业联系"；http://www. Fordfound org。

注　释

24. D. Rockefeller,"Why We Need the IMF," *Wall Street Journal*, May 1, 1998.

25. http://www. Fordfound. org; granted in 2003 to the Third World Network, Ber-had, Malaysia.

26. 例如，可参见"全球化的基金会"国际会议的报告，University of Manchester, November 2003, http://www. les. man. ac. uk/government/events/foundations_finalreport. pdf。

27. 福特在2003年拨款35万美元给耶鲁大学，用于资助"城市和全球化研究中心的研究实践和外围活动，以此来加强关于全球化的跨学科网络"。

28. The Philanthropic Initiative, Inc., *Global Social Investing*（Boston：TPI, Inc., 2001）. 4-5. 37-42.

29. All three grants in 2003; Ford Web site; TPI, *Global Social Investing*, 20.

30. 福特给了Internews互动公司15.3万美元，作为其"全球化的沟通倡议"的一部分，来帮助"世界社会论坛"（WSF）与"世界经济论坛"的交流。

31. Suzanne Charle,"Another Way：Leaders of a Global Civil Society Chart an Alternative to Globalization," *Ford Foundation Report*, Spring 2003.

32. Ibid. Michael Edwards, *Civil Society*（Cambridge：Polity Press, 2004）, 14, 认为"资本主义人性化"是WSF的主要角色。

33. Jose Gabriel Lopez,"Green Globalization," *Ford Foundation Report*, Summer, 2003.

34. CC Grants for Globalization Initiatives; CC Web site.

35. Grant to the LSE Foundation, 2003; Ford Web site.

36. http://www. ilps-news. com/central-inf0-bureau/events/mumbai-resUtance-2004/ why-mumbai-resistance-2004/.

37. Mumbai Resistance Against Imperialist Globalization and War; http://www. mumbairesistance. org.

38. *The Guardian*, January 17, 2004; L. Jordan,"The Ford Foundation and the WSFT January 15, 2004, at http://www. opendemocracy. net. 世界社会论坛确实接受了福特资助的代表。并且WSF是由一个指派的而不是选出的组织委员会来运营；参见M. Morgan,"Overcoming the Imperial Subject：The WSF and Counter Hegemonic Strategies for a Post-Political Age," paper presented at IR conference at METU, Ankara, June 18-20, 2008。

39. Firoze Manji, "World Social Forum: Just Another NGO Fair?" *Pambuzka News* 288（January 26, 2007）, http://www.pambazuka.org/en/category/features/39464.

40. Owen Worth and Karen Buckley, "The World Social Forum: Postmodern Prince or Court Jester?" *Third World Quarterly* 30, no. 4（2009）: 649-661. 沃斯和巴克利展示了"世界社会论坛"参会者和领导人具有研究生学历和每天上网的高比例，与其所宣称代表的穷人和被排挤者的大多数形成了鲜明的对比（654）。

41. R. Cox, "Civil Society at the Turn of the Millennium," *Review of International Studies* 25（1999）: 11-12.

42. M. Buckley and Robert Singh, eds., *The Bush Doctrine and the War on Terrorism*（London: Routledge, 2006）; Center for Strategic and International Studies, *Democracy in U.S. Security Strategy*（Washington, D. C.: CSIS, 2009）, v.

43. A. L. George and A. Bennett, *Case Studies and Theory Development in the Social Sciences*（Cambridge, Mass.: The MIT Press, 2005）, 37-38.

44. J. Lepgold and Miroslav Nincic, *Beyond the Ivory Tower*（New York: Columbia University Press, 2001）, 113. They take the quotation from Jack S. Levy, "Domestic Politics and War," *Journal of Interdisciplinary History* 18（1988）: 653-673. 利维（Levy）的研究受到了卡内基公司的部分资助。

45. 多伊尔（Doyle）在他文章的第二部分承认了这一点，"Kant, Liberal Legacies, and Foreign Affairs," *Philosophy and Public Affairs* 12, no. 4（1983）; in Ford Foundation records, see letter, Doyle to Laurice H. Sarraf（grants administrator, International Affairs Programs, Ford Foundation）, 20 July 1983; in PA795-677, reel 3751。

46. Grant number 07990618; reels 3038; 5376-78; Ford Foundation archives, New York.

47. Michael Doyle and Miles Kahler, "North and South in the International Economy: A Re-Examination," in PA795-677; reel 3751.

48. 在其《战争与和平的方式》（1997）一书中，多伊尔承认得到了几个组织的支持，包括社会科学研究理事会（SSRC）/麦克阿瑟国际和平与安全基金会；以及哈佛大学贝尔福科学与国际事务中心（下面较多提及）。多伊尔还

注　释

提到麦克阿瑟基金会不断着手发展思想来挑战冷战现实主义思想；与多伊尔的私下交流；undated but ca. May 2009。

49. M. W. Doyle, "Liberalism and the Transition to a Post-Cold War System," in A. Clesse, R. Cooper, and Y. Sakamoto, eds., *The International System After the Collapse of the East-West Order*（Dordrecht：Martinus Nijhoff, 1994）, 98-101.

50. Michael W. Doyle, "Liberalism and World Politics," *American Political Science Review* 80（1986）：1151-1169.

51. Larry Diamond, *An American Foreign Policy for Democracy* Progressive Policy Institute Policy Report（1991）, http://www.ppionline.org/ppi_ci.cfm?knlgAreaID=450004&subsecID=900020&cbntentID=2044. 强调为笔者所加。

52. Ibid.

53. 在其演讲的一个部分，克林顿的话语直接出自戴蒙德的报告"民主国家不会彼此走向战争……民主国家也不会资助恐怖分子来反对另一国。它们更像是可靠的贸易伙伴，保护全球环境并遵守国际法"；speech, "A New Covenant for American Security," Georgetown University, December 12, 1991；http://www.ndol.org。

54. 这里所使用的"安全化"（Securitization）由"哥本哈根学派"定义："一旦'安全化'了，这个问题将会引发威胁、仇敌和防务的形象，并且分配给国家一个它所要解决的重要角色——这样围绕这一问题的政治将会转型"；Deborah Avant, "NGOs, Corporations and Security Transformation in Africa," *International Relations* 21, no. 2（2007）, 144。

55. C. Buger and T. Villumsen, "Beyond the Gap：Relevance, Fields of Practice, and the Securitizing Consequences of（Democratic Peace）Theory," *Journal of International Relations and Development* 10（2007）：433.

56. Lake, quoted in ibid., 435；强调为笔者所加。

57. W. G. Hyland, *Clinton's World*（Westport, Conn.：Praeger, 1999）, 23.

58. Anthony Lake, "Remarks of Anthony Lake," September 21, 1993, http//www.mtholyoke.edu/acad/intrel/lakedoc.html.

59. Strobe Talbott, "The New Geopolitics," U.S. Department of State Dispatch, November 14, 1994.

60. J. Kruzel, "More a Chasm Than a Gap," *Mershon International Studies* Review 38

（1994）：180.

61. T. Smith, *A Pact with the Devil*（New York：Routledge, 2007）.

62. Larry Diamond, *Promoting Democracy in the 1990s：Actors and Instruments*, Issues and Imperatives, December 1995, http：//wwics. si. edu/subsites/ccpdc/pubs /di/di. htm. 强调为笔者所加。

63. E. D. Mansfield and J. Snyder, "Democratization and the Danger of War," *International Security* 20（1995）：5-38.

64. Council for the Community of Democracies, *CCD：The First Five Years* 2001-2005, http：//www. ccd21. org.

65. T. Carothers, "A League of Their Own," *Foreign Policy*（July-August 2008）.

66. 参见 http：//belfercenter. ksg. harvard. edu/project/58/quarterly_journal. html? page _id＝146&parent_id＝46。

67. S. E. Miller, "*International Security* at Twenty-five," *International Security* 26（2001）：5-39, n16.

68. 参见 the "Acknowledgments" to M. E. Brown, S. M. Lynn-Jones, and S. E. Miller, eds., *Debating the Democratic Peace*（Cambridge, Mass.：The MIT Press, 1996）。

69. 最初的主意出自福特基金会主席、肯尼迪和约翰逊总统时期的前国家安全事务助理麦乔治·邦迪，他想在整个美国建立起一系列以大学为基地的国际安全中心。福特给予哈佛中心的资助在1979年时升至600万美元；最初的拨款时间是1974年。参见 http：//belfiercenter. ksg. harvard. edu。

70. Bruce Kuklick, *Blind Oracles：Intellectuals and War from Kennan to Kissinger*（Princeton, NJ：Princeton University Press, 2006）.

71. Carnegie Corporation（2007）*Annual Report*. Emphasis added.

72. Graham Allison, "Message from the Director," http：//belfer. ksg. harvard. edu /about/welcome. html.

73. Miller, "*International Security* at Twenty-five," 5, 12, 13, 34; William Jefferson Clinton, "State of the Union Address, 1994," http：//www. let. rug. nI/usa/P/bc42 /speeches/sud94wjc. htm.

74. Brown, Lynn-Jones, and Miller, *Debating the Democratic Peace*, xiv.

75. E. O. Goldman and L. Berman, "Engaging the World," in *The Clinton Legacy*,

ed. C. Campbell and B. A. Rockman（New York：Chatham House，2000），236，作者认为克林顿抛弃"民主扩展"而代之以保持"接触"，是由于"一套学术观点即认为民主化经常是一个冲突倾向的进程"。

76. Strobe Talbott,"Democracy and the National Interest," *Foreign Affairs* 75（1996）：47-64. 在注释2中，塔尔博特引用的支持"民主和平论"的学者包括约翰·伊肯伯里、戴维·莱克和克米斯托弗·莱恩。

77. Mansfield and Snyder,"Democratization and the Danger of War,"34.

78. E. D. Mansfield and J. Snyder, *From Voting to Violence*（New York：W. W. Norton，2000），41.

79. John M. Owen IV,"Iraq and the Democratic Peace," *Foreign Affairs* 84（2005）：122-127.

80. Barack Obama, *Pan American Day and Pan American Week* Press Release，April 14，2009；R. McMahon,"The Brave New World of Democracy Promotion," *Foreign Service Journal*（January 2009）：31-39.

81. Owen,"Iraq and the Democratic Peace."其他期刊对"民主和平论"的发展和讨论中也很重要。《世界政治》曾出版 Randall Schweller（1992），C. R. and M. Ember and Bruce Russett（1992），and John Oneal（1999）的文章。《民主》期刊也辩护和推动了"民主和平论"的实施。例如，莫顿·哈尔平（国务院政策规划办主任（1998—2001）和国家安全委员会民主方面的资深主任（1994—1996））共同写作文章论述大国在"民主"受到破坏时，如何越来越"保护民主"；而政治学家詹姆斯·雷（James Lee Ray）就"民主和平论"提供了一种坚定的理论和方法上的辩护。Halperin and Kristen Lomasney,"Toward a Global 'Guarantee Clause'," *Journal of Democracy* 4（1993）：60-64；M. H. Halperin and Kristen Lomasney,"Guaranteeing Democracy," *Journal of Democracy* 9（1998）：134-147；J. L. Ray,"The Democratic Path to Peace," *Journal of Democracy* 8（1997）：49-64.

82. Francis Fukuyama, *The End of History and the Last Man*（London：Hamish Hamilton，1992）. 参考了"民主和平论"并且迈克尔·多伊尔（Michael Doyle）出现在本书中（如第262—263页），但激发本书写作、最初发表在《国家利益》上的文章中并未出现。

83. B. W. Jentleson,"In Pursuit of Praxis," in *Being Useful*, ed. M. Nincic and J.

Lep-gold（Ann Arbor：University of Michigan Press, 2000）, 129-149.

84. Condoleezza Rice, "The Promise of Democratic Peace," December 11, 2005, http://www.washingtonpost.com/wp-dyn/content/article/2005/12/09/AR2005120901711.html.

85. 关于反美主义的更为全面分析，参见 Brendon O Connor, ed., *Anti-Americanism*, 4 vols.（Westport, Conn.：Greenwood, 2007）。

86. 德国马歇尔基金会最初由西德政府在1972年发起，以感谢美国马歇尔计划的援助，总部设在华盛顿，在欧洲有五个办事处：贝尔格莱德、柏林、布拉迪斯拉发、布鲁塞尔和巴黎；GMF *Annual Report*, 2003；http://www.gmfus.org。

87. Partnerships, GMF Web site, at http://www.gmfus.org。

88. Ibid.

89. GMF *Annual Report*, 2003, 1-6.

90. 鲁宾曾在克林顿总统第二任期（1995—1999）担任这一职务；他在20世纪70年代初即是高盛公司合伙人和卡内基公司的前理事。

91. GMF *Annual Report*, 2003, 7-10.

92. Ibid., 11.

93. Mark Leonard, ed., *Re-Ordering the World*（London：The Foreign Policy Centre, 2002）。

94. Inderjeet Parmar, "Catalysing Events, Think Tanks, and American Foreign Policy Shifts：A Comparative Analysis of the Impacts of Pearl Harbor 1941 and 11 September 2001," *Government and Opposition*（Winter 2005）：1-25.

95. Robert Cooper, "The Post-Modern State," in Mark Leonard, ed., *Re-Ordering the World*（London：The Foreign Policy Centre, 2002）, 11-20. 自那以后，库珀出版了 *The Breaking of Nations*（New York：Atlantic Monthly Press, 2003）。有关他观点的评判性分析，参见 Inderjeet Parmar, "I'm Proud of the British Empire：Why Tony Blair Backs George W. Bush," *Political Quarterly* 76, no. 2（2005）：218-231。

96. "Transatlantic Fellows Program：Past Fellows"；GMF Web site. 其他过往的研究人员包括保加利亚前总统彼得·斯托雅诺夫（Peter Stoyanov）；克林顿时期白宫官员托德·斯特恩（Todd Stern）以及大量法国、德国、意大利和其

注 释

他国家的公众人物。

97. Jeffrey Gedmin and Craig Kennedy, "Selling America, Short," *National Interest* (Winter 2003).

98. 切尼指的是小布什时期的副总统理查德·切尼的妻子；贝内特是指罗纳德·里根时期的"药品沙皇"和现在的"美国人民战胜恐怖主义"组织（AVOT）的负责人；威尔逊是前哈佛学者；米德是对外关系委员会高级研究员。

99. Thomas B. Fordham Foundation, ed., *Terrorists, Despots, and Democracy* (Washington, D. C.: Thomas B. Fordham Foundation, August 2003).

100. Giles Scott-Smith, *The Politics of Apolitical Culture: The Congress for Cultural Freedom, the CIA, and Postwar American Hegemony* (London: Routledge, 2002).

101. Gedmin and Kennedy, "Selling America, Short."

102. Robert Kagan, "Power and Weakness," *Policy Review* (June 2002). In GMF's *Annual Report*, 2003, 肯尼迪提到了在北约框架内进一步承认欧洲军事发展的必要性，以及美国需要越来越重视"软实力"，比如对外援助和"与伊斯兰世界打交道的更好技巧"。

103. Gedmin and Kennedy, "Selling America, Short". 柯林·鲍威尔是小布什政府第一任期（2001—2004）的国务卿。在"9·11"之后不久，鲍威尔即委任麦迪逊大街广告商夏洛特·比尔斯（Charlotte Beers）来重塑美国外交政策；她在2002年辞去了相关职务。

104. 肯尼迪没有提到美国政府赋予美国选民保护来阻碍和违反《日内瓦公约》方面的失败。

105. Gedmin and Kennedy, "Selling America, Short."

106. 奥巴马总统2010年5月发布的国家安全战略与《PPNS最终报告》非常相似。

107. PPNS的《最终报告：锻造一个法律下的自由世界》（2006），声称其结论来自于"理性和社会科学"的双重发现（58）。http://www.princeton.edu/~ppns/report.html.

108. PPNS, *Final Report*, 9; R. Pape, "The Strategic Logic of Suicide Terrorism," *American Political Science Review* 97, no. 3 (2003): 343-361.

109. http://www.Mrws.princeton.edu/ppns/mission.html.

110. 安妮-玛丽·斯劳特（Anne-Marie Slaughter）现任国务院政策规划办公室主任，曾任普林斯顿大学伍德罗·威尔逊公共和国际事务学院院长与国际政治学教授。在此之前，她是哈佛大学政治学教授。她还是 CFR 理事会成员，最近写了一本 *A New World Order*（Princeton, N. J.：Princeton University Press, 2004）。约翰·伊肯伯里是普林斯顿大学政治学教授。

111. http://www.wws.princeton.edu/ppns/mission.html. 强调为笔者所加。

112. Lake and Shultz, "Foreword" to the PPNS *Final Report*, 2.

113. 全部细节参见 Inderjeet Parmar, "Foreign Policy Fusion," *International Politics* 46, no. 2/3（March 2009）：177-209.

114. R. Brym, *Intellectuals and Politics*（London：Allen and Unwin, 1980）.

115. W. Kristol, "Postscript—June 2004：Neoconservatism Remains the Bedrock of U.S. Foreign Policy," in Irwin Stelzer, ed., *Neoconservatism*（London：Atlantic Books, 2004）, 75-76. 然而克里斯托尔（Kristol）的评估可能有些言过其实：新保守主义的言辞只是在"9·11"之后才被广泛接受，当时它提供给了保守的美国人和自由的干涉主义者一种能够施加影响的现成话语。

116. J. A. Thompson, "Another Look at the Downfall of 'Fortress America,'" *Journal of American Studies*（December 26, 1992）.

117. M. P. Leffler, *A Preponderance of Power：National Security, the Truman Administration, and the Cold War*（Stanford, Calif.：Stanford University Press, 1992）；G. A, Kolko, *The Politics of War：Allied Diplomacy and the World Crisis of* 1943-1945（London：Weidenfeld and Nicolson, 1969）；D. Campbell, *Writing Security*（Manchester：Manchester University Press, 1992）.

118. J. W. Sanders, Peddlers of Crisis：The Committee on the Present Danger and the Politics of Containment（Boston：South End Press, 1983）.

119. S. Rosato, "The Flawed Logic of the Democratic Peace Theory," *American Political Science Review* 97, no. 4（2003）：585-602.

120. Andrew O'Neil, "American Grand Strategy：The Quest for Permanent Primacy," in B. O'Connor and M. Griffiths, eds., *The Rise of Anti-Americanism*（London：Routledge, 2006）.

121. Stephen Walt, "Woodrow Wilson Rides Again," http://bookclub.tpmcafe.com/blog/bookclub/2006/oct/10.

注 释

122. J. Der Derian, "Decoding the National Security Strategy of the United States," *Boundary* 30, no. 3（2003）: 19-27.

123. Walt, "Woodrow Wilson Rides Again."

124. Ibid., 7.

125. Ibid., 2, 4.

126. Ibid., 4.

127. John Lloyd, "The Anglosphere Project," *New Statesman*（March 13, 2000）. 有意思的是, 克里斯托弗·希钦斯写道, 曾是"英法国"捍卫者的罗伯特·康奎斯特现在也积极地看待这种思想。参见 The *Wall Street Journal*, February 3, 2007。

128. S. Anderson, *Race and Rapprochement*（London: Associated Universities Presses, 1981）.

129. I. Parmar, *Think Tanks and Power in Foreign Policy*（Basingstoke: Palgrave, 2004）, 71-72, 195-196.

130. Policy Planning Staff Memorandum, Washington, May 4, 1948, National Archives and Records Administration, RG 273, Records of the National Security Council, NSC 10/2. Top Secret; RG 59, Records of the Department of State, Policy Planning Staff Files 1944-47: lot 64 D 563, box 11.

131. E. Quinones, "Project Aims to 'Kindle Debate' on U.S. National Security", *Princeton Weekly Bulletin*（October 16, 2006）.

132. 然而更深刻的是, 很显然战后现代化理论自身——其中以沃尔特·罗斯托为主导——都基于一个信条即美国权力随着时间推移不可避免地相对衰落。这强调了在一个使得美国繁荣的良好国际环境中, 需要美国部分确保美国价值观和机制的全球化; 参见 Simon Bromley, *American Power and the Prospects for International Order*（Cambridge: Polity Press, 2008）。

133. 实际上, 美国的社会科学"诞生于服务现代国家, 而它们以某种方式的卷入使得它们非常密切地（经常是看不见的）与国家的目标和体制产生联系", Lisa Anderson, *Pursuing Truth, Exercising Power: Social Sciences and Public Policy in the Twenty-first Century*（New York: Columbia University Press, 2003）, 5。

134. http://www.whitehouse.gov/sites/default/files/rss_viewer/national_security_strategy.pdf.

135. David Szanton, ed., *The Politics of Knowledge: Area Studies and the Disciplines* (Berkeley: University of California Press, 2004).

136. RF *Annual Report* (2002);强调为笔者另加。

137. http://www.rockfound.org; *Global Inclusion Program*, 2004. "全球融合项目"的目标是"帮助扩大利益,减少全球化对全世界易受伤害社区、家庭和个人的消极影响"。

138. RF Web site; *Assets and Capacities Program*, 2003.

139. RF Web site; *Southeast Asia Regional Program*, 2004.

140. RF Web site; *Bellagio Program*, 2003. 关于资助水平的细节并不清楚。

141. "Statement by Gordon Conway, President, The Rockefeller Foundation" October 25, 2001; RF Web site.

142. CC *Grants for Globalization Initiatives*; International Peace and Security Program; CC Web site.

143. Ibid.

144. CC *International Peace and Security Program: Global Engagement*; CC Web site.

145. CC Grants, *International Peace and Security Program*, 2004; CC Web site.

146. CC Grants, *Carnegie Scholars Program*, 2003; CC Web site.

147. CC Grants, *Special Opportunities Fund*; CC Web site.

148. CC Grants, *Carnegie Scholars Program*, 2003; CC Web site.

149. 所有数据来自卡内基公司的数据库,http://carnegie.org/grants/grants-database。

150. David Jhirad, Claudia Juech, and Evan S. Michelson, "Foresight for Smart Globalization," *Foresight* 11, no. 4 (2009): 1013; http://www.altfutures.com/pro_poor.Joresight/Foresight_For_Smart_Globalization.pdf.

151. 关于软实力的权威性著作,可参见 Joseph Nye, *Soft Power* (New York: Public Affairs, 2004); 以及 I. Parmar and M. Cox, eds., *Soft Power and U.S. Foreign Policy* (London: Routledge, 2010)。

第九章

1. Ronald Radosh, *Prophets on the Right* (New York: Simon and Schuster, 1975), 他认为美国的扩张主义与美国政治的左翼和右翼都相悖。

注 释

2. Edward H. Berman, *The Influence of the Carnegie, Ford, and Rockefeller Foundations on American Foreign Policy* (Albany: State University of New York Press, 1983), 31.

3. Harold Laski, "Foundations, Universities, and Research," in Harold Laski, ed., *The Dangers of Obedience* (New York: Harper, 1930), 171, 174.

4. RF Annual Report (2008); http://www.rockefellerfoundation.org/uploads/files/901c639d-bf3f-43d2-9975-5d98d02d0be8-rfar_2008.pdf.

5. David Jhirad, Claudia Juech, and Evan S. Michelson, "Foresight for Smart Globalization," *Foresight* (2009): 1.

6. "Persons of the Year," *Time* (December 26, 2006). Emphasis added.

7. Raj Patel, Eric Holt-Gimenez, and Annie Shattuck, "Ending Africa's Hunger," *The Nation* 21 (September 2009). 根据《西雅图时报》（2006 年 10 月 17 日），位于（盖茨基金会）核心的是"相信科学和技术的力量可以改善生活"，http://seattletimes.nwsource.com/html/business technology/2003308397_gateshiresi7.html。

8. Maureen Baehr, "New Philanthropy Has Arrived—Now What?" in Susan Raymond and Mary Beth Martin, eds., *Mapping the New World of World of American Philanthropy: The Causes and Consequences of the Transfer of Wealth* (Hoboken, N.J.: Wiley and Sons, 2007), 82.

9. 奥巴马任命的食品与药物总局局长迈克尔·泰勒（Michael Taylor）曾担任孟山都公司公共政策副总裁（1998—2001），并且是克林顿政府时期生物技术政策的捍卫者；Isabella Kenfield, "Monsanto's Man in the Obama Administration, with an Eye on Africa," http://www.foodfirst.org/en/node/2515。

10. Patel, Holt-Gimenez, and Shattuck, "Ending Africa's Hunger."

11. Eric Holt-Gimenez, "Out of AGRA: The Green Revolution Returns to Africa," Development 51, no. 4 (2008): 464-471. 霍尔特·基姆尼兹显示了非洲绿色革命联盟是如何聚焦于市场领导的、基因工程作物的战略。

12. Patel, Holt-Gimenez, and Shattuck, "Ending Africa's Hunger."

13. *Renewing American Leadership in the Fight Against Global Poverty and Hunger* (Chicago: Chicago Council on Global Affairs, 2009). AGRA 现在与小布什总统设立的"千禧年挑战公司"结成了联盟。

14. Tanya Kersson, "Gates Agriculture Speech Highlights Sustainability but Falls

Short," October 26, 2009, http://www.f00dfirst.0rg/en/node/2608. 人们对盖茨基金会的全球健康计划的技术性特色非常关注,该计划的年度开支实际上已经超过了世界卫生组织的预算; D. McCoy, G. Kembhavi, J. Patel, and A. Luintel, "The Bill and Melinda Gates Foundations Grant-Making Programme for Global Health," *Lancet* 373 (May 9, 2009)。

15. James C. Scott, *Seeing Like a State* (New Haven, Conn.: Yale University Press, 1998), 6.

16. Ibid., 7.